圓滿生命的實現

——布施波羅蜜

陳柏達 著

東大圖書公司

國家圖書館出版品預行編目資料

圓滿生命的實現：布施波羅蜜／陳柏達著. ——二版二刷. ——臺北市：東大，2015
面；　公分
參考書目：面
ISBN 978-957-19-2932-3　(平裝)
1. 修證論

220.126　　97012787

© 圓滿生命的實現
——布施波羅蜜

著作人　陳柏達
發行人　劉仲文
著作財產權人　東大圖書股份有限公司
發行所　東大圖書股份有限公司
地址　臺北市復興北路386號
電話　(02)25006600
郵撥帳號　0107175-0
門市部　(復北店) 臺北市復興北路386號
(重南店) 臺北市重慶南路一段61號

出版日期　初版一刷　1984年12月
二版一刷　2008年7月
二版二刷　2015年7月
編號　E 220140
行政院新聞局登記證局版臺業字第○一九七號

ISBN 978-957-19-2932-3　(平裝)

http://www.sanmin.com.tw　三民網路書店

新版說明

《圓滿生命的實踐》一書，是陳柏達先生窮盡心力，自卷帙浩繁的《大藏經》中，搜羅有關布施的敘述，加以分類整理，進而詳盡闡明佛教經典中，布施的種類、原理、效益與喜悅，字裡行間除了顯現他紮實的治學工夫外，更流露出陳先生濃厚的淑世襟懷，深切期望能透過佛教經典義理的宣揚，幫助人們自杳冥渾沌的人生煩惱中獲得自在與解脫。

在多數人的觀念裡，所謂的布施即是財物的施捨。然而透過陳柏達先生的著作，我們可以知道，佛教所謂的布施，不僅只有財施一種，所言所行皆出自利益眾生為目的，即為布施，如：一個真誠的微笑、一句關懷的言語，主動付出心力、勞力幫助他人等。布施的重點不在財貨的多寡，而是心意的誠正，所以不是只有經濟寬裕者才有能力行布施，布施乃是人人皆可為的善行。不論時代如何遞嬗，身心安頓始終是人們所面臨的最大課題，而行布施則是對治此一課題最簡單易行的妙方，也因此本書格外具有深遠的意義與價值。

本書自民國七十三年出版迄今，甚獲讀者好評，迭經多次加印銷行，也顯見讀者對此一課題的關心。因原有之銅版鉛字已略顯漫漶，適逢改版之際，為求閱讀更加舒適便利，特將字體、版式加以重新設計編排，以饗讀者。

東大圖書公司編輯部　謹識

自 序

東方文化講究品德修養與人格完美，因而處處表現出禮讓容忍與仁民愛物的內涵，以及「民胞物與」和「天人合一」的理想。

西洋比較偏重物質的探討，這可能跟希臘文化起源於奧林匹克的競技場有關。他們強調求知與征服，因此在歷史上先後建立了奴隸制度和殖民地政策，現代更是精研物質科學不遺餘力，不但發明了各種機器以便利民生，也研究了核子和雷射武器。

如果一味發展科技而忽視了道德，這樣做對嗎？幸福嗎？科學使我們生活便利，但如果我們沒有道德的涵養，便極易淪為追求物質的工具和享受物質的行屍走肉。如果無法體會心靈的價值，縱使擁有自動化、數位化、電腦化的科技，不但對我們的幸福毫無幫助，反而使我們的生活變得枯燥呆板。最可怕的尚不是超級強國的武器競賽，或是全球籠罩在生態污染和核子武器的威脅之下，而是我們已經逐漸喪失了道德與人性。這就是莊子所說的：「哀莫大於心死！」

在講授「現代教育思潮」、「教育哲學」和「西洋哲學史」之餘，我發現：目前大專院校的課程和參考書籍，多半偏於西洋的科技。因此早就想動筆寫一些東方哲學方面的書。數年前，曾應邀在南投水里蓮因寺對齋戒學會的大專學生講演「解脫苦惱的六種方法」。去年暑假，又在嘉義的義德寺講解《華嚴經・離世間品》的「十種清淨施」，我發現大專學生對於如何把六度應用在生活上很有興趣，而且也提出了不少疑問。這更激發我完成這部書的決心。

寫這一部書，並沒有現成的資料可供參考，所以我直接從《大藏經》尋找原始資料，將有關布施的經句逐條列出，然後再譯成白話文。這是一件十分吃力而不討好的工作！但是為了讓社會大眾了解佛法的真諦，只有盡力而為！

佛經不但精深博大，而且文辭和義理也都非常優美。我常讀得歎為觀止，尤其是佛菩薩的慈悲和智慧，使人產生「仰之彌高、鑽之彌堅」的感覺。對於他們那種高山景行的人格，我熱切地盼望早點寫出來讓大家分享！可惜由於文筆欠佳，恐怕是心有餘而力不足。

但我仍以誠敬和審慎的心來撰寫此書，因為我知道要搜集《大藏經》中所有有關布施的啟示和事例，並加以組織，誠非易事。例如：單是為了撰寫「中外哲人對布施的看法」，我尋找了數以千句的格言，而擷取最精粹的二十八則，為了列舉布施的種類，也從經論所載的數十種布施的分類法，精選出最具代表性的八種。

本來我想把六度寫成六部書，因為時間和體力的關係，如今只完成了一本布施。這套書雖然定名為「圓滿生命的實現」，其實內容都在研究如何達到清淨而沒有負擔的人生哲學。其中的第一部專門發揮「布施波羅蜜」（到達彼岸的布施）的道理，探討如何透過布施來利益眾生、斷除苦惱和啟發圓滿的心智，以達到大自在的解脫境界。

這部書分為四篇：

第一篇是「布施的智慧」(The Wisdom of Almsgiving)，闡明布施的重要性、利益、果報、禁忌、變化情況、障礙、功能及喜悅等。

第二篇是「布施的福德」——施比受更有福 (The Blessedness of Almsgiving)，探討決定布施福報的四個因素：布施的對象、財物、心念和時間，並說明怎樣布施才能產生無量的效益。

第三篇是「布施的要領」(The Principles of Almsgiving)，提出布施的原則、技巧和增進布施的綱領。

第四篇是「布施與解脫」(Almsgiving and Liberation)，敘述人生的際遇、苦惱的原因、解脫的境界與方法、六度的關係、內容、種類、功能、利益、條件、特徵、相生性、相攝性及如何布施才能圓滿具足六度。

我發現自己修行很差，應多下工夫潛修，所以想暫時擱筆。如果這部書能鼓勵大家認識慈悲喜捨的大乘佛法，進而實踐力行，同時便利講經的人參考，那筆者就感到無限欣慰了！

圓滿生命的實現
——布施波羅蜜

目次

第貳篇 布施的福德

第參篇 布施的要領

第肆篇　布施與解脫

第壹篇 布施的智慧

The Wisdom of Almsgiving

引　言

為什麼要從布施開始

如果您不布施，將來就沒有希望可言；因為不耕種那有收穫呢？如果您認為施捨是一種損失，那麼您不是一位有福氣的人，因為施比受更有福。更何況布施有很深奧而且微妙的哲學！了解布施的原理和相信布施的果報是一套學問。布施而不企求回報，甚至沒有執著施者、受者、所施的財物、布施的名相和福德等，更是一種高超的智慧。

《大般若經》的第五百七十九卷說：「一切修行當中，應先行布施。」布施不但是仁愛和慈悲的表現，而且也是解脫苦惱的第一步。因為布施最容易，所以常排在許多修行法門的最前面。菩薩有六種度化眾生解脫苦惱的方法，叫做「六度」，它的內容是布施、持戒、忍辱、精進、禪定和智慧，布施就排在最先。攝受眾生的四個方法（四攝法）——布施、愛語、利行、同事，也是以布施為首。

為什麼布施最容易下手呢？因為請不起人家吃水梨，我們可以改請柳橙汁。沒有果汁，可以改沏茶，甚至請人喝白開水。總不致連白開水都沒有吧！萬一你懶得燒開水，至少也可以和顏悅色、洗耳恭聽、慈眼相視，也算得上是一種布施啊！

《優婆塞戒經》第四卷說：「有些窮人家自己認為沒東西可布施，其實並不然。為什麼呢？潔淨的河井溪水和路邊的藥草和野菜，每個人都有使用權。縱然像皇帝那麼富貴也未必就能布施這些東西，即使再貧窮的人也能用水、藥草和野菜布施。而且貧窮人也要吃飯，可以利用所吃剩下來的飯菜布施小動物，那怕只有幾根菜肴和幾粒米飯也是有福德的。甚至沖洗碗盤的油水連同幾滴菜湯或粥汁，布施適當的小昆蟲，也可以得到許多福報。如果能夠用麵包屑布施螞蟻，會得到無量的福德果報。普天之下，最貧窮的人誰沒有麵包屑呢？誰會窮到三餐不繼呢？所以只要有得吃，就可以分一半來布施乞求的人。貧窮的人誰沒有衣服穿呢？如果有了衣服，難道就不能布施一小塊布條給人綁傷口，一小撮棉線給人作燈炷嗎？天下最貧窮的人，那一個沒有身體？只要有身體，看見別人行善修福，就可以隨喜幫忙，比方說：掃地、灑水、搬東西也是在布施修福啊！」

七種不需要本錢的布施

沒有錢財布施，可以讚歎別人布施，或者看見別人布施時，心存歡喜或發願將來能相互幫助，共成其事。況且，對別人講述人生的經驗或布施的利益，並不需要花什麼本錢。連默默的關懷和祝福都是一種無形的布施。

《雜寶藏經》的第六卷說：有七種布施是不需要花本錢的。這叫做「無財七施」——

㈠心施——凡事心存誠懇，而不虛情假意。
凡事心存恭敬，而不藐視他人。
凡事心存謙讓，而不貢高我慢。
凡事心存和樂，而不厭煩暴躁。
凡事心懷感恩，而不自讚己功。
凡事心存慈愍，而不幸災樂禍。
凡事心存法喜，而不貪戀物欲。
凡事心存寬恕，而不吹毛求疵。

㈡面施——面孔和藹，常保持微笑。處處表現一副「苦瓜臉」，使人望而卻步，不得人緣，又容易「碰釘子」。真是自討苦吃！千萬不可假笑，皮笑肉不笑會增加皺紋。

㈢眼施——常以慈眼視一切眾生。

見人得利益，起隨喜同樂心而不眼紅（嫉妒）。

不可勢利眼，不可狗眼看人低。

㈣身施——以身作則，建立好的榜樣。

不矯揉造作，不奇裝異服。

好幫助別人，善與人同。

時常恭敬禮拜佛菩薩和一切聖賢。

和而不流，和光同塵而不同流合污。

㈤言施——說話誠實，不口是心非，亂打妄語。

言語婉轉柔和，說話不粗魯。

說和合語，不挑撥離間。

講話精簡扼要，不說無益的廢話。

談吐侃侃，不急不躁。

言談有條不紊，不雜亂無章。

常讚美別人的長處。

不背後說人的過錯。

△遇到被關、被綁或被殺的牛、羊、豬、雞、鴨、魚等動物，儘可能大聲念佛，並希望牠們能往生佛菩薩的淨土。

㈥座施——讓座位給老弱婦孺。

能捨棄自己的立場或利益，設身處地替別人著想。

㈦房施——請朋友到客廳小座休息。

讓遠來的客人住宿方便。

充分利用房子的功能。例如：請朋友來談論學佛的心得。

以比較莊嚴的房間作小佛堂、小講堂或圖書室，請人來講經說法，或提供大眾禮拜和讀經的場所。

註——有人以「耳施」代替「房施」。這也是不需花本錢的。耳施就是——聽別人講話，能洗耳恭聽。別人有問題或苦惱時，能聽他傾訴而不煩躁。不聽靡靡之音。心常清淨而不分別聲音的好壞。

《過去現在因果經》說：「沒有錢財可以布施的窮人，見到別人修福，應該心生歡喜，而且加以稱讚。隨喜的功德和布施者同樣可以得到無量的果報。」

《瑜伽師地論》的第三十九卷也啟示我們：如果菩薩身邊沒有財物可以布施，他就以從前所學的技藝去賺取錢財來布施眾生。他有時以各種美妙的言詞、譬喻和故事來演說正法，使貧窮的人也會布施，更何況是有錢的人呢？他尚且能使貪吝的人布施，更何況是學過布施或習慣布施的人呢？

如果知道某一家人很有錢而且非常樂於布施，菩薩就告訴那些貧窮的人去向他求取財物，增加他布施的機會。或者在他布施修福的時候，菩薩親自登門拜訪，隨喜讚歎、宣傳或者出勞力幫忙他跑腿或搬運等，使布施和乞求的人都可以得到心滿意足。再者，由於菩薩的幫助，所以他布施時，比較不會發生人力缺乏、結惡黨、不恭敬、忘失善念等弊端。這就是菩薩沒有錢財時，以善巧方便的智慧行布施。

《大乘理趣六波羅蜜多經》的第四卷說得好：「六度當中，布施是最容易修行和學習的，所以排在最前面。譬如世間人做各種事情，總是從簡單容易的先下手，這樣由淺而深、由易而難，循序漸進，才容易成就而不會產生挫折感……一切眾生沒有不能布施的。縱使像夜叉、羅剎、獅子、老虎、野狼、獄卒、屠夫、劊子手這樣凶暴的眾生，也能布施。怎麼布施呢？例如養育妻兒，本著慈愛心哺乳幼嬰。雖然他們不知道布施的利益和福德，但是因為有了憐愍和愛心，所以也能得到相貌莊嚴、威武有力、長壽、安樂和沒有飢渴等果報。所以六度當中，先說布施。」

「再者，貧窮的眾生，飢寒交迫，身心不安，又怎麼能夠行善和修道呢？如果先布施衣服和飲食，使他們得到溫飽和安樂以後，再勸他們行善和修道，就容易多了。菩薩因為見到許多人被貧窮所逼，不能夠產生清淨的信心，來修行慈悲眾生的大乘佛法，所以先布施衣服、飲食、房舍、臥具、醫藥等，使他們身心安樂，然後再激發他們追求無上智慧的心，修行慈悲眾生的大乘佛法。所以布施是解脫苦惱的入門，也是攝受眾生的第一步。」（《六波羅蜜多經》第五品）

一、布施的重要性

《菩提資糧論》的第一卷說:「布施是智慧的資糧和泉源!」

《菩提行經》的第二卷說:「布施和持戒是一切善行的先導(根本)!」

《布施經》說:「貧困的人是因為前世吝嗇和貪愛,大富的人是由布施得來的。」

布施不但可治貧窮,而且還是最好的投資,因為它不但沒有風險,並且所獲的利潤最大——「春播一粒粟,秋收萬粒穀」。「所謂布施者,必獲其利益,若為樂故施,後必得安樂。」俗語說:「捨得!捨得!有捨才能得,不捨怎能得?」《大智度論》的第十一卷說得好:「一般人為了得到蔭涼、香花或果實所以種樹。布施也是如此,得到今生和後世的快樂就是樹蔭,獲得煩惱的解脫就是花朵,成就無上圓滿的智慧就是果實。」

布施是最穩當的積蓄。財物每一個時辰、每一分鐘、甚至每一秒鐘或每一剎那,不斷在生滅變遷,而且總是逐漸趨向毀滅。一切財物都是天災、人禍、盜賊、官府和敗家子五家所共有的(引《大寶積經》語)。只有趁它還沒有破損或被奪走以前,趕緊送出去,否則等它變質或損壞後,再布施就沒人要了。布施就是把有形的財物,轉換成無形的福德,把不堅固、會損毀的物質,轉變成堅固而且不會損毀的法財。財物一旦轉變成了福德和法財,就不會損壞或被人奪取了而且留到來世還能享用。所以布施是儲藏財物最保險的方式。

這個世界正被「無常的火」所燃燒,人生難免一死,所有財物也終歸化成灰燼。要趁我們還沒被「燒死」、財物還沒被燒成灰以前,趕緊施捨,假若猶豫不決，等到大限一到，後悔就來不及了。《大智度論》的第十一卷中說：「譬如有一家大宅院起火了，聰明的人知道這形勢的危急，他趁火還沒燒到以前，趕緊把貴重的財物先搬出房子外面。房子雖然燒毀了，可是貴重的財物都保存得很好，又可以重建家園和宅院。喜歡布施的人也是如此，他知道身體很脆弱而且危險，財物也是生滅無常的，所以及時布施修福，宛如在火災中把財物搬運到安全的地方；來世享福快樂，好比那位聰明的人又能重建家宅，過著幸福安康的生活。愚痴的人，失火時只知道愛惜房屋，而捨不得搬出財物，他沒有考慮到火勢愈來愈猛，沒有多久，財產全被燒成灰燼了。房屋沒救成，財產也泡湯了。因此飢餓受凍，終生憂愁苦惱。吝嗇的人也是如此，他不知道身命無常，片刻也保不住。在有生之年，他拼命賺錢購置物品，貪愛財物而捨不得布施，因此成為吝嗇的守財奴。沒想到死期一到，身體與草木同朽，所有財物也都廢棄了，好像前面那位因為失策而終生憂苦度日的人。所以只有大智慧和感受敏銳的人，才能覺悟人生像夢一般幻化、財產像朝露一樣保不住，所有的物質都生滅無常，只有勤修福德和道業，才可以出離苦海。」

《六波羅蜜多經》的第四卷說：「如果我布施財物，並且迴向願與一切眾生同證無上道，這些財物才真正屬於我的。施捨財物饒益眾生，可以成就無上的福德和智慧。但如果我積蓄各種財物而不布施，這些財物就不屬於我所有了，因為有了水災、火災、盜賊、官府和敗家子的侵奪，我無法自在地享用或儲存這些財物，到最後我還是空無所有，只是像看管倉庫或寶藏的人一樣，每天見到許多寶物，都是替別人保管，自己並沒有份。一旦我死了，我所愛的財物就被妻妾拿去供奉別人，別人得到這些財物，又更加吝嗇貪惜，等到他臨命終時，財物又再度被人拿走。這樣輾轉吝嗇下去，最後對誰都沒有好處。所以我們應當覺悟：我目前所擁有的這些財物一定不是我的東西，我只不過暫時保管而已，官府、盜賊、水災、火災和敗家子等對於這些財物都有份。縱使我恐懼他們侵奪我的財物，想把財物寄放在親戚和朋友那裏，但卻又寢食難安，憂慮財物會被人吞佔而失散。由於吝嗇不布施，才遭受了這些憂苦和危險。」

二、中外哲人對布施的看法

二十八則布施的格言

布施是顛撲不破的真理，它不但「放諸四海而皆準」，而且「百世以俟聖人而不惑」。古今中外許多哲人和聖賢都贊成布施，而且相信布施對於世道人心大有益處。筆者僅將較為重要的格言列出如下：

㈠「聖人不會囤積財物……給予別人愈多，自己就會愈富有。」——老子《道德經》第八十一章

㈡「平生不布施，死時含著寶珠，又有什麼用呢?」——《莊子・外物篇》

㈢「富有的人應拿出財物來救濟貧乏的人，斟酌情形而平等布施。」——《易經・謙卦》

㈣「聖人的智慧能透澈宇宙萬物的真理，而且能以正道救濟天下蒼生。」——《易經・繫辭上傳》第四章

㈤「富有天下而不因財物結怨於人，布施天下而自己不以貧窮為痛苦。」——《荀子・哀公篇》

㈥「周濟急難的眾生，而不對富有的人錦上添花!」——《論語・雍也篇》

㈦「廣泛布施財物給人民，而且又能救濟眾生。」——《論語・雍也篇》

㈧「自己不想要的事物，不要勉強別人接受。」——《論語・顏淵篇》

㈨「得到不義之財，又不用來布施，將來必有大患。」——《淮南子・

道應訓》

(十)「施惠於人切莫想念，受惠於人切莫遺忘。」——崔瑗《座右銘》

(十一)「施比受有福。」——《聖經 (*Bible*)．使徒行傳 (The acts)》第二十章第三十五節

(十二)「財富就像肥料一樣，如果不予以散布，便失去了它的好處。……金錢如果不是你的僕人，它便會成為你的主人。一個貪吝的人，與其說他擁有財富，不如說財富擁有了他。」——培根 (Francis Bacon)

(十三)「當布施者不懷善意時，即使再豐富的禮物都會變得低賤。」——莎士比亞 (Shakespeare)《漢姆雷特 (*Hamlet*)》

(十四)「如果有個人因富有而驕傲，除非我們知道他是如何運用錢財，否則他便不應受到讚美。」——蘇格拉底 (Socrates)

(十五)「在富人的想像中，財富是一座堅固的堡壘。」——所羅門王 (Solomon)

(十六)「財產是奢侈和怠惰的根源。貧窮是卑鄙和邪惡的根源，兩者都同樣令人不滿，而且使工作和作品退步。」——柏拉圖 (Plato)

(十七)「心地高尚的人喜歡施惠，但他卻恥於受惠。」——亞里斯多德 (Aristotle)

(十八)「如果你聽到有人在困苦之中，請讓我知道，我想援助他們!」——米開蘭基羅 (Michelangelo)

(十九)「假如一個人因為享受到別人所沒有的財富和利益，而認為自己更幸福，他不配了解真正的幸福。」——史賓若莎 (Spinoza)

(二十)「一個人的富有，並不在於他所擁有的錢財，而在於他沒有那些東西時，仍然能保持著高尚的心態。」——康德 (Kant)

(二十一)「了解是不夠的，我們必須要會運用。單單意願也不夠，我們還要

付諸實行。」——歌德 (Goethe)

㈢「通往幸福最錯誤的途徑，莫過於名利、享樂和奢侈浮華的生活。……愚痴本身並沒有多大害處，但當它和財富在一起的時候，危害可就大了!」——叔本華 (Arthur Schopenhauer)

㈢「執著財產的觀念，比其他事物更難使人們過自由而高尚的生活。」——羅素 (Berstrand Russell)

㈣「慷慨不是布施很多財富，而是布施得很妥當。……財富不屬於保有它的人，而屬於享受它的人。」——富蘭克林 (Benjamin Franklin)

㈤「今生最美的一種報償就是：一個人如果真誠地幫助別人，就等於是幫助了自己。」——愛默生 (Ralph Emerson)

㈥「因他人的要求而布施，雖然好，卻不如透過了解而主動地布施來得更高尚。」——吉布蘭 (Kahlil Gibran)

㈦「要樂於見到別人愉快，而且趁著財物還能享用時，趕緊布施出去。因為：耽擱時間就會消滅布施的價值。」——薩姆爾・詹森 (Samuel Johnson)

㈧「若有所施，當願眾生，一切能捨，心無愛著。」——《華嚴經・淨行品》

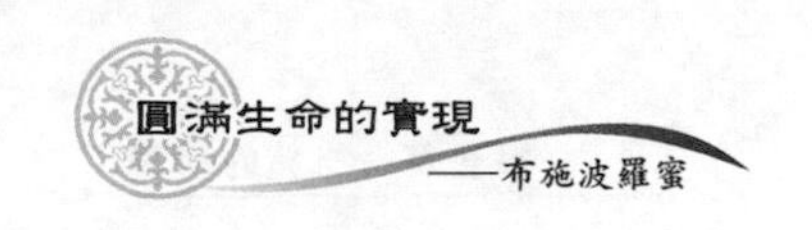

三、布施的利益

引證十種經史

布施是富者的義務、窮人的福音。因為富人吝而不施，家道必然衰沒，來世也會墮落惡道受苦。窮人一旦開始布施，就帶來了無窮的希望。因為布施是致富的真正原因，布施是窮人翻身的機會，布施的人將來必獲得財富和利益。

《大般若經》的第五百八十卷說：「如果菩薩獲得了金銀財寶，只能說是得了利益，不能說是得到很大的利益。如果他能施捨金銀財寶，才是得到大利益。如果他更進一步能捨棄自私和名相的執著，把福德迴向無上的智慧，發願度化和饒益所有的眾生，才能算是得到無上的善利。……為什麼呢？因為財物都是有形的生滅法。有形的東西就有數量，有數量就有界限，單靠這有形有限的財物，不能證得無量的一切種智。」

《月燈三昧經》的第六卷記載了十種布施的利益：

㈠降伏慳吝——既然能夠布施，就不會生吝嗇心。

㈡捨心相續——布施成習慣以後，縱使缺乏錢財，布施的心仍然不會間斷。

㈢同其資產——與眾生共同分享財物，晚上便不會做惡夢。

㈣生富豪家——布施的人，來世將投生富貴和幸福的家庭。

㈤生處施心現前——生生世世，都有布施的習氣，而且心情愉快。

㈥四眾愛樂——常以布施廣結善緣，人們自然喜歡親近，所以人緣好，做事業容易成功。

㈦入眾不怯——為富不仁的人，大家都恨他，所以不敢接近群眾。現在有錢就布施，群眾沒有怨恨心，到群眾中當然平安而沒有恐懼了。

㈧勝名流布——人們受到施者的福惠，常會感恩圖報，因而布施者的芳名自然也就廣為流傳了。

㈨手足柔軟——人們有需要，親自送財物去給他，會感受手足柔軟的福報。

㈩不離知識——因為布施的緣故，時常可以親近善知識。

《大寶積經》、《優婆塞戒經》第四卷和《發菩提心經論》的上卷說：愛好布施的人，可以獲得五種利益：

㈠常得親近一切聖賢。

㈡所有眾生樂於見聞和親近。

㈢在群眾中常受敬愛，而且沒有畏懼。

㈣善名遠播。

㈤因此能夠成就無上的智慧。

《優婆塞戒經》說：「如果布施衣服，可以得到莊嚴美妙的色身。布施飲食，得到無上的力量。布施燈光，得到清淨美妙的眼睛。布施車乘，身常安樂。布施房舍，所須無乏。布施清淨微妙的財物，將來得到悅人、可愛的膚色和財物，善名遠播、所求如意、出生高貴的種族。」

《大寶積經》和《發菩提心經論》的上卷說：「布施花卉，得到覺悟。布施香料，得到戒定慧。布施水果，具足無漏果。布施飲食，得到長壽、辯才、美貌、有力、安樂的福報。布施衣服，得到清淨的色身和慚愧心。布施燈光，得到佛眼，照了一切諸法的體性。布施車乘，得到神足通和最上乘的佛法。布施瓔珞，具足了佛陀身上八十種美好的特徵。布施珍寶，

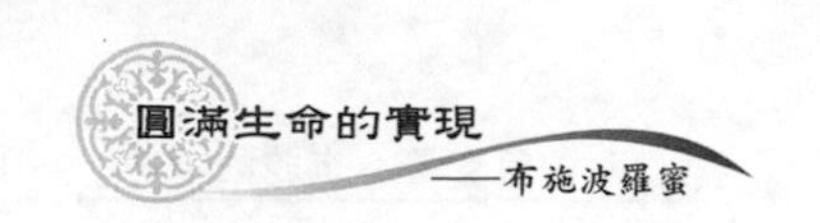

具足了佛陀完美的三十二種身相。布施僕使，具足佛陀的十力和四種無畏。捨己為人，布施全身，心無吝惜的人，將來會成就無上的智慧，廣度眾生。」

《俱舍論》的第十八卷說：「布施的人，以恭敬的心去布施，將來就為他人所尊重。如果親手布施，將來便有廣大財富、愛樂受用。如果能應時布施，將來就感受應時的財物，在急需的時候，不愁匱乏。如果布施時沒有偷工減料和損害的心，將來資產就不會為他人所侵奪、為天災、人禍所破壞。」

《優婆塞戒經》的第五卷又特別強調布施佛法的殊勝利益：

㈠因為眾生聞法以後，會斷除憎恨心；所以布施佛法的人未來無量世中，相貌非常莊嚴。

㈡因為眾生聞法以後，會慈心不殺；所以布施佛法的人未來無量世中，壽命綿長。

㈢因為眾生聞法以後，就不會偷取別人的財物；所以布施佛法的人未來無量世中，財富時常充裕。

㈣因為眾生聞法以後，會開心而樂於布施；所以布施佛法的人未來無量世中，身體威武有力。

㈤因為眾生聞法以後，就會斷除放逸；所以布施佛法的人未來無量世中，身心常得安樂。

㈥因為眾生聞法以後，就會除去愚痴；所以布施佛法的人未來無量世中，得到無礙的辯才。

㈦因為眾生聞法以後，就會起信心而沒有疑惑；所以布施佛法的人未來無量世中，信心十足。

《大智度論》說：「如果布施修福，不喜歡有為造作的生活方式，來世會出生在四王天。如果布施，加上供養父母眷屬，沒有憎恨心，又不喜歡爭訟，來世會生在忉利天，乃至他化自在天。」

《六波羅蜜多經》的第四卷說:「一切財物都是無常敗壞和眾苦的根本。如果我們把財物拿來布施，並把功德迴向給所有的眾生，並且發願大家都能成就無上的智慧。那麼，不但一切眾生都會蒙受利益，而且生生世世心常安穩，沒有憂愁恐怖，將來必定能夠成佛。布施的功德和利益是無量無邊，難以描述的!」

㈠實例一——布施者升天證果

《賢愚因緣經》記載：有兄弟二人於父親死後分家。後來弟弟家裏變貧窮了，前後七次向哥哥要錢。哥哥都給他了。哥哥說:「這是最後一次給你錢，以後你不要再來找我要!」弟弟聽了很生氣。沒想到後來哥哥也變窮了，哥哥就去求弟弟。弟弟因為舊恨未消，既不給哥哥錢財，也不把吃的東西給他。哥哥說:「連親生兄弟都這樣冷淡無情，更何況一般世人呢?」他感歎世態炎涼，因此入山修道，證得了辟支佛的聖果。後來，遇到了饑荒，弟弟家裏又變貧窮了，入山砍柴賣錢。有一天他遇到了一位修道人到城裏來乞食，到處都求不到食物。弟弟因為不識得那位修行人就是他哥哥，所以請那位修行人到家裏分享粗茶淡飯。他弟弟因為這次布施而得了大福報，死後七次投生在天上和人間享受殊勝微妙的快樂，後來遇到了釋迦牟尼佛而得道。這就是無滅尊者的過去因緣。

㈡實例二——布施者子孫賢貴

《宋史》和《歷史感應統紀》的第四卷說：竇禹鈞是五代後晉時幽州地方人，因為幽州屬燕，故名燕山。他是一個自幼喪父的孤兒，賴母親撫養長大，事母很孝順，對於母親的話，從來不敢違逆。在那個時代的人，多數在二十歲左右就結婚，所以如果到了三十歲還沒有兒子，就會感覺到「無後為大」的憂慮。可是禹鈞到了三十餘歲，膝下猶虛，正在愁眉不展的時候，忽然有一天夜間，做了一個夢，夢見他已故的祖父對他說:「禹鈞!你前生的惡業很重，所以你今生的命運，不僅沒有兒子，並且壽命也很短促。我親愛的孫兒！希望你及早回心向善，努力多做救人濟世的善事，或許可以轉變業力，挽回命運。」他一覺醒來，把夢中祖父的話，一一銘記於心，從此立志諸惡莫作，眾善奉行。

竇家有一僕人，盜用了禹鈞二萬銀錢，恐怕給主人發覺，就寫了一張債券，繫在自己小女的臂上，券上寫明:「永賣此女，償所負錢。」僕人從此遠逃他鄉。禹鈞發覺了這件事，把僕人所寫的債券焚毀，並且對僕人的女兒撫養得很好，那女兒長大後，禹鈞還替她備了嫁妝，嫁了一位美滿的賢婿。

有一年新年的元旦，禹鈞到延慶寺去拜佛，在寺中大雄寶殿的拜墊旁，拾到了白銀二百兩，黃金三十兩，他想一定是拜佛人的遺失物，就在寺中守候失主，果然看到一個哭哭啼啼而自言自語的人，禹鈞問他何故哭泣，那人說:「我父親給綁匪擄去，將被處死，我好不容易向親友們東借西湊，得到白銀二百兩，黃金三十兩，預備把這筆金銀贖回我父親的死。那知我一摸錢袋，黃金白銀都沒有了，這樣我的父親就難免一死，剛才我到這裏來進香拜佛，不知是否遺失在寺中?」禹鈞知道那人是失主不誤，就將黃金白銀如數歸還，並且還贈他一筆路費，失主歡天喜地的道謝而去。

竇先生一生做的好事很多，例如親友中有喪事無錢買棺者，他出錢買棺葬殮；有家貧子女無法婚嫁者，他出資助其婚嫁，使外無曠夫，內無怨女。對於貧困得無法生活的人，他借錢給他們，使他們有做生意的資本，因此各地的窮人，由他幫助而得以維持生活的，不可勝數。他為了要救苦濟人，所以自己的私生活很儉樸，絲毫不肯浪費，每年量一歲的收入，除了供給家庭的必要生活費用外，都作救苦濟急之用。他還建立書院四十間，聚書數千卷，禮聘品學兼優的老師，教育青年，對於無錢的貧苦子弟，代為繳納學費，先後造就了很多學問高深的優秀人才。

有一天竇先生又做了一個夢，夢見祖父對他說：「你多年以來，做了不少善事，上天因為你陰德很大，給你延壽三紀，並且賜給你五個貴子，來日都很顯達，你將來壽終之後，可上升天堂。」祖父說完以後，又繼續諄諄的對他叮囑：「因果的道理，確實而無虛妄。善惡的報應，或見於現世，或報於來世，或影響子孫。天網恢恢，疏而不漏，絕對沒有疑問的。」

從此以後，竇先生更加努力修身積德，後來果然生了五個兒子，因為他家教很嚴，所以兒子們都很循規蹈矩，和睦雍熙，滿門孝順。五個兒子都先後中了進士，大兒子竇儀，官至尚書，次兒竇儼，位至翰林學士，三兒竇偁，官參知政事，四兒竇侃，任起居郎，五兒竇僖，位左補闕，還有八個孫子，也都很顯貴。當時侍郎馮道贈詩一首云：「燕山竇十郎，教子有義方，靈椿一株老，丹桂五枝芳。」竇禹鈞本人，也做到諫議大夫的官職，享壽八十二歲，臨終前預知時至，向親友告別，沐浴更衣，談笑而卒。

善惡的報應，有的現世獲報，有的子孫獲報，有的來世獲報，雖有遲速的不同，但報應不爽，是毫無疑問的，像竇禹鈞公，不僅現世獲享高壽厚祿，後代子孫昌盛顯達，且觀其臨終瑞相，亦可證明來世必能獲生善地。這是因為竇公生平做的功德，廣而且大，所以能「現世」「子孫」「來世」三者，都能獲得善果。宋朝范文正公仲淹，曾將竇禹鈞的事蹟，訓示其子孫，廣修善事，因而范公的後代，亦很昌盛發達。可是世人知悉竇禹鈞事蹟的很多，不止范文正公一人，但大多聞而不行，如入寶山空手回，豈不可惜！（摘自唐湘清所譯的《因果報應故事類編》）

四、貪吝的害處

列舉十則實例

《福蓋正行所集經》的第一卷說:「心中起了貪念，就像奴僕那樣受到束縛而不得自在。身體貪著感官的享樂，不明白無常的道理，而勞勞碌碌地度過一生。由於愚痴，所以才會產生我慢，對於自己的財物，百般地吝惜和守護，見到乞求的人，調頭就走。從不在寂靜的地方修持淨戒和練習禪定，也不做貢獻大眾的福利事業，這一生必然空無所得!」

「財物會增長驕傲、我慢、掉舉和散亂，不但產生許多憂愁和恐怖，而且障礙寧靜的心念和導致快樂的善法。所以，財物是無常散壞、是會使人墮落的東西。……雖然花錢和享受物欲時，可以得到一點快樂，可是它卻極為短暫而且宛如過目雲煙，稍縱即逝。……拼命賺取財物，結果苦多樂少，而且成為無數煩惱的根源。」

《成實論》中提到了七種吝嗇的果報:

㈠出生時雙眼失明。

㈡愚痴無智。

㈢投生在邪惡和冤仇的家庭。

㈣在母胎中夭折而死。

㈤常受一切惡物所恐怖。

㈥善人紛紛遠離而不敢親近。

㈦造作各種惡事。

《六波羅蜜多經》的第四卷記載：吝嗇的人常懷著憂愁和煩惱。在現世中，吝嗇是各種苦惱的根源。來世也是如此。吝嗇而不將積蓄的財物拿出來布施，就如同在逆風拿著稻草做的火把前進一樣，稻草燒完以後，火燒到了手就會疼痛萬分了。但如果很快把稻草做的火把丟掉就沒有痛苦了。我們應當觀察這些財物宛如燃燒的火炬和虛幻的陽燄一般，儘速捨棄，以求真實的福德和利益。如果許多貪心和吝嗇的人在一起互相讚歎：「你們真聰明！把珍奇的財物守護得這麼周密，真是有辦法！不要像那些愚笨的人拿錢去布施！」這些毀謗沒有三世因果的人，死後會墮入地獄、餓鬼和畜生道。縱使僥倖得到人身，也一定是貧窮和下賤的。……所以吝嗇有無量的過失。

有些人不布施的理由是——看見別人為了名利而布施財物，感到很俗氣。殊不知：為了名利而布施總比吝嗇不布施還要好得多！因為每個人不一定都是聖賢，聖賢不是馬上可以一蹴而幾的。聖賢清淨的心地也是由凡夫的名利分別心不斷修養得來的。所以我們要「躬自厚而薄責於人」，多用布施來鍛鍊自己，而不要因噎廢食。就如同佛陀在《百喻經》裏所說的：「有一個眼睛出了毛病而在痛苦，另一個女子就說：『有眼睛就會有病痛！』其他的女子聽到了以後，恐怕自己的眼睛將來也痛了，就全部把眼睛挑出來以求無痛。這如同有人說：布施得到財富沒什麼了不起，當財富失去以後，就會憂愁苦惱，所以乾脆永遠不要布施算了！」

有錢財而沒布施，會惹來很多苦惱。他耽心盜賊、稅金、利息、錢財的多寡而生活得不自在、睡得不安穩。甚至還遭受鄰居「為富不仁」的唾罵和嘲笑。《菩薩本行經》說：「如果見到乞求的人，就愁眉苦臉，那位仁兄已經快要成為餓鬼了。」《正法念處經》也說：「丈夫叫太太布施出家人，家裏有財物，而太太卻打妄語說沒有而不肯布施，這位太太死後會墮落餓

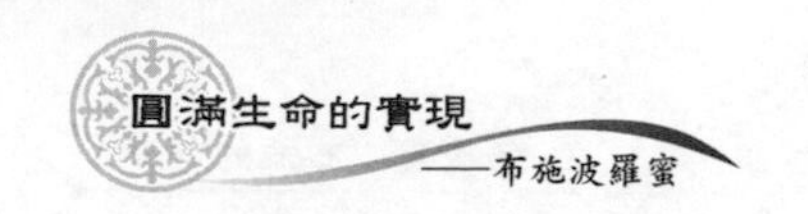

鬼道，成為『針口鬼』。肚子很大，嘴巴和喉嚨像針孔那麼小，那能嚥下食物呢？如果自己獨享美味的飲食，而不請妻子眷屬分享，這種人死後會變成專門吃氣體或只能吃到氣味的餓鬼，這就叫『食氣鬼』！」

像《法決疑經》說：「不布施，戒就無法清淨。戒不清淨就無法發起悲愍的心。沒有慈悲心，對於一切事物就不能安忍和逆來順受。不能安忍，就無法勇猛精進用功修行。不精進修行，就無法得到禪定。沒有禪定功夫，智慧就無法顯現。沒有智慧，就時常會被煩惱所束縛。」

吝嗇而不布施，不但現世會產生許多煩惱、無法修行，而且還會使人不得善終，來生又墮落在很糟糕的境界。下面我們舉十個經史中的例子來說明：

㈠人命無常

《法句譬喻經》的第十三品記載：佛陀在舍衛國時，舍衛城裏有一位非常有錢而卻很貪吝的婆羅門。他沒有道德觀念，也不了解人命無常的道理。他都已經快八十歲了，還不斷在追求物質的享受，蓋了很多棟富麗堂皇的房舍、前廳、後堂、涼堂、煖室、東西兩邊的廂廡有數十間房間，只有剩下後堂的部分還沒有完成。這位婆羅門還放心不下，還親自監工建造。

佛陀以道眼看見這位婆羅門不久將會命終，他還這麼忙碌地策劃，弄得身體消瘦、精神疲憊，不但沒有福氣，而且也很可憐。於是佛陀就帶著阿難來到婆羅門的家中，慰問婆羅門。佛陀說：「老先生！您會不會累呢？您建這麼多房子幹什麼呢？」婆羅門回答：「前廳接待客人，後堂我自己住，東西兩邊的廂房給子孫和僕人居住，並且留幾間房間堆積財物。夏天我就上涼亭，冬天我就住進煖室，這豈不是人生的一大享受？」

佛陀說：「老先生！久聞您的大名，我有一些話想要贈送給您，不知您是否肯暫停一下監工的工作，我們坐著談，好嗎?」

婆羅門回答:「我現在很忙，恐怕沒有時間坐下來談，還是請您改天再來吧！如果您有什麼話，請您現在說吧!」

佛陀說:「世間的一切事物生滅無常，您有了子媳和財物，還這麼勞碌，能算是聰明人嗎？人命朝不保夕，為什麼要處心積慮這些身外之物呢？無論炎熱或寒冷，只要有一間房子可棲身就行了，您不知道未來的變化，又何必這麼操心呢？自己不明事理，而卻以為勝過有智慧的人，那豈不是更加愚蠢嗎?」

婆羅門說:「您的話講得有道理，可惜我現在太忙，還是改天再來長談吧!」

過了不久，那位婆羅門親手搬動屋頂的橫樑（房子上面承載瓦片的圓木），橫樑掉下來，正巧打中他的頭部，就這樣一命嗚呼了。全家人都啼哭得很大聲，驚動了左鄰右舍。佛陀剛走沒多遠，這場災變就發生了。佛陀走到街上遇到幾十位修行人，他們問佛陀從什麼地方來的，佛陀回答說:「我常到那位老婆羅門的家中為他說法，他都不相信我的話，不能體悟人命無常的道理，現在突然去世了!」那些修行的人聽到佛陀剛才對婆羅門所說的那一段話，立即悟道了。

㈡人財兩空

《北史》和《歷史感應統紀》的第三卷記載：崔和的字叫做亮，是後魏時代的人。家裏非常富有，可是卻很吝嗇小氣。要他花錢，簡直就像割肉一樣的難。他在暗地裏埋了數百斛（一斛等於五斗）的錢財。

他的母親李氏，在春天蔬菜盛產的季節裏，想吃點菫菜（旱芹）來配飯，可是崔和連買給母親吃的這一點小錢都捨不得花，始終不肯買菫菜（旱芹）孝敬她老人家。

後來他的兒子崔軌，盜取他的錢財，多達數百萬文，違背崔和偷跑了，崔和很感到激憤，卻也無可奈何。

崔和遷任參軍的官職，貪求無厭，利用權勢，多方收取賄賂，終於罪行暴露，皇上賜他自殺身死。

他家產巨萬，卻捨不得買旱芹來供養母親。他一直認為自己可以永遠保有錢財，沒想到敗家子可以盜取了他的錢財，皇帝也可以殺他的性命，財命兩空，又落得不忠不孝的罪名，遺臭萬年，守財奴多麼不值得啊！（呂富枝居士譯文）

㈢貪吝變蛇

《賢愚經》的第三卷記載：從前有一個人特別喜歡黃金，他勤苦地工作，把所賺來的錢，全部用來買金子。有一天，他的金子裝滿了一個瓶子，就挖掘家中的地面而把它埋藏在地底下。他又繼續努力工作，經年累月地省吃儉用，陸陸續續一共儲存了七瓶金子，全都埋藏在地下。後來他忽然生病死了，由於他非常愛惜那七瓶金子，以致死後轉世變成一條毒蛇，守護那些金子，以防別人取走。日子一久，房子因為沒人住而朽壞了，那條毒蛇還是一直守護著那七瓶金子。因為貪愛金子的心沒有間斷，所以他生生世世都投生做毒蛇，守護著那七瓶金子。這樣輾轉經過了數萬年，他還是受生毒蛇的身形。有一天他突然對於自己投生當毒蛇身，起了厭離心，他想：「我為了這七瓶金子而受毒蛇的身形，實在划不來啊！不如把金子布施給寺院，或許我因此可以超生也說不定！」於是他就讓人拿那七瓶金子去布施寺院，師父們又為他說法，他才脫離了蛇身而生在忉利天。（詳見《賢愚經》的第十七品〈七瓶金施品〉）

㈣死墮地獄

《增壹阿含經》的第十三卷記載：舍衛城有一個名叫婆提的長者，他家財億萬，因為吝嗇，而捨不得穿衣飲食，甚至連父母妻子奴婢也都不給他們好的衣服和食物。他沒有生兒育女，後來因為生病而命終，他所儲藏的八萬斤黃金、無數的珍寶和全部家產都被官府沒收。波斯匿王趕來問佛，佛說：「婆提長者在過去曾請辟支佛吃了一頓飯，因為心不誠敬，布施後又後悔罵人了，所以今生雖然得到了巨富卻不能享用。加上他為了錢財而殺害了同父異母的堂弟，他福報享受完畢，今天晚上就出生在涕哭地獄受苦了！」佛陀也勸波斯匿王博施濟眾，不要讓布施的心間斷。

㈤醜陋辛苦

《百緣經》的第三卷記載了：舍衛國的波斯匿王宮中有一位年紀很大的婇女非常吝嗇，不喜歡布施，以吃的殘果和臭味難聞的水布施目蓮尊者，死後出生在荒郊野外，相貌醜陋，生活十分艱苦。

㈥吝嗇無福

《百緣經》又記載：有一位修道人打從出生時就缺乏飲食，請求別人去幫他要點吃的東西，都要不到或者都忘記了，所以他總是找一些鳥獸所吃剩下的食物。因為他前世不孝順母親，曾經七天不給母親飲食，所以感受了這種報應。後來他卻因為找不到食物，吃泥沙而死呢！

㈦吝嗇貧窮

《貧窮老公經》記載：佛在舍衛國的祇樹給孤獨園時，有一位兩百歲

的老公公，聽說佛陀在世心中很歡喜，十年來一直想拜見佛陀。這位老公公長得眉清目秀，牙齒潔白，雙手過膝，相貌長得不錯。可是卻孤苦無依，貧窮度日，衣食不得溫飽。他拿著拐杖要見佛。佛問阿難有沒有見過長壽端莊而卻貧窮受罪的老公公。阿難回答說：「相貌端莊而又長壽的人怎麼會貧窮受罪呢？我平生從未見過！」於是佛陀吩咐阿難去請他進來。

這位老公公一見到佛陀就悲喜交集，眼淚直流。他說：「我實在太辛苦了，不但常受飢凍，而且求死不得，活著又無依無靠。我很早以前就聽說世尊非常慈祥，所以十年來一直都想拜見您，現在終於如願以償了。希望我的罪障能早點消失！」

佛陀告訴他：「人的生死和受苦都是有因緣的。你前世曾經當了太子，因為不信因果和聖賢，所以目高一切、傲氣淩人，而且時常搜刮老百姓的財物。有一天，有一位貧窮寒酸的修道人，名字叫做靜志，從遙遠的異國來向你化緣一件衣服。你不但不願意，而且又不讓他走，使他飢渴了七天七夜，差一點沒命。後來侍候你的大臣勸告你尊重修道人，你才把他放走，且又將他驅逐出境。他離開你的國土不到十幾里，便遇到了一群飢餓的盜賊想殺他而食他的肉。當你知道這消息以後，於心不忍，立刻趕去救他。盜賊見到你就叩頭謝罪，並且把他放了。那位修道人就是現在的彌勒菩薩，你就是那位高傲的太子。因為你前世吝嗇，所以今生貧窮。因為你救了出家人的命，所以今生長壽。善惡的報應如影隨形，實在絲毫不爽啊！」

這位貧窮的老公公聽了佛陀這一席話，就出家追隨佛陀，當下得到禪定而大開智慧。

㈧自作自受

《佛說越難經》記載：波羅棕國有一位很有錢的長者，名叫做越難，家中珠寶、牛馬和田宅都很多，可是他生性吝嗇嫉妒，不相信道德，也不喜歡布施。太陽還沒下山，他就命令看門的管家早點把門關好，如果有乞丐來要東西，不要理他。

越難長者生了一個名叫栴檀的兒子，也很貪心和吝嗇。後來越難長者死了以後，投生做一個瞎眼的女乞丐的孩子，一出生時也是雙目失明。全靠他母親行乞來養活他。當他七歲的時候，他母親就叫他挨家挨戶去乞食，學習獨立生活。

有一天來到栴檀的家門。湊巧看門的管家有事出去一陣子，於是這位小乞丐就直接走進屋子，依照他母親所教他的話要飯。栴檀在樓上聽到乞丐要飯的聲音，心中很火大，便憤怒地問看門的管家說：「誰讓這位小乞丐進來的！」看門的管家見到主人這麼生氣，心中很害怕。急忙拉著這位瞎眼的小乞丐離開，由於用力過猛，而把他摔倒在門外。頭碰受傷了，右臂骨折了，裝飯的器具也掉落在地上，小乞丐痛得一直哭個不停。

他母親聽到這消息，急忙趕來，而且很激憤地說：「是誰那麼可惡把我的孩子弄受傷了？我的孩子年紀這麼小，又雙目失明，到底犯了什麼大罪才被打成這個樣子？」小乞丐就對母親說：「我到這家中乞食，有一位聲音很大的人命令了一個大力士把我摔倒了，身體才受傷的！」

當時門神就告訴那位小乞丐說：「您受了這些痛苦，其實只是小意思，你將來還會受更大的苦。因為你前世有錢財而不布施，所以今生受貧苦的果報。世間富貴無常，富貴而不布施，就像沒有錢財一樣。死後的果報很苦，憂愁和後悔無濟於事！」佛陀也帶領許多弟子來了，佛陀用手撫摸那位受傷的小乞丐，說也奇怪，他失明已久的雙目突然好了起來，不但骨折和傷口同時痊癒了，而且夠明白過去世的情形。

佛陀問他說：「你前世是不是那位名叫越難的長者呢？」小乞丐回答說：

「是!」佛就告訴阿難等弟子說:「世間有些的人辛勞而且愚痴，只隔一世，父子就不相認識了。人們費盡了千辛萬苦，去追求財物和兒子，結果落得憂愁和痛苦的下場，你說值得嗎?自身尚且不能自保，更何況財物和子女呢?好比夏天我們在樹下乘涼，過了不久就又要走了，世間就是這麼無常啊!」

㈨貪吝變鬼

《百緣經》的第五卷記載:迦葉佛時，波羅棕國有一位比丘，長途跋涉，又熱又渴，看見一個名叫惡見的婦女正在汲取井水，就向她要水喝。沒想那位婦人卻回答說:「縱使你渴死了，我也不會給你水喝!」眼睜睜地看著比丘辛苦地上路。惡見越來越吝嗇，見到所有來向她乞求的人，她從不布施。她死後變成餓鬼。身子黑得像木炭，肚子很大，喉嚨卻像針那麼細小，頭髮硬得刺到身體都會痛。時常口乾舌燥，雨水掉在她的身上變成火花，遇到河流和泉水也都乾涸了。

㈩輕慢不施

《百緣經》的第五卷又記載:舍衛國的長者子，驕傲怠慢、放縱情欲，不喜歡布施，而貪求世俗的快樂。他不信佛教，看見和尚入城乞食，自己不但不布施，而且也唆使別人不要布施。他對別人說:「這些修道人都是社會的寄生蟲，自己不生產，專依靠別人過活。如果你現在布施食物給他，他不會滿足而且還會時常來，讓你很不勝其煩!」他由於貪吝，死後神識墮入餓鬼道。

由於貪吝具有上述的害處，所以《大智度論》的第二十二卷說:「吝嗇是凶衰的象徵，使人產生憂慮和恐懼。……吝嗇的人捨不得吃穿，終身愁眉苦臉而得不到歡樂，雖然他們擁有財物，卻跟貧困沒什麼兩樣！吝嗇者所住的房宅，就像墳墓一樣，使人望而卻步，而不敢登門造訪。智者擯棄吝嗇的人，雖然他們的生命和氣數尚存，可是卻跟死人沒有多大的差別。吝嗇的人實在沒有福氣和智慧啊！……」

為人不可不回頭　名利英雄有日休
千種情懷千種恨　一分榮辱一分憂
紅塵大廈千年計　白骨荒郊一土坵
開口對人閒借問　為誰不了為誰愁

堪歎人心毒似蛇　誰知天道轉如車
去年妄取東鄰物　今日還歸北舍家
分外錢財湯潑雪　騙來田地水堆沙
若將狡譎為生計　恰似朝開暮落花——羅狀元〈醒世詩〉

五、布施的二十九個譬喻

㈠布施是堅固的寶藏，因為它的果報，沒人搶得走。

㈡布施是破苦的良方，因為它能給人帶來快樂。

㈢布施是優秀的駕駛員（善御），因為它能引導人們達到美妙的境界。

㈣布施是最好的護身符（善符），因為它使我們結交了許多金蘭益友。

㈤布施是安穩的行為，因為常布施的人，臨命終時，心不畏懼。

㈥布施是慈悲的化身，因為它能普遍救助眾生。

㈦布施是眾善之所歸，因為它能消滅苦惱這群盜賊。

㈧布施是威猛的大將，因為它能降伏吝嗇這敵人。

㈨布施是美妙的果實，因為它為一切天人所愛護。

㈩布施是清淨的道路，因為它是千聖萬賢所走的途徑。

⑾布施是積善和福德的大門。

⑿布施是辦事的橋樑。

⒀布施是聚集群眾的助緣。

⒁布施是財富的種子。

⒂布施是福德和善人的特徵。

⒃布施是修道的最初正因。

⒄布施是提昇人格的重要法寶。

⒅布施是稱讚和名譽的源頭。

⒆布施是走進群眾而沒有任何困難的本錢。

⒇布施是內心不悔恨的窟宅。

(廿一)布施是善法和道行的根本。

(廿二)布施是各種歡樂的泉源（或森林）。

(廿三)布施是富貴和安穩的福田。

(廿四)布施是得道和涅槃的資糧。

(廿五)布施是聖賢所建立的典範。

(廿六)布施是一般人所效法的榜樣。（參閱《般若論》和《大智度論》第十一卷）

(廿七)布施是親密的善友，因為始終相互利益，而且不會受損害。

(廿八)布施是良好而密合的蓋子，能遮擋飢渴的風雨。

(廿九)布施是堅牢的船隻，能渡過貧窮的大海。（《大智度論》第二十二卷）

戈盾隨身已有年　鬧非鬧是萬千千

一家飽暖千家怨　半世功名百世冤

象簡金魚渾已矣　芒鞋竹杖興悠然

有人問我修行事　雲在青山月在天——羅狀元〈醒世詩〉

六、布施的五種相對情況

《教乘法數》和《法苑珠林》的第八十一卷說：

㈠就福田（對象）和財物來論勝劣

1. 田勝財劣——如孩童布施泥土給佛陀。
2. 財勝田劣——如用珠寶布施窮人。
3. 田財俱勝——如用寶物布施佛菩薩。
4. 田財俱劣——如以牧草布施畜生。

㈡就心地和財物來論輕重

1. 心重財輕——貧女以恭敬心布施舊氈子給大眾，得福多。
2. 財重心輕——王后以傲慢心布施寶物給眾僧，得福少。
3. 心財俱重——以虔敬心布施貴重的物品，得福最多。
4. 心財俱輕——以輕慢心布施小卡片，得福最少。

㈢就施者與受者來論染淨

1. 施者清淨、受者不清淨——有道德的人以慈悲心布施食物給死刑犯。
2. 施者不淨、受者清淨——貪官污吏以財物布施清修的道場。
3. 施受俱淨——如寶積佛以香花供養釋迦牟尼佛。
4. 施受俱不淨——盜賊送贓物給貪官污吏。

㈣就心地和境界來論空有

1. 空心不空境——雖然學習空觀，愛惜財物而不布施，還是受貧窮的果報。
2. 空境不空心——相信布施財物可得到很多財富，所以很樂於施捨。

但因不明白空理，所以得到的福報和福德仍然很有限。

3. 心境俱空——心中明白空理，而且又能勤於布施財物，福德最大。

4. 心境俱不空——心中不明白空理，又吝惜財物而不肯布施，糟糕透了！

㈤就所施的財物與所得的福報來論多少

1. 施多得少福——愚痴的人祭祀不如法，花費雖多，得福甚少。

2. 施少得多福——以慈悲心奉養修道的人，布施的財物雖少，得福卻頗多。

3. 施少得少福——以巴結和恐懼的心布施財物給地痞流氓，沒有什麼福報。

4. 施多得福多——修建寺院和佛塔，布施得多，福報更大。（其他變化情況，請參閱拙著《改造命運的原理與方法》第一〇五至一一四頁）

獨對青山一舉觴　醒來歌舞醉來狂
黃金不是千年業　紅日能催兩鬢霜
身後碑銘空自好　眼前傀儡為誰忙
得些生意隨時過　光景無多易散場——羅狀元〈醒世詩〉

七、布施的種類

八種分類法

《大智度論》的第三十三卷將布施分為「淨施」與「不淨施」兩種。

淨施就是布施時不求世間的名聞利養和人天福報，只為了資助出世間的善根和涅槃，而本著清淨心來布施。

不淨施是以虛妄的分別心來布施，而且貪求名利果報。

《解深密經》的第七品和《優婆塞戒經》的第四卷將布施分為財施、法施和無畏施三種。

㈠財施就是施捨財物。財物可以分做「內財」和「外財」兩種。內財是身上的血液、眼睛、骨髓、腎臟等。所以捐血、捐眼角膜、捐腎都是布施內財。外財是身外之物，例如：汽車、洋房、飲食、醫藥、衣服、小飾物等。

㈡法施是演說佛法給人聽。佛法有五乘：人乘、天乘、聲聞乘、緣覺乘、菩薩乘。所以講解儒家的人生哲理和道家清淨無為的境界、養生的方法，或一般人生體驗，只要不跟五乘佛法相違背，又能幫助人們提昇人格素養的，都算法施。法施除了講經說法以外，也包括誦經、拜經或拜懺等。

㈢無畏施是解除別人的緊張、焦慮、恐懼、挫折或衝突等。例如：解除人們脫離危險，受冤屈的人，替他申冤或平反；受束縛的眾生，替他解圍或釋放；鼓勵不敢行善的人，或者出勞力幫他完成善事；

陪膽小的人，走過黑暗的道路。

《菩薩善戒經》和《六波羅蜜多經》的第四卷將布施分為施、大施、無上施。

㈠（小）施——布施一般的財物，如飲食、衣服、醫藥、日用品、房舍等。

㈡大施——能布施所愛敬而且又貞順賢淑慧的妻妾，以及端莊可愛、孝順友善的兒女。如果有所吝惜，又怎麼能跟一切眾生做佛法的父母和伴侶，把所有眾生都當做自己的愛子，去憐愛、悲愍和救護他們解脫生老病死的苦惱呢?

㈢無上施（第一義施）——施捨自己的頭顱、眼睛、大腦、骨髓、皮肉、血液等。

《菩薩善戒經》的第一卷提到了四種布施：

㈠筆施——布施筆給發心書寫經典的人，以幫助他完成善願。

㈡墨施——布施好墨給發心書寫經典的人，以幫助他成就善舉。

㈢經施——印經或請經送人，以便利讀誦受持。

㈣法施——演說佛法，使人聽了以後，能引發信心、了解經義、奉行教法、證得聖果。

《大寶積經》的第一百二十卷提到了五種施物：㈠佛法、㈡飲食、㈢房舍、㈣燈燭、㈤香花。

《俱舍論》的第十八卷談到了七種布施：

㈠施客人——居住在本地的異鄉人。

㈡施行人——出外旅遊的人。

㈢施病人——身染疾病的人。

㈣施侍者——照護病人的護士小姐。

㈤施園林——布施園林樹木給寺院。

㈥施常住——布施錢財或田地，供十方僧寶食用，使他們沒有匱乏。

㈦隨時施——隨著天氣和季節的變化（風寒或炎熱）而布施適當的衣服和飲食。

《華嚴經》將布施分為十種：

㈠分減施——如果得到新鮮美味的食物或飲料，先供養聖賢或施與眾生，然後自己才飲用。

㈡竭盡施——隨己所有，盡力布施，饒益眾生，而永不吝惜。

㈢內施——施捨手腳、血肉、眼睛，甚至犧牲性命，以救濟眾生。

㈣外施——把王位、房舍、寶物等贈與別人。

㈤內外施——身體和身外的財物都是生滅無常的，所以全部施捨。

㈥一切施——土地、腦髓、妻子和兒女等最心愛的事物也都能施捨。

㈦過去施——過去的事物，千方百計追求，都得不到手，所以乾脆不追憶過去，以免徒增苦惱。

㈧未來施——要成就佛法，心中不可想像各種名相，將來心不可得。

㈨現在施——現在的一切事物和現象，都不斷在變遷生滅，如夢那麼虛幻不實，不可貪取。

㈩究竟施——這身體危脆不堅，應該全部用來布施，以滿足眾生的需要和實現我的理想。

《寶雨經》的第一卷不但提到了十種布施，而且扼要地說明成就這十種布施的方法。如果能夠成就下面這十種布施，便能夠達到圓滿而沒有負擔的境界。

㈠法施——攝取接受正確的佛法，並且時常加以奉行和讀誦，心中無所希求，不為了名聞利養，不為了受別人恭敬，也不為了勝過別人。

只為了消滅一切苦惱有情的業障。演說妙法時，心中沒有企圖。縱使為了國王、太子和屠夫的兒子說妙法，也沒有厚此薄彼的不平等心。何況為一切大眾說法會起差別心？雖然常說妙法，常行布施，而心中沒有我慢。這樣才算成就了法施。

㈡無畏施——菩薩不但自己捨棄殘酷的刑罰和責打，也教別人捨離殘酷的刑罰和責打。他把一切眾生當做自己的父母、妻子和親屬。他為什麼會這麼想呢？因為佛陀說：「一切眾生，沒有不曾做過我的父母、妻子和親屬的！」菩薩對於微細的小蟲，尚且會割肉布施救濟牠們，又怎麼忍心讓無數的眾生受到驚恐和不安呢？

㈢財施——菩薩見到眾生造了非常重的惡業，就布施錢財接濟和攝受他們，使他們能改過向善。他想到佛陀曾經說：「布施是菩薩的智慧。由於布施，才能斷除吝嗇、嫉妒和邪惡的思想。」所以我們應當向如來學習，隨己所有，常行布施救濟眾生，而且在布施的時候，不起傲慢心。

㈣不希望施——菩薩布施時，心念清淨，而不希望報恩。他布施不為自己，不為財富，不為眷屬，也不為名聞利養，也不企求果報。

㈤慈愍施——菩薩看見眾生受飢渴貧病、衣衫襤褸、孤獨無助的苦惱，他立刻起了慈悲和憐愍心。他想：「我為利益一切眾生，所以才發心追求無上的智慧。現在他們流轉生死、無依無靠，我何時才能度脫這些苦難的眾生呢？」由於菩薩的慈愍心很深廣，他常盡心盡力布施財物，救濟眾生，增加眾生的善根和福德，而且從來不產生貢高我慢的心理。

㈥不輕慢施——菩薩布施時，不會輕視或欺騙眾生，所以不會拿不好的東西布施。他沒有怨恨心，不會嫌棄眾生。不會因為眾生有了某些缺點或看不順眼，布施時就要減少財物的數量和品質。他不因為富貴自在而就自以為了不起。他布施不求名聞，也不驕傲和放逸。他布施時，恭恭敬敬地把財物奉交給對方，心中滿懷歡喜，而且時常尊重和稱讚對方的長處。

㈦恭敬施——菩薩看見師長和修行人，一定恭敬地禮拜和問訊。他見到師長和別人所完成的各種善舉，希望自己將來也有同樣的善根和智慧，去完成利樂眾生的事業。

㈧供養施——菩薩時常供養佛、法、僧三寶。遇見佛塔，就虔誠地供上花、素果和檀香，無論散花、燒香、塗香油、灑香水、清掃佛堂，都隨己所能，盡心布施，這就是供養佛。聽聞正法，時常加以書寫、受持、讀誦或修習，這就是供養法。遇到僧侶，就供給他們所需要的衣服、飲食、醫藥、臥具，乃至臉盆、水桶、茶壺、茶杯等，舉凡民生和修行所需要的物品，樣樣布施，使修行人毫不欠缺。

㈨無所依施——布施時，不貪求人天福報，不為天王的福位和果報，不求投生其他天界，也不想出生在人間的帝王之家享受榮華富貴。

㈩清淨施——由於菩薩領悟到施者、受者以及所布施的財物都是虛幻不實的，所以布施時心中非常清淨自在而沒有負擔或束縛，沒有任何障礙或貪惜的煩惱。

我們應當知道：「財物如果能夠布施得如法，都可以變成法布施。」（見《華嚴行願品別行疏鈔》第二卷）所以《維摩詰經》的上卷說：「沒有貴賤的分別，同時平等地供養一切眾生就是叫做法施會。換句話說，為了無上的智慧，而發起慈愛心。為了救度眾生，而發起廣大的悲愍心。為了受持正法，而發起歡喜心。為了攝取平等的智慧，而行於捨心。為了解脫慳貪而布施。為了感化犯戒的人而持戒。為了證得無我的空性而忍辱。為了泯除身心的名相而精進。為了達到超越對待的寂滅境界而修禪定。為了成就一切智而行般若。」又說：「如果布施的人以平等心布施最下賤的乞丐，如同布施無上的福田——如來——一樣沒有分別，而且能本著大悲心去布施，不求果報，這叫做『具足法施』。」

《法華經》的第六卷記載：為一切眾生喜見菩薩以身供養如來，諸佛同聲讚歎他「是真精進，是名真法供養如來！」、「這種布施是第一等的布施，是各種布施中最尊貴的。」

要無煩惱要無愁　本分隨緣莫強求
無益語言休著口　不干己事少當頭
人間富貴花間露　世上功名水上漚
看破世情天理處　人生何用苦營謀——羅狀元〈醒世詩〉

八、法施比財施殊勝

二十九點不同

《大集經》說：「財物布施得再多，也不如以至誠懇切的心持誦經中的一句詩偈（偈頌）。」《十住毗婆沙論》的第七卷說：「所有各種布施當中，最殊勝、最奧妙的就是法施。」

《金光明最勝王經》、《大智度論》、《大丈夫論》和《瑜伽師地論》都曾辨別了財施和法施的不同：

㈠財物越布施越少，終有竭盡用完的時候；法施越講越好，無有窮盡。

㈡接受財施的人只有得到現在的利益。接受法施的人現在和未來都有利益。

㈢財施只有布施的人得到利益，受施者並沒有利益。法施則自己和別人同時蒙受利益。因為聽了佛法，會發心疾速成就無上智慧。（以上《大乘理趣六波羅蜜多經》第四卷）

㈣財施的來源和影響力有限，法施的來源和影響力無窮。

㈤財施只得到欲界（天）的果報，法施才可以出離三界。

㈥財施只可調伏自己的貪愛，法施則能斷除無明。

㈦財施只有布施的人增加福德，法施則施者和受者的福德都同時增加。

㈧財施只對身體有益，法施則能兼益性情和神智，甚至還能淨化靈性或心靈（法身）。（以上《金光明最勝王經》第三卷）

㈨財施只能減輕自己的煩惱，法施才可以澈底斷除煩惱。

㈩財施只能感受人天的福報，法施可以感受三乘（聲聞、緣覺和菩薩）的果位。

⑾無論愚笨或聰明的人都會財施，但只有智慧的人才會法施。

⑿縱使像昆蟲或畜生那麼愚笨的動物都能接受財施。但接受法施的卻僅限於耳聰目明的人。

⒀接受財施有時反而會增長貪愛的毛病，但接受法施能破除貪愛、憎恨和愚痴等所有煩惱。

⒁財施只導致身體的快樂，法施能產生心靈的喜悅。

⒂財施的人為世所愛，法施的人為世所敬。

⒃財施的果報，淨少垢多；法施的果報淨多垢少。

⒄作大財施，需要等待眾人的力量和合後才能成事；法施只要出心智就夠，不必要勞師動眾，等待多時。

⒅財施的人將來得到財富，法施的人將來擁有智慧。（以上《大智度論》第十一卷）

⒆布施財物珍寶只可救濟一時的貧乏，法施卻可使眾生終身受用。（《未曾有經》）

⒇對於貪愛的人適合先布施財物來和他建立關係，然後再教他佛法，比較容易接受。財施是手段，法施是目的。

㉑對貪愛的人宜布施財物，對愚痴的人宜布施佛法。換句話說，財施滿足眾生的貪欲，法施解除眾生的愚痴。

㉒財布施的人，得到無盡的財富；法布施的人，得到無窮的智慧。

㉓財布施的人為愚者喜愛。法布施的人為智者所愛慕。

㉔財施減除物質的貧窮。法布施除去精神的匱乏。（以上《大丈夫論》第十四品）

(廿五)財施有時會使人造惡業，法施卻必定使人行善。

(廿六)財施有時會使人引發煩惱，法施則能對治煩惱。

(廿七)財施使他人不斷引發帶有罪惡的安樂，法施卻又不斷產生純淨良善而沒有罪惡的安樂。

(廿八)財施無論聖賢出不出世，都容易獲得，而法施卻只有佛出世時，才能成辦。如果沒有佛出世，就很難得到佛法。所以法施比財施珍貴。

（以上《瑜伽師地論》第七十卷）

(廿九)財物終有用完的一天，教法和義理卻回味無窮。

因為法施有這麼多殊勝的地方，所以《金剛經》說：「有人以三千大千世界滿滿的七寶來布施，不如受持一首四句的經偈。」《金光明最勝王經》的第三卷說：「假如以恆河沙數那麼多三千大千世界滿滿的七寶，供養一切諸佛，不如有人勸請如來，轉大法輪的功德來得殊勝。」

《百丈叢林清規證義》的第五卷更進一步勉勵我們：「與其畫柱雕樑之多多益善，不如黃卷赤軸之源源不竭。印送經典對於後世的利益非常宏大深遠。經典不只是刊印就了事，還要時常整理、維護和修補，這是我們對於法寶所表示的敬意。因它攸關佛法的慧命，所以要慎重保護經典，以免受潮濕、蟲蠹、蟑螂、老鼠的殘害。能夠使經典保存得完善，而且每天都有人借閱或讀誦，這不但就是法輪常轉，也是一件吉祥的大善舉！」

應把經典放在高潔乾燥的地方以防潮濕，並且在書櫃裏灑一些樟腦粉末（中藥店有售），就可以防止書蠹和其他昆蟲的為害了。萬一書房和藏經室的地面較潮濕，濕度較大，可以用檜木腳架將書櫃墊高一點，或者買一臺「除濕機」就更萬無一失了。

雖然法施比財施殊勝，但是我們應該隨緣布施而不可偏執。我們布施最好配合受者的需要，而且布施財物時，順便講幾句佛法或人生的道理給他聽。這樣就能兩全其美了。因為經論警告我們說：

「愚痴的人聽到法施的功德勝過財施，不明白其中的義理，於是就不布施財物，而只喜歡讀經。這種偏激的作法，不如通達教理的人布施小錢解除別人的困厄，就勝過前面那種人讀了千百萬卷經論。」

為人不必苦張羅　聽得僧家說也麼
知事少時煩惱少　識人多處是非多
錦衣玉食風中燭　象簡金魚水上波
富貴欲求求不得　縱然求得待如何

§　§　§

萬事天來莫強求　何需苦苦用機謀
飽三餐飯常知足　得一帆風便可收
生事事生何日了　害人人害幾時休
冤家宜解不宜結　各自回頭看後頭

§　§　§

貪名逐利滿世間　不如破衲道人閒
籠雞有食湯鍋近　野鶴無糧天地寬
富貴百年難保守　輪迴六道易循環
勸君早辨修行路　一失人身萬劫難——羅狀元〈醒世詩〉

九、如法與不如法的布施

清淨或不清淨的布施

《解深密經》的第四卷說：如法的布施必須具備下面七種特徵——

㈠施物清淨——布施高尚、美好、清淨、美妙的財物而非污穢卑劣的東西。

㈡戒清淨——所布施的財物是憑自己的勞力、心力去賺取，或是福德所感得來的，而不是謀殺、偷盜、騙取、壓榨或剝削得來的。

㈢見清淨——不執著我是能施，眾生是受施，財物是所施，明白假名和萬法因緣性空的道理。

㈣心清淨——本著平等的慈悲心和清淨心去布施，而不貢高我慢，也不貪求人天福報和名聞利養。

㈤語清淨——布施時，和顏悅色，言語柔軟委婉。

㈥智清淨——對於各種財物的利弊和眾生的性向瞭如指掌，而且能配合眾生的需要，給予最有利益的物品。

㈦垢清淨——布施時沒有貪愛、憎恨、愚痴、傲慢、懷疑、邪見、欺誑、嫉妒、懈怠等煩惱和缺失。

《華嚴經》的第五十八卷記載了十種清淨的布施：

㈠平等施，平等善待一切眾生，而不分別計較。

㈡隨意施，滿足眾生的需要和願望。

㈢不亂施，使受者得到真實的利益。

㈣隨宜施，明白受者的根器和性向。

㈤不住施，不貪求果報和功德。

㈥開捨施，心中沒有眷戀和執著。

㈦一切施，身心清淨自在，無有掛礙。

㈧迴向菩提施，遠離有為和無為等對待的名相和境界。

㈨教化眾生施，直到成道也時常以布施利樂眾生。

㈩三輪清淨施，不執著施者、受者及所布施的財物。

如果做到了上面這十點，就可以證得最完美的清淨廣大施。

《大智度論》的第十一卷更描述了許多種不清淨的布施：愚痴的人布施時糊裏糊塗、沒有智慧。或者為了得到更多的財物而布施，或者因為對不起別人而布施，或者為了避免嫌疑和責備而布施，或者因為害怕惡勢力或報應而布施，或者為了巴結別人而布施，或者恐懼死亡而布施，或欺騙別人，為了使對方高興所以才布施，或者以為自己很富有和尊貴而布施，或者為了爭勝而布施，或者因為嫉妒而布施，或者因為驕傲而布施，或者為了名譽而布施，或者為了祝福和讚歎而布施，或為化解災厄和祈求吉利而布施，或為了聚集群眾而布施，或者輕視乞求的人地位卑賤而做了不恭敬的布施，這些都是不清淨的布施。

《六波羅蜜多經》的第四卷也提到了十五種不如法的假布施：

㈠為了名聞利養而布施，像生意人，不是真布施。本著大悲心，不選擇怨親和財物多少而布施，才是真布施。

㈡輕視窮苦的眾生，巴結達官顯貴，不是真布施。

無所分別，平等布施一切眾生，才是真布施。

㈢布施時起希求的貪念，或者心中對錢財放捨不下，或者被官府逼迫奪取而後才行布施，或者害怕損失而才布施，都不是真正的布施。

對於貴重的財物沒有貪愛和執著，不生貢高我慢的布施才是真布施。

㈣對於布施的對象，沒有恭敬心，而將自己所討厭的財物拿來布施，不是真布施。

如果由於自己家裏貧窮沒有美好的財物，而感到羞恥，因此從來都不布施，不隨分隨力布施，也不隨喜讚歎別人布施的行為，也是不對的。

布施不應分別自己擁有多少財物，隨著自己所有，有人需要，就布施給他，才是真正的布施。

㈤矜恃持戒、多聞、禪定和智慧而行布施的人，不是真正的布施。

布施時，不因別人的貪愛、憎恨、愚痴、孤陋寡聞、破戒等行為而產生輕慢心，才是清淨的布施。

㈥為了布施，而相互嫉妒、相互競爭，或鬧得全家爭吵失和的，不是真正的布施。

㈦布施時譏笑對方或侮辱乞求財物的人，例如說：「你們年輕力壯，五官俱全，為什麼不去工作賺錢，而來找我要呢?」這種布施不清淨。

㈧布施以後後悔地說：「我真愚笨！又白花了冤枉錢!」這不是真正的布施。

㈨希望別人的讚美或者為避免聲名狼籍，而才布施的，也不是真布施。

㈩為了實現邪惡（不正當）的願望而布施，不是真布施。

⑾選擇時間才布施的，不是真布施。例如說：只有在初一、初八、十四、十五等特殊的日子才布施，其他時間不布施。或者只選擇早晨布施，中午或傍晚都不布施，這不是真正的布施。

⑿選擇對象才布施，也不是真布施。例如：只選擇貧窮的人布施，不布施生病的人。或者只布施病人，而不布施其他種人。布施這個人，

而不布施那個人，不是真正的布施。

㈢選擇年輕貌美、學識淵博的人，才布施好東西給他。其他普通人或平庸之輩，就布施較差的東西，這不是真正的布施。

㈣布施時，一定要求對方唱歌、跳舞、說笑話、耍把戲、表演怪招，才願意布施的，也不是真布施。

㈤貪求三界的果報，或者說：「我剛才已經布施過，不應該再布施了！」對於布施產生厭倦和退怯的心，這種布施不完美，也不能夠成就無上的智慧。

《大寶積經》的第一百二十卷記載了三十二種不清淨的布施。這些布施都帶有貪愛和煩惱的污染，所以又叫做「三十二種愛染的布施」：

㈠心懷邪見而布施，不是清淨施。

㈡為了報恩而布施，不是清淨施。

㈢沒有悲愍的布施，不是清淨施。

㈣為了色欲或物質享受而布施，不是清淨施。

㈤扔到火中的布施，不是清淨施。

㈥丟到水中的布施，不是清淨施。

㈦因恐怖而布施，不是清淨施。

㈧布施盜賊和敗家子的，不是清淨施。

（不得已才布施的，不是清淨施。）

㈨布施有毒或有不良副作用的物品，不是清淨施。

㈩布施刀劍、木杖等武器，不是清淨施。

⑪布施殺害動物的器具，不是清淨施。

⑫為了攝受別人而布施，不是清淨施。

⑬為了受到稱讚和美譽而布施，不是清淨施。

(十四)為了娼妓或玩樂而布施，不是清淨施。

(十五)因為占卜、看相問神而布施，不是清淨施。

(十六)為了錦上添花而布施，不是清淨施。

(十七)結交朋友而布施，不是清淨施。

(十八)有鳥獸來庭院、農田和菜園吃東西，而心不歡喜的，不是清淨施。

(十九)為了學習技藝而布施，不是清淨施。

(二十)因為疾病而布施醫生，不是清淨施。

(二十一)先打罵而後才布施錢財，不是清淨施。

(二十二)如果布施時，心中懷疑：「我這次布施是有福報或沒有福報?」就不是清淨施。

(二十三)布施以後，心中滿懷熱惱、悔恨或貪戀，都不是清淨施。

(二十四)布施時，如果說：「接受財物的人將來都要為我做牛做馬!」也不是清淨施。

(二十五)如果年輕時，沒有清淨的信心，後來因為遭受疾病的折磨、或者臨死時，病苦纏身，看見陰差現前，或者親屬哭泣，而才布施財物，便不是清淨施。

(二十六)布施時想要讓別人知道自己很慷慨，不是清淨施。

(二十七)由於嫉妒而才布施的，不是清淨施。

(二十八)羨慕名門望族、為了攀求婚姻，而贈送金銀、財寶和衣服，不是清淨施。

(二十九)為了追求異性或其他不純正的因緣而布施，不是清淨施。

(三十)貪求來世福報而才布施，不是清淨施。

(三十一)見到窮人，絲毫沒有同情心，而只拿錢財去贈送富貴人家，不是清淨施。

㈤布施時，貪圖榮華富貴，企求今生發福和來生的果報，都不是清淨施。

《大寶積經》的第四十一卷又記載了四十種清淨的布施：

㈠不以不正當的方式去求財而行布施。

㈡不逼迫眾生而行布施。

㈢不因恐怖而行布施。

㈣布施時，邀請別人一起來參加或隨喜。

㈤不看臉色而行布施。

㈥對於眾生沒有分別心而行布施。

㈦沒有貪愛心而行布施。

㈧不起瞋恚而行布施。

㈨不因希求更好的境界而行布施。

㈩對於眾生起福田想，不生輕蔑而行布施。

⑪不為布施而造作惡業。

⑫不以邪意而行布施。

⑬以信解心而行布施。

⑭無有厭倦而行布施。

⑮不為表現而行布施。

⑯勇猛精進而行布施。

⑰無有變悔而行布施。

⑱不偏敬持戒者而行布施。

⑲不輕鄙犯戒者而行布施。

⑳不希求果報而行布施。

㉑不訾毀受者而行布施。

(二十二)不以背面（趾高氣揚）而行布施。

(二十三)以清淨心而行布施。

(二十四)不因憤怒而行布施。

(二十五)不因嫉妒而行布施。

(二十六)不懷怨恨而行布施。

(二十七)以殷重心而行布施。

(二十八)布施時，親手把財物持交受者。

(二十九)布施要守信用，不可許多與少。

(三十)不貪求來生的享受而行布施。

(三十一)時常布施而不間斷。

(三十二)不為了使別人順從自己而行布施。

(三十三)布施時，不厚此薄彼。

(三十四)無他緣施——不因外在條件和因緣而行布施。

(三十五)無微劣施——不以微少和拙劣的物品而行布施。

(三十六)不希求財物、美色和物質享受而行布施。

(三十七)不求生天界而行布施。

(三十八)不迴向小乘果位而行布施。

(三十九)不因智者所譏訶的緣故而行布施。

(四十)將布施的福德迴向無上的佛道。

榮辱紛紛滿眼前　不如安分且隨緣

身貧少慮為清福　名重山丘長業冤

淡飯儘堪充一飽　錦衣那得幾千年

世間最大惟生死　白玉黃金盡枉然——羅狀元〈醒世詩〉

十、不可布施的財物

引證十種經論和史籍

有些財物不能布施，縱使布施了，也是沒有福德的。因為財物的來源不清淨，或者對眾生有不利的影響，所以佛陀才加以禁止。

例如，《增壹阿含經》的第二十七卷說：不可布施刀劍、毒藥、野牛、淫女和建造淫祠。建造殺生祭祀的祠堂和廟宇，提供人們殺生拜鬼神的場所，所以將來有短命的果報，真是得不償失！

《十誦律》說：有五種沒有福德的布施。這五種東西是女人、會玩物喪志的東西、黃色圖畫或照片、酒和見解不正確的書籍。

《發菩提心經論》的上卷也記載：有五種東西不可以布施。

㈠不如法或非理得到的財物，不可以用來布施。因為財物不清淨，布施就得不到利益。

㈡酒和毒藥，不可以用來布施，因為它會擾亂眾生的身心。

㈢捕殺動物的網子和機關，不可以用來布施。因為它會惱害眾生。

㈣刀杖和弓箭不可以用來布施，因為它會殺害眾生。

㈤靡靡之音和女色不可以用來布施，因為它（她）會損壞清淨的心性。

《菩薩地持論》和《優婆塞戒經》的第四卷說：酒、毒品、刀杖、枷鎖等物品不可以布施。不可布施病人不衛生的飲食或醫藥。不可以偷竊或盜取別人的財物來布施。套句現代的術語來說，不可為了布施而用放高利貸或詐欺的手段來賺錢。

《菩薩善戒經》的第四卷說：「菩薩不會布施毒藥、刀劍、酒精等東西，以成為行惡的因緣。他只會布施對眾生有實質利益的東西，而不會布施財物為虎作倀。他絕不會成為罪惡的媒介，他不但不會受人唆使去造作惡業，而且如果有人接受他所布施的財物以後，會去行惡，他一定不布施。在這種情況之下，他雖然沒有布施，但事實上卻可以說是布施了。為什麼呢？因為他已具有純淨的善念了。他的手雖然沒有拿財物去布施，可是他的心卻早已布施了。由於菩薩知道對方接受財物以後，必定會造作許多惡業而墮落惡道，所以才不布施。他知道對方得到財物時，雖然會心生歡喜，但會造成不良的副作用，所以才沒布施。

菩薩不教人捕捉和獵殺動物，也不教人殺生祭祀鬼神，甚至也不布施羅網，凡是一切打罵、繫縛眾生或會使眾生結下怨仇的東西，他都不布施。

如果有貧困的人想要自殺，來向菩薩要求刀劍，菩薩也不布施。他不會教人跳崖（跳樓）、投水、赴火、服毒或上吊自殺。他不會將禁忌的食物或藥品布施給生病的人，他也不會將食物布施給饞嘴而且又已經吃飽的人。」

布施不可偷工減料，更不可用不淨的東西布施，否則是會減損福報，甚至遭受苦報的。例如《百緣經》的第五卷記載：佛陀在王舍城的迦蘭陀竹林時，舍利弗和目蓮尊者用餐時，都先觀察地獄、餓鬼和畜生後，然後才開始吃。其目的就是為了使眾生厭離生死而欣求涅槃。有一天，目蓮尊者見到了一位很可憐的餓鬼，身體像木炭那麼黑，肚子很大，喉嚨卻像針那麼細小，頭髮很硬，會刺傷身體。四處尋求屎尿以為飲食，整天很疲勞而卻又得不到食物。目蓮去請教佛陀，佛陀說：「賢劫時，舍衛城有一位富翁，時常命令僕人搾甘蔗汁，免費供大眾飲用。一位患了渴病的辟支佛，醫生告訴他只要多喝甘蔗汁，疾病就會痊癒。那位辟支佛就來到富翁家乞求甘蔗汁。富翁見到辟支佛的威儀十分端莊和安詳，對他產生很大的信心。由於富翁有急事外出，就吩咐他太太富那奇說：『我有要事出外，請妳趕快倒一些甘蔗汁供養這位辟支佛！』富那奇回答：『你儘管放心出去，我會拿甘蔗汁給他的！』富那奇看見丈夫出門後，就拿著辟支佛的缽進入屋內，在隱蔽的地方小便在缽裏，並且又摻上甘蔗汁，交給辟支佛。辟支佛知道缽裏的甘蔗汁摻了尿，將它倒棄在地上，空缽而還。後來她死後，墜入餓鬼道，常受飢渴和苦惱的逼迫！」

凡是有不良副作用的食物，不要拿來布施。例如不要經常布施糖果，以免多吃蛀牙又脾氣暴躁，不要布施油炸得太過分的食物，以免吃了體內產生火氣。《楞嚴經》說：不要布施蔥、蒜、韮菜等五辛，以免他人吃了減損福德。《優婆塞戒經》的第三卷說：「不可以養貓狸等動物（以免牠們殺害其他小動物），不可以布施牛羊等動物供人殺害或束縛，應做淨施，送給對動物有愛心的人飼養。」《梵網經》的下卷說：「不可吃所有動物的肉，因為吃肉會斷送慈悲的種子！」（見〈菩薩心地品・第三輕戒〉）由這些經文我們知道——不可以買賣和布施動物供人殺害，也不能布施肉類食物。殺生來世會墮三惡道，而且短命、多病。吃肉會造成高血壓、心臟病、癌症等疾病。

紐西蘭人和美國人吃肉類最多，結果致癌的比率，紐西蘭佔世界第一位，美國人佔第二位。《楞伽經》的第四卷或《入楞伽經》的第十六品〈遮食肉品〉說了幾十種肉食的弊端。《廣弘明集》和《釋文紀》的第二十卷也記載：殺生和肉食是魔鬼和地獄的種子。是恐怖、自殺、意外傷亡、斷手、斷腳、破腹、碎髓、失明、割鼻、截耳、貧窮、下賤、挨餓、受凍、醜陋、耳聾、跛腳、生瘡、癀瘍、生癬、長瘤、生痔、瘦弱、心痛、腹病、胸痛、中毒、背痛、手痛、腳痛、腹痛、反胃、絕脈、縮筋、流血、咽塞、喉痛、機能不調、以及四百零四種疾病的起因。同時也是遭到溺水、火災、搶劫、偷竊、鞭打、督責、繫縛、幽禁、生苦、老苦、病苦、死苦、怨憎會苦、愛別離苦、求不得苦、以及其他苦惱的原因。……慈悲的人使一切眾生同得安樂，食肉的人與無數眾生結下怨仇，食肉連生天都會成了障礙，更何況涅槃果和無上智慧呢?

所以佛陀說：殺生祭祀祈福，不但無法得福，反而會招來冤業；不但無法生天，反而會墮落惡業。殺生不但對祭祀的人有害，對於被祭祀和接受供養的鬼神也沒有利益。例如《雜寶藏經》的第九卷記載：

從前有一位家裏非常富有的老公公，有一天他想吃肉，他就指著一棵樹，告訴他的兒子說：「我家現在之所以這麼有錢，完全是因為這棵樹的樹神所賜的福惠，你們今天趕緊回去殺一隻羊來拜拜!」兒子們遵照父親的話去做，馬上殺羊來拜樹神。並且在樹下建造了一個神廟。後來老公公死後，卻投生在自己家裏的羊群中，羊一隻一隻，接二連三地被殺了，終於輪到要殺老公公所投生的那隻羊了。當他家人正要殺那隻羊時，羊心裏想：「這棵樹那有什麼神靈，那還不是我貪圖口腹之慾，所想出來的花招。我叫你們殺羊拜拜，沒想到現在卻輪到了我變成羊要被人殺，真是自作自受!」當時恰巧有一位羅漢來乞食，見到亡父變作羊身，就現神通，讓他們了解這因果關係，當兒子知道那隻羊是自己的父親，心中非常懊惱，從此不再殺生，而且改過向善了。

從前有一位婆羅門，他事奉摩室天的天神非常勤快。天神問他：「你拜我有什麼企求呢?」婆羅門說：「我希望做祭祀天神的主辦人!」天神說：「那邊有一群牛，你去問走在最前面的那隻牛!」婆羅門就去問那頭牛說：「小兄弟啊! 你的生活是快樂還是痛苦?」牛回答說：「我拉車載重，永無休息，皮破血流了還要工作，實在很辛苦!」婆羅門又問牛說：「你為什麼受牛的果報呢?」牛回答說：「從前我是祭祀天神的主辦人，我因為太大意，私自挪用了祭祀天神的物品，所以死後變牛，才時常受苦。」婆羅門聽了這段話，立刻回到天神的廟宇。天神問他說：「你是否還想做祭祀天神的主辦人？」婆羅門回答：「見到這種情形，我實在不敢再做祭祀的主辦人了！」天神說：「因果報應，絲毫不爽。行善得樂，為惡得苦！」婆羅門聽了以後，立即改過遷善，不敢再殺生祭祀或爭出風頭了！

清朝的紀曉嵐先生在《閱微草堂筆記》的第十卷講了一則非常引人深省的故事：

我們鄉里有一位張太太，曾經說：她從前做過陰曹的差吏，現在已經沒做了。有一次，她問陰曹地府的官吏說：「燒香拜佛有沒有利益？」那官吏回答：「佛勸人行善，行善自然感受福報，而不是佛賜福給他。如果說拜佛祈求，佛就會降福，這事恐怕講不太通。因為普通一位清廉的官吏尚且不肯接受賄賂，更何況佛呢？佛是一位完美的聖人，又怎麼會接受賄賂呢？」張太太又問陰曹的官吏說：「懺悔有益嗎？」那官吏回答：「懺悔必須勇猛精進，不但要改過遷善，不再重蹈覆轍，而且還要努力彌補從前的罪過。可是現在的人懺悔，通常只是希望免掉罪報，這怎麼會有利益呢？」這些話決不是一般巫師所肯說的，好像是有所體悟，才會講出這段話來！（《閱微草堂筆記》第一九七頁）

急急忘忘苦追求　寒寒暖暖度春秋
朝朝暮暮營家計　昧昧昏昏白了頭
是是非非何日了　煩煩惱惱幾時休
明明白白一條路　萬萬千千不肯修——羅狀元〈醒世詩〉

十一、布施的禁忌

《十住毗婆沙論》的一百一十八種禁忌

《十住毗婆沙論》的第六卷說：不以非法的手段取得財物來布施，不可惱熱眾生而布施，不可恐怖眾生而布施，不可貪著財物而布施，不可受請而不布施，不可允諾而不布施，不可吝惜精美的物品而布施拙劣的財物，不可不深信因果報而布施，不可諂媚巴結而布施，不可假裝或虛偽地布施，布施不可損壞別人的成果，不以邪曲的心布施，不可以愚痴或迷惑的心布施，不以雜亂的心布施，不可不相信解脫而布施，不可疲倦或討厭地布施，不可攀緣附親而布施，不可懷著奉承和希望的心而布施，不可刻意追求福田而布施，不可輕視一切眾生不是福田而布施，不可對持戒和破戒的人產生偏心而布施，不可為了追求名聞利養而布施，不可以傲心布施，不可以為別人卑賤而才布施，不以懊惱或吝惜的心布施，不以後悔的心布施，不可急躁或大喊大叫地布施，不可瞧不起沒有才能和地位的人而布施，不可太隨便地布施佛法，不可為了果報而布施，不可使人渴望或缺乏到極點而才布施，不可煩惱需求的人而後布施，不可輕視戲弄對方而布施，不可欺誑而布施，不可使喚而布施，不以扔擲的方式布施，不可不專心地布施，不可沒有親手布施，不可不時常布施，不可休息太久而沒布施，不可到了某個期限後就斷然不布施，不可布施後就跟對方斷絕關係，不可以競爭求勝的心布施，不以太沒有價值或者太少的東西布施，不可任意或隨便以輕賤的物品布施，不越過自己經濟負擔而布施，不布施為虎作倀的人，布施時不對於微少的財物產生藐視的心，不因布施許多財物而驕慢，不可布施邪惡的集團，不可期望來世再享受福果而布施，不可依恃健康、家族、富貴而布施，不可為了升天而布施，不可為了追求小乘的果位而布施，不可為了（來世）當國王或太子而布施，不可只限於一生而布施，不可對布施感到厭足，不可沒有迴向圓滿的佛智而布施，不可布施不淨的財物，不可在不適當的時候布施，不可布施刀劍和毒藥，不可干擾或戲弄眾生而布施，不可以聖賢所呵斥的方式布施，不可把要丟棄的物品拿來布施，不可厭惡涅槃而布施，在富裕時不用太輕易得到的物品布施，不可計較恩情而後布施，不可為了報答恩情而勉強布施，不可要求回報而布施，不可為了要求保護而布施，不要為了貪求吉利而布施，不以我慢的心布施，不因為家族的規定或傳統而才布施，不要因為得到手而馬上草率地布施，終生不可間斷布施，不可以染污的心布施，不可以嬉戲的方式布施，不可因為對方是善知識而就亂布施，不以放逸的心布施，不可因為想彌補損失而布施，不可稱讚自己而布施，不可因為呵罵而布施，不因為祈禱或還願而布施，不因為別人稱讚希有難得而布施，不為表明自己的信用而布施，不因畏懼而布施，不可欺騙別人而布施，不可為了求眷屬而布施，不可不自動地布施，不可為了吸引大眾而布施，不可沒有信用地布施，不可沒有因緣胡亂布施一通，不可堅持一定要別人順著自己的喜好和意思而布施，不可故意以奇特的方式布施，不可不隨順眾生的需求而布施，不可為了調伏對方而才布施，不可不以慈愛心布施，不以不耐用的東西布施，不可沒有恭敬心而布施，不以上對下的心來布施，不以奇怪的樣子布施，不為了壓抑或挫折他人而布施，不可用依靠勢力而得到的財物布施，不可沒有清淨心地布施，不以懷疑心布施，不可損傷求者的心意而布施，不可布施有禁忌的物品，不以分別心布施，不可用痲醉物品或酒布施，不可拿兵器或刀杖來布施，不可侵奪別人的財物來布施，不以使人產生疑惑的方式或物品來布施，不可因為親近的緣故而布施，不可說別人的過失而布施，不可一味以著自己所愛的物品布施，不以憎恨心布施，不以調戲或玩弄的性質布施，不可為了無上的智慧而布施。

舉個例子來說，布施不能猶豫，猶疑不但會坐失良機，有時還恐怕惹來殺身之禍。《百緣經》的第四卷最後記載：佛陀在舍衛國的祇樹給孤獨園講經時，舍衛城裏有一位強盜，名叫樓陀。他腰邊佩帶利劍，手持弓箭，常在路上搶奪人民的財物。有一次，正當他非常飢餓的時候，遙遠看見一位比丘托著缽，走到一棵大樹下。他心裏想：「那位比丘的缽中一定有食物，我總算找到救星了！現在不去搶，更待何時呢？如果他剛吃完，我就立刻剖開他的胃部取出食物！」於是他就一步一步地逼近比丘。那位比丘知道樓陀的來意。他想：「現在我如果不說要請他吃飯，他必然會殺我，反而增加他的罪業，使他墮落三惡道，不如先主動把食物分給他！」比丘就叫喊那位強盜說：「老兄！你快一點來啊！我要分食物給你！」那位強盜感到很意外，他想：「這位比丘人真好！他知道我肚子餓，還主動邀我，說要請我吃飯！」那位強盜吃過了飯菜以後，精神飽滿，內心十分歡喜。比丘就趁機對他演說微妙的佛法，那強盜聽得十分開心，當下悟道，請求比丘度他出家修行。他出家以後，因為用功精進，沒多久就斷除了煩惱，成為小乘的聖人。

布施時不要開空頭支票，否則恐怕變成了負債，將來還要償還，那可就麻煩了。例如《百緣經》的第四卷記載了一則示現的故事：佛陀在舍衛國遊化時，有一天，他率領了許多弟子入城乞食，走到一條小巷，遇到了一位婆羅門以手指畫地為界限，不讓佛陀經過，婆羅門說：「這是我的地，除非你給我五百文錢，否則我絕不會讓你走過去！」瓶沙王和波斯匿王知道這件事以後，拿了許多珍寶和財物，想要送給婆羅門，婆羅門始終不肯接受。後來須達長者來了，拿出了五百文錢給婆羅門，婆羅門才讓佛陀通過。當時弟子們感到很奇怪，就請教佛陀這是什麼原因。佛陀說:「過去無量劫以前，波羅棕國的梵摩達多王有一位太子，名叫善生。有一天，善生太子帶著親友出去遊玩看戲。在半路上遇到了宰相的兒子跟一位演戲的人在賭錢，宰相的兒子輸了五百文錢。演戲的人向宰相的兒子要錢，對方卻不肯付款。善生太子見到這種情況，就對演戲的人說:『如果他沒有給你錢，我就代他償還!』宰相的兒子，倚賴著權勢，竟然賴皮不還。從此以後的無量世中，那演戲的人一直找我要債。你們需要知道:當時的善生太子就是我。宰相的兒子就是現在的須達長者。那演戲的人就是現在這位婆羅門。所以，凡是承諾和負債都不可耍賴而不償還，否則成了道，仍免不了遭到麻煩!」

十二、布施的困難和障礙

引述六種經論

《四十二章經》說:「貧窮布施難。」越貧窮的人,越需要布施,而且布施的力量也越大。不要因為沒錢而感歎,沒有財物的人,可以出勞力或者從事法施或無畏施。萬一兩者都不會,也可以看見別人布施時,隨喜和發願。

《摩訶般若波羅蜜經》第八卷說:「布施有三種障礙,那就是我相、他相和布施相。執著這三種相的布施,無法達到解脫的圓滿境界。」

《瑜伽師地論》的第三十九卷說:有三種難行的布施。

㈠最難行的布施——自己的財物很少,又忍受貧苦,而將財物布施給別人。

㈡第二難行的布施——將自己最可愛的物品,或者長期習慣使用、最精美、最上等和對我們有恩的物品,拿出來布施。

㈢第三難行的布施——將自己非常辛苦才獲得或賺來的財物,拿來布施。

《阿毗曇甘露味經》說:布施有六種障礙。

㈠憍慢施——以貢高我慢的心去布施。

㈡求名施——貪求名聞利養。

㈢為力施——為了現實利益和權力而布施。

㈣強與施——沒有歡喜心,勉強布施,既辛苦又難受。

㈤因緣施——處處被動，而不主動布施。

㈥求報施——貪求果報，心術不正。

《大集經》說：有十二種現象會障礙大乘菩薩道。

㈠不樂於惠施貧病或為他們說法。

㈡布施以後，生後悔心。

㈢布施以後，看見受施者的缺點。

㈣布施以後，把布施功德擁為己有，而不迴向無上的佛智。

㈤因為貪欲而布施。

㈥因為憎恨而布施。

㈦因為愚痴而布施。

㈧因為恐懼而布施。

㈨布施沒有誠懇心。

㈩自己不親自布施。

⑾見到貧病而不布施。

⑿以輕視和傲慢的心布施。

《大智度論》說：

㈠鞭打囚禁眾生，得到錢財而做布施的人，例如當打手、保鏢替人要債賺錢，來世投生做象、馬、牛等動物，雖然有好的房舍可住、有好的飲食又受尊重，卻常要負重被人騎乘，而且受鞭打和束縛。

㈡時常發怒、心術不正的惡人布施，會墮到龍中去享受福報。

㈢貢高我慢的人，如果以瞋恨心布施，將來會墮到金翅鳥中去享受福報。

㈣官吏貪污或冤枉無辜的老百姓而布施，會墮到鬼神中去享受福報。例如做鳩槃荼鬼，變化種種五欲來娛樂自己。

㈤心狠手辣，常發脾氣，又愛飲酒的人布施，來世會成為地行夜叉。

㈥傲慢剛強而又能布施車乘馬匹的人，來世會變成空行夜叉，有大力氣，行動快如風。

㈦嫉妒心強，愛好爭勝，而又能布施美好的房舍、臥具、飲食和衣服的人，來世會變成飛行夜叉，行動輕便。

總括一句話，擾亂眾生或者強求的方式，得到財物，以布施求福的人，反而招來罪業；不如靜心修養內心，所得的福德較為殊勝。

《優婆塞戒經》的第五卷說：布施時應該做到下面五點：

㈠不揀擇受施者有德無德，然後才布施。

㈡不說他人的是非長短。

㈢不選擇受施者的種族和出生的貴賤。

㈣不輕視需要或來求的人。

㈤不破口大罵，或者講一些不雅的言詞。

《優婆塞戒經》的第四卷又提到布施有四種累贅：

㈠貪愛和吝嗇的心。

㈡不時常修行布施。

㈢輕視微小的物品。

㈣希求世間的果報。

如果要破除這四種累贅，就需要修行「無我觀」和「無常觀」這兩種法門。

如果要樂於布施，應當破除五種障礙：㈠憎恨心，㈡慳吝心，㈢嫉妒心，㈣愛惜身命，㈤不信因果。

十三、如何克服布施的四大障礙

引證《瑜伽師地論》

《菩薩善戒經》和《瑜伽師地論》都提到了四種布施障礙的對治法：

㈠先前不習慣布施——雖然擁有許多財物，可是見到乞求的人，卻不會發起布施的心。這時候我們應當了解：這是我們過去不習慣布施，所產生的現象和過失。我們應想一想：「我從前一定布施過，所以今生才擁有許多財物。但由於我不太習慣布施，所以現在遇到乞求的人，才不會心生喜歡。如果我現在不好好痛下決心布施，將來恐怕就會更加吝嗇，而且又更沒有福報了！」（《菩薩善戒經》第四卷和《瑜伽師地論》第三十九卷）

㈡缺乏財物——有些人可能因為缺乏財物，而無法發起布施心。這時候，我們應想一想由於過去世不布施，所以今生不能自在地享用各種財物，我不但受盡各種飢渴和貧乏的痛苦，而且無法饒益眾生。如果我稍微再忍耐一下貧乏的痛苦，以悲愍心布施財物給眾生，那就可以突破這難關和困境了。我雖然並不富有，但仍可以布施，布施不會增加我多少辛苦和麻煩，因為我只要有少許的蔬菜和稻米，就可以活命了！（《瑜伽師地論》第三十九卷）

「如果我現在不布施，來世必會更加貧窮和困苦。我現在只有少許財物而能布施，生活雖然會辛苦一些，卻不致受三惡道的苦！」（《菩薩善戒經》第四卷）

㈢貪戀精美可愛的物品——如果有人因為貪戀某種美妙的財物而不肯布施，他應當想一想：「貪戀財物會帶來許多過失，由於我的迷惑顛倒，現

在卻誤以為苦惱是一件快樂的事情。貪愛和吝嗇是一種煩惱，將來還會引發更多的苦果。所以我應忍痛割愛，把我心愛的財物布施給眾生！」（《瑜伽師地論》第三十九卷）

「我把無常的財物誤以為恆常，把暫時享用的財物誤以為能永遠佔有。如果我不布施，就會增長貪著，這豈不是作繭自縛嗎？」（《菩薩善戒經》第四卷）

㈣看到將來的福報而深心樂著——如果布施以後，心中一直掛念著將來的果報和人天的福德，不立志追求無上的佛智。這時候，應當了解這是由於知見錯誤所造成的過失。如實地觀察一切事物都是生滅變化、無常迅速的。所有的事物都不堅固，過了沒多久，就要衰弱和散離了！這樣觀察能使我們不再貪戀有為的人天果報，而將布施的福德迴向圓滿的佛智。（《瑜伽師地論》第三十九卷）

運用智慧想一想：世間的一切事物都生滅無常、變化不定。如果恆常和固定，那就不需要布施了。為什麼呢？因為這樣一來，豈不是沒有因果了嗎？由於萬物變化無常，所以才能顯現出因果。為善得樂，造惡受苦。有了良善的因緣必然會結出快樂的果實。如果不布施，又怎麼能證得無上的智慧和道果呢？（《菩薩善戒經》第四卷）

《維摩詰經》的上卷說：「眾人沒有請求，菩薩就先主動做他的朋友，而且使他們得到安樂。」

《菩薩善戒經》的第四卷說：「縱使眾生沒有開口要求財物，菩薩也會主動地將（他所需的）財物布施給他。如果菩薩沒有財物布施，應以善巧方便的方式或盡力尋求財物來布施。如果沒有財物可以布施，應以真理和善法教化眾生，如果有人布施，他就生歡喜心，並且提供勞力幫他跑腿或搬運，或者聽他的差遣，以助成其事。」

自古為人欲見機　見機終久得便宜
人非己事休招惹　事若虧心切莫為
得勝勝中饒一著　因乖乖裏放些痴
聰明少把聰明使　來日陰晴未可知——羅狀元〈醒世詩〉

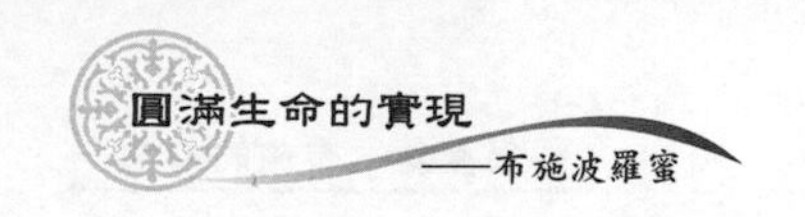

十四、布施應注意的事項

引證九種經論

《優婆塞戒經》的第五卷說：布施有三種情況，得不到殊勝的福報。

㈠起先發心布施很多，後來卻減少了。

㈡選擇有缺陷或者不好的東西送人。

㈢布施以後，心中悔恨交集。

《優婆塞戒經》的第五卷又說：布施另外有八種情況，不能成就上好的果報。

㈠布施以後，見到受施者的過失。

㈡布施以後，喜歡稱讚自己的功德。

㈢起先對某人說沒有，後來又布施給他。

㈣布施時心不平等。

㈤布施以後，對受者有所要求。

㈥布施以後，講話不好聽或言詞不雅。

㈦布施以後，要求回報，或討回恩情。

㈧布施以後，心中起了疑惑。

《六波羅蜜多經》的第四卷說：「萬一眾生向我們要求了太多的東西，而我們家裏貧窮，已經沒有財物可布施了。我們應當以委婉的話語安慰他們，使他們不會產生憎恨，也不感到困惑或懷疑，讓他們能高高興興地離開。」

《菩薩地持論》說:「當菩薩知道有邪見的眾生想要挑剔佛法的缺點時,不會布施經典給他,也不會教他佛法。如果對方為了貪財會變賣經書,就不把法寶交給他。如果對方得到經典以後會隱藏起來而不流通借人讀閱,也不會將佛經送他。如果對方不能明白某本經書的義理,也不會布施經書給他。」

《大寶積經》的第一一七卷告訴我們:布施時應當㈠念念在道、㈡常想見佛、㈢常修大慈、㈣消除眾生的塵勞和煩惱。

布施時也應㈠捨棄希望和企圖、㈡捨棄懷恨、㈢捨離小乘、㈣捨棄貢高、㈤捨棄輕慢、㈥捨棄魔業。

到底什麼叫做「魔業」呢?根據唐譯《華嚴經》第五十八卷的記載,有十種魔業:

㈠修行各種善業,而卻忘失了菩提心(上求佛道下化眾生的心),這就是魔業!

㈡以惡心去布施,以瞋心去持戒,捨棄行惡和懈怠的眾生,對於眾生,心存輕慢和散亂,譏笑和嫌棄邪見的人,這就是魔業!

㈢吝惜深奧微妙的佛法。對於可以教化的眾生,不說法給他們聽。如果得到財產和利益,或者受了別人的恭敬和供養,對於不合適的根器,卻勉為其難地為他說法,這就是魔業!

㈣不喜歡聽聞解脫苦惱、達到涅槃彼岸的法門,縱使聽了佛法卻不修行,或者雖然修行卻常生懈怠。因為懈怠的緣故,而志向狹小,只貪圖人天福報及小乘聖果,這就是魔業!

㈤遠離善知識,親近惡友,一心只喜歡追求小乘的解脫境界,不想再投生幫助眾生,而只愛好涅槃和離欲的寂靜境界,這就是魔業!

㈥對於行菩薩道的人,起了怨恨心,甚至還以敵意的眼光去瞪他,挑

他的過失，說他的罪過，以切斷他的財源，損害他的聲譽，這就是魔業！

㈦誹謗正法，不愛聽聞佛法。假如聽了，就加以惡意的批評和辱罵。看見講經說法的人，不產生尊重心。常向別人說：「只有我講的道理才正確，其他人全是胡說八道！」這就是魔業！

㈧喜愛學習世俗的理論和文字，只宏揚小乘而隱藏精深博大的佛理；或者以微妙的義理，教導不適當的人，遠離佛慧，而接受了邪惡的見解，這就是魔業！

㈨喜歡親近和供養已經得到解脫的成就者，對於初學或者沒有成就的人，就不肯加以親近或教化他們，這就是魔業！

㈩貢高我慢，沒有誠敬心，而且還時常惱害。不研求正法和真實的智慧。心中充滿著世俗的成見和邪惡的觀念，而無法明心見性，這就是魔業！

《增壹阿含經》的第三十七卷說：布施財物時，應注意下列八件事：

㈠隨著適當的時機布施。

㈡以新鮮潔雅的財物布施，而不布施污垢骯髒的東西。

㈢雙手親自奉施，而不指使別人。

㈣常發布施的誓願，而沒有傲慢心。

㈤為了度脫眾生而布施，不希望回報。

㈥為了達到圓滿的涅槃境界而布施，不求人天福報。

㈦先布施良好的福田，而不布施頑劣的對象。

㈧將布施的功德，迴向眾生，而不佔為己有。

《瑜伽師地論》的第三十九卷說：「未經同意，不得以他人的財物布施。不可自行媒媾，以別人的妻妾布施。不可以有蟲的飲食等物品布施。」……

「菩薩布施時不會計較果報，不會為了世間的名利和稱譽而布施，不因受者會報恩而布施，不為了受敬重和供養而布施。他不以狹劣的心態去行布施——縱使財物少，他布施的心胸仍然很寬闊，何況當他擁有很多財物時，怎麼不會發大心呢?」

《瑜伽師地論》的第三十九卷又說：「善人布施有五種特徵：以淨信心行布施、恭敬地布施、親手布施、應時（適時）地布施、不損惱他人而行布施。」

千萬不要為了請客、祭祀、祈福而殺生，例如《雜阿含經》的第四卷記載：長身長者綁著許多牛羊，準備殺生舉行大拜拜和大請客，佛陀說：「殺生布施不但得不到福報，反而背了一生的罪業。應供養三種火才可以得到福報和快樂。第一是根本火——我們是由父母所生，所以父母是我們的根本，我們應當以合法的方式賺得錢財，供養父母。第二是居家火——供養妻子兒女親屬等。第三是福田火——供養出家師父和修道人等調伏貪愛、憎恨和愚痴的人。要消滅貪愛、憎恨和愚痴這三種火，才能解脫苦惱。」長身長者聽了佛陀的話，知見正確了，不但把牛羊都放了，而且自己受三皈依，設素菜供養佛陀和眾僧。

《法句譬喻經》第二卷記載：從前有一位國王名叫做惒黑，沒有遇見聖賢的教化，全國都信奉外道邪教。有一天皇太后生了重病，各處求醫問卜，經過了一年，毫無起色。惒黑王就召集了國內兩百位婆羅門，問他們說皇太后為什麼生病。那些婆羅門回答：「皇太后因為星宿錯亂、陰陽不調，所以才生了病！」國王又問：「怎樣才能治好她的病呢?」婆羅門回答：「必須在城外找一塊潔淨的平地，並且殺死一個童子和一百頭種類不同的畜生，祭祀天神！皇上親臨祭壇跪拜，並且為皇太后向天神請命，她的病就會痊癒！」國王照辦了，派人驅趕了童子、象、馬、牛、羊等百獸走出東門，朝向祭壇，沿途哭泣悲哮的聲音傳得很遠。佛陀憫愍國王的愚痴，立刻率領弟子趕到現場。國王看見佛陀莊嚴的相貌和光明，以及人民敬愛佛陀的情況，他就禮拜佛陀，並且把他殺生祭祀祈福的構想告訴佛陀，佛陀說：「想要收穫糧食，就應當勤於耕種。想要致富就應當廣行布施。想要長壽，就應當實行慈悲。想要得到智慧，就應當勤於學習。行善才能得到快樂的果報。你們殺生而求延壽，不合因果法則。殺生違反上天的好生之德，不但無法延壽，反而會短命。」於是說了一首偈子：

若人壽百歲　勤事天下神
以象馬祭祀　不如行一慈

佛陀又放光明，使苦難的眾生得到歡喜。國王聽了以後即證得初聖果，皇太后聽了心情愉快，病也逐漸減輕了。那兩百位婆羅門都以慚愧心懺悔過失，並請求佛陀收留他們為弟子。從此以後，國王以「人飢己飢，人溺己溺」的心去推行仁政，愛民如子，風調雨順，五穀豐收，百姓不造諸惡，壽命也普遍延長了。（參見《度無極經》第三卷）

塵世紛紛一筆勾　林泉樂道任遨遊
蓋間茅屋牽蘿補　開箇柴門對水流
得隱閒眠真可樂　喫些淡飯自忘憂
眼前多少英雄輩　為甚來由不轉頭

有有無無且耐煩　勞勞碌碌幾時閒
人心曲曲灣灣水　世事重重疊疊山

古古今今多變改　貧貧富富有循環

將將就就隨時過　苦苦甜甜命一般——羅狀元〈醒世詩〉

十五、布施的功用及所對治的煩惱
——兼談三毒的種類、起因、過患和對治法

《攝大乘論》的第二卷說：「布施可以破除吝嗇和貧窮，並且引得廣大的財位和福德資糧。」

《瑜伽師地論》的第三十七卷記載布施有四種威力和作用：

㈠能斷除吝嗇。

㈡能幫助自己啟發圓滿的心智，也能夠攝受眾生。

㈢布施前，心情愉快。布施時，心地清淨。布施後，心不後悔。布施能使我們時時滿懷歡喜，利益自己，又能解除他人的飢渴寒熱、種種疾病、貧窮匱乏和怖畏的痛苦，真是利人利己！

㈣將來生生世世，時常富足安樂，並且得到高尚而且尊貴的祿位、財寶、朋友和眷屬。

《大智度論》的第十一卷說：布施可以減少各種煩惱，所以心情寧靜，修道容易成就。對所布施的財物不生吝惜，所以能破除吝嗇。恭敬乞求的人，所以能除去嫉妒。以坦誠的心行布施，所以能破除諂媚和邪曲心。專心在布施，所以能破除掉舉（胡思亂想）。深思熟慮（受者的需要）以後再布施，所以能除去懷疑和後悔。觀察受者的長處，所以能除去不恭敬心。布施時，調攝妄念，所以能破除不慚的心。知道對方良好的德性，所以能破除不愧的心。不執著財物，所以能破除貪愛。慈悲和憫愍受施的人，所以能除去了憎恨。恭敬受布施的人，所以能除去驕傲和我慢。明白布施就是修行善法，可以除去愚痴。相信有因果報應，所以能破除邪見。這些不

好的煩惱，在布施時都會減少。

布施會增長各種善法：布施時心裏起了善念。因為心生善念，所以內心清淨。相信布施的果報和功德，所以信心堅固。布施時身心柔軟，所以產生喜樂。因為身心快樂，所以容易專心。因為心念專一，所以產生智慧。

布施也可產生相似的「八正道」：相信布施的果報，所以得到正見。思考正確的觀念而不胡思亂想，所以得到正思惟。談吐清淨，所以得到正語。行為良善，所以得到正業。不求果報，所以得到正命。以勤奮的心去布施，所以得到正精進。常憶念布施而不廢捨，所以得到正念。心中寧靜而不散亂，所以得到正定。

對於貪、瞋、痴三毒而言，布施主要是對治貪愛和吝嗇，又兼治憎恨和愚痴。

布施對治貪愛和吝嗇是眾所皆知、顯而易見的事實。因為施捨和貪吝是相對立的兩種心態。布施是割捨自己心愛的財物去幫助眾生或贈送他人，所以布施的人必須要先克服了貪吝這一關，才能把財物布施出去。

又因為布施可以廣結善緣和攝受眾生，尤其布施財物給苦難的眾生，更是一種慈悲和愛心的表現。有了慈悲和愛心，憎恨當然會減少或消匿，所以布施也可以對治憎恨。

再者，布施時深信因果，便可以對治愚痴，而不敢再造惡業。如果我們能再更進一步不貪求名利果報，不執著施者、受者以及所布施的財物，甚至連布施的福德和布施的名相也都忘得一乾二淨，這種行善而不執著善相的境界，更可以使我們的智慧大開。所以布施可以對治愚痴。下面讓我們順便來談談貪瞋痴三毒的種類、起因、過患和對治法！

㈠貪愛的煩惱

1. 貪愛的種類

⑴惡貪——貪愛非法的物品，例如偷盜和邪婬等。

⑵慳——吝惜自己的財物和知識而不肯施捨或傳授他人。慳有五種：

甲、財慳——吝嗇錢財而不肯救濟貧困的眾生。

乙、法慳——吝嗇知識而不肯教授他人。

丙、家慳——認識或攀緣某戶富貴人家而不要讓其他人知曉，唯恐減少利益。

丁、處慳——吝惜自己的房舍，不喜歡供人居住。

戊、讚慳——不讚美他人，唯恐自己的身分讓別人勝過。（五種慳出自《成實論》的第十二卷）

⑶惡欲——自己實在沒有功德，而要別人誤以為有。

⑷發欲——自己實有功德，而欲令人知曉。

⑸多欲——一直想要賺取更多財物。

⑹不知足——對自己所擁有的財物，時常嫌少而心不滿足。

⑺憍逸——依恃自己的種性、家屬、名色、財富、健壯、年輕、長壽而產生傲慢和放逸。

⑻四愛——貪求和眷戀衣服、飲食、醫藥和臥具等民生日用品。

貪愛也可分為下面五種，這五種又名「五欲貪」：

⑴色貪——沉迷美好的色境。

⑵聲貪——貪圖好聽的聲音。

⑶香貪——貪愛芳香的氣氛。

⑷味貪——貪享可口美味。

⑸觸貪——眷戀柔細的觸感。

有人說五欲貪應是下面這五種：

⑴色貪——貪戀動人的色境。

⑵形貪——貪戀姣好的形體。

⑶觸貪——貪戀舒適的觸感。

⑷威儀語言貪——貪戀迷人的言語和姿態。

⑸一切貪——貪戀一切事物。

貪愛也可分為：「我貪」和「我所貪」兩種。「我貪」是對內的貪戀，「我所貪」是對外的貪求。色界天和無色界天的貪欲都是屬於對內的「我貪」。（參閱《成實論》第十卷）

2.貪愛的二十七種起因

⑴對於財色產生執著和妄想。比方說，想到顏色、形態、觸感等就會產生貪愛。

⑵不守護眼、耳、鼻、舌、身、意六根，則生貪欲。

⑶對於飲食不知節制，則生貪欲。

⑷常親近女色和高級的物品，會產生貪欲。例如逛街有時也會激起貪愛、佔有的慾望或購買慾。

⑸享受各種快樂，則生貪欲。

⑹因為愚痴，不知道貪愛會導致苦惱，而把不淨的事物誤以為清淨，所以產生貪欲。

⑺被邪見的朋友所慫恿或誘惑。

⑻跟多欲的人在一起，而被薰染了。

⑼自我中心太過於強烈。

⑽懈怠而不勤修善法，或者修行沒體會到法味，所以貪欲才趁虛而入。

⑾涉足不良而浮華的場所，例如歌廳、酒家、賭場、妓院等。

⑿修不淨觀沒成就，而讓貪欲得勢。

⒀有時從久遠的過去以來就貪愛成性。

⒁回憶起過去享用財色的情景，而觸發貪念。

⒂理智薄弱，遇到外緣，不能制伏妄念，則產生貪欲。

⒃貪欲產生以後，忍受而不肯割捨，則貪欲便會不斷增強。

⒄只見到財色和名利的味道，而不知道它的過患。

⒅有些時令或節氣，易於產生貪欲，例如春季。

⒆有些地方比較會產生貪欲，例如琳琅滿目的百貨公司或氣氛羅曼蒂克的房間。

⒇有時因為生理情況而易於產生貪欲，例如年輕力壯、沒有病痛、手頭寬裕等。

(21)有時受了藥物或邪術咒語的影響而產生貪欲。

(22)有時得到美妙隨意的色、聲、香、味、觸等外境，便易於生起貪欲。例如：花好月圓、清泉流水、香扇來風、情調音樂、婀娜多姿……。

(23)有時因為業報的因緣，所以才產生貪欲。例如：由於前世布施修福，所以今生才感受美妙的五欲。如果罪報的牽引，就偏好不淨的五欲了。

(24)有時因為近水樓臺或物以類聚的關係，日久生情，沉浸在財色而不自覺。

(25)有時因為執著假名或名相太深，所以產生貪欲。

(26)還沒有證得空理或清淨心，所以見財色便動了貪欲。

(27)如果貪念未盡，愛緣又現前，便一發而不可收拾。（參見《成實論》第十卷）

3.貪愛的二十九種過患

⑴貪欲其實很苦惱，可是凡夫迷惑顛倒，卻誤以為快樂。智者深見其

苦，所以才能斷除。

⑵享受貪欲不會滿足，猶如口渴喝了鹹水，越喝越渴，有什麼快樂可言呢?

⑶享受貪欲會引發許多罪惡，例如打架和殺人都是由貪欲引起。

⑷經上說：貪罪較輕而難捨。只不過是跟憎恨比起來罪業較輕罷了，其實罪也是蠻重的。

⑸貪欲是將來出生受苦的因緣，所以說：由貪愛而生執取；由執取而造惡業；又因為惡業而受生、老、病、死的苦惱。

⑹苦惱原因就是貪愛。苦都以身體為因緣，而身體就是從愛來的。

⑺飯食時有了快感，所以產生了貪的意識，由此而成為受身的因緣。

⑻貪愛時常使我們在不淨的事物中打轉。

⑼貪欲時常會表現愚痴的行為，譬如狗啃骨頭，自以為美味；貪心的人，由於觀念錯誤，反倒以為沉迷在沒有味道的五欲境界是一種享用。

⑽貪欲的快樂很少，苦惱卻很多。

⑾貪愛的人為了得到快樂，甘心受各種苦楚：追求財色的時候很苦惱、守護時也受苦惱的煎熬，時時惟恐失去心愛的財色；由於心不滿足，所以享用後也很苦惱。

⑿歡愛相聚的時候少，分別離去的時候多。所以佛陀說：愛欲有五種過患。第一，味道少、過失多。第二，更增長其他煩惱。第三，至少永不滿足。第四、聖賢所呵棄。第五、無惡不造。

⒀貪愛增加生死輪迴的苦，而遠離永恆解脫的快樂。

⒁貪欲產生許許多多的煩惱。

⒂增加身心負擔。

⑯貪愛是一種很堅固的束縛。

⑰眾生為無明所覆蓋、為貪愛所繫縛，輪迴六道當中，遙無出期。

⑱貪欲猶如盜賊，而眾生卻看不見它的缺點。

⑲貪欲常表現在柔軟美妙的事物上，所以是一種深而且難除的惡習。

⑳眾生貪愛的習氣都很強，而且也喜歡貪愛。

㉑貪愛使心靈不得自在。

㉒貪愛像強力黏膠。

㉓斷除貪愛就獲得快樂！隨著所遠離的貪欲，就得到更深的法樂。

㉔如果要得到高尚的快樂就應當捨離一切貪欲；沒有貪欲，就能得到畢竟常樂。如果要得到心靈的大樂，就應當捨離感官短暫的小樂；捨棄感官的小樂，才能得到無量的快樂。

㉕貪欲妨害善法，因為正當我們貪圖某一件事物時，就不顧戒律、種姓、教法、威儀、聲望，不受教化，不見衰患，也不觀罪福，猶如醉酒的狂人不知美醜好歹，也像瞎子看不見有福或利益的事情。所以說：有了貪欲就看不見利害，不明白真理，猶如沒有智慧的瞎子一樣。

㉖貪欲是一個沒有底、也沒有邊的大海，有洶湧的巨浪，有可怕的漩渦、怪物等。

㉗貪欲最難斷，譬如經上說：有兩種心願最難斷——第一種是「得」（佔有慾），第二種是「壽」（長生慾）。

㉘所有貪欲到後來一定都變成苦。為什麼呢？因為所貪愛的事物必定會離散，由於離散，所以必定產生憂愁和苦惱。

㉙貪欲會損害慧命，所以說它是「毒」。心中有了貪欲就產生煩惱，所以說它是「刺」。貪欲能斷善根，所以說它是「刀」。貪欲能燒身心，

使身心惱熱，所以說它是「火」。貪欲能產生各種苦，所以說它是「內賊」。貪欲很難拔除，所以它是「深根」。貪欲能染污聲望，所以它是「淤泥」。貪欲能阻礙善道，所以它是「障礙」。貪欲的疼痛深入內心，所以它是「射入心中的箭」。貪欲會產生許多邪惡的事情，所以叫做「不善根」。貪欲會引導我們流入生死海，所以叫「愛河」。貪欲搶奪了善根的財寶，所以是「惡賊」。（以上見《成實論》第十卷）

4.貪愛的十二種對治法

⑴貪欲可以用「不淨觀」來調伏，用「無常觀」來斷除。

⑵如果能知道萬物無常，就沒有貪欲了。

⑶如果能體會世間都是苦，就可以斷除貪欲。

⑷時常想到我要受生、老、病、死的苦惱，貪欲就可以減除。

⑸如果獲得清淨的法樂，就必定會捨棄不淨的欲樂。例如：證得物禪便斷除了欲愛。

⑹洞悉貪欲的過患，就可減除貪欲。

⑺博學多聞，智慧增加，明白布施行善積德的益處，就可減除貪欲。

⑻具足善的因緣，就不易起貪欲。例如受持清淨的佛戒。

⑼有良師益友和正當的教法，可以減除貪欲。

⑽如法修行，可以減除貪欲。（以上《成實論》第十卷）

⑾時常反省和檢點自己的心念和行為，可以減少貪欲。

⑿時常布施，可以減少貪欲，斷除吝嗇心。外施、內施和一切施這三種布施就是專門對治外貪、內外貪和遍一切處貪這三種貪的。

寬心寬懷過幾年　人生人死在眼前

隨高隨低隨時過　或長或短莫埋怨

家富家貧休嘆息　自無自有總由天
平生衣食隨緣過　纔得清閒便是仙——羅狀元〈醒世詩〉

(二)憎恨的煩惱

1.憎恨的種類

(1)重瞋（梵語波羅提伽）——想消滅或殺死某個人。

(2)中瞋（梵語違欣婆）——想毀罵或鞭打某個人。

(3)下瞋（梵語拘盧陀）——心裏愛恨交雜。例如以怨恨心打罵自己的妻妾和孩子。

(4)不報恨（梵語摩叉）——心裏常懷恨意，但不想報復。

(5)報恨（梵語憂婆那呵）——心存憤恨，時常想報仇。

(6)專執（梵語波羅陀含）——怨恨某一件事物，不接受各種教誨，至死仍不捨離憎恨心。

(7)嫉妒（梵語伊沙）——見他得利，心生惱熱。

(8)忿諍（梵語三藍披）——常喜爭訟，心口剛強。

(9)狠戾（梵語頭和遮）——生氣時，拒絕或叛逆師長的教誡，做事很絕。

(10)不忍（梵語阿羼提）——遇到稍微不如意的事情，就產生惱亂心。

(11)不悅（梵語阿婆詰略）——時常愁眉苦臉，不能和顏悅色。

(12)不調（梵語阿播羅沽）——時常喜歡責罵同住的人。

(13)惱觸（梵名勝者）——常起干擾和惱怒同學的行為、語言或意念。

(14)難可（梵名登單那陀）——時常喜歡辱罵、責備和破壞財物。

(15)橫瞋——無事生非，無理取鬧，而大發脾氣。

2.憎恨的起因

⑴遇到不如意的事情。

⑵不能正確地明白苦惱的本質。

⑶由於受到辱罵或責打而懷恨在心。

⑷與惡人在一起。

⑸理智薄弱（或智力低劣）。

⑹久瞋成性。

⑺前世是屠夫、獵人或毒蛇等。

⑻喜歡計較別人的過失。

⑼或因時節而易於發怒，例如血氣方剛的人。

⑽有因某些動物易於發怒，例如毒蛇。

⑾有時因為某個地區的習俗而易於發怒，例如康衢國的人都很容易發脾氣。

⑿貪求某種事物，遇到了挫折。

⒀自私、驕傲、怠慢而且對財物的執著很深。

3.憎恨的過患

⑴經上說：憎恨是重罪。雖然它跟貪愛比起來，較為容易解開，其實也頗為難解，但不如貪愛那麼長久纏在心頭。

⑵憎恨是雙邊的惱害，先害自己而後又惱害他人。

⑶因為憎恨心而造惡業的人多半會墮落地獄。

⑷憎恨會破壞善行和福德。布施、持戒和忍辱都是從慈心產生的。憎恨與慈心相違反，所以能破壞善根。

⑸從憎恨所產生的行為都惡名昭彰。

⑹從憎恨產生惡業，事後心裏一定會懊悔難受。

⑺憎恨的人沒有憐愍心，所以說他很「凶暴」。眾生本來就非常苦惱了，

又加以怨恨，如同惡瘡加火，苦上加苦。

(8)經上記載了許多憎恨的過失，例如說：憎恨的人將來身形醜陋、日夜不安、心存恐怖、人所不信等等。（以上見《成實論》第十卷）

《正法念處經》的第六十卷說：「如果起了憎恨心，就是在燃燒自己；心懷陰毒、臉色也變了，別人看了都害怕而逃避；眾人都不喜愛發怒的人，有時甚至還會輕視、毀謗或瞧不起他；憎恨的人死後，墮落地獄；因為有了憎恨心，什麼壞事都幹得出來。」

《三慧經》說：「身體就像田地，善念像秧苗，惡意像雜草。不除去雜草，秧苗就不會結稻子。如果人不除去惡念，就無法得道果。心懷憎恨，就像在田地裏長出了荊棘。」

《大日經》的第一品說：「損壞福德、善根和利益，沒有比憎恨更厲害的啦！只要起了一念的憤怒心，億劫來所修的善根就都燒光了。」

唐本《華嚴經》的第四十九卷和晉本《華嚴經》的第三十四卷記載：「一切過惡當中，以對其他菩薩起憎恨心為最嚴重。對於其他菩薩起了憎恨心，便立刻造成了百萬種障礙。例如：缺少智慧、不聞正法、生不淨世界、生於惡道、生在多災難的地方、常多疾病、常被毀謗、壞失正念、眼耳鼻舌身意的殘障、近惡知識、樂習小乘、樂近凡庸、不信樂大德、生外道家、住魔境界、離佛正教、不見善友、善根難生、增不善法、出身卑劣、生在沒有佛法的地方、生於惡人家、不樂完美的佛法、學習淺薄之法、不樂慈悲一切眾生的大乘菩薩道、性多驚怖、心常憂惱、愛著生死、不護佛法、不喜見聞佛自在神通、不得菩薩清淨諸根、遠離菩薩清淨行、退怯菩薩深心、不發菩薩大願、不發一切智心、於菩薩行心生懈怠、不能淨化各種業障、沒有大的福報、智力不能明利、智慧狹隘、喜誹謗佛法、遠離諸佛智慧、樂住眾魔境界、不專修佛境界、不樂與菩薩同住、不求菩薩善根、性多見疑、心常愚闇、不能行菩薩平等施而起慳吝、不能持如來戒而毀犯戒律、不能安忍而起愚痴惱害和瞋恚、不能行菩薩大精進而起懈怠、不能得諸禪定而起散亂、不修般若妙智而起惡慧、於各種場合沒有善巧、度化眾生沒有技巧、對於菩薩的自在境界不能了解、因為不聞無礙法而口才不好、因為不明瞭眾生語言而造成舌根的障礙、因為輕賤眾生而造成身根的障礙、因為心多狂亂而造成意根的障礙、因為不持淨戒而造成行為的業障、常起妄語、兩舌、惡口和綺語而造成言語的業障、因為常生貪愛、憎恨和邪見而造成心意的業障、以偷竊的心求法、不入菩薩境界、對於菩薩道不能勇猛精進而心生退怯、對於菩薩的解脫境界心生懶惰、對於菩薩的無生法不能親近、遠離三世諸佛菩薩種性等。」（詳見唐本《華嚴經》的〈普賢行品〉和晉本《華嚴經》的〈普賢菩薩行品〉）

4.憎恨的對治法

⑴常修慈悲喜捨，可以斷除憎恨心。布施就是慈悲喜捨的具體表現，所以布施可以消除憎恨心。再者博施濟眾，人緣必然良好，發脾氣的機會自然也相對地減少了。

⑵知道憎恨的過失，就可以減少憎恨。

⑶有忍辱的力量，就可以減少憎恨。

⑷善於修「無常觀」，明白一切事物都不斷在生滅變化，打罵者和被罵的人也時時刻刻都在變遷衰滅，他們當中應從何處生氣呢?

⑸想一想：憎恨的人想要惱害別人而反而害了自己，他以殘暴的方式對待別人，自己所得的過惡卻又多出了百千倍，所以憎恨對自己是一種很大的損失。

⑹如果能夠安忍，就具備了慈悲的功德。忍辱就是自利。

⑺想一想：忍辱是修道的入門。所以修行人應逆來順受，不可以牙還

牙。

(8)諸法本來就是性空的因緣法，誰是罵者？誰是受罵者呢？

(9)如果他罵我的話屬實，我就應當忍受。我確實有過失，他只不過說實話而已，我為什麼還要發怒呢？如果他說的話不實在，他自己會受妄語報，我又何故發怒呢？

(10)如果受到辱罵，我們應當想一想：所有世間都隨著過去的業行而受果報。我過去一定造了惡業，所以現在要償還，我為什麼發怒呢？

(11)如果受到辱罵，應當反省自己的過錯。由於我出生受身，身子本來就是苦的工具，所以理應受罵才對。

(12)想一想：萬物都是從因緣和合而生，辱罵的苦是從耳識、意識和聲音和合才造成的。在這三種因素當中，我自己佔了兩種，別人只有聲音一種因素，所以感受辱罵的苦惱，多半是我自己造成的，為什麼要發怒呢？

(13)由於我取相分別聲音，所以才生憂惱，這是我的罪過啊！

(14)忍辱的人不應怪罪他人。為什麼呢？因為瞋怒不是眾生的罪過，眾生由於有心病，所以他身不由己，不得自在。譬如治鬼魂附身的道士，只責怪鬼魂而不責怪病人。

(15)由於勤行精進修集善法，所以不計較別人用話中傷我們。

(16)人格高尚的聖賢尚且難免挨罵，何況我這薄福的人呢？

(17)有些世間的人很兇惡，對方沒有把我的性命奪去，已經夠萬幸了，何況他才只有打罵我呢？

(18)惡罵對我來說，不苦而且容易忍受。佛陀教他的弟子說：縱使鋼鋸鋸身，尚應忍受，何況只輕受責打呢？

(19)修行人厭離生死，如果被毀罵，更會增強解脫的決心而捨惡行善。

⑳不忍辱的人將來常受苦報。所以我們寧願忍受輕罵，而不要墮落地獄受大苦。

㉑懷著慚愧心想一想：我是佛門子弟，是一位修行人，怎麼做出這種粗暴的行為呢？

㉒聽了聖賢忍辱的事蹟和行忍的能力，所以我們也應學習忍受侮罵。

㈢愚痴的煩惱

1.愚痴的種類

愚痴又叫做無明，它就是心智昏暗而不能照了或明白諸法的事理。（見《成唯識論》第六卷、《大乘義章》第四卷和《大毗婆沙論》第二十五卷）一般來說，它可以分為下列兩種：

⑴迷理的無明（根本無明）——從無始以來，由於不了心性平等清淨的真理，忽然起心動念，有了一念的不覺，而長夜昏迷，這叫做「根本無明」。由於它障礙中道的理體而不能顯發圓覺的自性，所以叫做「迷理的無明」。

⑵迷事的無明（枝末無明）——由於見解的錯誤或偏邪的分別，而產生貪愛、憎恨等煩惱和惡業，造成生死輪迴的事相（現象），而不能得到解脫，叫做「迷事的無明」。

如果諸君想要更進一步了解無明的種類，請自行查閱：《大乘起信論》上卷的兩種無明、《瑜伽師地論》第五十八卷的四種無明、《百法問答鈔》第一卷的五種無明、《毗婆沙論》第二卷的十五種無明和《解深密經》第七品的二十二種愚痴！

通常，小乘經論中所說的無明或愚痴僅限於迷事無明（枝末無明），而不談及迷理無明（或根本無明），因為小乘的聖人，不明白真如（清淨心）、不斷法執的緣故。我們平常所談的貪愛、憎恨和愚痴這三種根本煩惱（三毒），其中的愚痴通常也是指「迷事的無明」而言。

愚痴又叫做「無知」，無知有兩種：

第一種是「染污無知」。它就是會引發煩惱的無知，或者帶有煩惱的愚痴。因為一切煩惱都是由於見解和思想上的錯誤所造成的。所以天台宗把它稱之為「見思惑」，意即：見解和思想上的迷惑。因為它會引發煩惱，所以叫做「染污」。因為不明白小乘四聖諦的道理，所以叫做「無知」。因此，「小乘有部」乾脆說「染污無知」就是「一切煩惱」。唐朝普光法師在他所寫《俱舍論記》的第一卷中說：「染污無知是以無明為體。」其實他所說的無明，就是指「錯誤的見解」。因為無明會引起其他煩惱，所以就沒再說煩惱了。道理上還是相通的！（參見《佛學大辭典》第八十一頁）

斷除「染污無知」（小乘經論中所說的無明或愚痴），就可以解脫一切煩惱，而成為小乘的聖人——阿羅漢。

第二種是「不染污無知」。由於懈怠學習和研究，以致不知道事物的法則和法門的義理。它不會引發煩惱，而只會成為教化眾生的障礙。它不會影響解脫六道輪迴，而只會使智慧不得圓滿。換句話說，「不染污無知」只有造成「化他障」，而沒有「自行障」。它就是天台宗所說的「塵沙惑」和「無明惑」。

斷除「不染污的無知」（大乘經論中所說的無明），就能夠證得圓滿的智慧，而成為大乘最完美的聖人——佛。

《成實論》的第十卷說：小乘的經論上所說的愚痴或無明指的是「錯誤的見解」，而不是「有所不知」。愚痴是一種偏差和不正的分別，而不是沒有一切種智。如果有所不知，就叫做「愚痴」，那麼除了佛陀究竟明瞭諸法的實相，而且具有圓滿的心智以外，其他的聖賢（包括斷除貪愛、憎恨和愚痴的阿羅漢）也都應有愚痴。阿羅漢雖然還沒有明白一切法，可是他確實已經斷除愚痴了。因為小乘的經典都說：「有貪愛、恨憎和無明（愚痴）的就無法證得阿羅漢果！」所以我們知道小乘的愚痴或無明指的就是「錯誤和偏邪的見解」。阿羅漢只斷除「染污的無知」，而沒斷除「不染污的無知」，所以許多阿羅漢不知道有赤色的鹽巴。佛陀兼斷「不染污無知」，所以才成為一切智人。（參見丁福保所編《佛學大辭典》的第五九九頁）

《成實論》的第十卷說：「世間的人有兩種語言的表示方式。有時以『心智不明瞭』叫做無明；有時以『錯誤的知見』叫做無明。以『心智不明瞭』叫做無明，譬如瞎眼的人看不見顏色、耳聾的人聽不到聲音。以『錯誤的知見』叫做無明，譬如：夜晚看見杌樹以為是人，或看見了人以為是杌樹。前面那種是有所不知的無明，後面那種是見解錯誤的無明。」

為了從更多的角度去了解「愚痴」和「無明」，我們列舉一些常見的意義以供大家參考：

⑴錯誤的見解，就是愚痴。

⑵執著身體是我，就是愚痴。身體只不過是骨骼、肌肉、血液、溫度、氣體等因素所構成的假相。

⑶執著妄念和分別意識是我，也是愚痴。

⑷不知有過去世和來世，叫做愚痴。

⑸不明白三世因果和善惡報應，就是愚痴。

⑹認為人死了以後，什麼都沒有，就是愚痴。

⑺認為人死了以後，永遠是人；畜生死了，永遠做畜生；窮人永遠窮到底、富人一直富下去，就是愚痴。

⑻起了各種煩惱和造作惡業，都是愚痴。

⑼行善而執著善相，也是愚痴。

⑽不了解萬法是由因緣和合所產生的幻相和假名，而執著有一個實在固定的體性，就是愚痴。

⑾不明白「無相」和「空性」的真理，叫做愚痴。（以上參見《成實論》第十卷）

⑿執著世界和我是常、是無常、亦有常亦無常、非有常非無常，就是愚痴。

⒀執著世界及我是有邊、是無邊、亦有邊亦無邊、非有邊非無邊，也是愚痴。

⒁執著死後有神我、無神我、亦有神我亦無神我、非有神我亦非無神我，也是愚痴。

⒂執著身體和神我是一是異、因和果是一是異等，都是愚痴。（詳見《大智度論》第二卷和《俱舍論》第十九卷）

⒃執著萬物是自生、是他生、是自他和合而生、非自他和合而生，都是愚痴。（詳見《中論》第一卷和《佛學次第統編》第一百二十二頁）

⒄不明白緣起性空、生而無生的道理，就是愚痴。

⒅不明白萬法唯心變現的真理，而執著心外有實法，叫做愚痴。

⒆對於非順非逆的境界或事物產生不苦不樂的感受，而不能如實了知，就是愚痴。

⒇不相信有聖賢，就是愚痴。

(21)不認識五乘佛法，就是愚痴。

(22)不明一切萬物的真相和事理，就是愚痴。

(23)不知萬法本來不生不滅、清淨平等……就是愚痴。

(24)不明心見性，就是愚痴。

(25)不知萬法圓融、理事無礙，就是愚痴。

2.愚痴的起因

⑴親近邪惡的朋友。

⑵聽聞偏邪的理論。

⑶不如理或錯誤的思惟和憶念。

⑷錯誤的行為方式。(見《成實論》第十卷和《瑜伽師地論》第八卷)

⑸懶惰。

⑹耽著睡眠，身心昏昧，不能修習無上智慧。

⑺聽聞大乘佛法，很快忘失。

⑻樂習世間一切技藝，不知如幻，而生執著。

⑼貢高我慢，雖遇善友，而不能請問正法。

⑽恥己愚昧，不能親近有智之人。

⑾對於大乘妙理，不能解悟，便生退屈。

⑿專攻異端學說，表面詐稱自己有知見。其實所有論點，都是謬論邪說。

⒀對於最上乘佛法，不生信樂。縱使有所聞，私心邪解。(《六波羅蜜多經》第九卷)

3.愚痴的過患

⑴一切煩惱都由無明引起的。從無明產生貪愛等煩惱，從煩惱而造作不善業，由於造業而受身，由於受身而註定要生老病死。

⑵各種執著都是以無明為根本。

⑶今生和後世所有的惡道，都以無明為根本。

⑷由於無明，所以才接受不淨的五蘊，註定走無常、苦、空、無我的噩運。

⑸由於無明的因緣，所以身心受束縛而不得自在。

⑹由無明的驅使，貪求無聊的感官享受，而不知後患無窮，宛如飛蛾撲火、游魚吞鉤。

⑺外道經典所產生的邪見和否定因果罪福的說法，都是無明。

⑻墮落惡道都是由於造了不善業，不善業卻是由無明引起的。

⑼由於邪見而造作的惡業，多半墮入地獄，邪見都由無明產生的。

⑽有眼無珠，不識真聖。

⑾所有衰惱和敗壞等不完美的事物都是由無明造成的。

⑿失去各種福德和利益。（《成實論》第十卷）

4.愚痴的對治法

⑴精勤用功，樂修禪定。

⑵親近善友，聽聞正法。

⑶損減睡眠，恆自覺悟。

⑷於大乘法，所聞不忘。

⑸順世事業，常觀如幻，無所執著。

⑹不貢高我慢，常向人請教疑問。

⑺不看輕自己，勤於修證，而不退屈。

⑻常樂法施，利樂眾生。

⑼時常謙卑，虛懷若谷，而不欺誑眾生。

⑽聽聞佛法和讀誦經論，不師心自用，深入佛慧。（《六波羅蜜多經》第九卷）

⑾修因緣觀，明白諸法緣起性空的道理。

⑿不執著一切名相。不計較：因中有果或無果。看見花瓶，不執著：色是花瓶或離色才有花瓶。五蘊是人或離開五蘊才有人。不墮常斷二種邊見。（以上《成實論》第十卷）

⒀深信布施福報，以有所得的心去布施是小智慧；以無所得的清淨心去布施可以獲得大智慧。布施有小智和大智兩種：小智的布施為了追求人天的福報和小乘的解脫，這樣施捨，只能叫做布施，而不能得到清淨圓滿的布施。大智的布施是以無所得、無所求的心去布施。由於心無所得，心中清淨得一塵不染，所以得到佛陀的無上智慧。這種布施才是清淨圓滿的布施。（《六波羅蜜多經》第九卷）

十六、布施的喜悅

《菩薩善戒經》的第四卷說：「菩薩遇見乞求的人心生歡喜，就好像生重病的人見到良醫一樣。他時常請眾生隨便取用所需的財物，不論布施前布施時或布施後，他一直保持著愉快的心情。」

《大丈夫論》的第十八品說：世間眾生時時刻刻為了自己，所以長年累月身心疲勞。菩薩助人為快樂之本，他知道利他即是自利，所以捨棄自己的利益，去幫助別人得到快樂。充實自己就是利益別人，利樂眾生就是利益自己。當我們利樂他人，自己也變得快樂了。

人可以分成上中下三品。愚笨的人，看見別人得到快樂，心裏就生苦惱。中等的人，自己有苦惱時心中明明白白、清清楚楚。上等人，見到別人快樂就心生歡喜，見到別人痛苦就感同身受。因為菩薩有平等的慈悲心，沒有自他的分別，所以能與眾生同甘共苦。

《大丈夫論》的第十八品說：菩薩平等慈悲一切眾生，但是對於冤家仇人，特別給予更多的利益和快樂。他給予冤家仇人利樂時，心中的歡喜，就如同捨身時那麼快樂。菩薩對於一切眾生的悲心平等無二，可是對於行惡的眾生，卻倍生憐愍，如同年老的大富翁特別憐愛自己的獨生子一樣。

菩薩利樂冤家仇人，比一般人遇到恩公還要更加歡喜。菩薩被人辱罵，不但沒生氣，而且還保持著慈悲眾生的歡喜心，因為他的慈悲心是沒有限制和障礙的。

《大丈夫論》的第十九品說：愚痴的眾生見到別人受苦，自己十分快樂。他幸災樂禍，而且不以別人的苦為苦。賢明的人忍受苦事而怡然自樂，利樂他人而自己不以為苦。愚痴的眾生為了自己少許的快樂而使別人受大苦。賢明的人為了給予別人少許的快樂而自己忍受大苦。……菩薩看見別人受苦就挺身而去解決他們的苦惱。幫他們分擔愁苦，甚至還替他們受苦。他雖然代替眾生受苦，不但不以為苦，而且心中還非常歡喜。因為菩薩有平等的慈悲心，所以得到了自在的快樂，不被世間的逆境和苦事所逼惱。菩薩喝了大悲的甘露，不為諸苦所惱，所以能為眾生忍受各種的苦痛。

《大丈夫論》的第四品說：菩薩喜歡布施，勝過得到解脫。為什麼呢？有乞求的人來，我就可以得到布施的福德。因為布施而成就殊勝的功德和境界。菩薩縱使所有的眾生都來向他要東西，菩薩也都虔敬歡喜地布施。因為心中充滿歡喜，所以感覺身體清爽。……菩薩的生性愛好布施。他常牽著眾生的手，很高興地跟他談話，宛如對待自己的親朋好友一般。……他遇見乞求的人，身心歡喜，笑得像彌勒佛。他使乞求的人歡喜，就如同以甘露滋潤自己的心靈那麼快樂。菩薩常和顏悅色，用慈悲的眼光來看眾生，所以像喝了甘露那麼愉快！譬如小偷偷竊別人的財物到市場兜售，如果很快就脫手賣出贓物，他的內心一定特別歡喜。菩薩把財物布施給乞求的人，比小偷很快就賣出贓物，心中還要高興。又譬如一位億萬富翁，能隨意把財物送給自己的愛子，內心十分歡喜。可是這種歡喜不如菩薩布施財物所得到的快樂。菩薩看見乞求的人，心中充滿歡喜，勝過一般人見到自己的親朋好友。如果看見眾生得到許多財物，很高興地享用，菩薩更是加倍歡喜。……見到別人向他索取東西，就如同喝了甘露那麼快樂。聽了眾生乞求的話語，心裏也由衷地敬愛和尊重他們。

《大丈夫論》的第十品說：眾生大都重視財物和利益，而且喜愛身體和性命的程度又遠超過一般財物。眾生捨財容易，捨命難。菩薩施捨各種財物所得到的快樂，遠不如施捨身體和生命所得到的喜悅。所以他已經領

略到各種布施的滋味了。

因為菩薩認為財物和身體很快就會變壞了，所以凡是需要的人都可以儘快向他索取。再者，為了救濟眾生而奉施身命，可以得到清淨的法身和無上的智慧。有了清淨的法身和圓滿的智慧，又可再進一步利益和安樂一切眾生了。因為他相信：捨棄不堅固、有缺點的財物，可以得到清淨的法身和堅固的法財，所以布施時充滿著歡喜，甚至連為眾生犧牲生命或施捨身體，一點都沒有困難的感覺。

貪愛心很重的人，得到許多貴重的財物時，會欣喜若狂。可是他所得到的快樂卻遠不及菩薩捨身時所得快樂的百千萬分之一。菩薩因為有了智慧和慈悲心，所以為眾生而追求完美的法身。菩薩布施身命所得到的快樂，勝過世人登上轉輪聖王的寶座時所擁有的快樂。

譬如有的政府官員為國犧牲，因而出生在天界。他犧牲性命時，視死如歸，而且帶著歡喜。菩薩以智慧悲心，施捨身命時，所得到歡喜非常殊勝，比起那些為國犧牲的人還要慷慨、更大方、更歡喜！

凡夫和愚痴的人，為了財物和名利，有時都會視死如歸或捨棄身命，更何況菩薩有廣大的智慧和悲心，為了一切眾生怎不會捨身成仁呢？愚痴的眾生出於愛著的心，尚且能夠犧牲身命，菩薩有了慈悲心，為了利益眾生而捨身又有什麼難呢？……菩薩見到眾生受苦，就發起了悲心，他把自己的身體看得比草木和沙土還要輕，為了眾生而捨身，又有何困難呢？

一個人為了自己而接受不殺生的戒律，死後尚且能升天。菩薩為了眾生而犧牲身命，將來必定能成就無上的智慧。菩薩如果聽到有人來乞求他的身體時，他立刻就想到：「我從很久以來就捨棄這臭皮囊了，需要的人不自己來拿取，而還乞求我，一定是認為我有吝嗇和愛惜的心，所以才這樣試探我！」

《大丈夫論》的第十七品說：眾生常受種種逼迫和苦痛，我們怎麼可以捨棄眾生而證入涅槃呢？小乘根器的人只見到自己的苦，才會證入涅槃。菩薩見到一切眾生的苦惱，感同身受，怎麼會捨棄眾生而證入涅槃呢？如果能本著平等的慈悲心，使眾生得到真實的利益和快樂，自己也會分享到許多喜悅，這豈不就是涅槃嗎？所以為了拔除眾生苦難、給予眾生快樂，而不計較名利和功德，就是解脫。否則就是生死。因為為了自己而追求快樂就是苦，放下自己的快樂，而為眾生求快樂即是涅槃。世間的眾生都以破除苦惱為解脫，修慈悲的人能夠破除別人的苦惱，豈不是一種更高尚的解脫?！拔除眾生的苦難，眾生和自己同時得到快樂，聰明的人怎麼會捨棄兩種解脫而只執取一種解脫呢？世間的人都說：「有智慧的人得到解脫！」菩薩心裏想：「我不相信這句話！有智慧的人怎麼會捨棄救度眾生的快樂，而單只有自己取得解脫呢？行菩薩道，幫助別人，不但自己歡喜，別人也快樂，加起來的快樂一定比自己一個人解脫的快樂多！」所以菩薩為眾生受苦，勝過別人為了自己而得到解脫的快樂。

富貴從來未許求　幾人騎鶴上揚州
與其十事九如夢　不若三平兩滿休
能自得時還自樂　到無心處便無憂
而今看破循環理　笑倚欄杆暗點頭——羅狀元〈醒世詩〉

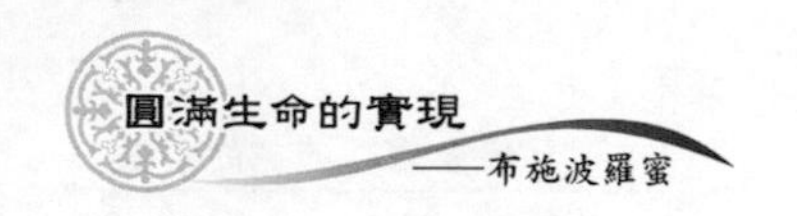

十七、布施的果報

現世報與來世報的九則實例

《大寶積經》的第一百二十卷記載：「布施會產生福德。布施與福德的因果關係，如影隨形，絲毫不爽。可是福德是看不到的東西，這如同葡萄和甘蔗還沒有壓搾時，看不見流質的汁。雖然葡萄和甘蔗看不見汁，可是汁卻不是從其他地方來的。福德也是如此，雖然福德並不存在布施者的手上或心中、或者身上，可是也不離開布施者的身心。這如同一顆榕樹的種子尚未成熟時，是看不見芽的！」

《舊雜譬喻經》的上卷記載：舍衛國有一位婦人虔誠地布施了一缽飯菜供養佛陀。佛陀告訴她得到很多福德。她的先生心中感到懷疑。佛陀說：「你見過尼拘陀樹嗎？它長得很高大，可高達四、五百丈，每年結了好幾萬斛（一斛等於五斗）的果實。這棵尼拘陀樹的種子卻只有芥子那麼大。土地是沒有感情、沒有意識的東西，種下一粒芥子大的樹種子，尚且能夠每年歲收好幾萬斗的果實，何況人是有感情、有靈性的動物呢！更何況能以虔誠心布施一缽飯給佛呢！」夫婦兩個人，聽了佛陀的話，終於心開意解，當下證得了初聖果。

㈠布施的現世報

《莊嚴論》記載：有一對夫婦因為貧窮無法救濟別人而感歎地說：「我們這麼窮，縱使遇到良好的福田也沒有什麼東西可以布施！」講到這裏他們夫妻倆哭泣不已。太太就說：「您應當把我賣給有錢人做奴婢，用錢去布施種福！」先生說：「我也想把自己賣了！」於是他們夫婦倆就真的立下契約把自己賣給有錢人。把得到的錢財設會供養佛陀和僧眾。那一天國王也準備許多美好的飲食請佛陀和眾僧，當他們夫婦賣身設供的消息傳到了國王的耳朵時，國王非常讚歎和歡喜，特地賞賜給他們夫妻一大筆錢財，准許他們先供養佛和僧眾，因此不但債務都還清了，而且還過著富裕安樂的生活。

《譬喻經》記載：從前有一個國家出產了很多珍寶而卻很少人吃過蜂蜜。有一個人想將蜂蜜獻給國王，可是一直見不到國王。於是他就將蜂蜜拿去供養眾僧，並且聽了師父的開示以後，很歡喜地出家修道，由於他修行很精進，終於不到三年的時間就證得了阿羅漢果。國王聽到了這則消息也很高興，就做了一次長期的大布施，以供養所有修行人。

《菩薩本行經》記載：有一對夫妻非常貧窮，他們為人工作而得到了五百個銅錢，都用來供養佛陀和僧眾。太太為表示慎重和虔敬，特地向鄰居借了一件很名貴的衣裳來穿著。佛陀走了以後，她脫下了那件華美的衣裳，不幸卻被盜賊拿去了。她先生很傷心，走到樹林裏想要從樹上跳下來自殺。沒想到看見那盜賊將那件衣裳埋在樹下。她先生等盜賊走了以後，就挖出了那件衣裳趕回家中，沒想到他的太太也同時在家中發現了寶藏。他們夫妻兩個人也是現世就受到了布施的福報。

㈡布施的來世報

《金藏經》記載：億耳比丘因為過去在毗婆尸佛時，曾經以美好的飲食、衣服、毛氈和床被供養佛和眾僧，並且又在佛和眾僧常走的道路上鋪上了許多石板和石子，又在兩旁種了許多美麗的花草和樹木，掛了許多莊嚴的裝飾，結果感受九十一劫行走足不履地的福報。

《賢愚因緣經》的第二卷記載：過去有一個樵夫，將賣木材所得到的兩枚金錢，用來布施佛和僧，結果九十一劫，財富自在，兩手常持金子，無有窮盡。後來出生在佛世，名叫金財童子，出家修行而證得聖果。

《中阿含經》的第十三卷上記載——阿那律尊者說：「從前我在蝗蟲和旱災非常嚴重的饑荒時期，見到一位小乘的辟支佛入城乞食，空缽而出。那時我是一個挑木材的人，看見這種情況很不忍心，於是就請他到我住的地方，分自己的飲食供養他，結果在天上和人間感受了大富的果報，因此今生才能得道。」

《增壹阿含經》的第二十七卷記載：佛陀在羅閱城附近的迦蘭陀竹園講經說法時，與五百位大弟子在一起。當時世尊就告訴優頭槃尊者說：「你現在去羅閱城要一點溫湯，因為我今天背部的脊椎有點風痛！」於是優頭槃尊者就著衣持缽，來到羅閱城。他心裏想：「世尊為什麼示現背痛？他老人家叫我去找溫湯，又沒有把對方的姓名告訴我，我應當到誰家呢？」想到這裏優頭槃就用天眼去觀察羅閱城中應該得度的人。他看見羅閱城中有一位名叫毗舍羅先的長者，他平生不種善根，不守戒律，不信三世因果，也不相信佛法僧三寶，他再過五天就要命終了。他死了以後會投生在啼哭地獄受苦。優頭槃發現他還事奉五道大神。這時候五道大神變作人形，來到優頭槃尊者的面前而供他使喚。優頭槃尊者就和變成人形的五道大神來到了毗舍羅先長者家，在門外站著不說話。長者見到門外有道人站立，就問說：「你們來這裏幹什麼呢？」優頭槃尊者回答：「世尊今天背部風痛，請你施捨一些溫湯給如來沐浴！」

這時候毗舍羅先長者悶不吭聲。五道大神就告訴毗舍羅先說：「長者！如果你布施香湯，一定可得到無量的福德和快樂。」沒想到長者回答說：「我自己拜五道大神了，再供養你們出家人有什麼利益？」五道大神就說：「如來出生時，天帝尚且下來侍候。還有誰能比他更偉大呢？拜五道大神不能救你出苦海，不如供養釋迦牟尼佛得到的果報大。」

當時五道大神又警告長者說：「你自己要好好守護身體、語言和心念！你不知五道大神的威力嗎？」五道大神立即變作大鬼神的形態，右手拿著寶劍，對長者說：「我現在的形像就是五道大神，你趕緊進去拿香湯來給這位出家師父！不得延誤！」長者心裏想：「真奇怪！怎麼連五道大神也會信佛，供養出家師父！」於是長者就捧香湯交給五道大神，而且又拿了石蜜給優頭槃尊者。

五道大神親自捧著香湯和優頭槃尊者回到世尊所住的迦蘭陀竹園，以這香湯供養如來。如來用這香湯洗完了澡，風痛就馬上好了。

果然過了五天，毗舍羅先長者就死了，他的神識不但沒墮地獄，而且投生在四天王天中。聽佛陀對弟子說：「毗舍羅先長者因為布施香湯的福德而升天。當他在四天王天命終以後又會出生在忉利天，乃至他化自在天。他化自在天命終後又出生在四天王天中。這長者六十劫不會墮惡道，最後得人身時，出家修道會證得辟支佛的果位！布施香湯的功德真不少唷！」

《雜寶藏經》的第九卷記載：從前拘留沙國有一位國王，名字叫「惡生王」。有一天，他在觀賞花園林苑時，在殿堂上看見一隻金色的貓，從院子的東北角，跑到西南角。於是他就命令士兵挖掘。結果挖出了三層銅盆，每一個銅盆都裝了滿滿三斛（十五斗）的金錢。再不斷挖掘，連續五里長都是裝滿金錢的銅盆。惡生王很驚奇，他就去請教佛陀的弟子迦旃延尊者。迦旃延尊者說：「過去九十一劫以前，毗婆尸如來出世，佛涅槃以後，比丘們在道路上放了一缽，告訴人們說：『如果有人布施錢財在這個缽裏，一切水災、火災、官府和盜賊就奪不走！』這時候有一位窮人聽了很高興，就把賣木材所得到三文錢放在缽裏布施。從布施的地點一直到他家裏一共有五

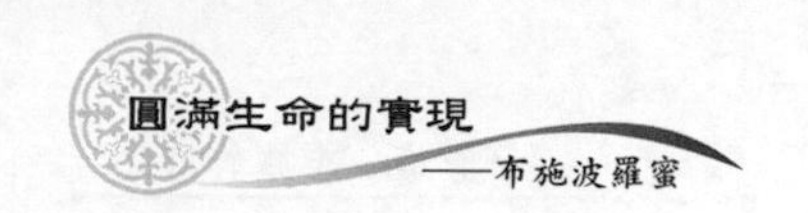

里遠，他越走越高興，步步歡喜地回到家。快入門時，他還遠遠地向出家師父化緣的方向禮拜，而且又發了善願。當時那窮人就是大王您！因為過去曾布施三文錢，所以世世尊貴，常得到三層銅盆。因為在回家的五里路上步步歡喜，所以今天得到了這些金錢。」國王聽了過去的因緣，很歡喜而去。

現在也有類似「金貓」的傳說，我曾聽過兩則晚上見到「白馬」發財的故事。《雜寶藏經》這一則「五里銅盆」的故事，主角惡生王像極了現代的阿拉伯人。所不同的是惡生王在地下發現了金錢，阿拉伯人在地下發現了石油。在現代工業社會裏，石油就代表金錢。我們不要只羨慕得到意外之財的人，所有財富都是布施來的。阿拉伯人前世也一定是有布施錢財的。我們聽到人家發財，一方面要隨喜，希望所有的眾生也都布施發財，另一方面盼望所有的人類把錢財運用到正當和利益眾生的事業上。

十八、布施可使相貌莊嚴

很多經典都記載了佛陀美好的相貌。《大乘百福莊嚴相經》和《大薩遮尼乾子受記經》的第六卷就描述了佛陀的身上有三十二相和八十種特徵。唐譯《大方廣佛華嚴經》的第四十八卷更列出了佛陀身上九十七種無比莊嚴和美妙的特徵。（請詳見《華嚴經》的〈如來十身相海品〉和〈如來隨好光明功德品〉）《寶女所問經》的第四卷、《大方便佛報恩經》的第七卷和《大智度論》的第十一卷都曾談到佛陀三十二種莊嚴相貌的原因。《菩薩行五十緣身經》則又記載了佛陀因為過去世修了無數福德，所以今生在身體和行為上有許多不可思議的特徵。《大方便佛報恩經》的第七卷更進一步說明佛陀身上的每一部分都具有無量百千種微細美妙的特色。所以嚴格來說，佛陀的相貌是無限美好的，三十二相只不過是佛陀隨著印度當時眾生所喜好的情形而示現的。如果您想明白佛陀示現三十二相的理由，請閱讀《大智度論》的第八十八卷。因為諸經論對於三十二相的開合不盡相同，下面我們就列舉出最具有代表性的二十九種來做個比較研究：

㈠足下安平相（腳板平穩沒有凹進的部分，能穩健牢固地站在地面上）的原因——

勇猛盡力地布施。（《大智度論》第十一卷）

做一切善事，信心堅定而不後悔。（《大智度論》第十一卷）

至心修持淨戒。（《大方便佛報恩經》第七卷）

常勸勉和幫助別人而不懈怠，又不隱藏他人的善舉和功蹟。（《寶女所問經》第四卷）

㈡千輻輪相（手心和足下有細緻精美的法輪形條紋）的原因——

以恭敬心布施眷屬。（《大智度論》第十一卷）

供養父母、師長、和尚和其他有德的人。（《大方便佛報恩經》第七卷）

以至誠懇切的心來行善。（《大方便佛報恩經》第七卷）

興設種種布施。（《寶女所問經》第四卷）

㈢手指纖長相（手指纖長而且圓滑）的原因——

布施食物和醫藥以救濟飢餓和生病的人，或當眾生生命危險時，盡力加以保護和解救。（《大智度論》第十一卷）

對於眾生不生惱害心、竊盜心。如果見到父母師長等有德之人，起身恭迎，（遠出奉迎）為他們安置或布施床舖和桌椅，並且恭敬地禮拜他們，絲毫沒有傲慢心。（《大方便佛報恩經》第七卷）

時常行善，而心不執著善相。（《大方便佛報恩經》第七卷）

㈣手足軟相（手足紅潤、乾淨而且柔軟如綿、富有光澤）的原因——

布施美味的飲食。（《大智度論》第十一卷）

以好的酥油、香水或藥洗，按摩和洗擦父母師長和有德之人。（《大方便佛報恩經》第七卷）

布施細緻和柔軟的衣服給眾生。（《寶女所問經》第四卷）

㈤手足縵網相（手腳的指與指間有纖細的縵網交互連絡，如鵝子的腳蹼）的原因——

以布施來攝受眾生。（《大智度論》第十一卷）

以四攝法（布施、愛語、利行、同事）來接引眾生。（《大方便佛報恩經》第七卷）

不曾破壞他人的眷屬。（《寶女所問經》第四卷）

㈥腨如鹿王相（腿部雄壯穩健，曲線平滑，宛如鹿王一般）的原因——

布施時，如果接受財物的人又再提出要求，能本著歡喜心洗耳恭聽，並且很快地讓他得到所需的財物。(《大智度論》第十一卷)

修習善法，心不厭倦。(《大方便佛報恩經》第七卷)

敬奉受持經典而不違失。(《寶女所問經》第四卷)

㈦手過膝相（雙手垂下可以摸到膝蓋）的原因——

不憎恨和不輕視來索求財物的人。(《大智度論》第十一卷)

以清淨的身、口、意業，瞻視病人，布施醫藥。沒有傲慢心，不暴飲暴食而知道節制。(《大方便佛報恩經》第七卷)

當別人想做善事時，加以幫助和勉勵。(《寶女所問經》第四卷)

㈧馬陰藏相（陰莖和睪丸像馬一樣藏在體內）的原因——

隨順求者的意思去布施，而不必等待他出口要求。(《大智度論》第十一卷)

聽到讚歎，不生傲慢心。廣積陰德，不讓別人知道自己的長處和善行。(《大方便佛報恩經》第七卷)

看見不合而要分離的人，能以善巧方便的方式和話語促使他們又再和合。自己常懷慚愧，而且也教人修慚愧。(《大方便佛報恩經》第七卷)

謹言慎行，遠離淫念和貪慾。(《寶女所問經》第四卷)

㈨身上毛靡相（身上的毛端都向右旋，而且很伏貼）的原因——

聽了佛法，心生歡喜時常思惟和修行善法，並且樂於為人演說。恭敬地供養父母師長以及其他有德之人。走路和進入寺院時，常除去磚頭、小石子、荊棘和不乾淨的東西。(《大方便佛報恩經》第七卷)

尊敬師長，接受善友的勸導，從善如流。(《寶女所問經》第四卷)

㈩毛孔青色相（每一毛孔都長一根青色的毛，一點兒也不雜亂，而且常散出怡人的妙香）的原因——

布施時適合乞者的意願，使他得大自在。(《大智度論》第十一卷)

遠離憒鬧吵雜的群眾集會。(《寶女所問經》第四卷)

做事有條不紊，所修善法，都迴向無上智慧。(《大方便佛報恩經》第七卷)

㈩身金光相（皮膚的顏色紅潤而富有光澤，沒有一絲的皺紋）的原因——

布施上好的衣服、臥具、金銀和珍寶。(《大智度論》第十一卷)

布施飲食、瓔珞、精美實用的飾物、修補或塑造金身的佛像。(《大方便佛報恩經》第七卷)

常布施衣服、臥具和床舖。(《寶女所問經》第四卷)

㈪常光一丈相（身體四周常有一丈光芒）的原因——

常存慈悲而不起憎恨心。(《大方便佛報恩經》第七卷)

以歡喜心來修習善法，心不退悔。(《大方便佛報恩經》第七卷)

以歡喜心在佛寺和祖先父母的牌位前，點燃燈光。並且時常化解別人的疑惑。(《菩薩行五十緣身經》)

㈫肩圓腋滿相（四肢、身體兩肩和腋下都圓滿豐腴）的原因——

常布施飲食和醫藥，以減少眾生的病痛。(《大智度論》第十一卷)

常布施眾生所需要的物品。(《大方便佛報恩經》第七卷)

常安慰和減除眾生的畏懼。(《寶女所問經》第四卷)

廣施各種財物給貧乏的群眾。(《寶女所問經》第四卷)

㈬四十齒相（口中有四十顆牙齒，牙齒密集，吃完東西不會在齒縫留下殘渣）的原因——

布施時講誠實和和合的話語。(《大智度論》第十一卷)

不挑撥離間或搬弄是非，當別人有爭鬥或吵架，還促使他們能和好。(《大方便佛報恩經》第七卷)

發起慈愛眾生的願望和行為，遇到爭吵，能設法加以調解。(《寶女所問經》第四卷)

㈤牙齒白齊相（牙齒潔白、整齊而且堅固無比）的原因——

布施財物或供養眾生時，心念清淨。(《大智度論》第十一卷)

面帶微笑，心存慈悲。(《大方便佛報恩經》第七卷)

布施微妙悅人的財物。(《寶女所問經》第四卷)

㈥咽中津液得上味相（口齒芳香，喉嚨和嘴裏經常充滿津液，品嚐任何食物，味道絕佳）的原因——

布施醫藥給生病的人，布施飲食給飢渴的人，減少眾生的各種病痛。(《大智度論》第十一卷)

平等關懷眾生猶如自己的親生子。(《大方便佛報恩經》第七卷)

將布施的功德，迴向無上的智慧。(《大方便佛報恩經》第七卷)

△佛陀過去世世常布施香湯、牙刷、牙膏及洗臉用具，所以臉上和口齒特別芳香。(《菩薩行五十緣身經》)

㈦廣長舌相（舌頭鮮紅光澤，細長柔軟，輕便靈活，伸出來可以觸到前額）的原因——

遇到乞求的人，講話實在，而且言出必行，童叟無欺。(《大智度論》第十一卷)

不但自己受持五戒十善，而且能教人受持五戒十善。常本著慈悲心，來宏揚佛法。(《大方便佛報恩經》第七卷)

所言至誠，而且善於防患言語的過失。(《寶女所問經》第四卷)

㈧梵音深遠相（聲音清澈宏亮，連遠方的人都能聽得清楚）的原因——

布施時，講話委婉柔軟。(《大智度論》第十一卷)

講話契合時機而且精闢美妙，中肯而不嚕嗦，時常講一些誠實的話

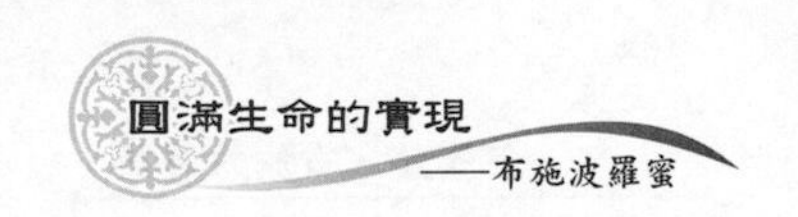

語、使人歡喜的法語、委婉善巧的譬喻。(《大方便佛報恩經》第七卷)

以高尚的音樂、聖樂和梵唄供養佛菩薩和佛塔。(《菩薩行五十緣身經》)

言語柔和謹慎，長話短說，常使聞者心生歡喜。(《寶女所問經》第四卷)

㈩皮膚細軟塵垢不著相（肌膚細嫩柔軟，皮膚潔淨，永不染塵垢，宛如荷葉不沾水滴一般）的原因——

於一切眾生起純善心。(《大方便佛報恩經》第七卷)

念念廣集一切善法。(《寶女所問經》第四卷)

奉行十善，心無厭足。(《寶女所問經》第四卷)

世世不說別人的過失。(《菩薩行五十緣身經》)

㈪踝果不現相（腳掌的上部不露現兩塊凸出的骨輪）的原因——

聽聞善法心生歡喜，樂於為人演說，並常為真理奔走，幫忙別人籌辦各種善舉。(《大方便佛報恩經》第七卷)

㈫胸前卍字相（胸部自然有表示吉祥的卍字）的原因——

清除身心世界一切污垢和不善法。(《寶女所問經》第四卷)

㈬頰車如獅子相（兩頰豐滿像獅子一般威武）的原因——

布施時，常講誠實而有利益的話語。(《大智度論》第十一卷)

遇見求者常以歡喜心去迎接和送別。(《大方便佛報恩經》第七卷)

勤修善法，精進不懈。(《大方便佛報恩經》第七卷)

廣修清淨的心念、語言和行為。(《寶女所問經》第四卷)

㈭身端直相（軀幹正直挺拔而不傴僂，威儀十足）的原因——

布施飲食和醫藥，以延續眾生的壽命。(《大智度論》第十一卷)

清淨身、口、意三業，並教人清淨三業。當眾生身體不調時，能幫他醫治。(《大方便佛報恩經》第七卷)

廣修供養，心存仁慈祥和，滿足眾生的願望，使他們得到保護和庇

佑。（《寶女所問經》第四卷）

勸導、感化和安慰行惡或受苦的眾生，使他們對於善法起堅定的信心。（《寶女所問經》第四卷）

雕塑和修補佛菩薩的聖像。（《寶女所問經》第四卷）

㈤髮眉姣好相（紺青色的頭髮像美妙潔淨的琉璃寶一樣，富有光澤。眉毛細長，好像初升的月彎一樣美）的原因——

善護身、口、意三業。（《寶女所問經》第四卷）

慈愍人類，不以刀杖侵害一切眾生。（《寶女所問經》第四卷）

性情柔順，而不粗暴。（《寶女所問經》第四卷）

㈥上身如獅子相（具有獅子一般雄壯魁偉的身材，行動靈活自如，高雅大方，外表穩重，使人絲毫沒有輕浮的感覺）的原因——

只要乞者開口要求，馬上就布施財物給他。（《大智度論》第十一卷）

破除驕傲和我慢，心性柔軟。隨順眾生的心意，而且行為又能如法。

時常以善法來教導（行惡的）眾生。（《大方便佛報恩經》第七卷）

㈦眼色如紺青相（大小適中，明眸配上紺青色的瞳（子）仁，眼球黑白分明，明亮有神，炯炯發光，見者無不歡喜）的原因——

布施時，不起憎恨心，平等善待一切求者。（《大智度論》第十一卷）

常懷悲愍之心，恭敬一切眾生如同自己的父母。（《大方便佛報恩經》第七卷）

常以慈眼視眾生。（《寶女所問經》第四卷）

不以怒目和惡意看人，而且能忍辱。（《菩薩行五十緣身經》）

㈧眼睫如牛王相（睫毛像牛王一般細長均勻，令人百看不厭）的原因——

布施時，心中不貪執財物、名利和回報。（《大智度論》第十一卷）

㈥眉間白毫相（兩眉間有右旋的白細毛，常放出光明）的原因——

布施時，常隨順眾生的善意。(《大智度論》第十一卷)

見到有道德的人，常稱實讚歎他的品行。(《大方便佛報恩經》第七卷)

常歌頌和稱讚眾生清淨和良善的德行。(《寶女所問經》第四卷)

㈦頂成肉髻相（頭頂上的肉，隆起而成為髻形，肉髻上面常放光明，一般人無法見到全貌）的原因——

布施時，不但安慰眾生，而且勸他們也行布施。(《大智度論》第十一卷)

常以無上的妙法布施眾生，幫助眾生記憶和受持善法。(《大方便佛報恩經》第七卷)

尊重聖賢，禮敬師長。(《寶女所問經》第四卷)

常將所修的一切善法，迴向無上的智慧。(《大方便佛報恩經》第七卷)

《普曜經》、《大薩遮尼乾子受記經》第六卷、《大乘義章》第二十卷、《大智度論》的第八十八卷都是進一步描述到佛陀完美的相貌。簡而言之，佛陀身上的每一部位，都讓人百看不厭。每一個見到佛陀相貌的人都產生歡喜和尊敬心。無論行住坐臥，他的身心總是那麼安詳，他的姿態總是那麼優雅。無論靜止或走動，他的舉止總是令人感到祥和與美的喜悅。他的步伐平正穩健，起步落腳，風采翩翩，使人回味無窮。《大智度論》的第二十六卷上說：佛陀無量劫以來常修清淨的戒律、禪定、智慧和慈悲，而且已澈底拔除一切煩惱和不好的習氣，所以他的身體、語言和心意永遠清淨而沒有漏洞和過失。《大智度論》的第八十八卷上說：圓滿具足這三十二相就是真正的「身清淨」。轉輪聖王雖然也有三十二相，但是無法與佛相提並論。三十二相的名字雖然相同，可是威德和美好不同。因為轉輪聖王的福德有限而不具足，所以他的三十二相不圓滿。佛的福德沒有限量，功德圓滿，所以才有完美的三十二相。佛的三十二相和其他眾生不同，佛的三十二相是出世間而不共凡夫法的。

菩薩經過三大阿僧祇劫的修行以後，還要花一百劫的時間來種福，修成三十二相。要修百福才能夠成就一相。照《教觀選錄》第四卷和《教觀綱宗科釋》第一〇〇頁的說法。所謂「一福」有下列八種不同的含義：

㈠轉輪聖王能以布施來滿足所有四天下眾生的需求，叫做「一福」。

㈡忉利天的天主（帝釋）能以布施來滿足第二天以下的眾生，叫做「一福」。

㈢布施滿足三千大千世界所有眾生的需求，叫做「一福」。

㈣三千大千世界的眾生都瞎了眼睛，能夠一個一個把他們眼睛的毛病全部治好，而恢復光明。這叫做「一福」。

㈤三千大千世界的眾生都吃了毒藥，能夠一個一個把他們全部治好。這叫做「一福」。

㈥三千大千世界的眾生都快自殺或病死了，能夠把他們全部救活，就是「一福」。

㈦三千大千世界所有的人都破戒了，能夠說法，使他們又重新受持清淨的戒律，這叫做「一福」!

㈧不可譬喻，只有佛能明白。因為菩薩修行了三大阿僧祇劫，心量、願力和道行都非常廣大，所以一般人難以明白。

修三十二相，最遲需要一百劫的時間，最快需要九十一劫的時間。釋迦牟尼佛過去行菩薩道時，七日七夜，一心瞻仰弗沙佛，目不暫眴，以詩偈讚歎弗沙佛的聖德，又精勤刻苦修行，所以超在彌勒菩薩以前九劫成佛。

修三十二相的次第如何呢？有人說：先修「足下安平相」，因為站安穩以後，才可再辦其他事情。有人說：先修「眼色如紺青相」，以慈眼和大悲視眾生，可以引發一切善行。有人說：就理論上來說，並沒有前後之分，

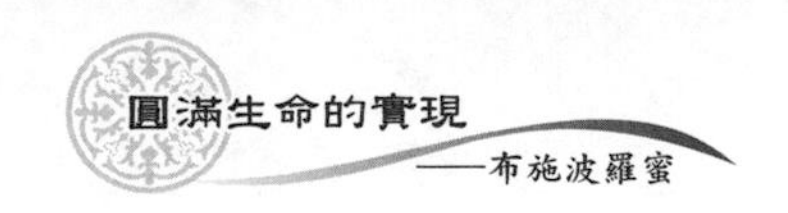

只要時機恰當和因緣成熟，就種福修三十二相。（《教觀綱宗科釋》第一〇〇頁）

《大智度論》的第八十八卷上說：佛菩薩所現的相貌不固定，他們常隨著眾生的喜好，而示現不同的形相。例如：如果眾生不重視黃金，而喜愛金剛、琉璃或其他顏色，佛對於這個世界的眾生，就不會示現金色身，而隨著他們所喜歡的顏色而現不同的色身。也有眾生不喜歡纖長的手指，以為長指利爪是羅剎相。佛就不會現這種相。有的眾生以為手指間有網縵好像水鳥，做事情不太方便。有的眾生不喜歡又圓闊又大的肩膀，以為類似浮腫。有的眾生不喜歡腹部太小，因為沒有腹部好像餓鬼。也有的眾生以為紺青色的瞳仁不好，而只喜歡黑白分明的眼珠。所以佛常隨著眾生的喜好而示現不同的身相，並沒有一定的形相。有時示現金色身，有時現銀色身，有時現日月星宿的顏色。現長現短並不一定，只要能引導眾生入道，他就現眾生喜歡的形相。經中所說的三十二相是隨著當時印度人和尼泊爾人所喜歡而現的形相。印度和尼泊爾人迄今仍然很喜歡這三十二相。……這三十二相都比當時印度和尼泊爾人所喜好的形相還更殊勝，所以人們看了會起恭敬心。佛在其他世界，有時示現千萬相，或無量無邊的相，有時只示現五、六種相或三、四種相。隨著當時印度和尼泊爾人的喜好，所以佛示現了三十二相和八十種美好的特徵。（譯自《大智度論》第八十八卷）

《大薩遮尼乾子受記經》的第六卷上說：「假如三千大千世界所有的眾生，無論是胎生、卵生、濕生或化生，同時都得了人身，每一位眾生都修十善業，成就轉輪聖王的福德；這些眾生的福德全部加在一起，再乘以一百倍，才能成就佛陀身上一個毛孔的功德。佛陀每一個毛孔的功德都加在一起，再乘以一百倍，才能成就佛陀身上八十種美好的特徵（『八十隨形好』）其中的一種特徵。所有八十種美好特徵的功德全部加在一起，再乘以一百倍，才能成就佛陀三十二相其中一相的功德。（『白毫相』、『肉髻相』（無見頂相）和『梵音相』這三種相除外，因為這三種相是三十二相中特別殊勝的。）集合上面三相以外的二十九種相的功德，再乘一百倍，才等於『白毫相』一相的功德。『白毫相』的功德，乘以一百倍，才等於『肉髻相』（「無見頂相」）的功德。而『肉髻相』的功德，再乘上百千萬億倍，才能成就佛陀『梵音相』。佛陀的聲音美妙無比！因為他的聲音無遠弗屆，再遠的地方也可以聽得清楚，而且所有的眾生都可以同時聽懂佛陀的話語，每個聽眾都各以為佛陀只為他自己一個人演說佛法，所以聽起來顯得格外親切。坐在佛陀的面前聽法不會覺得太大聲，坐在最後一排聽佛陀說法，也不會覺得太小聲。」（參見《大方便佛報恩經》第七卷）

十九、五則引人深省的布施故事

(一)白費心機

《宿願果報經》和《經律異相》的第四十一卷記載：從前有一對很有錢的婆羅門夫婦，他們沒生子女，因此在臨終時就互相約定：「各自吞食錢幣以便作為陰間的資本！」他們國家的習俗是：人死後，不埋在土裏，而只放在樹下。那一對婆羅門夫婦臨死前各都吞了五十個金幣。死後身體腐爛，金幣全都流出來了。國內有一位賢人，路過看到這種情形，為了他們的貪吝而流出同情的眼淚。賢人撿起金幣，拿這些錢去供養佛陀和眾僧。填好飯菜時，佛陀為死者祝福迴向。那一對婆羅門夫婦死後本來投生在餓鬼道受苦，立刻轉生到天宮。從天宮下來，變成兩位少年，幫忙做菜，佛陀說：「在廚房幫忙做菜的那兩位年輕人是本次法會真正的施主！」佛為他們說法，賢人和那兩位天人都同時悟得道果，真是皆大歡喜！

(二)放下心刀

《法句譬喻經》的第三品記載：舍衛國有一戶貧民，夫婦都非常吝嗇，也不信宗教和道德。佛陀憐愍他們的愚痴，變成一位和尚，到他們家去化緣。那位婦人見到和尚來化緣，就很生氣地說：「縱使你死在我面前，我也不給你食物，何況你現在身體這麼健壯，更甭想向我要食物了！我看你還是早點回去，不要在這兒白費口舌！」那位和尚立刻示現斷氣，倒在地上，腹部很快就潰爛，鼻子和嘴巴也長出了小蟲。婦人見到這種情景，驚惶逃走，出去尋找她的丈夫，恰巧在半路上遇到她先生回家吃飯，就把經過的情形告訴他。可是當這對夫婦回到家時卻見不到和尚，太太說：「可能已經走了，但我想他走不遠的！」她丈夫就拿起刀子和弓箭尋著足跡去尋找那位和尚。當他見到和尚時，就向前直奔，拔刀想砍死和尚，和尚在身邊四周變現了一座琉璃小城，他衝不過去，就問和尚說：「你為什麼不開門呢?」和尚回答：「你丟掉弓箭和刀子，我就開門！」那個人心裏想：「如果我能進得去，用拳頭打他，也夠他瞧的啦！」他立刻把刀子和弓箭丟掉。可是城門還是沒有開，他又再問和尚說：「我已經丟掉刀子和弓箭了，你為什麼還不開門呢?」那和尚回答：「我是要你丟掉心中惡意的刀子和弓箭，而不是手上的刀子和弓箭！」那個人嚇了一跳，他想：「那和尚一定是一位聖人，才能知道我心中的念頭！」於是向和尚叩頭悔過自責，並對和尚說：「賤內不識真人的神德，使我造惡，希望你不要走遠，我回家勸她修道，馬上就來！」他回家後，太太就問：「那位和尚在那裏?」丈夫就把和尚的道德和神通告訴太太，並請太太去向和尚懺悔罪過。於是他們夫婦倆就來拜見和尚，改過自新，並且希望和尚收他們為弟子。他們問和尚為什麼有這種神通，和尚回答說：「我好學不倦，持戒精嚴，用功修行，心不放逸，所以證得道果！」

㈢一億里

古時的印度社會，人民的地位都很懸殊。位於南印度的王舍城，住民都很富有，但也免不了階級的區分。他們按照財產的多少，很顯然地分成九個階級居住著。

「一億里」的住民是這城市中的第一首富者，他們擁有千萬百萬的家產，唯有這樣他們才夠資格做一億里的住民，當然他們是九個階級的首位，受所有人的羨慕。

當時，有一個居住在第九階級中的人，很嚮往住於一億里中那分首富者的榮耀，他希望能躍升為那兒的住民，可是沒有千萬的家產。為了具足這一資格，他不惜辛勞多方想法去賺錢，然而數十年的辛勞，才湊足十分之九的資格，正差一步就達成理想的時候，卻被病魔纏倒了，病勢很危急，他知道已經不久於人世了，只好囑咐妻子說：

「我是不會好了，唯一不放心的是畢生的願望沒有達成，孩子才八歲，不能及時繼承我的事業，希望你能撫育他成人，告訴他我的遺志，用我們所有的產業好好經營，能住進一億里，在九泉之下我才能含笑安息。」

等到喪葬完畢後，母親把孩子叫到面前說道：

「你爸爸有遺言，希望你能好好經營，取得一億里住民的資格，完成他的宿願。」

孩子還年小，卻有高人的智慧，他明白真正的禍福是什麼，世界上的財寶像毒蛇，從古以來，多少眾生為了貪求它而作奸犯科，不惜手段損人利己，招來重重疊疊理不清受不盡的苦報。大家不明白，一個人的福報也不是憑空而來的，不下種那會有收穫呢？富貴有它的門路，布施才能踏進富貴的領域。

可是他知道母親不會懂得這些道理，所以只得婉轉地說道：

「我有一個很好的辦法，不要等到將來，現在就可以住進一億里享福，只要把家中的財寶悉數交給我。」

母親聽後將信將疑，可是她是疼愛孩子的，想依賴孩子的，所以將寶庫的鑰匙交給孩子。

孩子拿到全部財產，整天在外面用它雕塑佛像，建造塔廟，供養比丘，做宣揚佛法的費用，又取出一部分來救濟貧苦的人，不到半年，父親半生的積蓄都被散發精光。

母親雖然有福報，可沒有通曉佛法的智慧。她不知道兒子是菩薩轉世，不同凡人，有大智慧，大神通，三界之內來去自如，她不知道散財施捨就是發財致富的捷徑，照佛陀的教示奉行，做一億里的住民真是太容易了。但她不知道，眼看財寶一天天地消失，心裏很擔憂，不要說做不成一億里的居民，連生活也將失去依靠，但愛子的心，又使她不忍心責止，因為兒子每次都婉轉解釋給她聽。

那知福還沒有享受到，禍難卻先臨身了。聰明可愛的孩子在一夜之間病死，醫生都來不及請，孩子就撒手離開她去了。財產沒有了，唯一的孩子又死去，母親悲痛欲絕，恨不得追隨孩子一同死亡。

人的慾望真多，不勝枚舉。一億里中的第一富翁，擁有八百萬財富，卻整日苦惱著，為的是沒有傳宗嗣繼家產的兒子。一大筆的財寶如何處置呢?

整天坐在轎子裏往所有的寺廟去巡禮祈求，他希望獲得一個福慧俱全的兒子。

不久，第一太太果然為他生下一個男孩。孩子長得很俊秀，有一種不同常人的神采，看到的人都稱奇。

三四天下來，孩子對母親總像陌生人一般，母親抱他，他就哭，母親餵他奶，他也哭，看到奶頭塞過來不是哭就掉轉頭，而且一哭就驚動所有的人。不吃奶怎麼行呢? 而且動不動就嚎聲大哭怎麼行呢? 這兩點使全家人都惶恐不安。好不容易才得來的兒子，老富翁把他看得比自己的命還要緊。

於是老富翁宣告，只要誰能哄得孩子不常哭，或使孩子肯吃奶，一定禮聘她做我們的家眷。

許多女人都來應試，想做第一富翁的眷屬真不容易，一個個來抱孩子都使孩子哭得更大聲，莫說餵奶，就是抱他也抱不住。幾天過去了，許多女人失望著回去，只有一個人，不知那世修來的福報，被留住了。

那是失去財產和兒子的女人。她自己也不明白為什麼，她不是來應試的，只是來看熱鬧，只是眼前的情景勾起她的好奇，盲目地跟著人的後面去試一下，豈知孩子像見到親人，止住了蠻橫的哭聲，掛著淚珠朝她微笑。佣人遞過奶瓶來，她塞進孩子的小嘴，竟然貪饞地吸吮起來。

晚上，大家都睡著了，她還不能入睡，一次又一次回憶這一天的經過，實在難使她相信，她終於能住進一億里來了。

「是不是在夢中?」她在喃喃自語。

「不是的，媽媽!」

有人在答她的話，誰？她從床上坐起來，向周圍搜尋。

「媽媽，是我!」

哦！是身邊的嬰兒，老富翁的孩子在向她說話，老富翁已經請她做奶媽，把孩子交給她照顧。

「你?」

她很驚奇，這初生兒童竟會說話，還叫她媽媽。

「是的，是你那死去的兒子又轉生了，你不是說爸爸的遺志是要我們住進一億里嗎？現在我們是一億里中的首富人家的人了。」

她抱住孩子，熱淚簌簌的流下來。

她這才知道：散財，就是發財的因。(《佛教故事大全》第九頁)

㈣奇　蹟

西　帆

㈠

我這一生，是一個狂野的荒唐者，一個瀆神的超人，在世界上，我什麼都不相信，愛情、友誼、法律、道德、乃至宗教和真理。

我認為，天主教、耶穌教，是洋人的東西，好像與我無緣。

我認為，另有些宗教，是枯燥虛假的教條，對人生，毫無意義。

但現在，不知為什麼，我竟自動皈依了佛教，並且身心清淨，非常的虔誠。

有人說，世界上無論什麼事，在冥冥中都有一個「緣」字，我信仰佛教，也許就是由於這一種緣分吧。

㈡

我皈依佛教，說起來話長，經過也相當複雜，像一個多幕劇，也像一本小說。

下面，就是我的故事：

廿五年前，隆冬天氣，在巴蜀一個偏僻的荒村。

當時，我全身都是病，有癌症、有瘧疾，再加上風濕和下痢，金錢用罄，中西藥宣告無效，已經面臨生死的邊緣。

我是一個流落異鄉的孤獨者，沒有家，沒有親人，每天，我躺在一間破爛不堪的小茅屋，荒涼有如一座古墓，只有斷斷續續不規則的呻吟聲，打破房中的沉寂。

有一天，屋外下著大雪，北風淒厲，天色陰慘，我癱瘓在竹床上，被子過於單薄，滿身奇寒，由於一種求生的本能慾望，我呻吟得更厲害，以致驚動了山麓過路的老頭子，他是一個擺地攤的小販，為人很樸實、很忠厚。當他知道了我的病狀，和不幸的際遇，於是說：

「沒有關係，我去替你找救星。」

「不，我的病，已經沒有救了。再說，我也沒有錢。」

「他不會要你的錢，他是一個出家人，法名叫醒世。」

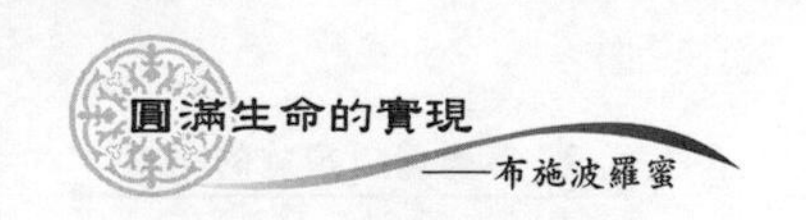

「出家的和尚也能醫病?」我搖頭，表示不信任:「你知道嗎，我患的病，是一種絕症!」

「愈是絕症，怪病，他愈有辦法。我們這地方，不知有多少垂死的病人，都被他救活了。我是一個瞎子，十多年來，受盡痛苦，也是醒世和尚治好的。你看，我的眼睛現在不是和你一樣明亮麼?」

「啊，他真是人間的活佛，現在住在什麼地方? 有多遠?」

「住在一個破廟，大約離這裏有八里路。」

聽了老人的話，我仍感到很失望:

「外面是一片冰天雪地，北風像刀一樣，他肯來嗎?」

「你放心，出家人都是慈悲為本，菩薩心腸，我去請他，他一定會來的。」

「好吧，我就麻煩你走一趟，老伯伯。」

「不必客氣。你的病勢很嚴重，如果不趁早救治，恐怕有生命危險。至於那位師父，是雲遊四方的行腳僧，如果不早去求他，可能他就走了。」

老人說到這裏，馬上站起來，推開木板門，把帽子壓緊，衣領翻上，向風雪中衝了出去。

已經中午了，我還沒有吃早飯，肚子又餓，頭昏腹痛，實在難熬，我的呻吟聲益加淒厲，變得像瘋狗叫。

小茅屋外，風雪在拼命怒吼、搖撼、衝撞，好像要把整個宇宙毀滅一般!

一刻鐘過去了。

半小時過去了。

一小時又過去了。

時間愈長，我愈感到絕望。那位和尚，也許不會來了，甚至已經離開破廟，去到另一個地方。那個老頭子，年高老邁，心神恍惚，也許迷失了方向，墮下懸巖山谷！

午後兩點鐘，奇蹟終於出現了，和尚與老頭子，居然來臨。外面是漫天鵝毛大雪，郊野雪深沒脛，他們走進小茅屋，完全變成了白色的雪人。

「我們到得很遲。」老人說。

「不遲，不遲，你們走這麼遠的路，我不知如何來感謝。」我痛苦地說。想掙扎起來，卻渾身無力。

「本來很快就會到的，剛才師父在懸巖上，撥開雪層，替你尋覓藥方。」

聽了這句話，我更為感動，眼淚很快淌了下來。我擦乾淚水，望著我面前的恩人，這時，師父已將面部和身上的積雪拂去，我能很清晰的看見他的法容。可是，我不看他則已，抬頭一看，我簡直被呆住了！

天啊！這位醒世和尚，竟是搶奪我情人的人！

我很恐懼、很慌亂，怕他殺我。然而，敵人當前，我是一個病人，怎麼能夠逃避呢？

我暗中注意醒世和尚，只見他穿一件灰色弊舊的僧衣，紮著麻繩腰帶，頭上沒有戴帽子，有十二個光滑的戒疤。腳上的舊襪芒鞋，也是破爛的，並且沒有套襪子。寬大的衣裳上，有風霜雨露和泥沙的痕跡，芒鞋露滿了泥漿，表現著衣冠不整，和僕僕風塵。

醒世和尚並沒有注意我，他坐在潮濕的地方，全神貫注的配製著兩三樣簡單的草藥，態度是和善的，一雙眼睛，流露著異樣的光彩，很有精神。老頭子站在一旁，恭謹地看著他，不時搓搓手，好像要幫忙，又不知如何去做。

和尚似乎不認識我，我感到十分寬慰。

然而，他的舉動，卻使我非常玄惑與不安，他配藥方非但不洗手，甚

至時而搔搔頭，時而抓抓身上，時而揉揉腳趾，最後，他竟將草藥塞進嘴裏，大嚼特嚼，嘓嘓有聲，嘴角迸出白色泡沫，實在令人噁心。

望著此人，我不禁想起了民間的傳說，那位瘋瘋癲癲的濟公和尚。

草藥嚼爛以後，吐出來，他分成三粒，在骯髒的泥地上滾圓，囑咐我每天吃一粒。言畢，他站起身要走，老頭子問他：

「師父，三粒藥片吃完，你還要來嗎?」

「不來了，這三粒藥，可以消除百病。」

醒世和尚走後，我又奇怪又懷疑，說實在話，我真不敢吃它。我患的是難治的絕症，十多年來，我吃過中藥，也服過西藥，名醫見過很多，都沒有把我醫好，現在，只憑這三粒藥丸，就可以救我的命嗎？這簡直像是神話。但，老頭子是一個好人，他說，有一位打柴的青年人，被毒蛇咬了，是醒世和尚醫好的；有一個小孩，生下來就是一個啞子，不能說話，是醒世和尚醫好的；有一個老太婆，半身癱瘓，神經錯亂，也是醒世和尚醫好的。我禁不住老人一再勸解，才勉強吞下一粒。

吃下藥丸，不知什麼時候，我就很安靜地入了夢鄉。

㊂

醒世和尚走了，但他的印象，一直縈在我的心中，我在床上醒來，一幕一幕的往事，又慢慢浮上心頭。

時間是民國十六年，地點是古老的渝城。

那時，他——江平還沒有出家，是一個中學教員，文學修養很深，名聞遐邇。江平除了研究文學，還擅長書畫，一般士紳商賈，都以獲得他的書畫為榮。

有一次，我的表妹文卿來看我，要我陪她去拜訪江平，文卿表妹，她是我的未婚妻，丰姿很美，性情溫柔，愛好文章、音樂、繪畫。我自然願意陪她。

江平不愧是作家兼畫家，初次見面，我便覺得他很文雅和瀟灑，有一種動人的氣度。表妹和他談得很投機，由雪萊談到貝多芬由歐陽修談到八大山人，由李後主談到叔本華，我是學工程的，不懂文學，不懂音樂，不懂書畫，因此，我感到很窘，只在一旁拚命抽煙，坐冷板櫈。

「江先生，你是畫梅的聖手，我也愛梅的冷艷，你能畫一幅送我嗎?」表妹笑盈盈地說。

「好的，明天我就畫一幅，派人給你送去。」江平高雅地說。

「還是我自己來吧。在詩詞方面，我也希望向你請教。」

「不敢當，如果文小姐對詩詞有興趣，我們可以共同研究。」

就這樣，表妹和江平，經常有了來往，他們興趣相投，愛好一致，很快就建立了一分感情。

我當然很氣憤，表妹是我的未婚妻，我有權約束她的行動。可是，表妹溫柔中有倔強的個性，我愈約束她，她愈任性。

「你為什麼和江平交友?」有一天，我責問表妹。

「我喜歡他，他是一個有氣節有才華的青年。」她理直氣壯的說。

「從今天起，我不許你和那小子往來!」我威脅她。

「你沒有這種特權。」文卿也不甘示弱。

「哼!你別忘了，你是我的未婚妻。」

「假如你看不慣，我們解除婚約好了!」

你看，她是多麼任性和倔強，為了採取報復的手段，後來我氣極了，馬上通知江平那個學校的校長，把江平解聘，我是那所中學的校董，又是地方上的富紳，要解聘一個窮教員，自然不成問題。

但是，江平離開學校，回到家中，仍和表妹保持連繫，經常有書信往還，由於他倆情愫日增，漸漸進行結婚的準備。一個小小的中學教員，他竟膽敢搶奪我的未婚妻，侮辱我的面子，後來，我決定拿出毒計去對付他。

第一次，我利用金錢，收買一批地痞流氓做打手，燒他的房舍，傷害牲畜，不斷向他恫嚇。

第二次，我串通監獄中的搶劫犯，誣賴江平和匪徒同謀，殺人圖野。

這一毒計，果然得逞，江平很快就被扣押，並被判處重刑。

從此，我算出了一口悶氣。本來我還想親自看一下江平臨刑時景況，不料就在這時，家父忽然來信，召我立刻起程去省垣，委任財政廳的科長。當時，家父就是省府委員兼財政廳長，舅父是省府秘書長，諺云：朝中有人好做官，真是一點不錯。遺憾的我並不熟諳理財，限於嚴命無法違抗，只好暫時委曲自已。

我是紈袴子弟，有錢有勢的闊少爺，遽然當科長，實在感到工作繁忙，不夠自由。好在，省城地方很繁華，很熱鬧，處處都有燈紅酒綠，和聲色之樂，因此我的生活，仍然感到很愉快，每天下了辦公，便盡情遊樂，找尋刺激，不久，我在一個神宴會中，邂逅到一位大學的同窗——許露明。露明年輕，漂亮，會交際，她是外文系的高材生，我們見了面，很快就墜入了情網，由熱戀而結婚。至於表妹和江平的事，我早已把它拋在腦後了。

以上，就是我和江平結下仇恨的經過，想不到隔了二十多年，他竟出了家，當了和尚。

人生的演變，實在太難測了。

㊃

那三粒藥丸子，簡直像是靈丹。

三天後，我的病果然痊癒了。人世間，真是充滿了謎，充滿了奇蹟。我全身都是病，有瘧疾、有風濕、有痢疾、有癌症。尤其是癌症，在當時根本沒有藥可治，放射線治療也無效，完全是一種絕症。可是這個和尚，既不量體溫，也不按脈，更不動手術，只用三粒草藥，便百病消除了。並且那兩三種草藥，也不是傳說中的什麼靈芝草，依我看來，那不過是絲毛草，菖葫子之類，在鄉村，各處都有。然而，它落在和尚的手中，經過一番揉搓，咀嚼，便成了靈丹，這不是謎，不是奇蹟，你說是什麼？

想不到我的仇人，現在竟變成了我的恩人。

為了感謝醒世和尚救命的恩惠，我決定走去拜謁他，當面向他請罪。

屋外的積雪，已經溶解了，山巒、原野、田園，又露出了青黃之色。天空的陰霾也完全消散，是一片光明燦爛的陽光，在隆冬天氣，居然有一種春天的氣息。

依照老人指示的方向，我去尋找山上那個廟宇。鄉間的路，坎坷不平，我穿過林園，涉過小溪，繞過一些古墓，大約走了一點多鐘，我終於找到了那座山，山不很高，但山徑迂迴曲折，林木蔭深，我沿著山徑而上，沒有石級，只有幽綠的苔蘚，和一片萋萋荒草。此時，我感覺自己的健康，遠勝過從前，走了不一會，便到了山頂。

這是一個十分冷僻的地帶，人跡罕至，在山頂上，有荒宇數棟，斑剝的匾額上，書著「青雲古寺」四個大字，字跡蒼勁挺秀，顯然是出於名家之手。可惜附近沒有人家，年久失修，寺宇荒殘，充滿了岑寂和淒涼！

我在廟裏轉了兩圈，始終沒有發現救我的和尚。我感到很奇怪。以後，我去到一株參天的大樹下面，才把他找到。醒世和尚靠著古樹，盤膝而坐，手持念珠，表情莊嚴，彷彿是在悟道參禪。

我站在旁邊，不敢驚動他。大約經過了一小時，他才掀動了一下眉毛，慢吞吞的說：

「你來這裏做什麼？」

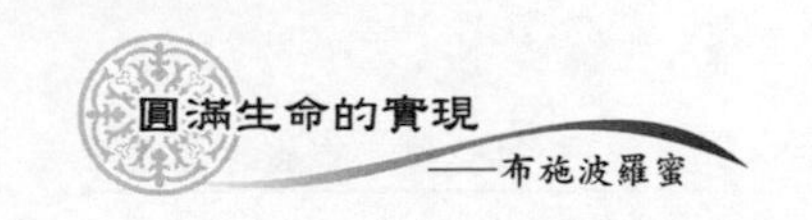

他並沒有看我，眼睛是閉著的，居然知道我來了。我趕快說：

「師父救了我的命，我來謝恩。」

聽了我這句話，他瘋狂地笑了，又恢復了平常那種瘋瘋癲癲的態度，從地上跳起來說：

「對不起，我很忙。今天下午，又有幾個病人，等著我去救治。」

「師父，我陪你去好嗎?」

「那是瘟疫地區，你不能去。」

聽到瘟疫，我不禁有些心驚膽戰，毛骨悚然！我說：

「那末，你幾時回，我在這裏等你。」

「我沒有一定住所，你等我做什麼?」

「我想出家，拜在師父門下。」

他又瘋狂地大笑，聲如洪鐘。

「你的塵緣未了，怎麼能出家?」

「不，我的心已經脫離世界了，我不會再留戀滾滾的紅塵。」

接著，我把自己不幸的際遇，從頭至尾告訴他。

我說，白雪蒼狗，人生變幻無常，富貴有如煙雲。

我說，紅塵匝地，濁地薰天，世界是五濁十惡的世界，我早就厭煩了。

我又說，人間充滿了殘忍、鬥爭、虛詐、欺騙、罪惡深重，根本找不到一片淨土。

這次他沒有笑，注視我很久，終於搖著頭說：「你錯了，世界有兩面，一面是光明美麗的，一面是黑暗醜惡的。現在，你並沒有脫離塵緣，前程還很開朗。如果你真的要出家，以後再說吧，這一生，我們還要見面三次。」

「未來的事，你可以預料嗎?」我非常驚訝。

「當然不一定，我是一個瘋和尚，只是信口胡說。」

言畢，又哈哈大笑，提著錫杖，轉身就走。

「師父，你去醫病，我送你下山吧!」

他沒有理我，似乎嫌我囉嗦，我只好沉默著，跟著他走。

從山頂到山麓，我發現了兩件意外的事，至今想起來，還覺得有些奇怪。

第一件，在山腰上，有一株橘樹，果實纍纍，大如蘋果，呈金紅色。醒世和尚走到樹下，伸手摘了一個，連皮而吃。我也想摘一個，但樹高二丈有餘，實在無法攀摘，我不知道他是如何弄到手的。

第二件，在亂石雜草間，忽然有一條很大的毒蛇，盤繞吐信，猙獰可怕。醒世和尚打著赤腳，魯莽地向毒蛇踩去，那條毒蛇，竟不咬他。

走下山麓，我再忍不住瘋和尚的玄妙行徑了，於是我試探他:

「師父，你認識我是什麼人嗎?」

「我又不是瞎子，當然認識。你是渝城的紳士，名叫葛應梁。」

我猛然一怔，他竟認識我。很久，很久，我才鎮定了慌張和害怕的心情。我問:

「師父，你既然認識，我是你的仇人，你為什麼不報復我?」

「和尚只知道救人救世，不懂什麼是仇人。」他面露微笑，甚和善。

「過去，我把你害得那麼慘，難道你不恨我?」

「自然恨你，我還想殺你，可是，後來我出家了，便寬恕了你，寬恕一切芸芸的眾生。」

「師父，您真夠偉大，仁慈!」

「我是受佛陀的啟示。」

這時，我忽然想起了文卿表妹，我問他:

「你為什麼要出家，托缽弘化，雲遊四方? 文卿呢?」

醒世和尚聽我這麼問，腳步停住了，微垂著頭，目光淒然而黯淡。他說：

「她死了，很可憐！」

「啊！她那麼年輕，就死了？」我不禁也有些淒楚。

「文卿太嬌弱，受不了風霜之苦，離開家鄉還不到三個月，她就一病不起，與世長辭！」

「你為什麼要離開家鄉呢？」我感到很茫然。

「不避開怎麼行？」醒世和尚說：「我的家，被你燒毀了，當時你雖然去到省垣，但你在地方上培養的地痞流氓，還是欺凌我們。」

我又後悔，又慚愧。在世界上，我真是一個心地污濁，人格卑鄙的小人！

想到文卿表妹之死，我不禁又連想到醒世和尚被害入獄的往事，我問：「師父，在牢獄中，你不是被判處死刑嗎？如今，你怎麼尚活在人間？」

「殺人放火的匪徒，有時也是有人性，有良知的，在我臨刑的前夕，他們忽然天良發現，坦白承認一切，自動替我洗雪沉冤，救活我的性命。」

我更加慚愧和後悔，自己出身名門，受過高等教育，而所作所為，竟不如一個匪徒。我撲咚一聲，跪在和尚面前，一面痛哭，一面求他寬恕。

㈤

醒世和尚的態度，這時再不是瘋狂的了，他慈愛地把我從地上扶起來，和藹地問我：

「居士為什麼會流落異地，可以告訴我一些經過嗎？」

「唉！說來話長，彷彿是一場惡夢。」我說：「我的前半生，您是知道的，用不著再提，現在我就從到省城做官開始吧。」

我離開家鄉，去到城中，一切都很順利，因為大小事都有父親和舅父幫忙。我生活是奢侈的，我的性情是懶散的，我的行為是放蕩的，初次做官，實在不習慣。開頭幾天，我還常常想到文卿表妹，並且暗暗恨著你。可是事情變化得很快，沒有幾天工夫，我就另外找到了對象，我們迅速的戀愛，迅速地結婚。婚後，我漸漸開始苦惱了，原因是，露明嬌横而自私，虛榮心強，只圖享受，她嫁給我的動機，完全是看上了我家的財產，和社會上的權勢地位，尤其令人憎恨和痛心的，她不守婦道，整天亂交際，到後來，我無法再予忍受，只好和她離婚，斷絕一切關係。

「遇妻不賢、不貞，是很煩惱的事。」醒世和尚同情地說。

「誰說不是，悲慘的命運，就從和露明離婚開始。如今回想起來，實在夠慚愧！也許是遺傳關係，父親不是好父親，我也不是好後代，在省城中，父親的風流韻事，桃色糾紛，層出不窮，我也和父親一樣，不是酒吧，就是舞廳。所花用的錢，又全是公款，父親是財政廳長，可以利用職權，盡量貪污，我是科長，挪用公款，當然也很方便。時間愈久，虧空愈多，到頭來，我和父親，終於被撤職查辦！」

「這就是佛經上說的因果報應。」醒世和尚莊嚴地說：「自己種下的苦果，只有自己去吃。」

「是的，這是因果報應。父親造孽太多，數罪齊發，被法院判處無期徒刑，監禁終生。我呢，坐了幾年牢，被釋回家，那知家中的田地財產，多已變賣，債臺高築，再加上兄弟不睦，骨肉相殘，以致很快破了產，家敗人亡！」

「家敗人亡，骨肉相殘，是人間最慘酷的事了。」醒世和尚不斷搖頭嘆息。

「再後，我想用不著說了。」我說：「我沒有了家，投靠無門，便開始各地去流浪。」

「你的一生，說得已經夠詳細了。」

我們一面走，一面談，不知不覺已穿過林園，涉過小溪，繞過古墓，到了一個鄉村。這裏，可能是作惡的人太多，瘟疫特別流行，大小村落，都籠罩著愁雲慘霧，一片荒涼。醒世和尚叫我止步，我只好遵命，望著他大步向村中走去，實現佛家的精神，救濟疾苦，悲愍眾生。

辭別醒世和尚，我一個人，仍過著流浪生涯。

我的塵緣未了，不幸被和尚言中，以後，有許多不平凡的事情，都陸續降臨了我的生命。

醒世和尚的預料，說我這一生，還要和他見面三次，可能也是靈驗的。因為十多年以來，我已同他兩度相逢。可惜我沒有慧根，相逢兩次，我都沒有向他提出出家的要求。

我為什麼背叛自己的意志和諾言呢？原因很簡單：第一次我和他相遇，是在民國三十六年，那時，我在南京剛和薏茹女士結婚，第二任妻子，非常賢淑，生活幸福美滿，我自然不願意出家；第二次我和醒世和尚相逢，是在湖南，當時我是堂堂的局長，住洋房、坐汽車，官運亨通，自然也不想出家。

如今來到臺灣，轉眼就是十年，年近花甲歷盡艱苦，受盡飢寒，往日的官職，早丟掉了，薏茹留在大陸，生死未卜，回首前程，恍如隔世！

現在，我算是澈底看破塵世了，每天，我都盼望著救人救世的醒世和尚，再度出現，早日帶我離開藏垢納污的世界，去到佛國淨土，讓我一意清修，淨化身心。

然而，我來到臺灣，一直等了十多年，依然沒有醒世和尚的蹤跡，難道我的塵緣，現在還沒有了結麼？（摘自民國七十二年十月一日《無量喜》月刊）

㈤為什麼要出生？（護士的無畏施）

谷口清超

這個畸形兒兩眼沒有眼珠子，只有兩個黑窟窿。右邊的眼睛生出來就沒有了，左邊的眼睛患惡性腫瘤，被醫生開刀挖出來的。不但沒有眼睛，這一個孩子也沒有像樣的手腳，應該有的關節都沒有，好像香腸般的細長肉塊，扁縮的黏在他身上，這就是他的四肢。不！正確的講只有三肢。可是他的頭卻長得很大，而且還長成摺扇般的三角形。他不是沙利竇麥兒，父母很健康，據說孩子的母親，在懷孕時期每天和婆婆爭吵不休。父親是銀行家，知道他的這一個孩子還活在世上，卻對母親撒謊說孩子已經死了。醫院希望對這種畸形兒生命力的持久性作實驗，所以要求他父親拿這一個孩子做研究，院方負責他的生活。

病房裏的護士管這個孩子叫太郎，他的本名是山賀純一郎。出生一年四個月，桃姊為他清洗瞳孔時曾經嘔吐。房間雖然有冷暖氣，但是拉著窗帘的房子裏，一整天都是昏暗的，憑著玻璃窗透過來的少許陽光，來辨別晚上跟白天的不同。飲食是從鼻孔穿進管子，倒入牛奶，太郎會把舌頭伸出來靠近上唇，發出「嘖嘖」的聲音，嘴形就好像嬰兒吸奶的樣子。雖然這樣，太郎也有一些健康的器官，那就是他的生殖器，小便的時候像噴水一樣迸出尿來，桃姊只能在這部分切實地感到太郎的生命力。

每天西牧醫師來會診時，都用力壓按太郎扇狀的頭，太郎就在鼻子上皺起兩條皺紋，好像無限痛苦的樣子。桃姊抗議說：「他會痛的，請不要太用力好嗎?」西牧醫師說：「怎麼會痛？如果他懂得痛，那倒是好事情。」但是桃姊總認為，太郎一定是好痛，痛得好像要跳起來那樣。這麼一想，桃姊覺得自己的頭也跟著痛起來。這樣不知不覺她已經不再是看護小姐了，而是母親。西牧醫師說:「像這樣的畸形兒,在全世界的醫學文獻裏,還沒有活過一年以上的例子。」

不久他的眼睛惡性腫瘤惡化,癌細胞轉移到腦部。到了這種情形,生命的終結只是時間問題。因此,終於要照鈷六十了。桃姊把太郎運到鈷六十室時,她對太郎說:「太郎啊! 你要堅強啊! 可不能死哦!」但是到了正式要照時,太郎就把他的頭移動到反面。這時技師和護士們都得從窗戶外觀看;如果桃姊不在身邊,太郎就把他的大頭左右搖動,以致無法照射治療。

(照)(射)(鈷)(六)(十)

太郎好像在尋找桃姊,雖然他沒有眼珠,但是身體的動作,為他照射鈷六十的工作人員感覺得出來。因此技師就要請桃姊按住太郎的頭部,然後要她把身體儘量離開機械的照射範圍;桃姊就伸長著兩手按住太郎頭部。只要桃姊的手撫在太郎的頭上,他就溫馴的、安靜的接受照射;但是一直做這樣的工作,對桃姊來說是很危險的。技術員深知這個道理,就對桃姊說:「從明天起,先替太郎打一針安眠藥。」桃姊向西牧醫師稟告,她堅決不允許,並說:「這樣做的話,會縮短太郎的生命。」因此,只好繼續照射鈷六十。太郎逐漸的顯示衰弱,頭部像排便後的屁股,紅腫潰爛,頭髮也不斷的掉落,可是桃姊只要在太郎的耳邊廂叫聲「太郎啊!」他的嘴角上就會現出微笑的表情。

一天,是五月的下午時分,醫院裏衝進來一個三十歲左右的女性,是太郎的母親。因為太郎的父親每月負擔一小部分的住院費用,妻子以為丈夫外面有女人;於是在逼問之下,丈夫只得告訴妻子,孩子還活在世上。「請你們讓我抱抱我的孩子,抱一下就好,求求你!」母親叫著。

護士長不想讓太郎和母親見面,怕她看到自己的孩子是這樣一個畸形兒，勢必不能承受。西牧醫師得到了消息，飛也似地衝進來，隔著窗戶指著別人的孩子告訴她：「你的孩子心臟有缺陷，目前在等待開刀，不能受感染，所以任何人都不能抱他。」就在這時，桃姊抱著太郎，把他安放在心臟有缺陷的替身旁邊的空床上。太郎的兩眼是兩個窟窿，通常都用眼罩蓋起來。

「這個孩子怎麼啦?」母親吃驚地問，接著抗議著說：「不要讓瞎眼的孩子睡在我孩子的身邊!」

為什麼桃姊要讓太郎睡在替身的身邊呢? 她認為太郎一定會很想見到自己親生的母親，一定會想念自己的媽媽，她要讓太郎如願以償。

是人嗎?

太郎的病情逐漸惡化，頭髮大把大把的脫落，偶爾還發生痙攣顫抖，每一次照完鈷六十，他會呻吟好幾個小時，桃姊想著太郎的痛苦，她會徹夜失眠。

護士長告誡她：「不可和病患發生太深的感情。」因為一旦和病患有了深厚的感情，就不能冷靜的看護；但是桃姊無法遵守。護士長知道她的感情已超過界限，於是從下個星期把她調到別的病房。新派來照顧太郎的護士玲子，全然不同於桃姊。憔悴不堪的太郎左右搖晃他的頭，照射因此成為不可能的事。無可奈何，西牧醫生又召回桃姊說：「大概還有兩次照射，現在是重要時刻，只好請你再回來……。」

「太郎已經不是人了，他只是一塊肉，但是我們必須從太郎的研究裏，得到寶貴的病歷記錄……。」西牧醫師這樣向桃姊說明；桃姊反對西牧醫師的話，堅決地說：「不! 太郎不是肉塊! 太郎是一個『完整』的人。」

她強烈地提出她的意見，西牧醫師笑著說:「你已沉溺在感情的漩渦裏，不能掌握正確的認識!」

桃姊斷然地，深沉地繼續說：「不！太郎是人，他知道愛人，也能回答別人對他的愛，他是一個完整的、了不起的人。我可以用我的雙手來讓他知道我愛他。太郎應著我的愛，忍耐著照射那要他命的鈷六十……。」桃姊毫不放鬆的強調她的意見。最後，西牧醫師對她宣布，請她證明出來，太郎是人不是人……？

生與死

西牧醫師想做一個實驗：一年多來，生命倖得延續的太郎是否真的懂得人類的感情？為了這個實驗，鈷六十改為微量照射。西牧醫師把太郎的頭固定，他安靜的接受擺布，看起來好像不必用手按住。西牧走到室外，從小窗戶觀察太郎。到了技師要按下開關時，太郎右邊的袖子突然動了一下，這是要搖動頭部的前奏。醫師請護士長、病房主任來按住太郎的頭，他都不接受，沒有一個人可以使他的頭部停止搖動。這個時候，桃姊套上了手套，靠近太郎，「太郎啊！」桃姊叫著他的名字，從寬大的睡衣袖裏，她尋找著香腸般的肉塊的手。太郎的鼻頭上皺了兩條線，桃姊心中叫著：「太郎，你知道桃姊了，桃姊那兒也不去，就在你身邊；如果你痛苦或者不高興，就亂動好了。」

她心裏這麼說著，摸著太郎軟綿綿圓筒似的手，緊緊地握著，就在這時，鈷六十的照射完成了。太郎一動也不動，清清楚楚地反映了他對桃姊的愛。在一旁的醫師、護士，含著淚看這一幕……他們不聲不響、一言不發地離開了鈷六十室……。

一個夏天來臨的早晨，太郎突然死了。意想不到的，太郎的死很安靜。死的前一天，桃姊在他耳旁叫著「太郎」，於是他又在嘴角飄了兩條線微笑，露出最後的表情。

「死」對人生是一種感化教育。釋迦牟尼在臨死之前這樣告示他的門徒：人是為了被教育才出世的。就像太郎這樣近乎肉塊的生存者，也有生與死的人生意義，何況一個健康、正常的人，更加有生存而切實的意義？人生就是在學習神聖的生命，而後再傳給後代；也為這個目的，才誕生在世界上。

㊓㊓的㊓㊓

生存的意義

想想太郎的一生，我們就會感覺到，健全的身體是一種無上的恩惠。誠然你刻意去找出不滿意的缺點，一定也有，但像太郎這樣四肢不全，近似肉塊的人，還尋求所愛的人之手，在這個手掌裏發現安詳，在痛苦中感覺歡悅，在五官不全的臉上飄出笑容。他沒有像樣的嘴，不能說出再見或謝謝，可是他卻用那近似肉塊的身體，表現出他對桃姊無限的愛意……。

我們太幸福了，不但四肢健全，而且健康，從來就沒有感覺到這種恩惠是值得感謝，反而認為這是應該的，沒啥了不起，甚至於懶得動用這能動的恩賜。我們用口齒清楚的語句來批評人家，發出牢騷、不平的話。有這樣的嘴，有運用自如的四肢……我們豈止幸運而已？生活富裕，有私家車、有電視，然精神生活墮落，任意拈花惹草。等到讓對方懷孕了，就教唆墮胎；也許這個小生命比太郎健康有四肢，成長了就是一個健全的人。人世間就是有了這錯誤的行為才會顯現壞結果。

說到這裏，我們應該對這一生的生存，更加認真負責才對。認真並非要教人吃苦，而是要求更懂得愛，懂得感謝，以活得更光明、更快樂。也就是自覺生存的意義，了解人是不死的，有「永續的生命」。太郎跟我們比起來是不公平的，但人類本來就是平等，所以太郎也是永續的生命。他的一生雖然痛苦，卻也發揮了光明燦爛的精神。他的死，你能說不是下一次生的起點嗎？死去的只是肉體，或許他下一次將以健全的四肢，再次出生，再次愛人與被愛。

這種種事情並不能在一代一世中了斷清楚；也許在無窮盡的輪迴轉世中，人們會互相平衡彼此的因果。雖然有愛，卻也有因自私惰性，不關懷別人，又無人善導的，……於是有人發生不幸，殊不知此一不幸是自己早就種下的種子，因機緣產生了應該產生的結果而已。

總之，這一生一世你是否感謝你的肉體，孝順父母，感謝你的國家，深愛故鄉和親人，對自己健全身體的應用多寡，是決定你我下一次人生的最大因素也說不定。（轉載自《白鴿子》月刊）

第貳篇
布施的福德

The Blessedness of Almsgiving

引　言

這本書專門探討布施的條件和福德形成的因素。

布施的福報是由下面四個因素所造成的：

㈠接受布施的對象——對方的智慧和品德愈高尚、處境愈窮困，我們布施的福報就愈大。（詳見本篇的第一章和第二章）

㈡所布施的內容——財物的品質愈精良、色彩愈美、聲音愈悅耳、香氣愈高雅、味道愈甜美、觸感愈柔細、價值愈貴重、愈難獲得，對眾生的身心愈有利益、實用性愈高、則福報愈大。施捨財物不如傳播真理，因為修持和宏揚佛法能滋潤心靈，移風易俗，饒益無量的眾生，所以果報最大。（詳見本篇第三章至第十章）

㈢布施時的心地——心地愈清淨，則福報愈大。如果布施心夾雜了名利、傲慢或其他企圖，福德就大打折扣。（詳見本篇的第十一章至第十四章）

㈣布施的時間和次數——布施的次數愈多，時間愈久，福德愈大。（詳見本篇的第十五章）

福報大小決定於布施的心地、財物、時間和對象這四個因素。這如同農人收成的多寡，是由種子品質的好壞、土地的肥沃或貧瘠、耕種的器物與時節等因素所決定。我們也可以說：布施的福德就是這四個因素的乘積。所以《本事經》的第七卷說：「以清淨的信心，將財物布施給貧病和聖賢，可以產生無量的福德！」

一、布施的對象

布施先要有對象。因為見到眾生的困苦，心中起了慈悲，所以才配合對方的需要，選擇了適當的財物來布施。

我們先研究布施的對象，就如同耕種要先尋找一塊肥沃的土地，道理相同。土壤的肥沃會影響到農人耕種的收成，布施對象的品德也會影響到布施的福報。下面我們就來探討布施的對象——福田！

《六波羅蜜多經》的第四卷將布施的對象（福田）分為「悲田」和「敬田」兩種。悲田是貧窮困苦、鰥寡孤獨的人。敬田是佛法僧三寶、聖賢以及父母師長等。不應輕視或看不起悲田，而認為貧苦的人不是福田。布施敬田不應貪求果報。

《優婆塞戒經》的第二卷更進一步說明：菩薩為了增長福德，所以布施給貧苦的眾生（悲田）；為了增長無上微妙的智慧，所以布施給敬田。為了報恩，所以布施給敬田；因為產生了憐憫心，所以布施給窮苦可憐的悲田。為了捨離煩惱，所以布施給敬田；為了成就慈悲的功德，所以布施給悲田。為了增加快樂的因緣，所以布施給敬田；為了遠離一切苦的因緣，所以布施給悲田。菩薩布施財物給他親愛的人，是為了報恩；布施給怨仇，是為消除惡緣和業障。

《優婆塞戒經》的第三卷曾列出了三種福田：

㈠恩田（報恩田）——對我們有恩惠的人，如父母、師長及和尚等。

㈡敬田（功德田）——在道業上有成就的佛菩薩或聖賢。從獲得煖法到成就無上智慧的聖者都屬於功德田。

㈢悲田（貧窮田）——一切窮苦困難的眾生，如飢餓或受困的人或畜生。

有的經論以「悲田」、「敬田」、「方便田」（給眾生方便，如造橋、鋪路、奉茶等）為對象。

《瑜伽師地論》的第三十九卷說：「菩薩對於冤家仇人，常以慈悲心歡喜地布施；對於貧窮苦難的眾生，則以悲愍心歡喜地布施；對於有道德的人，則以歡喜和隨順的心去布施；對於有恩的親友，則以（報恩、感謝）施捨和欣喜的心去布施。」

《賢愚經》和《諸經要集》的第十一卷列舉了五種殊勝的福田：一、通達佛法的人、二、遠地來的人、三、將出遠門的人、四、飢餓的人、五、病人。布施這五種人得到無量的福。

《四十二章經》的第十一章說：「請一百位凡人吃飯，不如請一位善人吃飯。請一千位善人吃飯，不如請一位持五戒的人吃飯。請一萬位持五戒的人吃飯，不如請一位證初果的人。請一百萬位證初果的人吃飯，不如請一位證二果的人。請一千萬位證二果的人吃飯，不如請一位證三果的人。請一億位證三果的人吃飯，不如請一位阿羅漢。請十億位阿羅漢吃飯，不如請位辟支佛。請百億位辟支佛吃飯，不如三世諸佛中隨便請一尊佛。請一千億位三世諸佛，不如請一位無念無住無修無證的人。」最後一句是說明沒有分別心的布施福德最大。前面九種福田，雖然福報越來越殊勝，但仍住於相。因為心中一起了執著或分別的念頭，就不清淨了。所以心不著相，則所獲福報便如虛空而不可思量。沒有取捨的情念，心境就如同真空一般清淨。「無念」不同於凡夫善人之有念。「無住」不同於持戒之有住。「無修」不同於三果有修。「無證」不同於羅漢、辟支佛、三世諸佛之有證。（參見續法大師著：《四十二章經疏鈔》第五卷）最後一句也可以解釋為有修有證的藏教佛，

不如無如無修無證的頓教佛或圓教佛。

《僧伽吒經》說：布施三千大千世界滿滿像芝麻那麼多的轉輪聖王，不如布施一位證初果的人。布施三千大千世界那麼多證初果的人，不如布施一位證二果的人。布施三千大千世界那麼多證二果的人，不如布施一位證三果的人。布施三千大千世界那麼多證三果的人，不如布施一位證阿羅漢果的人。布施三千大千世界那麼多阿羅漢，不如布施一位辟支佛。布施三千大千世界那麼多辟支佛，不如布施一位菩薩。布施三千大千世界那麼多菩薩，不如在一尊如來面前起清淨心。在如來面前起清淨心，不如凡夫聽聞這個法門的功德來得殊勝。更何況書寫、讀誦或受持這部經典！

《華嚴經》說像大地微塵那麼多的十地菩薩所有功德，不如一尊佛的福德智慧。難怪《大智度論》的第十二卷記載：有一位女子，喝醉了酒，布施七寶做的瓔珞給迦葉佛。因此福德而投生在忉利天宮，享受美妙的果報。喝醉酒後神智不清布施佛陀都有這麼大的福報，更何況在清醒的時候能以恭敬虔誠的心來布施，那功德豈不更大？

《增壹阿含經》和《阿毗達磨俱舍釋論》的第十三卷說：

布施飲食給畜生，可獲得百倍的福報。

布施飲食給犯戒的人，可獲得千倍的福報。

（《中阿含經》的第四十七卷《瞿曇彌經》中說：布施給不精進的人獲得千倍的福報。）

布施飲食給持戒的人，可獲萬倍的福報。

布施飲食給斷欲的仙人，可獲得千萬倍的福報。

布施飲食給證初果的人，可獲得無數倍的福報。

請比較：《優婆塞戒經》的第五卷記載：

布施畜生得百倍的果報。

布施破戒的人得千倍的果報。

布施持戒的人得十萬倍的果報。

布施外道離欲的人得百萬倍的果報。

布施向道的人得千億倍的果報。

布施證初果的人得無量倍的果報。

布施證二果的人得無邊倍的果報。

布施佛的果報無量無邊。（參閱《中阿含經》第四十七卷《瞿曇彌經》）

《阿毗曇甘露味經》說：

布施畜生，受百世的福報。

布施不善人，受千世的福報。

布施善人，受千萬世的福報。

布施離（淫）欲的人，受千萬億世的福報。

布施得道（明心見性）的人，受無數世的福報。

布施佛，遲早可證得涅槃。

所以經論中記載：有一位婦女懺悔自己的業障深重，希望來世不再受生女身，因此拿了一束鮮花到寺院去供佛。她至誠禮拜佛像以後，走出寺院的大門，剛好遇到一位出家的師父，她就問那位師父說：「請教師父！用一束花供佛，可得到多少福報？」師父回答說：「我是一個初學的人，所知不多。不過我可以帶妳去請教一位已經證得小乘聖果的羅漢，他能知道八萬劫以內的事情！」

那位師父就帶著婦女到羅漢那裏，說明了來意以後，羅漢就入定觀察，發現她的福報八萬劫內生生世世享用不盡。他就告訴那位婦女說：「妳來世不再生為女身，並且在天上享福，一直到千萬世。妳以香花供佛的福報太大了，八萬劫後尚未窮盡，這不是我的神通智慧可以明白的。請妳稍候！

我去兜率天的內院請教彌勒菩薩！彌勒菩薩可以了解無量劫的果報，說不定他能給你一個滿意的答案！」

於是那位阿羅漢就去請問彌勒菩薩了，彌勒菩薩說：「在佛前供養了一束香花，福報到無量世以後仍然綿延不斷，我雖然能了解無量世的果報，但所知仍然有限。這件事情只有神通、智慧和福德都達到圓滿境界的佛陀，才能徹底明白！我要等到將來成佛的時候，才能知道究竟！」以虔誠心布施財物供養佛陀或佛像，其果報無量無邊，將來必定也會成就圓滿的智慧，正如同《妙法蓮華經・方便品》所說的：

「如果眾生，過去遇到了完美的聖者——佛陀，聽聞佛法，而修行布施、持戒、忍辱、精進、禪定和智慧等，這些人現在都已經成佛了。……如果有人在佛塔和寺院，雕塑或繪畫佛像，並以香花、檀香、掛旛和傘蓋等東西，恭敬地供養，或者以各種樂器演奏音樂供養佛像，或者以歡喜心，歌頌和讚歎佛陀的聖德，甚至只歌頌了一個小旋律，讚美佛陀，也都已經成就無上智慧了。如果有人在散亂心時，以一朵小花供養佛陀的畫像，將逐漸遇見無數的佛陀。如果有人禮拜、或者只有合掌、甚至只舉了一隻手，或者稍微低頭表示恭敬，將來也會逐漸遇見無數的佛陀，自己成就無上的智慧，也廣度眾生，證入無餘涅槃，宛如薪柴燒完時火也熄滅了。」（《法華經》第一卷）

為什麼布施不善的人也有福德呢？因為布施者是出於一片慈悲和憐愍的善心，所以有福德。如果是以貪心和邪見布施惡人、助紂為虐或狼狽為奸，那是傷風敗德，會遭惡報的。《俱舍論》第十八卷解釋得很好：

「種好的果樹，就生出甜美的果子。種苦藥的樹，就結了苦澀的果實。果實的甜美和苦澀主要是因為種子的關係，而不是因為土地不同而造成的結果。同樣的情形，以慈悲和利益眾生的心去布施，雖然接受財物的人是壞蛋，布施的人也是有福德而不會受惡報的。可是土地的好壞會影響收穫量，使收成減少，甚至完全沒有結果。以善心去布施壞人，福德可能會減少或甚至完全沒有，而卻不會受惡報。」

《華聚陀羅尼經》說：「用像須彌山那麼高的七寶布施聲聞和辟支佛等小乘的聖人，不如用一文錢布施給初發菩提心的人，所得到的福德多。後者的福德是前者的一百倍、一千倍、一萬倍，乃至算數譬喻所不能及的倍數。」

《俱舍論》的第十八卷說：「布施給父、母、病人、法師和最後生菩薩可以得到無量的福報。」

《大寶積經》的第一百二十卷提到了五種最佳的福田，經上稱之為「五種無上的布施」：㈠如來、㈡眾僧、㈢說法者、㈣父、㈤母。

《大莊嚴論》說：「選擇布施的對象種福田，應當以道德做標準，而不以年紀和相貌為取捨。」《阿毗達磨俱舍論》的第十三卷上說：「對方受的苦越大，我們布施供養他的功德也就越大。」

《大方廣如來不思議境界經》說：「供養恩田、敬田和悲田只是福德，不選擇怨親、善惡和貧富等才是真正的布施（功德）。」

《大乘理趣六波羅蜜多經》的第四卷說：「凶狠的動物或人類，雖然不知道福田和非福田，但是因為他們養兒育女時只要是出於慈愛的心念，將來便可能出生成為富人，使用資財，無所匱乏。由於前世布施的習氣，所以來世投生時，時常能遠離吝嗇和貪愛，布施一切財物來免除眾生的貧窮和困苦。」

一切眾生都是我們的福田，因為所有的眾生都具有成佛的可能性，將來也都會成佛。下面我們就引用《六度集經》的一個故事來說明：連布施跳蚤都有功德，更何況其他高等動物呢？

曾經有一位長者以上好美味的飲食請釋迦牟尼佛和他的出家弟子來供養了七天。過了第七天中午，佛陀就說：「我們在這裏只有七天的福報，那位長者供養我們的緣分已經結束，我們還是早點回山上去修行吧！」阿難覺得很奇怪，他說：「那位長者招待我們這麼殷勤，絕不可能明天就變冷淡！」當天佛陀跟弟子回到靈鷲山，隔天阿難單獨下山又到那位長者家，結果空缽而返。佛陀就把這件事的原因說出來：

在無量劫以前，我是一位修行人，在嚴冷的寒冬裏練習禪定，見到一隻蝨子在受飢凍，因為於心不忍，就將那隻蝨子放在腐朽的屍骨上，使牠多活了七天的壽命。現在這一位長者就是從前的那隻蝨子，因為過去我曾讓牠吃屍骨多活了七天，所以今生只受他七天的供養。

二、八種福田，看護病人功德第一

佛在《四分律》告誡他的弟子說：「從今以後，應探望和照料病人。如果要供養我，應先供養病人。甚至在路上遇到出家人生病，無論出家或在家的佛門子弟，都應去探望。如果捨棄病人而不加以關照，都是有罪過的！」《僧祇律》也說：「如果在道路上遇到生病的出家人，就應該立即找車子讓他乘坐，如法供養。乃至他逝世了，也應幫助他念佛號或處理埋葬事宜，而不能捨棄。探望病人，應常跟他講一些振奮人心的善語，而不要說壞消息和粗俗的話。因為一個人臨命終時，惡業時常會現前，而不得正念。所以探望病人，特別需要以善巧方便的言語來勸他唸佛。如果病人不能出聲，應教他用心念佛，勸他淨念相繼，以念佛的福德，作為往生淨土的資糧。」所以《大智度論》說：「平生行善，臨終時起了惡念，就會投生惡道。生平造惡，臨終起了善念，就會往生天界。」所以病人危急時，應請阿彌陀佛的聖像和《阿彌陀經》到病人的面前，替他念佛誦經，使他能張開眼睛看到佛像，心中清楚地聽到念佛的聲音。這樣照料病人，福德特別大。（詳見《百丈叢林清規證義》第七卷的〈病堂規約〉）

《僧祇律》記載：有兩位出家師父準備去拜見佛陀，其中一位在半路上生病了，另一位出家師父卻捨棄那位生病的道友來見佛。佛陀說：「放逸的人雖然接近我，卻見不到我。專心在道的人，雖然距離我很遠，卻見到我的真身。這是因為他隨順慈悲和真理的緣故。同參道友，有病不相照料，誰會去看你們呢？請你回去照料那位生病的同伴吧！」

《增壹阿含經》的第四十卷記載：有一位弟子生重病沒人探望，佛陀親自去照料那位弟子。佛陀不但拿掃帚把污泥打掃乾淨，而且還為他洗衣服、為他鋪設座具，扶他起來坐，而且幫他洗澡。洗完了澡，又親手餵那位生病的比丘食物。吃飽飯，把缽拿走了以後，佛又為他說法，那位弟子明白了疾病的本原，當下證得了阿羅漢果。

佛陀回到講堂，命令阿難把所有在羅閱城的弟子全部集合在普會講堂。告訴他們說：「佛弟子從今以後，應當照料病人。假如生病的比丘沒有弟子可以服侍他，也應從大眾中分批派遣人手去照顧他。照料病人的福德非常殊勝，很難找到比看顧病人福德還大的布施，所以你們對待病人應如同對待我一樣！」

《佛看比丘病不受長者請經》和《經律異相》的第十八卷也記載：佛陀在舍衛國時，有一位長者請佛和眾僧去應供，眾僧都去用餐，只有佛陀沒去而只派人去盛食物回來。佛陀不去有兩個因緣——第一，佛要為天人說法。第二，佛陀要探望病人。

佛陀看到所有的弟子都受請去應供了，他就拿了一隻鎖匙打開一扇房門，裏面住了一位患了重病的比丘，這位比丘嚴重到只能臥著而不能轉身。佛陀問他說：「你覺得那裏不舒服啊?」比丘回答：「我生性愚笨，而且又常懷傲慢，從前我一直不勸別人去照料病人，所以今天才沒人來看我。我覺得孤單而沒人可以談心！」佛陀很有慈悲心，為他清除大小便、洗滌座具、用水給他擦洗身體、為他更換衣服、鋪上新的床巾和座具，並且還親自為他按摩推拿。佛陀又說法勸他精進修行。並且告訴弟子們要和睦相處、互相照顧，尤其對生病的人更需加倍關懷，探望病人和照顧我的福德是等量齊觀的。當天那位生重病的弟子就悟得道果，安詳地捨離身壽，而證入無餘涅槃。

《梵網經》曾經說：「如果見到一切病人，應該時常供養他，如同供養佛一樣。八種福田中，探望病人這種福田的功德是最大的。」《梵網經》中只談及了「八種福田」的名稱，而沒有列出條目。八種福田的說法有四種。

第一種說法是：㈠舖設平坦的道路及美味的泉井。——方便田
㈡建造水陸等要道的橋樑。——方便田
㈢將危險的地方修整得平坦安全。——方便田
㈣孝順奉養父母。——敬田
㈤供養三寶或修道人。——敬田
㈥供養病人。——悲田
㈦救濟貧困或危厄的眾生。——悲田
㈧設立平等無礙的布施大會。——悲田

第二種說法是：一、佛、二、法、三、僧、四、父母、五、師僧、六、貧窮、七、病人、八、畜生。

第三種說法是：《賢愚經》中的五種福田加上佛、法、僧三寶就成了八種福田。

唐朝的賢首大師認為《梵網經》所說「看病第一」的那八種福田指的應是前面第一種說法，而不是第二種或第三種說法。因為經上既然說：「應該時常供養病人，如同供養佛一樣！」又說「這八種福田中，看病的（悲心）功德是第一殊勝的。」由這兩句經文，可以推知《梵網經》的「八種福田，看病第一」指的是第一種說法。（見法藏大師所著的《梵網經菩薩戒本疏》第七卷）

第四種說法是明朝的藕益大師提出來的。他在《梵網經》合註裏指出「八種福田」是：「一、佛、二、聖人、三、和尚（受戒本師）、四、阿闍梨（受戒時教授威範的軌範師）、五、僧、六、父、七、母、八、病人。」這八種當中，佛、聖人與僧是敬田，和尚、阿闍梨、父母為恩田，病人為悲田。如果對於這八種人能恭敬供養或慈愍布施，都能夠產生無量的福報。

（參見丁福保：《佛學大辭典》第一四六頁）

就全部福田而論，佛是第一殊勝的。經上說「供養病人如同供養佛一樣」是表示我們應平等地慈悲眾生，因為有了分別心，心地就不清淨了。供養病人的功德主要是在慈悲的心地而不在福田的好壞。藕益大師的八種福田中，只有病人是屬於「悲田」，我們供養病人時，悲心特別懇切，所以就悲心或悲田來說，看病的功德第一。再者，佛是人天的導師，普受世人恭敬，供養他老人家的人當然很多。相形之下，貧窮而又生病的人，受苦最劇烈、最長久，而且也最需要照料和供養，所以供養病人，悲心的功德第一殊勝。（請參閱蓮池大師的《戒疏發隱》第四卷第二十六頁）《阿毗達磨俱舍釋論》的第十三卷說：「布施越貧苦的眾生，福德越大。」

照料病人到底有什麼果報呢？《十住毗婆沙論》說：「如果用阿梨勒果（芒果）奉施生病的出家人，將來世中，決不會遇到瘟疫的災害。」用水果供養病人應配合病人的喜好、病情和時節來選擇適當的水果，不一定要用芒果，芒果只是隨便舉的一個例子罷了。《付法藏經》也說：「佛的弟子薄拘羅過去世本來是一個窮人，因為看見一位出家師父頭痛，所以布施了一個芒果，治好了他的頭痛，所以九十一劫以來，在天上人中時常享受快樂，從來沒有生病的苦惱。而且在釋迦牟尼佛的時期，活了一百六十歲，壽命第一長。」

探望病人時，宜默念「見苦惱人，當願眾生，獲根本智，滅除眾苦。」或「見疾病人，當願眾生，知身空寂，離乘諍法。唵、室哩多、軍吒利，莎縛訶（三遍）。」並且以委婉柔軟的話語勸導病人多念佛號，假如他不會開口說話，可以借他錄音機以便播放念佛的錄音帶，以消減業障，獲得輕安。如果病人所需的各種日用和醫療物品，我們則應盡心盡力代為籌辦。最好能由蓮友們輪流照料病人，如果可能的話嘗試說一些佛法給病人或家眷聽，藉以溝通觀念和連絡情誼。

看護病人，最好順便說一些佛法跟病患結緣。例如《法句譬喻經》的第二卷記載：

從前賢提國有一位老比丘，身患重病，瘦弱無力而且污穢不堪。他雖然住在賢提精舍裏，卻沒人去探望他。

佛陀率領了五百位弟子去照料他。佛陀命令弟子輪流照顧，並且煮一些稀飯餵他。許多弟子聞到老比丘的臭味，都不敢親近他。佛陀命令天帝去拿一些熱水，親手洗滌老比丘的身體。

國王和許多大臣和人民問佛陀說：「您是人天的導師，你的福德和智慧都已經圓滿無缺，您的地位這麼尊貴，為什麼還要謙恭地洗滌那位老比丘的身體，忍受污穢和臭氣呢？」佛陀回答：「如來出現在這世間，正是為了救護那些貧病受苦的眾生！你們應當知道：照料生病的出家人、道士和貧窮孤獨的老人，可以得到無量的福德；福德積集多了，自然容易悟得道果！」

國王問佛陀：「這位老比丘，前世到底造了什麼罪業，為什麼長年為病所困、而且始終醫治不好呢？」

佛陀回答：「從前有一位名叫惡行的國王，他的刑罰非常嚴厲，他聘請了一位非常有力氣的人當做刑官專門鞭打犯人。那位刑官假借國王的權勢而作威作福，時常私自刑罰老百姓。他鞭打人犯，一定要收紅包。送大紅包的人，他就輕輕地責打；沒有送禮的人，就遭受狠毒惡打。因此全國的人民都怕他。

有一次，一位賢人被人誣告，而將要受鞭打時，他告訴刑官說：『我是佛教徒！我沒有犯罪。我只不過是被人冤枉，希望你能稍微寬恕我！』

那位刑官聽說對方是一位被冤枉的佛門子弟，就輕手過鞭，沒有打到他的身體。刑官命終以後墮落地獄，常受鬼卒的拷打；又投到畜生道，五百餘世，常受鞭打，然後才出生做人，而常患重病，藥石難治。當時那位兇惡的國王就是現在的調達，當時的刑官就是這位生病的老比丘，那位受冤的佛教徒就是我！因為他過去當刑官時，常以憤恨心鞭打他人，所以今生體弱多病。但他畢竟還有善心會寬恕無辜的佛教徒，所以才跟佛門結下不解之緣，今生才能出家學佛。由於我前世受他寬恕而沒被責打，所以今生親手為他沐浴、清理污臭穢。善惡的業報，真是如影隨身，絲毫不爽。造了惡業，雖然事隔多世，還是免不了報應的！」

世尊接著又說了一首詩偈，說明：責打善良的人，會遭受十種惡報。比方說：出生劇苦、形體毀缺、煩惱疾病、精神恍惚、受人誣告、官人刁難、財產耗盡、親戚離別、災火燒財、死墮地獄等。

那位生病的老比丘聽了佛陀所說道理和前世因緣，深心剋責，懺悔業障，疾病消除，而且身體安適、心念專一，立即證得了阿羅漢果。賢提國王聽了心中很歡喜，信解佛法受持五戒，成為正式的在家居士。那位賢提國王因為終身奉行戒法，所以後來也悟道，證得初聖果。

我們中國人有一個習俗，就是看病要挑選日子。不可在紅砂日……等凶日或不吉利的日子探望病人，以免被「煞到」。雖然「探望病人有時候會被煞到」是一個事實。可是這何嘗不是一件「好事」呢？探望病人會被煞到是我們的業障現前所導致的結果。這是過去的惡業提早報消，也是重業輕報的好現象。請諸位大德千萬不要因為探望病人被煞到而退失照料病人的信心，或者聽聞了某人探望病人被煞到的事實，就永遠不敢去探視病人。這豈不是因噎廢食嗎？要記住——「日日是好日」、「好心一定有好報」，探望病人縱使被煞到也是值得慶幸的，因為本來要在將來受重報的，現在已提早而且減輕地消受了。這如同我們欠人債務，早日還清，就免付利息的道理，是有點相似的。

其實，探望病人或照料病人會被煞到的可能性很少。例如菲律賓普賢中學的創辦人劉梅生老居士，曾本著慈悲心，冒險到印尼的流行病區去講解佛法給病人聽，結果不但沒被感染，反而法喜充滿地平安而返。所以我們要勇於照料病人，因為利人即是利己。

三、布施的內容

到底布施什麼東西比較好呢？這要看對方需要什麼，以及我們的經濟能力而定。

《十地論》的第三卷提到了三種供養：

㈠利供養（財供養）——布施香花和飲食等。

㈡敬供養（法供養）——恭敬和讚歎等。

㈢行供養（觀行供養）——受持和修行等。

如果我們實在沒有錢財，可以時常講佛法給別人聽，不會講深奧的哲理，可以談淺顯的做人道理或因果實例。如果不想講，也可以研究教理或老實修行，無論念佛、持咒、誦經、數息或不淨觀……樣樣都行。只要修行如法又契機，必有成就。

如果我們有錢，可以先布施《法華經・安樂行品》所提到的四種民生必需品——飲食、衣服、醫藥和臥具。這四種民生必需品，經上稱之為「四事供養」。布施飲食、衣服、醫藥和臥具的福德很大。

《四分律》的第十卷中提到了雨衣、浴衣、稀飯粥等八種布施。

《增壹阿含經》的第二十七卷說：布施園觀、樹林、橋樑、船筏、房舍這五種東西天天都可以得到福報。園觀可以賞心悅目。樹林可以得到清涼。橋樑可以給人便利。船筏可載人過河。房舍可以供人安歇。因為每天都有眾多人在使用這五種東西，所以布施者日夜受福。

《增壹阿含經》的第二十一卷也談到了四種清淨的天福。

㈠在沒有塔的地方建立佛塔。

㈡修補破舊的寺院。

㈢和合僧眾（幫助出家人和樂相處）。

㈣請轉法輪（請知見正確的人講經說法）。

《尊那經》說：布施下面七種東西，可以得到無盡的功德——

㈠花園、森林、水池塘和沼澤。

㈡建造淨修的道場（精舍或寺院）。

㈢樸實的衣服、臥具和床舖。

㈣穀類等財物。

㈤出家人出外參學和住在寺院的日常用具。

㈥生病的出家人所需的醫療設備和器材。

㈦飲食和醫藥。

《諸德福田經》也說：布施七種東西可以得到清淨的天福。

㈠造修佛塔和僧房。

㈡布施園林浴池。

㈢布施醫藥。

㈣建造堅牢的船筏和橋樑，以便利濟渡。

㈤救濟羸弱的人。

㈥在道路旁做井。

㈦做廁所。（參見《釋氏六帖》第六卷）

《法華經》的〈法師品〉談到了十種供養：㈠花、㈡香、㈢瓔珞、㈣扶香、㈤塗香、㈥燒香、㈦繒蓋幢幡、㈧衣服、㈨伎樂、㈩合掌。

必須以清淨的財物布施，才可能得到圓滿的福德。《雜集論》的第八卷說：「什麼才是清淨的施物呢？布施的財物應是我們運用正當的方式和憑自己的勞力去賺取或換來的。它不是欺騙或壓榨得來的，不是侵害他人或依賴權勢去霸佔奪取的，它不是污垢骯髒的，不是用不道德的手段去得到的（例如偷減斤兩），也是不如法的財物（如毒酒、刀劍、獵槍、釣魚竿、鳥踏等）。」

《俱舍論》的第十八卷說：「由於所布施的財物有具足或缺少色、香、味、觸的現象，所以感得具足或缺少妙色、芳香、美味和柔觸等果報。如果所布施的財物顏色很美，將來便感受妙色的福果。如果所布施的東西氣味芳香，將來便感得好的名望，猶如香氣四溢。如果所布施的財物味道甜美，將來就受眾人所愛戴。如果所布施的東西觸感舒適，將來身心就柔軟快樂。所布施的財物具足越多的優點，所感受的結果也就完美。有如是因，必有如是果！」

《大寶積經》的第四十一卷記載了：三十種布施的殊勝功德和利益。

㈠布施食物，得到長壽、辯才、安樂、妙色（貌美）、雄力勇健等果報。

㈡布施飲料，永離一切煩惱和渴愛。

㈢布施車乘，得到一切方便和安樂的福利。

㈣布施衣服，成就慚愧和清淨而色澤柔美的皮膚。

㈤布施香鬘，獲得淨戒、多聞和正定等聖行。

㈥布施香末和塗香，獲得潔淨芬芳的身體。

㈦布施上妙的口味，獲得甘露美味和大丈夫般的相貌。

㈧布施房舍，常能救濟眾生，身心安穩，並為眾望所歸。

㈨布施醫藥，獲得解脫生老病死的甘露妙法。

㈩布施資生用具，感得圓滿的佛法和智慧資糧。

⑪布施燈燭，獲得如來清淨無礙的五眼。

⑫布施音樂，獲得如來清淨的天耳。

⑬布施金銀珠寶，感得莊嚴的三十二相。

(十四)布施雜寶和各種花卉，獲得身體八十種美好的特徵。

(十五)布施象馬車乘，獲得眾多信徒和親友。

(十六)布施園林臺觀，獲得解脫的禪定和止觀。

(十七)布施倉庫和箱子，圓滿成就諸法寶藏。

(十八)布施奴婢僕使，獲得自在、安適和悠閒的身心。

(十九)布施男女妻妾，獲得圓滿可愛快樂的無上智慧。

(二十)布施王位和權利，成為真理和智慧的法王。

(二十一)布施美妙的色、聲、香、味、觸等五欲，得到清淨的戒、定、慧、解脫和解脫知見。

(二十二)布施戲服和樂器，能遨遊清淨的法樂。

(二十三)布施雙腳，得到佛法和義理的雙腳，邁向智慧無所障礙。

(二十四)布施雙手，感得圓滿清淨的妙手，能夠拯救眾生更加方便。

(二十五)布施耳鼻，諸根圓滿成就。

(二十六)布施肢節，獲得清淨無染和莊嚴的佛身。

(二十七)布施眼睛，得到清淨的法眼，觀察萬物自在無礙。

(二十八)布施血肉，獲得堅固的身命，攝受和長養一切眾生，權巧方便，究竟無礙。

(二十九)布施腦髓，得到金剛不壞之身。

(三十)布施頭顱，將來必定超越煩惱，證得無上的智慧。

《樓閣正法甘露鼓經》記載：「如果有人曾經持了一天的不殺生戒，他就不會出生在刀兵劫受苦。如果有人曾經以一個訶梨勒果布施眾僧，他就不會生在瘟疫劫受苦。如果有人曾經以一盂飲食布施眾僧，他就不會生在饑饉劫受苦。」

四、施捨外財——身外之物

「不可太執著身外的財物！」——《莊子·外物篇》

為了方便起見，我們將布施的內容分為施捨財物、傳播真理、布施心智和勞力這三種，而將財施和法施以外的布施都歸入布施心力和勞力這種布施。下面我們先來談財施。財物可分為內財和外財，而外財又有貴賤的差別：

㈠布施貴重的財物

1. 布施園林

《賢愚經》的第十卷記載：須達長者為了買下祇陀太子美麗的花園當講堂，以大象載純黃金鑄造的金磚鋪蓋在地上，八十公頃（東西長十里，南北七百餘步，約二十萬坪）的花園都快鋪滿了。

《經律異相》說：須達長者布施八十頃的祇樹給孤獨園，在園中造了一千二十所小精舍。正當須達長者拿著墨繩在量地基時，舍利弗尊者笑了。須達長者問原因，舍利弗回答說：「您在這裏籌建寺院和講堂時，我用天眼見到您來生所要居住的天宮，這時候已經先建好落成了！」

2. 籌建講堂

《雜寶藏經》的第四卷記載：有一位長者見到王舍城的頻婆娑羅王為佛陀建造寺院和僧房，自己也想為佛陀建造一間好的房屋，可是找不到地，於是就在佛陀經行（散步）的地方，建了一間講堂，講堂裏開了四扇門。那位長者死後升天，又從天宮下來供養佛陀，佛陀為他說法，他當下證得了初聖果。

3.布施房舍

《雜寶藏經》的第四卷又記載：王舍城有一位長者剛新建造好一棟房子，就請佛陀到他家去供養，並且將那棟新房子布施給佛陀。他請佛陀以後進城時，常來那棟房子洗手和洗缽。後來他死後升天。從天宮下來聽佛陀說法而悟得道果。

4.布施神象

《菩薩本行經》、《太子須大拏經》和《六度集經》的第二卷記載：須達拏太子將最貴重而且具有神力的大白象，布施給敵人。因而被父王放逐到山上，在山上遇到孤獨的老人來要求奴婢，就布施自己的子女服侍老先生（經上這段文字描寫得十分細膩而感人）。後來他的孩子被轉售圖利，輾轉高價賣入王宮，男孩價值白銀一千兩、大牛一百頭，女孩價值黃金二千兩、小牛兩百頭。結果真相大白，國王受感動而請太子下山，舉國歡騰，鄰邦敬佩太子的為人，許多鄰國都相繼來進貢，而敵國也化為友邦了。

5.布施黃金

《雜寶藏經》的第四卷記載：舍衛國的須達長者曾經拿出十萬兩黃金，請人歸依佛陀。當時有一位奴婢聽了須達長者的話以後，就歸依了佛陀。她死後出生在忉利天，後來又從天宮下來人間，聆聽佛陀講經說法，而證得了初聖果。

6.布施寶珠

《雜寶藏經》的第七卷記載：佛陀在舍衛國時，南印度有一位婆羅門拿了一顆價值連城的如意珠，遊遍各國，沒有一個人能說出這顆寶珠的名稱和作用。後來他到了舍衛國，走到波斯匿王的面前，請皇上幫他鑑定。波斯匿王召集群臣和所有的智者，沒有一個人認識那顆寶珠。於是他們共同來到佛陀的講堂，佛陀告訴那位婆羅門說：「這顆寶珠出自磨竭大魚的腦部，它的名字叫做金剛堅。它不但可以解毒，而且又可以消除熱病。凡是拿這顆寶珠的人，都會因為寶珠所散發出來的柔美的光芒，而變得身心安適，而且得到良好的人緣。它甚至還具有化解冤仇的功效呢！」那位婆羅門聽了很高興，發現佛陀的學識非常淵博，就將寶珠贈送給佛陀，請求佛陀允許他出家做佛陀的弟子，佛陀答應了，並且為他說法，他當下解脫所有的煩惱，而證得了阿羅漢果。

7.竭財濟貧

《六度集經》的第一卷記載了：釋迦牟尼佛過去當大理財家（類似現代的大企業家）仙歎，竭盡所有的錢財，用以布施貧窮和生病的人。後來出外尋得寶物，被朋友嫉妒陷害，也從不說出他人的罪過，反而以安忍的心量感動很多人，連謀害他的朋友也改過遷善了。

8.長期大施

《般若論》記載：婆薩婆王設了一個長達十二年的大施會，所布施的油像河渠一樣，飯汁成舡，米麵高如山，乳酪像水池，而且所有飲食和衣服都非常精美。真是大手筆啊！

9.一切能施

《大智度論》裏曾記載：佛陀過去世曾經當國王，名字叫做一切施王。他很喜歡布施，從來不違逆乞求者的心意。文殊菩薩為了要試探他而變成一位婆羅門。這位婆羅門去到國王那裏就向國王說：「陛下！草民有一個願望，希望您能成全我！」國王問：「什麼願望呢？」婆羅門說：「我所想要的東西，恐怕陛下您不會給我，所以我不太敢說！」國王說：「您說說看，無妨！」婆羅門說：「我想要陛下和尊夫人做我的奴婢！」一切施王回答：「這件事情我能做得到！」於是就隨著婆羅門走出京城。年輕而且又有身孕的皇后也跟在婆羅門的後面步行。雖然皇后感到很辛苦而且又疲倦，可是卻不退怯也不發怨言。文殊菩薩就變回原形，請一切施王返回宮中，一切施王接受了教化，發願成就圓滿的佛智。

㈡布施便宜的財物

1.小兒施土

《阿育王受記經》和《雜阿含經》的第二十三卷記載：釋迦牟尼佛進入王舍城乞食，有一位名叫德勝的小孩在玩泥巴，用泥土做了房子和倉庫，又用土當做麵麨（音ㄔㄠˇ——印度的習俗，常把麥磨成屑，然後蒸熟，也可曬乾備用，要吃時再加一些蜂蜜，就成了麨蜜），放在倉庫中，看見佛陀經過，非常歡喜，就捧出倉庫中的土麨供養佛，並且發願：將來能在天下廣設供養。後來這小孩果然轉世成為統治閻浮提的阿育王。

《賢愚因緣經》記載：德勝小兒出於純真和歡喜，用沙當麨供養佛，雖然有大福報，但沙土畢竟是粗糙低賤的物品，所以後來當了阿育王，但皮膚卻粗糙不細滑。套句佛法來說，這也是「如是因，如是果!」成人不可學習那小孩用沙土當麨來供佛。我們應在經濟情況許可之下，用新鮮潔淨的食物來供養佛，供佛一定要在中午十二點以前供養，而且凡是上供時，包在塑膠紙裏的餅乾、乾果均應將塑膠紙打開，以表「敬佛如佛在」的虔敬心。藕益大師告訴我們供養佛菩薩應當這樣恭敬。

2.布施粥菜

《普曜經》的第五卷記載：有一次，佛陀入城托缽乞食時。國王因受惡人挑撥而下令全城人民緊閉門戶，不可施食給佛陀和他的弟子，違者一律受罰。有一位貧窮的婦女，看見佛陀相好莊嚴卻托空缽，心生悲愍，以陶器盛米汁和粗弊的小菜供養，佛陀為了增加她的歡喜和信心，當場將這些粗弊的飲食喝下，並且祝福她說：「因為今天的布施功德，您將在天人中安享快樂十五劫，最後出家，證得辟支佛的聖果！」

3.布施稗飯

《賢愚經》記載：阿那律過去劫曾在饑荒的時代，以稗（音ㄅㄞˋ，一種形狀很類似穀而果實細小的草）的果實作飯，供養辟支佛，因此布施福德九十一劫在天人中享受自在的快樂，而絕不匱乏貧困。

4.布施清水

《賢愚經》的第五卷記載：迦旃延尊者教一位卑賤的老奴婢取水布施寺院，並授以三歸、五戒和念佛的方法，她當天晚上逝世，神識投生在忉利天宮。

5.捨一文錢

《阿育王受記經》記載：阿育王有一個奴婢掃地時撿到一個銅板，很高興地拿到寺院去布施僧眾，她命終後，出生為阿育王的女兒，財富終生享用不盡。

6.布施甘蔗

《雜寶藏經》的第四卷記載：從前舍衛國有一位證得阿羅漢果的比丘，進城乞食，來到一家搾甘蔗汁的店裏，那家店東的媳婦就拿了一段特別肥大的甘蔗，供養師父。她的小姑生性吝嗇，見到這樣子很生氣，拿著棍子打她，不幸擊中了腰部的要害，一命嗚呼哀哉！但她的神識卻投生忉利天成為一個容貌出眾的天女。

7.布施米汁

大聖佛陀的首座弟子大迦葉尊者，他在佛陀的弟子當中，是被比丘們公認為「苦行第一」。

每天，同修們出外乞食的時候，大多都是往富有的家裏去托缽，唯有大迦葉尊者與眾不同，他一定去找那最貧困的人家求施。他認為一個窮苦的人，就是前生沒造福，所以，尊者的悲心，要他們在今世能為來生種些福田。

有一次，大迦葉尊者在王舍城乞食的時候，遇到一個貧困的老母，住在一個岩窟裏，家庭窮得連一粒米穀都沒有，身上穿的是一件已經破得不能再破的衣服，這都是她前世沒造福的結果。

大迦葉尊者，想要救拔這位老母，即向她行乞，可是她有什麼東西可供養呢？面前放著一碗米汁，是幾天前，人家不要的東西，老母為了生存下去，才用破碗把它盛回來，這樣的東西，怎麼可供養尊者？老母正在猶豫的時候，尊者已看出她的意思，很溫和的說道：

「就這碗米汁施給我好了。」

老母非常高興，雙手捧著米汁施給尊者。就此功德，沒有幾天，貧婦死了，轉生於忉利天，享受天福。（《佛教故事大全》第一〇三頁）

8.布施花鬘

《雜寶藏經》的第四卷記載：從前有個人用花鬘供養迦葉佛的佛塔，結果死後不但升天做了天女，而且還得了莊嚴美麗的金色身，頭上所戴的花鬘，常放出特別的光芒。從天宮下來聽釋迦牟尼佛講經，而證得了初聖果。

9.貧女施燈

《阿闍世王授決經》和《賢愚經》的第三卷記載：阿闍世王請佛吃飯，為了表示恭敬佛法，又布施了一百斛（五百斗）麻油膏。從皇宮一直到城南六里的祇樹給孤獨園，沿途都點上油燈，燈火通明。當時有一位貧窮的老太婆，名叫做難陀，時常有誠心要供養佛，可是卻感歎自己沒有錢財可以布施。看見阿闍世王大手筆的布施功德，內心更是感動。她向人行乞得了兩文錢，去麻油店買油，麻油店的老板說：「大娘！您這麼窮，有了兩文錢為什麼不去買點吃的，您買油幹什麼?」老太婆回答:「我聽說人生在世很難遇見佛陀，數百劫可能就只這麼一次。我幸逢佛世，卻沒錢財可供養，現在看見國王作大功德，激起我布施的決心。我再貧窮，也應點一盞燈來供佛!」麻油店的老板能體諒她的心意，本來兩文錢只能買到二合的麻油，他特別又加送了三合，一共是五合。她拿著麻油到佛陀的面前點燃了一盞燈。她想這盞油燈不到半夜，油就點完了，於是她就發了成佛的誓願：如果我將來會成佛，希望這盞油燈整晚光明而都不熄滅。她禮拜佛陀而後回去了。說也奇怪！阿闍世王所點的油燈有的熄滅了，有的油點完了，雖然國王的手下不斷在照料油燈，可是都沒有很亮。只有那老太婆所點的油燈通宵明亮而絲毫沒有減暗。

第二天清晨那位老太婆又來禮拜佛陀。佛陀告訴目蓮尊者說:「現在已經天亮了，你去熄滅各盞油燈!」

目蓮尊者逐漸熄滅各盞油燈，每一盞燈都被熄滅了，只有那老太婆所點的油燈，沒法熄滅。目蓮尊者用扇子扇燈，油燈反而更加明亮。甚至運用神通以強風來吹動油燈，燈火也不滅。佛陀說:「好了！好了！這一盞油燈不是你的神力可以熄滅的。這位老夫人過去已經供養了一百八十億位完美的聖人，因為她都一直用經典的義理來教化眾生，沒有時間布施財物，所以今生貧窮。你可千萬不能小看她喔！她再過三十劫，就會功德圓滿而成佛，佛號叫做須彌燈光如來!」

阿闍世王聽到這件事，就問祇婆:「為什麼我點了這麼多油燈，佛陀沒有給我授記呢?」祇婆回答:「大王！您所點的油燈雖多而心念不專一，不如老太婆的心那麼專注在佛法上。」後來佛陀也授記說:「阿闍世王過了八萬劫後也會成佛，佛號叫做淨其所部如來!」所以我們可以說：凡是布施佛燈的人，將來遲早都會成就無上的智慧!

五、布施各種財物的福報

㈠布施飲食和醫藥有十種福德

《布施經》說：常布施上好的飲食，將來永遠不會挨餓，而且廩盈裕。布施漿水的人，將來不受飢渴。布施美味的食物，將來時常品嚐到味道絕佳的食物。布施醫藥的人，來生安穩快樂，沒有病痛。

《業報差別經》說：以恭敬布施飲食，可得十種福德：

1. 壽命長久。
2. 皮膚色美好。
3. 孔武有力。
4. 辯才無礙。
5. 心無畏怖。
6. 做事不易懈怠，而且常受眾人敬仰。
7. 眾生喜歡跟他在一起。
8. 有大福報。
9. 命終生天。
10. 速證涅槃。

《六波羅蜜多經》的第四卷說：布施飲食有五種福報——

1. 壽命綿長。因為如果人們沒有飲食，就無法活命。
2. 相貌莊嚴。因為人們得到了飲食，顏色就和悅。
3. 孔武有力。因為人們吃了食物，力氣就會增加。

4.身心安樂。因為人們有了食物，身心就安樂。

5.辯才無礙。因為飢餓的人身心怯弱，言語拙訥，有了充足的飲食，身心勇銳，得大辯才，智慧無礙。(參見《食施獲五福報經》)

《大華華嚴長者問佛那羅延力經》中記載了：布施飲食可以獲得如來超人的神力，並且以輾轉較量的方式，來說明佛陀無比的神力。如果您想知道佛陀的力量有多大，是普通人、牛或大象力量的幾倍，請看《集一切福德三昧經》的上卷，你會有意想不到的答案！我雖學過八個學分的微積分，但算術不好，請您幫我計算，好嗎?

布施甜粥．升天悟道

《雜寶藏經》的第七卷記載：舍衛國有一位長者想在祇樹給孤獨園內，尋找一塊空地，建造房子供養僧眾。可是整個園內已經被須達長者蓋了差不多了，於是他只好改在祇樹給孤獨園的大門，以潔淨的水，加上各種蜂蜜和麵麩，做成甜粥，供養一切往來的行人。九十天以後，佛也接受了他的供養。後來他死後，因為布施的福德而升天，又從天宮下來聽佛陀說法，而悟得道果。

布施食油．來生多力

《賢愚因緣經》的第五卷記載：從前有一位獨自覺悟的小乘聖人，長相奇醜無比而且患了疾病，需要吃油。於是他就到了油店，向搾油的師傅要食油。搾油的師傅譏笑他的身體像株杌，手臂像車軸，本來想用油滓布施這位聖人，搾油師傅的妻子見到急忙改拿上好的食油布施給他。這位獨覺聖人顯現神通變化。搾油的師傅感到慚愧，又急忙懺悔道歉。那位搾油的師傅後來出生在人中，相貌很醜陋，可是卻非常有力氣。

㈡布施衣服和棉線有十種福德

《業報差別經》說：以恭敬心布施衣服，可得十種福德：

1. 面目端莊。

2. 肌膚細嫩柔滑。

3. 身體不著塵垢。

4. 出生時便具足上妙的衣服。

5. 微妙臥具覆蓋其身。

6. 有懷慚愧心。

7. 見者愛敬。

8. 具大財寶。

9. 命終生天。

10. 速證涅槃。

《賢愚經》的第十三卷記載：正當佛陀入城乞食時，有一位婆羅門，看見佛陀身上穿的衣服有點破了，就回家拿了一小塊白布，來布施佛陀，並且對佛陀說：「希望您用這塊白布補衣服！」佛陀接受了。

婆羅門見到佛陀接受他的白布，心中更加歡喜。佛陀對他說：「您過了××百劫以後，也會成佛，具足圓滿的福德和智慧！」

旁邊許多有錢的長者和居士聽到佛說這句話，心裏就想：「為什麼這位婆羅門只布施了這樣少的東西，卻能得到那麼大的果報呢？」於是就做了許多衣服來供奉佛陀。

阿難問佛說：「世尊！您前世到底做了什麼善事，能使其他人都會布施衣服給您呢？請您開示，讓我們了解吧！」

佛陀回答：「從前波羅棕國有一位大臣請毗婆尸佛和眾僧接受他三個月的供養，佛陀欣然答應了。但是後來波羅棕國的國王槃頭末帝，也來請求佛陀答應受他供養三個月，佛陀說：『我已經先答應接受某某大臣的供養了，而且他已經開始籌備了，一個人總不能違背信用啊！』國王心急，就去對那位大臣說：『佛陀現在已經住在我的國家，我想供養他，你是否可以先讓我供養三個月，而後才輪到你供養呢？』那位大臣回答：『大王！如果您能保證我的身命和佛陀能長久住在您的國土，而且您的國土也能一直相安無事，沒有各種災難，我就讓您先供養！』

國王心裏想：『擔保人命這件事情我無法辦到。』於是他又說：『那麼，你請一天，我請一天，怎樣？』

大臣答應後，他們就開始輪流供養了。那位大臣還特別為毗婆尸佛量製了三套衣服。而且也送毗婆尸佛的九萬位出家弟子，每人一件僧衣。當時那位供養衣服給毗婆尸佛的大臣就是我，我因為生生世世，長修福德，廣結善緣，所以今生別人才會供養我！」

《撰集百緣經》的第一卷記載：佛陀在舍衛國的祇樹給孤獨園時，舍衛大城裏有一位織布的師傅，他的名字叫做須摩，他家非常貧窮，沒有任何積蓄和財產，甚至窮到連隔日的米糧都沒有。他只靠替人織布，賺取微薄的工資過活。他想：「我因為前世沒有布施，所以至今才會這麼貧苦。如果我現在又不布施，那來世豈不是更加貧困嗎？所以我要加倍努力工作，向人要一點東西來布施！」於是他便向人要了一小撮棉線，正當他要回家時，在半路上遇見了佛陀，他看見佛陀穿著莊嚴的袈裟，手裏持著缽，率領了許多弟子，入城乞食。他就恭敬地走到佛陀的面前，將那些棉線供養佛陀。佛陀接受了他的棉線以後，就示現衣服有個小破洞，而且馬上用他所供養的棉線縫補衣服。紡織師須摩看見佛陀用他布施的棉線縫補衣服，心中非常高興。五體投地禮拜佛陀，並且在佛前發願：「希望這布施的福德，使我來世能以智慧的光芒引導所有愚暗的眾生，使沒依沒靠的眾生能得到依靠，無人關照的眾生能得到救護，尚未解脫的眾生能使他們得到解脫，身心不安的眾生使他們得到安穩，廣度無量眾生達到真、善、美、聖的永恆境界！」

佛陀放光微笑，又以偈稱讚他，並授記他將來會成佛，佛號叫做「十縱如來」。

㈢布施香花（花朵和香料）有十種福德

《布施經》記載：布施香花的人，將來沒有煩惱和污穢，所住的環境不會受污染。以香水灑佛塔、以香水浴佛身、以香油塗飾佛像，將來身相莊嚴無比。布施香水給聖賢洗浴，將來生在富貴人家，而且安樂少病。布施花果的人，將來歡喜精進，定慧具足。布施花環的人，將來遠離貪愛、憎恨和愚痴的煩惱。

《業報差別經》說：以恭敬心布施香花，可得十種福德：

1. 處世如花，見者歡喜。
2. 身無臭穢。
3. 福香和戒香遍溢各方。
4. 隨所生處，鼻根不壞。
5. 超越世俗，受到眾人的歸依景仰。
6. 身常香潔。
7. 喜歡真理，受持讀誦佛典。
8. 有大福報。
9. 命終生天。
10. 速證涅槃。

《雜寶藏經》的第四卷記載：從前也有位女子，以蓮花供養迦葉佛的佛塔，死後也是升天，面貌莊嚴，眼睛像青蓮花一般美麗，後來又拿花蓋來供養釋迦牟尼佛，聽到佛陀說法，而證得清淨的法眼。

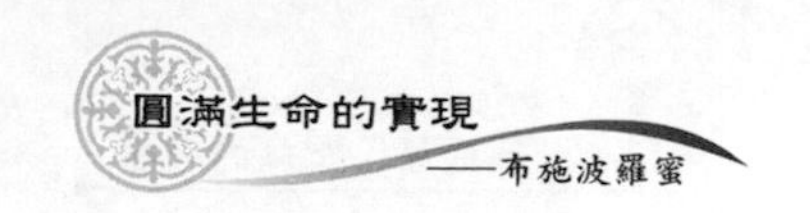

《大悲經》的第二卷記載：供養佛陀舍利的功德非常殊勝，甚至只散了一朵花、唸了一聲佛號將來必定得到涅槃和無上的智慧。在佛舍利塔前合掌唸了一聲佛號或起了一念信心的福德，勝過長劫以各種樂具恭敬供養三千大千世界滿滿的小乘聖人的百倍、千倍、百千億倍、乃至無數倍。為什麼呢？因為佛陀具足無量的慈悲、智慧和福德，佛陀是最上等的福田。

《浴佛功德經》記載：以清淨心用香花、瓔珞、幡蓋、敷具，布置在佛像前供養和裝飾。並且用最上等的香水來浴佛，燒香並且觀想香氣普薰法界，又以飲食、鼓樂和弦歌來讚詠佛陀的功德，並發願迴向成就圓滿的佛智。這樣可以獲得無量無邊的福德，智慧也會不斷增長。……浴佛的福德是所有供養中最為殊勝的。浴佛勝過布施恆河沙那麼多的七寶。浴佛像時，應該用牛頭栴檀、白檀、紫檀、沉水香檀、鬱金香、龍腦香、零陵香、藿香等最上等的天然香木和香草，在潔淨的石頭上磨成香泥，加水浸泡而成香湯，然後裝在清淨的瓶器。再以上好的瓷土或瓷器做成方圓或大小適中的壇，上面再放置浴床，而把佛像安置在浴床上，浴佛的水都應事先過濾得很清淨，不可損害到水中的小昆蟲。浴完佛的香水用兩指瀝取安摩在自己的頭頂上，叫做「吉祥水」。掉落在地上的香水，不要用腳去踐踢。佛像浴完後，應用細軟的毛巾去擦拭，然後再點燃上好的檀香，使佛像周遍香馥後，再請回原處安放。這樣浴佛能使大家現世就受到富足快樂、無病延年、所求如意、親友安穩、不受八難、永出苦惱、不受女身、速成正覺等果報。

佛像請回原位以後，應再燒香，虔誠合掌發願迴向：

我今灌沐諸如來，淨智功德莊嚴聚；

願彼五濁眾生類，速證如來淨法身，

戒定慧解知見香，遍十方剎常芬馥；

願此香煙亦如是，無量無邊作佛事，

亦願三塗苦輪息，悉令除熱得清涼，

皆發無上菩提心，永出愛河登彼岸！（參見《灌洗佛形像經》、《摩訶剎頭經》和《浴佛功德經》）

《浴佛經》又記載了浴佛的七種福報——㈠沒有病痛、㈡身心清淨、㈢身上常散發香氣、㈣肥白細嫩、㈤人緣良好、㈥口齒芳香、㈦自然自在地享用潔淨的衣服。

㈣布施車乘和鞋襪有十種福德

《布施經》記載：布施象馬車乘的人，將來會證得神足通，通行四處，不受阻礙。

《業報差別經》說：恭敬布施鞋襪，可得十種福德：

1. 可以乘坐美妙的車乘。
2. 得足下安平相，站得安穩。
3. 足背柔軟。
4. 步行輕捷勇健，耐久不疲。
5. 身體不易疲倦。
6. 行走時，不被荊棘、瓦礫損傷腳部。
7. 得神通力。
8. 別人喜歡幫他辦事。
9. 命終生天。
10. 速證涅槃。

㈤布施繒幡有十種福德

《布施經》說：布施繒彩疋棉的人，將來相貌莊嚴，豪富自在。

《業報差別經》記載：以恭敬心布施繒幡，可得十種福德：

1. 處世如幢，常受國王、大臣、親友、知識等人的恭敬供養。
2. 豪富自在，具大財寶。
3. 善名遠播，遍至各處。
4. 相貌端莊，壽命長遠。
5. 常在所出生的地點，實行布施。
6. 有大名望。
7. 有大威德。
8. 出生尊貴。
9. 死後生天。
10. 速證涅槃。

《百緣經》的第七卷記載：佛陀在迦毗羅衛國時，都城中有一位很富有的長者，選擇了一個黃道吉日，娶了一位名門望族而且又賢慧的女子作為妻子。由於他妻子十分恭敬佛陀，所以製造了一支長幡來供養佛陀，後來她懷孕了，生了一個男孩，相貌非常莊嚴，剛出生那一天，天空中就出現了一支很美的大幡蓋住了整座都城。因此大家給這位小男孩，取名叫做波多迦。

他長大以後，有一天正當出城遊玩時，看見了佛陀完美的相貌、安詳的威儀，以及佛陀身上所發出來色彩奪目的光芒，他心生歡喜，於是就上前頂禮佛足，佛陀為他說法，他當下悟道，證得了初聖果。

他回家，請求雙親准許他出家修道。他的父母非常疼愛他，但又不敢違背他的意思，終於將他帶到寺院，成為佛陀的弟子。由於他勤於修行，不久便解脫所有煩惱，證得了阿羅漢果，常為諸天和世人所敬仰。

佛陀說：「過去九十一劫以前，波羅㮈國，出現了一位完美的聖人——毗婆尸佛，他圓寂後有一位名叫槃頭末帝的國王，就建造了七寶塔來供養佛的舍利，當時有一個人，製作了一支長幡，懸掛在七寶塔上，並且發了善願。因此九十一劫，不墮地獄、畜生和餓鬼。常在天上和人中享受無比的快樂，而且常有幡蓋蔭覆在頭頂。他今天遇到我又出家得道。你們應當知道：從前那位以幡供佛的人，就是今天的波多迦啊！」

㈥布施傘蓋有十種福德

《布施經》記載：施捨傘蓋的人，將來有大威勢，能保護眾生。

《業報差別經》說：以恭敬心布施寶蓋，可得十種福德：

1. 處世如蓋，庇護眾生。
2. 身心安穩，離諸熱惱。
3. 常受眾生敬重，別人不敢對他輕慢。
4. 有大威勢。
5. 常得親近諸佛菩薩，並且得到有威望和品德良好的眷屬。
6. 常做轉輪聖王。
7. 時常領先眾生修習各種善業。
8. 有大福報。
9. 命終生天。
10. 速證涅槃。

《菩薩本行經》記載：有一位牧羊人見到佛陀在大熱天行走遊化，就用草編了一個大傘蓋，提在佛陀的頭頂上，雙手拿著草蓋，跟隨在佛陀身後行走，一直到離開他的羊群很遠了，才趕忙放下草蓋，跑回去照顧羊群。佛陀告訴阿難說：這一位牧羊人心地很虔敬，這次布施的福德，使他十三劫不墮惡道，常出生做尊貴和快樂的天人，自然得到七寶蓋。過了十三劫以後，出家修道，證得辟支佛的聖果。名叫做「阿耨婆達」。

《撰集百緣經》的第七卷記載：毗婆尸佛滅度後，有一位商人入海採寶，平安歸來，就布施了摩尼寶珠，蓋在佛塔的頂上，並且又發了善願，結果九十一劫不墮惡道，而常在天上和人中享受快樂，後來投生在迦毗羅衛國，做一位富裕而且德高望重長者的兒子，出生時，也有摩尼寶蓋覆城的奇蹟，後來隨佛出家修道而證得聖果。

㈦布施音樂和鐘鈴有十種福德

《布施經》記載：布施音樂的人，將來聲音清晰美妙。

《業報差別經》說：以恭敬心布施鐘鈴，可得十種福報：

1. 聲音清晰悅耳，而且富於哲理，使人聽了身心舒泰。
2. 聲名遠播。
3. 明白自己前生的情況。
4. 所說的話，受人敬愛。
5. 常有寶蓋，以自莊嚴。
6. 有妙瓔珞，以為服飾。
7. 面貌端嚴，見者歡喜。
8. 有大福報。
9. 命終生天。
10. 速證涅槃。

奏樂供養，成就聖果

《百緣經》的第三卷記載：佛陀在舍衛國祇樹給孤獨園講經時，舍衛國有許多富翁，穿著華貴的服飾，拿著香花，並且還奏著音樂，要一齊出城外遊玩。走到城門時，恰巧遇到佛陀帶領弟子們入城乞食。富翁們見到佛陀莊嚴的相貌和光明，每個人心中都非常歡喜，於是就上前禮拜佛陀，並且演奏音樂供養佛陀，又散花在佛的上空，發願：希望這次以音樂供養佛陀的功德，使他們將來也能成就無上智慧，廣度眾生。佛陀微笑放光，並且告訴隨從的弟子阿難說：「這些長者因為散花和供養音樂的功德，一百劫不會墮落惡道，常在天上和人間，享受快樂，最後證得辟支佛的聖果，名叫妙聲，廣度眾生，不可限量！」

繞塔奏樂，妙聲得道

《百緣經》的第七卷記載：迦毗羅衛國的首都，有一位巨富的長者，他娶了一位大家閨女為妻子。後來生了一個非常可愛的男嬰，聲音特別悅耳。有一天，他長大以後，跟親友到山城去遊玩，在尼拘陀樹下，看見佛陀莊嚴的相貌和光明，禁不住地上前頂禮佛足，佛陀為他說四聖諦，他心開意解，當下悟道。後來發心隨佛出家修行，而證得了阿羅漢果。

弟子問佛陀說：「他的聲音為什麼那麼好聽，而且出家後成就很快？」佛陀回答：「九十一劫以前，他因為見到毗婆尸佛塔而心生歡喜，便繞著佛塔，演奏高雅的音樂，供養佛塔，又發了善願，所以生生世世不墮惡道，常在天上和人中享受快樂，不但聲音清晰悅耳，而且今生聞法立即悟得道果！」

㈧布施器皿和臥具有十種福德

《布施經》記載：布施美好的物品，將來身體端莊，人見人愛。布施臥具的人，將來生在貴族，所用物品潔淨美好。

《業報差別經》說：以恭敬心奉施器皿，可得十種福德：

1. 處世如器，不易產生漏洞或流弊。

2.得到善法滋潤心靈。

3.遠離各種熱渴和貪愛。

4.口渴時容易得到飲水。

5.不會投生在餓鬼道。

6.得到像天界那麼莊嚴美妙的器皿。

7.遠離惡友。

8.有大福報。

9.命終生天。

10.速證涅槃。

㈨布施燈具和光明有數十種福德

《布施經》記載：布施燃燈的人，將來天眼清淨，智慧明瞭。

《業報差別經》說：以恭敬心布施燈具，可得十種福德：

1.宛如明燈一般地照亮世間。

2.眼睛沒有疾病。

3.容易證得天眼通。

4.有分辨善惡的智慧。

5.不會發生糊塗、昏暗的事情。

6.不易受外在的事物所迷惑。

7.不會出生在幽暗、昏庸的地方。

8.有大福報。

9.命終生天。（尤其是往生忉利天）

10.速證涅槃。

《施燈功德經》又說：在佛塔、佛殿或佛堂布施明燈的人，可以得到無數的福報。

1. 臨命終時，會產生三種智慧：

⑴憶念善法而不忘失。平生所造的福德善事會自然浮現心中。

⑵心生歡喜，開始念佛。

⑶身心清淨而沒有苦惱。（神識離開身體時，沒有痛苦）

2. 臨命終時，可見到四種光明：

⑴日輪圓滿涌出。

⑵清淨的月輪圓滿涌現。

⑶見到許多身上有光芒的天人坐在一起。

⑷見到佛在菩提樹下成道，也看見自己在佛前恭敬合掌。

3. 死後出生在忉利天安享福報，自知宿命。天福享盡，不墮惡道，投生做人，出生在尊貴的佛化家庭。

4. 得到下面四種可樂的福德：

⑴相貌莊嚴。

⑵資財充足。

⑶有大善根。

⑷有大智慧。

5. 得到四種清淨：

⑴身業清淨。

⑵口業清淨。

⑶意業清淨。

⑷善友清淨。

6. 得到八種快樂的果報：

⑴眼睛明亮美好。

⑵觀念正確。

⑶具足天眼（可以看見遙遠或細微的事物）。

⑷不會破戒。

⑸智慧圓滿，證得涅槃。

⑹行善順利，沒有困難或阻礙。

⑺常能見佛，做一切眾生的眼目。

⑻當轉輪聖王、忉利天天王或大梵天天王。

7.得到八種無量的果報：

⑴得到佛陀無量的眼（光）。

⑵得佛無量的神通。

⑶得無量的佛戒。

⑷得如來無量的三昧。

⑸得如來無量的智慧。

⑹得如來無量的解脫。

⑺得如來無量的解脫知見。

⑻得明白一切眾生的興趣或嗜好。

8.獲得八種無量資糧：

⑴得無量正念資糧。

⑵得無量大智資糧。

⑶得無量信心資糧。

⑷得無量精進資糧。

⑸得無量大慧資糧。

⑹得無量三昧資糧。

⑺得無量辯才資糧。

⑻得無量福德資糧。

9. 得四無礙辯，乃至次第得一切種智。

《陰騭文廣義節錄》的下卷說：布施燈光的人會有下列六種果報。

1. 明目（有了燈光，眼前的道路，就可看得清楚）。

2. 心常歡喜（因為有了燈光，人們走路可以無憂無慮）。

3. 身體潔淨（因為有了燈光，走路就不會踩到髒泥巴）。

4. 沒有畏懼（因為有了燈光，走路時就不怕狼狗的吠叫）。

5. 沒有病痛（因為有了燈光，走路時不致跌倒摔傷）。

6. 長壽（因為有了燈光，走路不致墮落溝坑而喪命）。

《雜寶藏經》的第四卷記載：有一位女子在七月十五日佛陀所要經過的街道，點燈供養佛陀。阿闍世王因為被提婆達多的惡言所煽惑，聽到有人點燈供佛的消息十分氣憤，就用利劍砍殺那位女子的腰部，那女子死後投生在忉利天宮，成為容貌特別美麗的天女，不但擁有金色的身體，而且還時常發出悅人的光芒。後來又從天宮下來聽釋迦牟尼講經說法，而證得了初聖果。

⑽修建佛塔和寺院

——造新不如補舊

建造新的佛塔和寺院福德非常大。尤其是在佛法沒有普及的地方建造講堂、寺院或佛塔福更大。《經律異相》記載：須達長者為了買下祇陀太子美麗的林園來做講堂和精舍，不惜以金磚鋪地，後來往生兜率天宮。《雜寶藏經》的第四卷也記載：在印度耆闍崛山的南邊有一位長者，看見頻婆娑羅王為佛陀建造了莊嚴的佛塔和僧坊，也發心建造佛塔，死後升天，後來又聽到佛法而證得了初聖果。

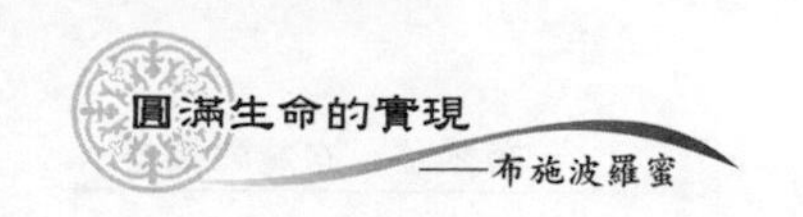

《樓閣正法甘露鼓經》記載：「如果有人在佛陀涅槃後，用泥團做了一座像芒果那麼小的佛塔，塔頂安裝了像針那麼小的相輪，又覆蓋了像棗葉那麼小的傘蓋，塔裏安置了像麥粒那麼小的佛像，下面又放了像白芥菜子那麼小的舍利，所得到的福德非常廣大，勝過以三千大千世界的七寶，布施供養四方的眾僧及證得果位的聖人（羅漢和緣覺）。為什麼呢？因為佛陀已圓滿成就無量的慈悲、智慧和福德。」

《無上依經》的上卷說：「佛陀涅槃後，拿了像芥子那麼小的佛舍利，建造像芒果那麼小的佛塔，塔頂只有針那麼小，塔中的佛像只有麥粒那麼小，傘蓋只有棗葉那麼小，所得的福德，比建造娑婆世界那麼大的樓閣，布施證得果位的小乘聖賢（從初果須陀洹到四果阿羅漢、辟支佛）並且又終身以飲食、衣服、臥具、醫藥等民生所需的財物供養他們，還要多出百倍、千萬億倍乃至算數譬喻所不能及的倍數。如果造佛塔的人沒把福德迴向無上智慧，他所得的福報，會當像娑婆世界微塵數那麼多次的他化自在天王、化樂天王、兜率天王、夜摩天王、忉利天王，更何況當轉輪聖王（那就更不計其數了）！」

《造塔功德經》說：「如果在沒有佛塔的地方，建造了佛塔，無論大得高聳雲霄或者只有菴摩羅果那麼小……無論放置了所有佛舍利髮牙髭爪，或者只放了很少的一點舍利……無論放置了三藏十二部經或者只有一首四句偈，那人的福德便像梵天的天人那麼大，命終後投生梵天，梵天壽命盡了又投生五淨居天。……因此如果建造佛塔，最少應書寫下面這首四句偈安放在佛塔裏：

『諸法因緣生，我說是因緣；

因緣盡故滅，我作如是說。』

因為一切法都是由因緣和合而生，因緣法那空寂的體性就是法身。如果有眾生能明白因緣性空的道理，他就可見到佛陀。」

《浴佛功德經》記載：供養佛陀的舍利可以得到十五種殊勝的功德。

1. 常有慚愧心。
2. 發淨信心。
3. 心地質直。
4. 親近善友。
5. 成就沒有煩惱的智慧。
6. 常見諸佛。
7. 恆持正法。
8. 能如說而行。
9. 隨意當生淨佛國土。
10. 若生人中，便為尊貴的名門望族，受人敬愛，心生歡喜。
11. 生在人中，自然念佛。
12. 各種邪魔妖眾所不能損惱。
13. 能在末世護持正法。
14. 十方諸佛常加護佑。
15. 疾速成就戒、定、慧、解脫、解脫知見等五分法身。

建造新的佛塔和寺院福德雖然非常廣大，卻不如修補破舊的佛塔和寺院。因為修補破舊的佛塔和寺院，多了一分悲切的心。由於景仰三寶的功德，又不忍心見到佛塔和寺院的損壞，所以才發心修補維護。這種悲心是多麼難得啊！

《百緣經》的第七卷記載：過去有一個人見到毗婆尸佛的佛塔有點剝落，就和泥修補，並且買金鉑，安貼在塔上，來生感得莊嚴的金色身相。

《百緣經》的第七卷又記載：毗婆尸佛涅槃後，槃頭末帝王收取舍利，建造四寶塔。有一個人大聲呼籲眾人，共建塔棖。因此感得來生勇健多力。

《出曜經》記載：迦葉佛涅槃以後，佛的弟子們建造了七寶塔供奉迦葉佛的舍利子。後來經過了長久的歲月，佛塔已經破舊受損了。可是卻沒有人修補。有一位長者見到佛塔受損感到非常不忍心。於是他就告訴許多人說：「佛世很難遭遇，人身也很難得。雖然得了人身，有時出生在邊地，有時出生在邪見的家庭，又墮落三惡道了，所以我們不可錯過這個布施的好機會！」於是他就率領了九萬三千位善人，共同修補舊的佛塔，又共同發願不墮三惡道和學佛不遭到阻礙，而且將來能遇見釋迦牟尼佛，得到解脫。他們命終之後，出生在天上，後來果然遇到釋迦牟尼佛，聽到佛法，實現了過去的願望。當時那長者就是瓶沙王。其他隨喜幫助修補佛塔的那些人就是出生摩竭提國，見佛得法的九萬三千人。

《百緣經》的第七卷記載：迦毗羅衛國有一位巨富的長者生了一個小男孩，相貌非常莊嚴，而且全身的毛孔都散出檀香的香味，臉上卻發出優缽羅花香，因此給他取名叫做栴檀香。他長大以後，宅心仁厚，人人愛敬，有一天，他和親友出外旅遊，在尼拘陀樹下見到佛陀莊嚴的相貌和光明，心中異常歡喜，上前禮拜佛陀，聽佛說法而悟得道果。弟子問其因緣，佛陀說：過去有一位長者見到毗婆尸佛的佛塔損害和剝落，發心用香泥修補佛陀，又灑檀香末在佛塔上，所以得到這種福報。

《正法念處經》說：「如果有人見到破舊的佛塔、寺院或僧坊，而能加以粉刷、修補或裝飾，又勸請別人幫忙隨喜。命終生天，皮膚潔白，享受非常殊勝的五欲快樂。天福享盡，投生人間，皮膚也潔白悅人。」（參見《陰騭文廣義節錄》卷下）

修補寺院和佛塔不但福德很大，而且可以得到延長壽命的果報。例如《雜寶藏經》的第五卷記載：從前有一位料事如神的算命先生斷定乾陀衛國的國王七天以後就會命終。後來國王出遊巡視時，看見了一座破舊的佛塔，立刻命令許多大臣去修補那座佛塔，工事完畢後，國王滿懷歡喜地回到皇宮，過著安穩的生活，過了七天以後，那位算命先生又遇到國王，看見國王還活著，心裏非常驚訝，就問國王做了什麼功德。國王回答說：「我沒做什麼善事呀！只不過修補了一座破舊的佛塔而已！」

《雜寶藏經》的第五卷又記載：從前有位精於看相的婆羅門，斷定某一位出家的比丘再過七天就會命終。這位比丘因而回到寺院中，看見牆壁上有一個大洞，就用水和泥團去填補那洞，並且抹得相當平齊美觀，沒想到因為這種修補寺院的福德而延長了壽命。婆羅門看見比丘過了七天仍然沒死，問他修了什麼福德，比丘回答說：「我沒修什麼特別的善行，只是昨天見到寺院的牆壁有個大洞，把它補好而已。」婆羅門很感歎地說：「佛寺真是一塊好福田，還能使應死的比丘延年益壽呢！」

㈩布施房舍

《布施經》記載：布施房舍的人，將來田宅寬廣，樓閣莊嚴。

《舊雜譬喻經》的上卷記載：有一位農夫布施離越羅漢一間小房間，並且為他鋪設經行的道路。那位農夫死後生忉利天，所住的宮殿周圍四千里，不但能憶知宿命，而且生活非常快樂。他手裏拿著天花，散在離越尊者的小屋子上面，並且說：「我生前只布施了一間泥土做的小房屋，沒想到死後得到這麼好的宮殿，我為了感恩，所以特地來向您散花致謝！」

《雜寶藏經》的第四卷記載：有一位商人出遠門做生意，死在異地而沒有還鄉。太太辛辛苦苦把孩子養育成人了，他又要出遠門做生意。他的祖母告訴他說：「你的父親出遠門做生意，死在外地，我看你還是不要去了！在附近的市場裏做生意不是很好嗎？」於是他就在城裏做生意。後來他賺到了許多錢，蓋了一棟新的房舍，他想：「這城裏的人都時常供養佛陀，我現在剛建好一棟新房子，也應當請佛陀來，才對啊！」想到這裏，他立刻來到佛陀所住的寺院，稟告佛陀說：「我想以這棟房子供養佛陀，以後如果您到城裏，請順便來這兒洗手洗缽！」後來他死了，投生天界，又從天宮下來聽佛陀說法，而證得初聖果。

㈢布施雕塑佛像

雕塑佛像應該精美考究，而不可粗製濫造。古德雕刻佛像不但齋戒沐浴，而且還每刻一刀就拜了三拜。

《造像度量經》中告訴我們如何雕塑佛菩薩相以及其姿勢、身高和身體各部分的比例。《大乘造像功德經》的下卷記載了：建造佛像有無量無邊、不可計數的功德。雕塑佛像只要虔誠和如法，把佛的相好表現出來，使人看了產生恭敬心，那怕所雕塑的佛像只有一根手指那麼高，也可產生極大的福報。例如：雕塑佛像的人來生雖然在生死中流轉，不會投生在貧窮、卑賤和邊地的家族，不會出生在販夫走卒、屠夫和邪見的外道家中。時常投生仁王、貴族和清淨修行的婆羅門家中，富貴自在，而且所生之處，常遇見諸佛，承事供養如來，並受聖賢的教化。如果當了國王，能推行仁政，護持正法，以仁德教化天下，不會昏庸無道。能作轉輪聖王，或作欲界諸天的天主，常受快樂，而且福報延續不斷。出生時常現丈夫相而不受女身、並且沒有醜陋、目盲、耳聾、歪鼻、斜口、垂唇、牙齒疏缺又黑又黃、舌頭短急、癭瘂、彎腰駝背、短臂、跛足、身材過胖或太瘦、太高或太矮等不好看的相貌，並且身體端正、面貌圓滿、頭髮俏麗、柔軟又有光澤、嘴唇紅潤、眉清目秀、舌頭廣長、牙齒潔白密齊、發聲悅耳、手臂均勻夠長、手掌平坦而厚、腰脞充實、胸襟廣闊、手足柔軟如綿、諸相具足無所缺減。

……業障清淨，各種技能無師自通，雖然出生人間，可是得到天人般的六根。如果生在天上，則相貌比其他天人更加莊嚴。他出生做人時沒有疾病的苦惱、沒有疥癩和癰疽，不會受到鬼魅的染著，沒有狂癲、乾痟等病，也沒有癀瘧、癥瘕、惡瘡等隱疾。沒有嘔吐、下痢、飲食不消、全身酸痛、半身不遂等各種疾病。不會遭受毒藥、戰爭、老虎、野狼、獅子、水災、火災、怨賊的傷害，身心安樂，沒有恐懼，他不會犯罪。

如果眾生在過去世造了惡業，應當種種的苦惱，譬如囚禁、繫縛、打罵、燒炙、剝皮、拔髮、上吊（絞刑）、分割等苦惱和折磨。如果他誠心塑造佛像，就不會再受那些苦報了。甚至還不會出生在賊寇侵擾、兵荒馬亂、惡星變怪、饑饉、瘟疫等地方。

如果有人過去曾造了惡業，發心建造佛像，誠懇地哀求懺悔，並且決心發誓不再重犯，他過去所造的罪業，就會因此消滅。……例如有人過去一直很吝嗇，他將來會受貧窮和財物匱乏的苦，忽然遇到羅漢比丘出定，以飲食恭敬地供養那位比丘，這人布施後，就會永捨貧窮，而且時常能如意地獲得所須的物品。由於布施飲食的緣故，他先世的惡業都會完全化消，永離貧窮，而且財富豐裕。由於建造莊嚴的佛像的緣故，會使人惡業永遠消滅，而且所應得的苦報不必再受。

業報有現世受、來生受與（來生以後的）後世受三種，而這三種業報當中，每一種又分決定報和不定報兩種。如果有人以信心雕塑佛像，除了現世應受的定報中少數會受報以外，其他各種不定報和來生、後生的決定報等業障都可以化消而不再受報。〔註——欲消除定業，請誠心唸誦地藏王菩薩的滅定業真言：「唵（音翁）・鉢囉（音納）末鄰陀（音林）・娑婆訶」或「甕・普辣（二合）摩尼達儞・斯哇（二合）哈 (Om·Pra ma ni da ni·sva ha)」〕

縱使犯了殺害父母、殺阿羅漢、出佛身血、破和合僧這五種最嚴重的五逆罪，如果事後能塑造佛像、誠心懺悔、改過遷善，萬一他善根薄弱、惡業的力量太強，死後墮落地獄，也會因塑造佛像的福德，而很快出離地獄，投生人間。

如果有人把非法說成佛法、把佛法說成非法，只有口說而尚未破壞對方的正見，後來他塑造了佛像，從前的惡業就會在現世中重報輕受，雖未出離生死輪迴的痛苦，但卻不會墮落惡道。

如果有人盜用佛塔、寺院和十方僧眾的物品，後來改過，為了懷念佛陀的功德而建造佛像，一切業障也會消除，而且疾速出離生死。……

因為佛陀具有無量的慈悲、定慧和福德，所以發心塑造佛像的人，只要能誠心懺悔，痛革前非，不再造惡，過去的業障都會一併消除，而且為所有的人所敬愛。

《造立形像福報經》和《作佛形像經》也說：「雕塑佛像的人，生生世世相貌都非常莊嚴。甚至能生在色界的梵天，容貌和身體絕好無比，常為諸天所敬。投生人間的富貴和賢善之家時，力氣很大，而且身材美好，有紫磨金色的皮膚，常為父母和眾人所敬愛。當了國王時不但四海歸心，而且為鄰邦諸王所歸仰。……造佛像的福德無量無邊、無窮無盡，最後必定解脫生死的苦惱而證得無上的佛智。」

㈢其　他

建造浴室有大福德，因為《增一阿含經》的第二十八卷說：「沐浴有五種利益：一、除風寒。二、生病的人容易復原。三、洗去塵垢。四、身體輕便。五、肌膚潔白。」《蘇悉地經》還告訴我們：「洗澡的時候，不要說話，談論過去、將來。或尚未談完的事，應當心中要想念無常、苦、空，並觀身不淨以破我執。」

《增壹阿含經》的第二十八卷又說：「布施楊枝有五種功德：除風寒、除涎唾、幫助消化、口不臭、眼得清淨。」楊枝是古代印度人的刷牙工具，嚼楊枝不但可以使口齒潔淨無臭，而且又可以去風寒……所以布施楊枝的人可以得到上面五種福報。

六、施捨內財的原因與福德

(一)為什麼要施捨內財

施捨身體或布施頭目手足、血肉骨髓等內財不是一般人容易辦得到的，菩薩為什麼要這麼做呢？

《菩薩善戒經》的第四卷說：「菩薩捨身布施有兩個原因。第一，如果利益眾生而不能捨身，就不能得到自在的境界。當眾生有所求而不能布施，就無法成就無上智慧了。第二，菩薩認為身體屬於眾生所有，所以處處為了成就圓滿的佛慧，而願意把自身奉獻給眾生，宛如世人為了衣食而心甘情願做人的僕使。因為菩薩有了這種高尚的理想和服務的熱忱，所以他的身體、四肢、頭目、腦髓隨便眾生取用，而毫不吝惜或埋怨。」

《大丈夫論》的第十二品說：菩薩捨身是為了要利益眾生，為了要拔除眾生的苦，為了要成就圓滿的智慧，為了要使貪著財物的人感到羞恥，為了要保護眾生的性命。菩薩捨身如果不是為了救濟眾生，便是為了要觀察色身的過患，破除眾生對色身的貪執。因為菩薩有平等的慈悲心，所以能把別人的身命看成自己的身命，以別人的利益為自己的利益，所以他捨身比吝嗇的人布施一團飯還更輕鬆容易。

菩薩捨身後，為了利益眾生又再投胎受生。如果不是因為懇切的悲愍心，那有智者會喜歡這有缺陷的色身呢？如果沒有廣大的悲心，就無法安然自在地處在這世間利益眾生。菩薩有了廣大的悲心，所以能時常愛好布施，隨時隨地受生捨身，而且如同證得涅槃那麼快樂。

㈡施捨內財應注意的事宜

《孝經》的〈開宗明義章〉有一句話說:「身體髮膚是從父母親那裏得來的,不敢隨便加以毀傷,這就是孝順的開始!」除非真是為了利益眾生,否則絕不可以冒然布施內財。燃指供佛雖然可以消除業障,但恐怕我們信心不夠,心中產生悔恨,勉強施捨內財,達不到預期的效果,而且還惹來一大堆煩惱。尤其不可以為了表示奇特或與眾不同為布施內財,因而動機不純正,那就糟糕了。為了名利和炫耀而布施內財,不但沒有福德,反而添加了許多罪過。

布施內財是為了破除貪執著、利益眾生,不可因為布施內財以後,造成生理上的缺陷和傷害,不利於修行。那便得不償失了!我們需要知道:割截四肢和五臟去治療父母親的疾病,尚且時常被世人認為不合情理;更何況冒然就施捨內財呢?如果修行人隨便切斷手指、割截身體,很可能會讓世人誤以為我們很殘忍而且不會顧全大局,因而退心不敢學佛。輕易就捨身或布施內財,將來又怎麼「立身行道」呢?

布施內財是菩薩境界,我們不必勉強模仿,以免帶來許多不良的副作用。菩薩為了利益眾生視死如歸,他施捨內財不但沒有憂苦,而且滿懷歡喜,心中非常清淨、灑脫和自在,絕不像我們一般人那麼患得患失,刻意表現。所以我們還是老實修行,多在心念、語言和行為下功夫,因為良好的氣質、談吐和舉止,似乎比切割肢體更能感化眾生。

《菩薩善戒經》的第四卷說:「菩薩為了利益眾生,才會布施身體。如果他知道布施身體以後,眾生會受苦、會妨礙善行、會做無理的要求或非法的勾當,他是絕不會布施的。……所謂無理的要求就是當對方要求菩薩去做一些非法的行為,比方說:要去殺生、欺騙、偷盜或惱害眾生等。菩

薩絕對不會答應的。如果菩薩知道自己能利益更多的眾生時，有人來要求他捨身，他也不應贊同來者的要求。雖然他在這個時候為了顧全大局而沒有布施，但事實上卻可以說是布施了，因為他已經具有純淨的善念了。

同樣的道理，魔王、魔眷屬或被魔鬼所迷亂的人來向菩薩要求布施身體時，菩薩也不應布施。如果有瘋狂、愚痴和兇暴的人要求菩薩布施身體，菩薩也不應布施。這些都是菩薩不布施內財的各種情況！」

㈢施捨內財的實例

1.布施身命

《華嚴經‧入不可思議解脫境界普賢行願品》的第四十卷說：「毗盧遮那佛從初發心就精進不退。以不可說的身命來做布施。剝皮為紙，析骨為筆，刺血為墨，書寫經典，多如須彌山。為了尊重佛法，尚且不惜身命，更何況王位、城邑、聚落、宮殿、園林……這些身外之物及種種難行苦行呢！」

2.施眼濟眾

《彌勒所問本願經》記載了：佛陀過去行菩薩道時，曾經當了日月明王，他身為一國之尊，竟然布施雙目，去幫助盲人恢復光明。他生生世世所布施的眼珠和眼角膜，堆積起來比須彌山還要多無數倍。

3.捐血治病

《彌勒所問本願經》又記載：從前有一位太子名字叫做現眾，他的相貌非常端正英俊。有一天，他從花園出外遊玩，在道路上遇到了一位病情很嚴重的老百姓，太子問他用什麼藥材可以治好疾病。他回答：「只有王者身上的血才可以治療我的重病！」太子立刻用利刀刺身出血，以至誠恭敬的心布施血液給那位病人，心無悔意。現眾太子就是釋迦牟尼佛的前身。四大海水乃可用斗量，佛陀過去世行菩薩道時所布施的血多得不可計數。

4.賣身供養

《大般涅槃經》的第二十卷記載了：須達多太子稱為釋迦牟尼佛的本因。釋迦牟尼佛說：「我回憶無量劫以前，娑婆世界有一尊佛出世，他的名號叫釋迦牟尼佛，他常為眾生講經說法，當時我從朋友那裏聽說他正在講解《大般涅槃經》，心中非常歡喜。我很想供養他，可是貧窮沒有財物可以供養，於是我就想賣身。因為我當時沒什麼專長，所以賣了很久，賣不出去。後來在回家的路上遇到一個人，我就問他要不要買，他說他有惡病，良醫所開的藥方中每天需要三兩人肉。如果我每天給他三兩人肉，他就給我五枚金幣。我聽了很高興，我本來希望他給我七天的期限，讓我把事辦妥，再開始割肉。他給我一天的期限，我就拿了金幣到了佛住的講堂，我行完禮拜奉獻出我的金幣，然後專心聽講。因為我的根器很鈍，所以只受持了一首偈頌：

如來證涅槃，永斷於生死；
若能至心聽，當得無量樂。

我受持了這首經偈，到病人家裏，每天從身上割了三兩肉給他配藥。因為我專心在經偈上，所以並不覺得痛。我連續割了一個月的肉，他病好了，我的創口也恢復了。見到傷痕復原，我就發了廣大的誓願——希望我將來成佛時，我的名字也是叫做釋迦牟尼佛，因為這緣故，所以我現在才成了佛。」

5.為法忘軀

《集一切福德三昧經》說：釋迦牟尼佛無量劫前做最勝仙人，住在山林中，對一切眾生都常懷慈悲心。他心裏想：「只有慈悲不能澈底救助眾生，我應該廣學多聞才能消除眾生的邪見，而建立正確的見解！」因此他便到城市和聚落尋求能說法的人。這時候天魔欺騙最勝仙人說：「我有佛所說一首偈頌，如果你能剝皮為紙、刺血為墨、析骨為筆，書寫這首偈頌，我就告訴你！」最勝仙人回答：「我過去無數劫裏，常因一些俗事而被人割截殺害，受無量苦楚，卻得不到什麼利樂。現在我應當捨棄不堅固的肉身，來換得微妙的真理！」想到這裏，他非常高興，就立刻用利刀剝皮為紙、刺血為墨、析骨為筆，對著天上合掌，請求天魔說出偈頌。天魔見到這種情況，憂愁憔悴，就立刻隱身而去了。後來感動了東方三十二佛剎的淨名王佛，現身放光除去他身上的苦痛，傷痕也平復了。淨名王佛還為他說法，教他「集一切福德三昧」的要領。最勝仙人當下獲得無礙辯才。……所以佛陀說：「由於敬重佛法，所以才能成佛。……如果有人能恭敬求法，佛對於這人不會入涅槃。佛法這真理也不會消滅。縱使在不同的空間或世界，他也能時常見到佛，聽聞正確的佛法！」

《賢愚因緣經》的第一卷也記載了：鬱多羅仙人剝皮當紙、析骨為筆、以血和墨，書寫經典的事蹟。

6.捨身飼虎

《佛說菩薩投身飴餓虎起塔因緣經》記載：釋迦牟尼佛過去做了栴檀摩提太子廣行布施，賣身為奴而得上好的檀香木——「牛頭栴檀」，醫治鄰國國王的疾病，後來出家上山修道，因為看見山下絕崖的深谷底下有一隻母老虎，剛生下七隻小虎。天降大雪，母虎抱住小虎，已經很多天沒有吃東西了。母虎害怕小虎凍死，忍著飢餓保護小虎，因為雪下個不停，母子都非常飢困，已經奄奄一息，快要餓死了。母虎為飢餓所逼迫，想要吃掉七隻小虎。栴檀摩提看了這種情景起了悲愍心，乃從崖上投身餵虎。餘骨被起塔供奉。因為他為了救濟眾生，不惜布施身命，所以超前了九劫，比他師父（即現在的彌勒菩薩）還早成佛。（《賢愚經》第一卷、《金光明最勝王經》的第二十六品、《六度集經》的第一卷都載有菩薩捨身餵虎的事蹟）

7.投身餵魚

《六度集經》的第一卷記載：佛陀過去無量世以前當一個窮人，因見到許多有錢的佛教徒布施而感歎，投身餵魚，做大布施。後來轉世做大鱣魚也施肉餵人，後來又轉世當太子又常行布施，救濟貧困的眾生。

8.代鴿施肉（割肉飼鷹）

《度無極經》和《賢愚因緣經》的第一卷記載：釋迦牟尼佛過去世行菩薩道時，曾做了薩婆達王（或譯尸毗王）。他行大布施時，曾受天帝的考驗。天帝命令小王變作鴿子，自己變作老鷹。鴿子被老鷹追逐，逃到薩婆達王的腳下。老鷹要求薩婆達王如果要救護鴿子，必須割和鴿子體重一樣的大腿肉。說也奇怪薩婆達王的肉不管怎麼割，都比鴿子體重還輕了一些。於是他就全身連骨髓布施，感動天帝恢復原形。天帝問薩婆達王大布施的動機。薩婆達王回答：「我只希望成佛，救度一切眾生！」天帝很驚奇讚歎，用天藥敷薩婆達王的傷口，傷口就馬上痊癒了。

9.施血療飢餓

《賢愚經》的第二卷中記載了一則慈力王布施血液救濟夜叉的故事：慈力王過去教人民行十善，連鬼神也奉行十善。有五個夜叉來到國王的面前說：「我們本來都是吃人類的血氣過日子，現在奉行十善，不敢殺生，一時找不到飲食，希望您慈悲救救我們吧！」慈力王聽到這句話，就在身上刺了五個洞，讓那五個夜叉拿器皿來盛血，不但個個都喝飽了，而且滿懷欣喜而歸。慈力王就是後來的釋迦牟尼佛，那五夜叉就是佛陀最先度的憍陳如那五位比丘。因為慈力王發願世世先救助那五位夜叉，所以成佛後也是先度化他們。

10.其　他

《賢愚經》的第三卷記載有金毛獸鋸陀解救獵師，而且還布施身上的皮給獵師的故事。第六卷載有月光王布施頭顱給婆羅門的故事，還有快目王布施眼睛給盲婆羅門的事蹟。《百緣經》的第四卷載有尸毗王剜眼施鷲和善面王捨身求法的故事。《大方便佛報恩經》的第一卷記載了：須闡須太子割肉供養父母的感人故事。

㈣施捨內財的福德和利益

《大菩薩藏經》說：為了成就無上智慧而修行布施，可以得到十種利益。

1.布施上妙的五欲，所以得到清淨的戒、定、慧、解脫和解脫知見。
2.布施高尚美妙的音樂和戲劇，得到了清淨的法樂，而且遊戲自在。
3.布施腳，感得佛法和義理圓滿的立場，成就無上的智慧。
4.布施手，感得圓滿清淨的法手，普救眾生。
5.布施耳鼻，獲得圓滿的五官。
6.布施四肢，獲得清淨無染、威儀莊嚴的佛身。
7.布施眼睛，獲得清淨的法眼，普視一切眾生無有障礙。
8.布施血肉，獲得堅固的身命，常以究竟和善巧方便的方式來幫助一切眾生。
9.布施頭腦和骨髓，得到圓滿的金剛不壞身。
10.布施頭顱，將來證得無上的圓滿智慧。

七、傳播真理（法施）

㈠法施的種類

《菩提資糧論》的第一卷說：法施可以分為「世間的法施」和「出世間的法施」二種。

世間的法施——勸人修持五戒十善等人天福德。或者由於法施而獲得人天可愛的身體、境界和果報，但仍無法超越六道輪迴。

出世間的法施——勸人體悟小乘的四聖諦和十二因緣以及修持菩薩乘的六度萬行。或者由於法施而能超越生死的輪迴和流轉，達到解脫和自在的境界。

法施也可分為「有著的法施」和「無著的法施」兩種：

有著的法施——為了自己、為了謀生、為了名聞利養和人天福報而宏法。

無著的法施——為了利益一切眾生、為了成就圓滿的智慧和無礙的佛道而宏法。

法施可以分為「印經」和「說法」兩種。損資印經同時具足了財施、法施和無畏施三種布施。因為捐助錢財是財施，傳播真理是法施，解除讀者心中的疑慮和煩惱就是無畏施。

㈡法施的內容

《大乘莊嚴論》說：對於大乘法寶有十種修行方式。一、書寫、二、供養、三、流傳、四、聽受、五、轉讀、六、教化、七、習誦、八、解說、九、思惟與選擇、十、修行。

《中邊分別論》也提到了修行大乘法寶的十種方式：

1. 書寫經典。
2. 以香花等供養經典。
3. 印經典贈送他人。
4. 別人讀誦經典時，專心聆聽。
5. 自己讀誦經典。
6. 選取義理高尚、優美、感人至深的句子，細心體會。
7. 如法演說經義。
8. 專心聽經和讀誦。
9. 閒暇時如理思惟經義。
10. 時常溫習，使學過的佛法不會忘失。

㈢法施的原則

《十住毗婆沙論》的第七卷記載：講經說法的人應儘可能做到下面這幾個原則：

1. 博學多聞，活用一切語言文字和生動的辭句，以達到妙語如珠的境界。
2. 精通世間和出世間各種事物的生滅和差別相。
3. 證得禪定的智慧，對於各種經典所說的教法能隨順無諍。
4. 如說修行。
5. 要上講臺說法前，應先恭敬地禮拜聽經的大眾，然後再上臺演說。
6. 有女眾來聽經，應做不淨觀，以免起貪愛心。

7. 威儀端莊高雅，和顏悅色，人易信受法語。不說外道邪見書籍，而且心無畏怯。
8. 對於惡言責問和刁難的人，應行安忍。
9. 對於眾生生饒益想。
10. 對於聽眾不生我（的信徒）想。
11. 對於各種文字不生真法想。（真理如月亮，文字只是指向月亮的手指而已。）
12. 願眾生聽了我所說的佛法，能發菩提心、增長佛慧。
13. 能通達佛理，深信佛法而且樂愛佛法。
14. 勤行精進、持戒清淨、善得一心。
15. 不眷戀三界，不貪愛名聞利養，不求果報。
16. 對於空、無相和無願（無作或無起）三種解脫的境界，心中不生懷疑。
17. 不暴躁、不輕浮、不調戲、不無恥、不痴亂、言無錯謬。
18. 善護諸根，不貪美味。
19. 只為聽經大眾求得安穩的利益，而不苛求他人的過失。
20. 不輕視自己。
21. 不輕視聽者。
22. 不輕視所說的教法。

㈣常發善願容易度化眾生

講經宏法一定要時常發願和迴向。發願和迴向等於跟眾生廣結善緣，將來容易度化。我們需要知道今生講經時聽眾太少，就是過去世所結的善緣不多，發願和迴向做得不夠的緣故。所以《經律異相》說：

從前有一個村落，人人都有很深的邪見，他們不遵從佛陀的教誨，於是佛陀就派遣他的弟子目蓮尊者去宏法，結果大家都傾心向化、信受奉行。佛陀說：「這些人跟目蓮有緣！目蓮在很多劫以前是一位樵夫。有一天，他到山裏去砍柴，看見無數的蜜蜂要去螫他，他就發願說：『你們都有成佛的靈性，你們千萬不要產生毒害的心念和行為！如果我將來成道，我一定度化你們！』因為樵夫發了這個善願，所以蜜蜂都飛走了。今天這村子裏的那些人就是從前那群蜜蜂，目蓮因為過去發了度化他們的善願，所以今生只要一去宏法，他們就通通受感化了！」

㈤法施應具備的條件

《大般涅槃經》的第十四卷提到了七種條件：1.知法、2.知義、3.知時、4.知足、5.知自、6.知眾、7.知尊卑。(〈梵行品〉)

《瑜伽師地論》的第八十一卷說：良好的法師應具備十個條件。

1. 善知法義——善於了解諸法和其義理。
2. 能廣宣說——勤學多聞，並能旁徵博引。
3. 處眾無畏——講經說法時，神態自若，沒有恐懼。縱使國王或其他達官顯貴來聽法，也不起畏怯心。
4. 言詞善巧——言詞生動美妙，扣人心弦。
5. 善方便說——善於譬喻和列舉恰當的實例。
6. 法隨法行——不但自己言行一致、以身作則，而且使眾生聽了佛法以後，也能如說修行。對於所聽和所說的道理，能力體力行而不尚空談。
7. 威儀具足——舉止優雅，儀態安詳，手腳不亂動，頭不亂搖，眼睛不亂瞄。

8. 勇猛精進——時常喜歡聽聞沒有聽過的佛法，對於已經聽過的道理，能不斷加以溫習，並把它應用到生活中。能如理思惟，勤加體會和證悟。
9. 身心無倦——常起慈心，為各種眾生宣說妙法，身心都不懈怠和疲厭。
10. 具足忍力——遭受責罵、侮辱、誹謗和輕視等，不生憤怒和憂愁。

《華嚴經疏鈔》的第五十三卷說：講經說法的人應具備二十個條件。

1. 知時——在適當的時機，說法教化眾生，可產生事半功倍的效果。如果在眾生心煩意亂時，演說佛法，恐怕對方聽不進去。
2. 正意——具足威儀和禮節而不太過隨便或輕率。例如：說法的人站著，而聽眾卻坐著時，不應為他說法。恭敬和尊重佛法，才會使大眾專心聽講。
3. 頓——能放下慳吝、成見、偏見和各種煩慮。
4. 相續——長期說法，而不間斷。看見別人說法，加以隨喜、恭敬和讚歎。
5. 漸——隨順經文的次序，侃侃而談。
6. 次——依照經文的義理去詳盡發揮。
7. 句義漸次——在某段期間內，演說境界相同的義理和法門，而不雜亂無章。例如演說俗諦時，不隨便摻雜第一義諦，以免對方聽了老半天，茫無頭緒。
8. 示——配合聽者的根器而開示適當的佛法。例如：對於是小乘根器的人開示小乘的義理。
9. 喜——隨著聽眾的興趣而酌量發揮他們愛聽的道理，以使他們產生歡喜心。

10.勸——鼓勵怯弱的眾生，使他們能勇猛精進。

11.具德——熟悉觀察和推理的法則，而且不只會談玄說妙，還能親身驗證；不但了解教義，而且確實有所體悟和證入。

12.不毀——能隨順善道或者解脫境界。

13.不亂——說理清晰，而不含糊隱晦，不說得太深或太淺。敘述任何觀念和法門，都能明顯義理，使聽者有所遵循，得到正見和實際的利益。

14.如法——隨順四聖諦來說法，使人能明白苦惱的真相、原因和斷除苦惱的境界、方法。

15.隨眾——隨著眾生的需要或要求，而為他們演說佛法。

16.慈心——對於冤家和懷有怨恨的人，能起慈心而為他們說法。

17.安穩心——對於行惡的眾生，起利益心而說法，使他們離苦得樂。

18.憐愍心——對於苦難和放逸的眾生，能起憐愍利樂的心而說法。

19.不著名利——說法時，內心清淨而不希求名聞利養。並且能夠放下或捨離已經得到的名聞利養。

20.不自讚毀他——為眾生而演說佛法，沒有貢高我慢和嫉妒等現象。因為沒有我慢，所以不會稱讚自己；因為沒有嫉妒，所以不會誹謗或損毀他人。

㈥法施應注意的事項

——如何以善巧的智慧去修行法施

《菩薩善戒經》的第四卷說：沒有錢財的人，應常以智慧為眾生開示善惡。菩薩不應將經典布施給邪見而無法信受的人。也不為了謀生或活命，而炫耀或變賣經書或戒律。將經典布施給讀誦的人，如果吝惜而不布施就是慳吝了。如果能夠說法而不為眾生或請法的人演說佛法，也是慳吝。菩薩想：如果我不布施佛法，怎麼能破除眾生的煩惱呢？

《瑜伽師地論》的第三十九卷說：如果外道以挑剔或吹毛求疵的心來求法，菩薩不會把正法告訴他，也不會把佛經布施給他。

如果有人非常貪心，而且出售經書圖利，或者拿佛法去向人炫耀，菩薩就不應布施經典給他。

如果對方想要把佛典秘藏起來，菩薩也不會施送經典給他。

如果對方不追求殊勝的智慧，菩薩也不會施與高深的佛法。

如果對方立志修學佛道，而且自己已經明白某部經典的義理，就可以隨其所樂而行法施。但如果自己對於某部經典尚未十分熟悉，需要時常讀誦，而且看見別人有多餘的經卷，就應以方便善巧的方式去請經來布施。如果沒見到別的經卷，而自己又沒有能力為他書寫，就應當省察自己的心念：「我是否因為貪吝法寶而不能布施呢？或者是我有偏心的障礙而不想把經書布施給這位乞求的人？或者我對於那部經的義理尚未通達，或者它對我有特別殊勝的用途，所以才不能布施呢？」這樣反省後，如果知道自己對於經典沒什麼吝嗇，只由於偏心的障礙而不能布施，就想：「我現在決定應該修行法施。假如我由於法施而在現世中變成白痴或瘂吧，我尚且都應當法施，更何況說沒有法施，就會缺乏智慧的資糧！」如果反省後，發現自己沒有吝嗇也沒有其他企圖，但是為了成辦所須的義理而不能布施，菩薩心裏就會想：「我對他行法施是為了減少自己的苦惱，或為了圓滿智慧的資糧呢？還是為了愛護眾生呢？」這樣思惟以後，發現自己沒什麼煩惱，因為我有正當的用途，所以沒把經典布施對方，現在和將來我的智慧資糧反而更增強，我不應只顧眼前和少數人的利益，我應把重點放在長遠和更多數人的利益上。所以我現在才沒急著將這部經典布施出去，而等我把它研究精通、智慧更充實以後，可以饒益更多的眾生。如果我現在布施這部經典，只利益了一個人而沒有利益其他一切眾生。這樣想，沒有布施經典，就沒有罪過而且也不會後悔，也不違背菩薩的淨戒。

當菩薩另有用途而沒布施法寶時，他不忍心直接遣走來求的人，他以委婉柔軟和方便善巧的話語去告訴他，或者拿其他更有價值的東西來恭敬地布施給他，使他了解：菩薩並不是貪吝而不布施，而是對於這部經典另有重要的用途，才沒布施給他。這就叫做以善巧的智慧去修行法施。

㈦法施的利益

《布施經》記載：法布施的人，將來會得到智慧，而且能明白過去的命運（有宿命通）。

《佛說賢者五福德經》記載：布施經典和講經說法的人可得五種福報：

1. 長壽——因為人們讀經和聽經以後，不造殺業，所以施者能感受長壽的果報。
2. 大富——因為人們讀經和聽經以後，不會偷盜，所以施者能感受大富的果報。
3. 端正——因為人們讀經和聽經以後，心平氣和，不易動怒，所施者將來能感受長相端莊的果報。
4. 名聞（尊貴）——因為人們讀經和聽經以後，會信仰佛法，歸依三寶，所以施者將來能感受尊貴和有名望的果報。
5. 聰明——因為人們讀經和聽經以後，領悟力會增強，而且容易明白微妙的道理，所以施者將來能感受聰明的果報。

《金光明最勝王經》的第三卷說：講解該經對於君主、輔臣、修行人和老百姓都各有四種利益。

1. 國主吉祥益——國主身心無病，遠離各種災厄。
國主壽命長遠，沒有障礙。
國家康泰，軍警勇健，沒有怨敵。
風調雨順，安穩豐樂，正法興隆。
2. 輔臣和樂益——輔相大臣和悅無爭、相互敬重。
常為國主所愛戴。
輕財重法，不求世利，聲名遠播，眾所欽仰。
壽命延長，安穩快樂。
3. 修行人自利利他益——衣服、飲食、醫藥、臥具等民生物質無所匱乏。
安心讀誦經典、思惟經義、修習經法。
居住山林，平安快樂，專心修行，禪定智慧，疾速成就。
宏法利生，隨心所願，皆得滿足。
4. 國人富壽益——舉國人民安和樂利。
健康長壽，沒有各種疾病和瘟疫。
人民富庶，商賈往來，多獲寶貨。
道德水準高超，具足殊勝的福德利益。

（參見《金光明最勝王經》的第六卷〈四天王護國品〉）

《月燈三昧經》的第六卷記載了法施有十種利益：

1. 不作惡事。
2. 常能行善。
3. 表現良好的行為和風範。
4. 清淨佛菩薩的國土。

5. 常去道場熏習。

6. 不執著所愛的事物。

7. 降伏煩惱。

8. 能使眾生產生福德。

9. 對眾生有慈悲心。

10. 法喜充滿。

《大樹緊那羅王所問經》的第四卷提到了法施的三十二種功德：

1. 觀念正確。

2. 有智慧。

3. 有進取心。

4. 離吝嗇。

5. 少婬欲。

6. 少憤怒。

7. 少愚痴。

8. 降伏自己和他人的煩惱。

9. 眾人愛敬，諸天讚歎。

10. 諸龍、夜叉等非人常隨守護。

11. 不白受用或浪費他人的供養。

12. 衣服、飲食、臥具和醫藥不求而得。

13. 聲名遠播十方世界。

14. 各種惡鬼不得其使。

15. 諸佛世尊常加讚譽。

16. 護持正法。

17. 不墮一切惡道。

18.出生人天，不以為難。

19.常得見佛。

20.常能聞法。

21.常能供僧。

22.得知宿命。

23.生佛淨土。

24.生生世世諸根具足。

25.獲得莊嚴的相貌（三十二相）。

26.種下精通和總持佛法的種子。

27.成就無礙辯智的原因。

28.得到智人為眷屬。

29.種下大智慧的種子，疾速成就佛法。

30.不起邪雜心念。

31.放心布施一切世間財物。

32.深入經藏，辯才無盡。

《大寶積經》的第九十卷記載了：不貪求名聞利養，以清淨心為眾生宣說正法的四十種利益：

1.成就正念。

2.智慧具足。

3.有堅持力。

4.住清淨行。

5.生覺悟心。

6.得出世智。

7.不為眾魔所得便侵害。

8.少於貪欲。

9.無有瞋恚。

10.不生愚痴。

11.諸佛菩薩之所憶念。

12.非人（鬼神、天龍八部等）守護。

13.無量天人，加其威德。

14.眷屬親友，無能沮壞。

15.有所言說，人必信受。

16.不為怨家伺求其便缺失。

17.沒有畏懼。

18.常多快樂。

19.為智者所稱歎。

20.善能說法，眾人敬仰。

21.未生辯才而能得生。

22.已生辯才終不忘失。

23.常勤修習，通達佛法（得佛陀尼）。

24.以少功用，善能利益無量眾生。

25.以少功用，善能令眾生發起道心。

26.常受眾生尊重恭敬。

27.身口意三業清淨而且有威儀。

28.超越一切惡道的恐怖。

29.臨命終時，心得歡喜。

30.宏揚正法，摧伏邪見。

31.威儀具足，福德莊嚴。

32.諸根圓滿成就。

33.攝受眾生的力量強。

34.得到殊勝的精神快樂。

35.成就止觀。

36.難以實現的行為能圓滿達成。

37.引發勇猛精進。

38.護持正法。

39.疾速達到不退的境界。

40.善能隨順眾生，和而不流。

㈧法施的實例

《百緣經》的第四卷記載：佛陀因為斷除所有的煩惱，具足了無限的慈悲心和圓滿的智慧，加上過去生生世世為法忘軀、捨身求法的精神，所以他日以繼夜地講經說法，從不休息。甚至長夜為眾生說法，也不會厭倦。

法施的可貴，在於它可以改變人的思想和行為，例如：《法句譬喻經》的第七品記載：正當佛陀在羅閱祇遊化時，離開羅閱祇五百里的山中，只住了一個家族，一共有一百二十二人。每個人都以打獵為業，拜鬼神而不知道有佛菩薩。佛陀發現他們得度的時機成熟了，就來到他們附近，坐在一棵樹下。那個家族的男子都去打獵了，只剩下婦女在家。婦女們見到佛陀的光芒四射，連山中的樹木和石頭都變成金色，大家都驚喜，她們以為佛陀是神人，就前往去禮拜和供養，佛陀為她們講解殺生的罪業、仁慈的福報以及無常的道理，那些婦女聽了非常歡喜，她們對佛陀說：「我們這山裏的居民都殺害野生動物，以肉類為主食，我們是否可以準備肉供養你呢?」佛陀對婦女說：「佛法是慈悲一切眾生的純善法，佛法不贊成肉食，我已經

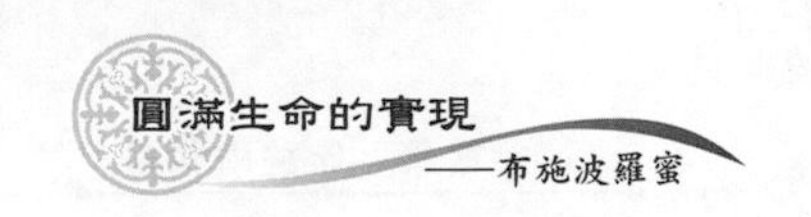

吃飽了，不須再麻煩諸位！」佛陀接著又對她們說了仁民愛物以及素食有益的道理。

本來每次丈夫打獵回來時，太太都會出去迎接。可是這次她們聽經聽得正起勁，沒有出去迎接。打獵的先生以為家裏發生了變故，回到家中看見太太們各個都坐在佛前聽經，心裏非常憤怒，想要殺害佛陀。太太們勸告丈夫說：「這位是神人，你千萬不可動惡念！」因此他們對佛陀悔過和禮拜。佛陀又為他們演說不殺的福德和殺生的罪報，他們稟告佛陀說：「我們生在山中，一直以打獵為生，所累積的殺業已經很重了，應怎麼做才能避免遭殃呢？」佛陀回答他們行慈有十一種福德，不但不會遭殃，而且好處多多。（詳見原經）

他們聽完了佛陀所說的道理，全家族一百二十二人，每人都信受奉持五戒。後來佛陀又請瓶沙王賜給他們一片田塊和穀類、食物等，他們從此改獵務農，人人充滿著仁愛心，國家安和樂利。

另外有一個故事說：從前有一個人，他是個獨生子，小時候父母十分憐愛，將一片希望都寄託在他身上。年紀稍長，便為他尋求教師、善友，勸勉他努力求學。

這小孩因自幼受父母嬌慣，一味的只愛玩樂，對老師的教導，絲毫不肯用心，這樣過了好幾年，什麼也沒學成。父母失望之餘，只好叫他回來繼承家財，整治產業，原指望他勤勞治生，誰想到他卻照舊只知享樂縱欲，不過數年之間，原本富裕的家庭，已變得貧窮不堪。這孩子並不因此而悔悟，他開始將家中的物品一件一件的賣出去，越發放縱無度，每天蓬亂著頭髮，赤著腳，衣服也是髒兮兮的，沒有錢時，便不講理的與人起衝突，全然不覺羞恥，他卻從來不知道自己的愚痴。很快的，身邊的人都厭惡他，一國的人將他看作兇惡之人，出入都沒有人願意跟他說半句話。

當大家都厭離他的時候，他開始埋怨：父母為什麼讓我這樣無財無能！師長竟然沒有幫助我！而祖先的神靈何以不肯保佑我，致使我今日落到這樣艱困坎坷的地步。他每天就這麼怨天尤人。有一天，他想著：眾人都丟棄我了，不如去事奉佛，跟在佛身邊，將來可得福報。

他便尋找佛，到了佛的處所，上前向佛禮拜說：「佛大慈大悲，無所不容，乞求您允許我作為弟子。」佛知道這個人可以度化，便告訴他：「立志求道，行為應當清淨，你執著污穢的習性，來此也不得利益，不如回家中善盡本分，孝事父母，恭謹無缺，誦習師教時刻不忘，勤勞操作便能富樂無憂，身口意自守於禮，言行謹慎，勤敏修行，這樣的行為，人所讚歎，如果都辦到了方能入道。當知：不誦習是言語的污垢，不勤勞是家業的污垢，不莊整是威儀的污垢，放逸身心是事業的污垢，不善是行為的污垢，為惡不更改是恆久隨身的污垢。」

他聽了佛的話，知道自己懦慢愚痴，便接受教誨，滿懷歡喜感激之心回到家中，他一而再、再而三思維佛語，從此以後澈底懺悔過錯，行為也完全改變了，他孝事父母、尊敬師長、誦習經書、勤勞操作、恭謹的守戒不犯，志心在道上，與過去判若兩人。不久之後，宗族都稱讚他的孝心，鄉黨之人也都讚歎他的友悌，善名傳遍了國內。（摘自第一百三十七期的《明倫雜誌》）

法施有很大的利益，主要是因為佛法比世間的學問和技藝殊勝。例如《法句譬喻經》的第二卷記載：有一位二十歲的梵志，具有很高的天賦，無論什麼事，只要讓他過目就能學會。他以為自己非常聰明而且發誓要把天下的技藝全部學會，如果有一樣沒有學會，就不能算是通達的人。

於是他到處遊學拜師，無論天文、地理、醫藥、音樂、裁縫、刺繡、烹調、下棋等技能都精通了。他心裏想：「我已經學會這麼多本領了，普天之下，有誰還能夠跟我相比呢？我準備周遊列國，使我聲名遠播，萬古流芳！」

有一天，他來到一個國家，在市場上看見一位弓匠，以牛角做弓的速度快得驚人而且十分精美，很多人爭相搶購他所做的角弓。他心裏想：「我本來以為所學的已經夠多了，因此才沒學做弓箭，如果對方跟我比賽做弓的技術，我是輸定了！」於是他就拜弓匠為師，盡心學習了數週，技藝勝過了弓匠，然後才奉上財物，拜別了師傅。

有一天，他想渡河去另外一個國家，遇見一位船師很善於駕御，船行疾速如飛，而且左右迴轉非常靈活，他心裏又想：「我學的技能雖然很多，仍然尚未學習駕御船隻，這種技能雖然不算是什麼大學問，可是我也應當學會，才能號稱萬能啊！」於是他又乞求船師收他為弟子，盡力學習船藝。這樣幾個星期之後，他又學會開船了，而且駕駛船隻的技術又勝過他老師，他才又奉上禮物，拜別了師傅。

他又來到另外一個國家，見到皇宮美侖美奐，蓋得十分富麗堂皇，堪稱天下無雙。他心裏想：「這座宮殿實在建造得太巧妙了！如果我不學他的技術，我怎麼能叫做天下第一呢？」於是他又去拜建造那座宮殿的工匠為師，每天盡心學習尺寸、方圓、規矩、雕刻和建築，經過了數十天後，他又全學會了，他布施財物供養師傅，並且向他老人家辭行。

從此以後，他遊遍了十六大國，沒有人能勝過他。他心中很驕傲地說：「我現在總算天下無敵了！誰能勝過我呢？」佛陀在舍衛國的祇樹給孤獨園，遙見這位梵志應可度化，佛陀就變成一位僧人持拿著缽器，出現在他面前。由於梵志從未聞過佛法，不知道和尚是什麼。他就問說：「你全身這副打扮實在很奇特！我從沒有見過這種衣服，在百工和宗廟的器物中也沒有看過你手上那東西，你到底是什麼人呢？」僧人回答：「我就是專門調身的人！」

梵志又問:「什麼叫做調身呢?」僧人回答:

「弓匠調角,水人調船,巧匠調木,智者調身。

譬如厚石,風不能移;智者意重,毀譽不傾。

譬如深淵,澄靜清明;慧人聞道,心淨歡然。」

僧人說完這首偈子,踴身虛空,變回佛身,具足了三十二種完美的相貌和八十種美好的特徵,而且光芒四射,從空中下來對梵志說:「道德和神通變化就是我調身的力量!」梵志看了十分驚喜,急忙五體投地,頂禮佛足說:「請問您調身有什麼要領嗎?」佛陀回答:「五戒、十善、慈悲喜捨四種無量心、六度、四禪定、三解脫都是調身的方法!造弓、開船和建築等六藝奇術都是裝飾和博得美譽的俗事,放蕩行為和意念只會導致生死輪迴!」梵志請求佛陀收他為弟子,佛陀又為他解說四聖諦的道理,他當下證得了阿羅漢果。

《大寶積經》的第一〇九卷記載:跋陀羅波梨長者,過去世在古樂光佛時,做了一位聲聞僧,名叫法髻,他持戒不精嚴,偶有毀缺,可是他時常講述佛法,啟迪人心。法施使他九十一劫一直投生天界,成為端正富貴的天人。

《大智度論》的第十一卷記載:阿育王建了八萬座佛座,他雖未見道,但對於佛法有點信心和興趣。他每天請了許多出家師父進入皇宮供養,並且天天都輪流請法師說法開示。有一天,輪到了一位長得非常聰明和端正的年輕法師說法,阿育王坐在旁邊聽法,他聞到那位法師的口裏散發出非常奇妙的香氣,以為他的嘴裏放了什麼香料,阿育王請他張開嘴巴,嘴裏卻沒什麼東西,又給他水漱口,嘴裏還是那麼香。阿育王就問那位法師說:「大德!您口中的香味是最近才有的呢?還是很早以前就有的呢?」法師回答:「我嘴裏的香氣很久以前就有了。因為從前在迦葉佛的時代,我當了一位講經說法的法師，時常為大眾演說佛法和讚歎迦葉佛無量的功德，而且教誨一切眾生。從此生生世世，口中常出妙香!」國王聽了，既慚愧又歡喜，他對法師說:「沒想到說法的功德和果報這麼大!」法師回答:「這只是華報而已，不是果報!」阿育王問:「那到底什麼才是果報呢?」法師回答:「簡單來說，最少有下列這十種果報——

1. 聲譽遠播。
2. 身體端莊。
3. 心常歡喜。
4. 普受恭敬。
5. 威儀顯赫。
6. 常受人愛。
7. 辯才無礙。
8. 大智清淨。
9. 除盡煩惱。
10. 離苦得樂，證得涅槃。」

八、布施心力和勞力

除了財施和法施以外，其他各種的布施，我們都歸類在布施心力和勞力這一節裏。例如：安慰眾生免於恐懼、激勵人們的道德勇氣、聽經聞法（耳施）、提供心智和勞力服務別人、謙讓禮拜（身施）、心存歡喜（心施）和放生等都屬於這一類布施。（見《大智度論》第十二卷的「供養恭敬施」）

㈠謙讓受福

《雜寶藏經》的第四卷記載：舍衛國有一位小女孩，她駕著輛小車子在遊戲，當她開往花園的途中，遇到佛陀帶領著弟子們進入舍衛大城乞食，心裏非常歡喜，急忙將車子調回頭，停在路邊迴避。後來她死後，神識因此投生在忉利天，又從天宮下來聽佛陀說法，而悟得道果。

㈡為人跑腿

《雜寶藏經》的第七卷記載：舍衛國的波斯匿王和須達長者，許久沒有看見佛陀，心中十分想念佛陀，渴望和仰慕見到佛陀。就在解夏以後（每年的四月十五日到七月十五日是印度的雨季，佛陀規定弟子們應留在道場用功修行，不要外出，這叫做「結夏」。一直到七月十五日起才「解夏」），波斯匿王就命令使者去請佛陀。使者來到佛陀所住的寺院，恭敬地稟告佛陀說：「皇上和長者，想要見您！希望世尊您能乘坐這輛馬車去舍衛大城！」佛陀說：「我有神足通，不需要馬車！」佛陀雖然這麼說，可是為了使他得福，便在車上的空中飛行，使者在前面，先去稟告波斯匿王和須達長者。

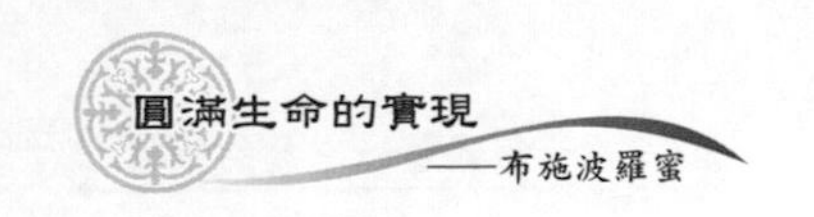

國王和長者親自出來迎接佛陀。使者也和波斯匿王一起來見佛。那位使者由於駕車請佛，命終後神識也升了天界，以天人的身分，乘坐了一輛寶車下來聽佛說法，而悟得道果。

㈢把燈扶正

《譬喻經》的第二卷記載：惟衛佛涅槃後，有一個盜賊想要盜取佛寺中的財物，無意中發現佛前的燈快要滅了，就用箭去把燈炷挑正，使佛燈恢復光明。當佛燈明亮後，他看見了莊嚴肅穆的佛像，感到毛骨悚然。他心裏想：「別人尚且拿寶物來這裏求福，我怎麼能盜取私用呢?」他離開佛寺以後，革心向善。九十一劫中惡念和惡習逐漸消滅，福德也不斷增大。時常出生善處，後來聽佛說法，證得聖果。他就是天眼第一的阿那律尊者。因為他過去以箭正燈，所以才能見佛出家而悟得道果，並且天眼第一。隨手以箭正燈尚且得到這麼大福報，更何況以至誠懇切的心割捨所愛的錢財，在佛前燃燈，其福更是不可思議!

㈣請佛上坐

《撰集百緣經》的第六卷記載：正當佛陀率領著弟子從舍衛國的祇樹給孤獨園，動身前往摩竭陀國的路上，有一隻鸚鵡王飛到佛陀的前面，對佛陀說：

「佛陀！我住在前面不遠的大森林中，現在天色將晚了，希望佛陀能慈悲憐愍我，帶著諸比丘到我林中過宿，給我種一點善因。」

佛陀含笑點頭答應了。

於是，鸚鵡大王知道佛陀允許後，躍然急飛到林中，召集鸚鵡們說道：

「成就正覺的佛陀，快到我們這地方來，我們應該出到林外迎接。」

說後，眾鸚鵡跟隨鸚鵡大王出來迎接，牠們見到佛陀和諸比丘的光臨，都交頸接耳的讚美佛陀的莊嚴慈悲。

月兒高掛在樹林之間，那銀色的光輝，灑落在佛陀和諸比丘的臉上，更加莊嚴，他們都在樹下坐禪修定。

鸚鵡大王見佛陀和諸比丘，都寂然宴坐，心中無限歡喜，整夜在佛陀和比丘的周圍飛繞，又向四處環顧，唯恐森林中的老虎獅子猛獸出來觸犯佛陀。鸚鵡大王雖然一夜不曾合眼休息，但興奮得一點都不感到疲倦。

第二天，一清早，佛陀便離開森林，又向王舍城前進了，眾鸚鵡都在空中護送著，依戀不肯回去，這種行列多麼雄壯呀！

這時候，鸚鵡大王先飛到王舍城的頻婆娑羅王處說道：

「大王呀！佛陀和諸比丘快到這裏來了，希望大王趕辦餚饍供養佛陀和比丘們，並且趕快到城門準備迎接才是。」

頻婆娑羅王聞言，頻頻感謝鸚鵡大王，遂即勒令設諸餚饍，同時，和許多大臣們，手執彩色幢幡、香花、音樂等來到城門外迎接佛陀。

這歡迎場面出乎佛陀意外，佛陀問道：

「大王！你怎麼知道我這時候會來？」

「鸚鵡告訴我的，不然我真會怠慢佛陀了。」

那天晚上，鸚鵡大王無有病痛而安然命終，仗著佛陀的功德而往生忉利天，為報答佛陀的恩惠，便從天上下來，捧著許多香花來供養佛陀。佛陀很高興地為他宣說苦集滅道的四聖諦，鸚鵡大王聞法心生歡喜，遂證阿羅漢果。（《佛教故事大全》第二十六頁）

㈤右繞佛塔

《右繞佛塔功德經》記載：右繞佛塔，並且讚歎佛陀的功德，可以得非常大的福德。例如：

1. 世世所生的地方，沒有八難和其他災難。

2. 不會忘失正念和智慧。

3. 福壽雙全，壽命綿長。

4. 聲名遠播，眾望所歸。

5. 出生尊貴，家世清白。

6. 儀態端莊，富貴多財。

7. 珍寶豐盈，施而無吝。

8. 相貌莊嚴，見者敬愛。

9. 身心平安，快樂自在，常無病苦。

10. 或為忉利天天主，威勢自在。

11. 或做婆羅門，善持淨戒，通達典籍。

12. 或做仁王，勤政愛民。

13. 或為轉輪聖王，七寶具足。

14. 投生天上，有大威德，淨信佛法。

15. 聖信真理，於法無惑，能明緣起性空的道理。

16. （從天上捨命後）下生人間，入胎不迷。

17. 處於母胎中，不染污穢，猶如清淨的摩尼寶珠。

18. 在母胎中，出生及飲乳時，令母身心時常安樂。

19. 幼兒時期，為父母、親戚眷屬及乳母所共撫養與愛念。

20. 惡鬼不能驚怖，所需的東西自然得手，毫不費心。

21. 經過百千劫，相貌越來越清淨、越莊嚴圓滿。

22. 眼睛修長，美若青蓮花，而且證得清淨的天眼。

23. 或生欲界諸天，威勢自在。

24.或生梵天，清淨自在，常受天人供養。

25.無數億劫後，常受智者恭敬和供養。

26.億劫中，身體和衣服都不染污垢，而且具足了淨善法。

27.努力勤於廣修善行，永不疲厭。

28.勇猛精進，疾速成就。

29.聲音深遠微妙，聞者心生歡喜。

30.捨離三界苦，成就出世智。

31.常修四念處（觀身不淨、觀受是苦、觀心無常、觀法無我）、四正勤（已生惡令永斷、未生惡令不生、已生善令增長、未生善令得生）、四如意足（欲如意足、念如意足、進如意足、慧如意足）。

32.明白四聖諦（苦諦、集諦、滅諦、道諦）、具足五根（信根、進根、念根、定根、慧根）、五力（信力、進力、念力、定力、慧力）、七覺支（擇法覺支、精進覺支、喜覺支、輕定覺支、定覺支、捨覺支、念覺支）、八正道（正見、正思維、正語、正業、正命、正精進、正念、正定）並證得聖果。

33.斷除一切煩惱，具足大威德和六神通。

34.永離貪瞋痴及一切障礙，證得獨覺智慧。

35.得到美妙的紫金色身、相好莊嚴，成為人天師範。

㈥合掌隨喜

《施燈功德經》說：看見別人在佛前施燈，以淨信心合掌隨喜，可得八種利益：

1.得到美好的膚色和身體。

2.得到善良的眷屬。

3.得到清淨的佛戒。

4.出生尊貴。

5.信心堅強。

6.辯才無礙。

7.明白聖賢之道。

8.證得無上智慧。

合掌十利

《業報差別經》說：恭敬地合掌可得十種福德：

1.有特別殊勝的福報。

2.出生在尊貴的家族。

3.得到上好微妙的身色。

4.得到美妙好聲的聲音。

5.得到殊勝莊嚴的寶蓋。

6.得到非常流利的口才。

7.信仰堅定而且純淨。

8.受持殊勝而且微妙的戒體。

9.時常聽聞殊勝而且奧妙的道理。

10.得到殊勝而且微妙的智慧。

㈦禮佛升天

《雜寶藏經》的第四卷記載：從前有一位長者天天到佛陀所住的寺院，他的太太產生了懷疑，心中想：「我的先生好像有了外遇，時常跟情婦約會，要不然怎麼天天往外跑，而且一去就是這麼大半天！」於是她就問那位長者說：「你每天都到那裏呢?」他先生回答說：「我都是去拜見佛陀，而且聽他講經說法！」太太又問說：「難道佛陀長得比你還英俊嗎？不然怎麼對你有這麼大的吸引力呢？」於是先生就為他太太說出佛陀的種種功德。他太太聽了佛陀的功德，心中非常歡喜，馬上坐了一輛馬車，趕到佛陀的精舍。當時佛陀的身邊剛好有許多國王和大臣，寺院裏擠滿了聽經的人，她走不過去，只好遙遠地禮拜佛陀，立刻又回到城裏。後來她死了以後，投生在忉利天宮，為了感謝禮拜佛陀而升天的恩德，所以又從天宮下來佛陀的身邊，聽了佛陀的說法而證得了初聖果。禮拜佛陀的功德真是不可思議啊！

《樓閣正法甘露鼓經》說：「如果有人合掌歸依和頂禮佛陀，他必為佛陀所救度。……如果有人在洗手和洗滌器物的同時，發了利益眾生的心，願所有的眾生都能得到安樂，我說這個人已經開了福德之門，而關閉惡道的路，又免受刀兵劫、疫病劫和饑饉劫這三小災。」

㈧恭敬延壽

禮敬聖賢和一切眾生，不但能使我們將來出生高貴、容貌端莊，而且也能延年益壽。例如《雜寶藏經》的第五卷記載：釋迦牟尼佛在世的時候，有一位長者生了一個寶貝兒子，年紀才五、六歲時，許多精於面相的算命先生都斷定他的壽命很短。長者就把這孩子帶到外道六師那裏去乞求長壽的秘訣，可是外道的法師都束手無策。於是長者就帶著他的兒子去拜見佛陀。佛陀說：「沒有法術能夠延長令郎的壽命！」長者再三誠懇地請求佛陀慈悲，教他延長壽命的方法。佛陀說：「您叫您的孩子到城門下，看見所有出入城門的人，都恭敬地禮拜他！」長者遵照佛陀的話去做了。當時有一位鬼神變化成婆羅門的樣子要進城，長者的兒子不管三七二十一，見人就拜，當然也朝他禮了幾拜身。這位鬼神所化身的婆羅門看見長者的兒子這麼有禮貌，一時非常高興，就祝福他長壽。這一位鬼神本來是專司殺害和奪取兒童性命的鬼（相當於《地藏經》中所說的「主命鬼」）。鬼神是講究信用的，說話不能朝三暮四或者打妄語，既然准許長者的兒子長壽，不便再殺害或奪取他的性命。因為長者的兒子這麼謙忍和恭敬，所以才得到延長壽命的福報。

㈨聞子得道，歡喜升天

《雜寶藏經》的第七卷記載：舍衛國有兩位兄弟，時常發生爭吵，情感非常惡劣。兩個兄弟想要請波斯匿王判決是非，卻在半路上遇到了佛陀，佛陀為他們說法，兄弟二人痛改前非，證得阿羅漢果。他們的父親聽說兒子遇佛得道的消息，心裏十分歡喜，沒多久命終後，神識升天，又從天宮下來聽佛說法，而證得初聖果。

㈩拜塔十德

《業報差別經》說：禮拜佛塔可以得到十種福德：

1. 色身美妙，聲音好聽。
2. 所說的話，別人信服。
3. 與群眾相處，沒有畏怯。
4. 常受天人擁護和愛戴。
5. 具足感人的威儀和勢力（說服力）。
6. 有威望的眾生都來親附。
7. 常得親近諸佛菩薩。
8. 得大福報。
9. 命終生天。
10. 速證涅槃。

㈩放生可具足三種布施

放生的典故出自《金光明經》的第四卷〈流水長者子品〉。該品中描寫：從前有一位名叫流水的長者生了兩個兒子，老大名叫水滿，老么名叫水藏。他帶領兩個兒子出外旅遊，無意中發現許多肉食的飛鳥和走獸都朝某一方向前進，於是他們就跟在野獸的後面。看見一個大水池，裏面的水快要乾涸了。池裏有成千上萬條魚，被炎陽曬得奄奄一息。長者見到這個情景，發起了悲愍心，立刻去向國王借了二十頭大象，又向酒家借了皮囊，裝載許多水來灌救這群魚，流水長者又命令他兒子回家取食物來餵魚。流水長者看見魚隻恢復生機游在水中，心裏非常歡喜，又再發願、為牠們說法，而且稱念「寶勝如來」的名號（唐朝義淨法師所譯的《金光明最勝王經》中稱之為「寶髻如來」），後來那一萬條魚死後，因為聞法和佛名的功德而投生在忉利天。（詳見《金光明經》的第十六品和《金光明最勝王經》的第二十五品）

放生可以同時具足三種布施。出錢買一些受困和待宰的小動物就是財施，放生時為牠們念咒、說法和三歸依就是法施，解救各種動物的性命和恐怖，就是無畏施。所以古來的聖賢和祖師大德無不讚歎放生和護生的功德。例如：商朝的開國君主成湯解下獵人三面網子、春秋時代鄭國的賢大夫子產把別人送給他的活魚養在池塘裏、漢朝的楊寶救雀受銜環之報而且子孫賢貴、隋朝的智者大師曾建六十多處放生池、唐朝的名醫孫思邈真人買物放生、宋真宗詔告天下廣立放生池（現在杭州的西湖就是當時的放生池）。明朝的蓮池大師不但闢池放生，而且還寫了〈戒殺放生文〉。憨山大師的〈放生功德偈〉說：

人既愛其壽，物亦愛其命。放生合天心，放生順佛命。

放生免三災，放生離九橫。放生壽命長，放生官祿盛。

放生子孫昌，放生家門慶。放生無憂惱，放生少疾病。

放生解冤結，放生罪垢淨。放生觀音慈，放生普賢行。

放生與殺生，果報明如鏡。放生又念佛，萬修萬人成。

註：「三災」：一、刀兵災。二、疾疫災。三、饑饉災。

「九橫」：一、得病無醫。二、王法誅戮。三、非人奪精氣。四、為火所焚。五、水中沉溺。六、為惡獸所啖。七、墮崖。八、中毒受咒。九、被飢渴困。

印光大師也說：放生有十大功德。

1. 無刀兵劫。世上刀兵大劫，皆由人心好殺所致。人人戒殺放生，則人人全其慈悲愛物之心，而刀兵劫運，亦自消滅於無形，此轉移世運之絕大運動也，深望大政治家、大教育家、大農工家注意於此，力為提倡，必有絕大效果。
2. 集諸吉祥。吾人一發慈悲之心，則喜氣集於其身，此感應必然之理。
3. 長壽健康。佛經云：戒殺放生之人，得二種福報。一者長壽。二者多福多壽無病。
4. 多子宜男。放生者善體天地好生之心，故獲宜男之慶。
5. 諸佛歡喜。一切生物，佛皆視之如子，救一物命，即是救一佛子，諸佛皆大歡喜。
6. 物類感恩。所救生物臨死得活，皆大歡喜，感恩思德，永為萬劫圖報之緣。
7. 無諸災難。慈悲之人，福德日增，一切患難，皆無形消滅。
8. 得生天上。戒殺放生者，來世得生於四王天，享無極之福。若兼修淨土者，直可往生於西方極樂國土，其功德實無涯矣。

9. 現在為人生極危險時代。蓋煙酒之癖，戀愛之魔，纏繞眾人。如眾生報恩，則諸惡消滅，四季安寧。

10. 動物由下級進於高階之狀態，與人類由野蠻進於文明之階級相符合。據生物學家之言曰：凡生物皆應於外界之狀態而生變化。如人人戒殺放生，則生生不息，善心相感，正似子孫代代相傳，永遠福壽。

九、聽法也是無畏施

一般人只知道「無畏施」是解除人們心中的憂慮和恐懼，而不知道聽經也是一種無畏施。

聽經，只要帶一顆誠敬的心去洗耳恭聽，就必然會得到利益。它不但是「耳施」、「心施」，同時也是「無畏施」。因為講經說法需要有人捧場，聽眾對於講述佛法的人是一種很大的鼓勵。聽者越虔敬，講的人也會越慎重。聽的人越踴躍，講的人可能就越講越起勁。否則每次法會只有小貓兩三隻，演講的人難免會打退堂鼓的。人生做事總是要有第一次，練習講經也是如此。「一回生，兩回熟」，而且講的次數越多，就會越熟練。所有成功的演說者和講經家誰不是多年磨練出來的？難道有不學而會的天才？縱使他天生是一塊演講的材料，假如他幾次上臺講經時，都沒人捧場，他可能會產生挫折和自卑感，說不定因此錯過練習和成功的機會，也埋沒了興趣與人才。我的意思是說：越是講經的新手，越需要我們邀人去聆聽、去捧場。講經的新手有了聽眾的捧場，越講就會越有信心，越講越生動自然。好的演說者那一位不是從生硬開始練習起的呢？因為聽經可以給講的人增加信心的鼓勵和熟練的機會，所以我說聽經也是一種無畏的布施。

聽經的人越踴躍，宏法的人才也就越多。講經和聽眾越多，印經的風氣也就越流行開來。有了講經和印經，人們也比較能夠如法修行，而不至於盲修瞎練，徒勞無功。所以，聽經、講經、印經和修行是相互關連的，而且還攸關佛法的興衰。要挽救世界的危機，最好從改善人心開始。改變人們的思想最根本的方法就是宏揚佛法。聽經、講經、印經和修行真是當急之務啊!

「佛法無人說，雖慧莫能了。」從這句話，我們不難想像到聽經的重要性。聽經可在潛移默化當中，改變了我們的思想，提昇了我們的人格。使我們融入在真、善、美、聖的境界而不自覺。再者，因為講經的人時常會把他們研究與修行的心得和盤托出，不但省卻我們鑽研苦讀的辛勞，而且我們有了疑難，也可以藉機向他發問，掃除心中的疑慮。難怪，我們每次聽完經後，總是有法喜充滿的感覺。

所以，我們用「在春風裏」和「春風化雨」來形容聽經與講經的感受實在是極為恰當的。(請參閱《華嚴經疏鈔》的〈聞經十大利益〉)

難怪《瑜伽師地論》叮嚀我們聽法時要做五種觀想:

㈠作寶想——對於所聽聞的佛法，產生尊敬和稀有難得的想法。

㈡作眼想——當念此法，乃人天眼目，能夠使我大開智慧。

㈢作明想——當念此法，如陽光普照，使一切眾生都蒙受利益。

㈣作大果勝功德想——當念此法，能使我證得永恆和完美的涅槃境界和圓滿的佛智。

㈤作無罪大適悅想——當念此法，在現世就能消除我的罪垢和業障，使我的身心得到舒適和喜樂。(請參閱《華嚴經疏鈔》的〈聞經十大利益〉)

《大莊嚴經》也說:聽經有八種功德。

㈠端正美好——以純正的信心和潔淨的儀容去聽聞經法，所以感得身體莊嚴、端正美好，而沒有醜惡的相貌。

㈡力勢強盛——以勇猛精進的心聽聞佛法，感得力和威勢，降伏一切煩惱和剛強的眾生而不怯弱。

㈢心悟通達——聽聞佛經，了解奧妙的義理，所以心領神會以後，便能明白一切法相而沒有罣礙。

㈣得妙辯才——聽聞佛經，通達一切法相，所以能獲得美妙的辯才，從一句經文中可以發揮無窮無盡的義理。

㈤得到禪定——聽聞經法時，思惟奧妙的文句和義理，能收攝心念而不會胡思亂想，所以容易進入禪定的境界。

㈥智慧明瞭——聽聞經法時，深入了解經中的義理，所以能開發本有的智慧，洞悉一切事理，沒有障礙。

㈦捨去塵勞——聽聞經法，會使人明白世間的過患，因而厭離塵俗，專心修學佛道。

㈧廣結善緣——聽聞經法以後，又能依照經中的義理為人演說，使智慧的薪火，輾轉傳遞，遍布世界每一個角落，而永不斷絕。

《月燈三昧經》的第六卷說：多聞有十種利益。

㈠知煩惱助——知道各種煩惱能引發惡業和苦報，因此勤求出離，不為所惑。

㈡知清淨助——知道一切清淨的心行有助於智慧的啟發，所以勤於布習，以證無上佛果。

㈢遠離疑惑——對於世間和出世間的一切事理和邪魔外道的理論都能明白通達而沒有疑惑。

㈣作正直見——明瞭一切邪正、善惡的境界，因此能以正確的知見去破除眾生的迷信和邪見。

㈤遠離非道——由於確實明瞭善惡果報和諸法因緣，所以能夠遠離一切殺生、偷盜、邪婬、妄語等罪惡和過失。

㈥安住正路——堅信和安住如來的正法，不為外道邪說所困惑。

㈦開甘露門——深入佛法的堂奧，了知無上法味，而且又能以佛法來普潤群生，增長他們的善根。

㈧近佛智慧——由於多聞，而知道戒定慧能導致聖果，因此心常在道，精勤不懈，離圓滿的佛智越來越近。

㈨為作光明——知道眾生為無明和愚痴所覆蓋，長夜受苦，所以能用佛法的明燈照亮世間，使他們破迷啟悟。

㈩不畏惡道——由於多聞，而知道萬法體性空寂、無苦無樂，所以能發廣大的心願，隨類化度生而不畏懼艱難和困苦。（參見《佛學次第統編》第二七四頁）

聽經聞法不需花什麼錢，卻可以得到非常殊勝的福德。例如《雜寶藏經》的第五卷記載：

佛陀的姨媽為佛陀做了一件非常美的金縷衣，沒想到佛陀說：「請您拿這件金縷衣去供養眾僧吧！」他的姨媽告訴佛陀：「因為我從小把你帶大，有一分很深的親子之情，所以才特地為你做了這件金縷衣。你怎麼叫我拿去布施其他的出家人呢？」佛陀回答：「為了要使您的布施得到廣大的功德。因為眾僧的福田廣大無邊，所以我才這樣勸您。如果您照著我的話去做，就等於供養我了！」

於是佛陀的姨媽就拿著這件金縷衣去供養眾僧，沒人敢接受，只有彌勒菩薩接受了。彌勒菩薩穿著這件衣服，到城裏去乞食。由於彌勒菩薩的相貌本來就非常莊嚴，他有三十二相，配上這件金碧輝煌的衣服，真是美極了！許多人都爭先恐後搶著要看彌勒菩薩的風采，而忘記拿食物供養他。一位以穿珠為業的師傅見到沒人供養彌勒菩薩，就跪著請求彌勒菩薩到他家去應供。彌勒菩薩答應了。

吃過飯以後，那位穿珠的師傅就在彌勒菩薩的面前鋪設了一個小座位，請求彌勒菩薩演說佛法。彌勒菩薩有四種無礙的辯才，講起佛法來，頭頭是道，而且非常契機，那位穿珠的師傅聽了非常歡喜，一點都不感覺到滿足。

早在數天前，有一位大富翁要嫁女兒，委託那位穿珠師傅替他穿一串珠寶，並且給與特別優厚的待遇——十萬文錢。正當穿珠的師傅聽彌勒菩薩說法，聽得興高采烈時，大富翁派人來索取珠寶，穿珠的師傅請他過一陣子再來。因為穿珠師傅越聽越高興，所以沒有時間去穿珠寶。結果大富翁派人來拿了三趟，都撲了空，大富翁很生氣地把珠寶和工錢都要回去了。

穿珠師傅的太太見到這種情形，非常生氣地責備她丈夫說:「你實在真糊塗！穿珠寶是你的本行，你只要幫那富翁穿珠寶，須臾之間，就可以賺到十萬文錢，這麼優厚的待遇，你到那裏去找呀！你現在坐失賺大錢的好機會，在這兒聽人說一些美妙的道理，又有什麼用呢?」

穿珠的師傅聽到太太這麼說，起了悔恨之心。彌勒菩薩知道穿珠的師傅已經產生悔恨心，就問他說:「你能跟隨我回到寺院嗎?」穿珠的師傅回答:「當然能啊!」穿珠師傅隨著彌勒菩薩回到寺院，就問寺裏得道的上座和尚說:「到底以歡喜心聽法和賺大錢那一樣比較殊勝?」憍陳如尊者回答:「如果有人得到十萬斤黃金，不如用一缽飯菜布施持戒的修行人。更何況能以清淨的信心去聽佛法呢? 以清淨的信心聽聞佛法，那怕只聽了片刻的時間，也勝過得到十萬斤黃金的百千萬倍。」再問第二位上座和尚，他回答說:「假使有人得了十萬車的黃金，也不如以一缽飯菜供養持戒的修行人，何況又滿懷歡喜地聽了一個時辰的佛法!」再問第三位上座和尚，他回答說:「如果有人得到十萬間房屋滿滿的黃金，也不如以一缽飯菜布施持戒的修行人，何況又聽了佛法!」再問了第四位上座和尚，他回答:「布施一缽飯菜給持戒的修行人，又聽了佛法，比得到十萬個國家的黃金，還要殊勝了百千萬倍!」這樣一直問到阿那律尊者，阿那律說:「如果得到四天下那麼多的金子，也不如布施一缽飯菜給持戒的修行人，何況又再聽了佛法!」彌勒菩薩問阿那律說:「為什麼布施一缽飯菜給持戒的修行人勝過得到四天下的金子呢?」阿那律尊者回答:「我記得過去我曾經在饑荒的時代布施了一缽飯給辟支佛,結果生生世世都當了天帝和人間的國王,安享快樂自在的生活,九十一劫不曾斷絕,後來又出生於印度,和釋迦牟尼同一種族,出生時自然擁有四十里的寶藏。」穿珠的師傅聽了阿那律尊者這麼說,心中非常歡喜。

為什麼聽法有這麼深遠和廣大的利益呢?佛陀在《付法藏經》上說:因為一切眾生,想要出離三界生死的大海,必須假借法船才能渡過。佛法是清涼劑,可以解除煩惱的煎迫。佛法是妙藥,可以治癒執著和束縛等心理疾病。佛法是眾生的善知識,能救濟我們的苦惱,使我們得到莫大的利益。由於眾生的心態和智力常受學習環境的影響而改變。如果接近了惡友,聽受邪法,就會造下無邊的罪業而流轉生死。如果親近了善友,聽受妙法,就能解除苦惱而脫離惡道。由於聽經聞法的功德,將來能享受最殊勝的快樂。

例如:華氏國有一頭力大無比的白象。有人犯了死罪,國王就命令象把他踩死。後來象廄失火了,政府官員就把象移到靠近寺院的地方。那頭大象每天聽寺裏誦經的聲音,有位師父誦了《法句經》的詩偈:「為善升天,為惡入淵」,大象聽了以後,心地柔和而且起了慈悲心,後來把死刑犯交給大象,大象只用鼻子嗅了一下,用舌頭舔一舔罪人而已,不肯殺死罪人。國王看見大象不聽話,心裏很緊張,立刻召集所有的大臣共同謀求對策。有一位大臣說:「這一頭大象一定是靠近寺院,聽了佛法,所以才不敢殺人。現在只要我們把牠移到屠宰場附近,牠的性情就會改變!這不是俗語所說的:『近朱則赤,近墨則黑』嗎?」國王覺得很有道理,就下令遷移大象的住處。大象每天看見屠殺的情景,聽到殺戮的聲音,性情越變越兇暴,比

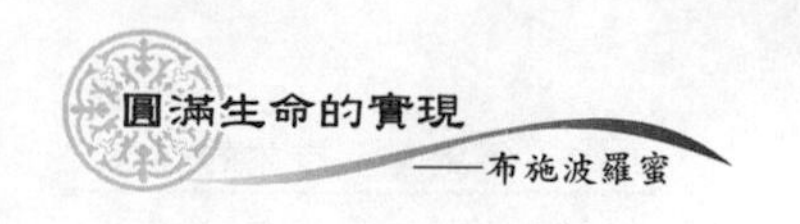

從前更加殘忍了。

畜生尚且「聞佛法而生慈悲心、見屠殺而增殘暴心」，更何況一般人呢？所以智者應當遠離惡友，親近善友，而且勤於聽聞經法。

再者，從前有一位婆羅門拿了很多人的骷髏，沿著華氏城的街上叫賣，可是都沒有人買。婆羅門因而感到非常生氣，他大聲喊著：「你們這城裏的人真愚痴，你們如果不來向我買骷髏，我就要說你們通通都很小氣！」

有一位在家的佛教徒，怕對方造口業，毀謗他人，便帶著錢去向婆羅門買骷髏，他用銅線去穿骷髏的耳朵，如果穿過的骷髏，就高價收買；穿過一半的骷髏就給予較少的價錢；穿不過的骷髏就不給錢。婆羅門說：「我這些骷髏不是都一樣嗎？為什麼你所出的價碼不同呢？」那位佛教徒說：「耳朵用銅線能穿過去的骷髏，表示這位死者生前常聽經聞法，而且智慧較高，所以我才給你較好的價錢。耳朵用銅線穿過一半的骷髏，表示死者生前雖然聽經聞法，可是不善於理解各種道理，所以我給你較少的錢。耳朵用銅線穿不進去的骷髏，表示死者生前從未聽聞佛法，所以我不給錢！」

那位佛教徒買下骷髏以後，就在城外建造一個塔，而把骷髏供養在塔裏。他死後，因此福德而生天。

我們想一想：聽經的人死後，我們用他們的骷髏起塔供養，都可以得到升天的果報，更何況至誠懇切親自去聽經聞法、或恭敬供養受持經法的人呢？聽經和恭敬受持佛法的人，福報實在難以窮盡，將來一定能成就無上的智慧。所以要得到最安穩的快樂，就應常以誠敬心聽聞經法。

《賢愚經》的第十二卷記載：從前佛陀在世時，舍衛國的須達長者信佛十分虔誠，時常供養出家人和救濟貧困的眾生。所以每天都有出家人到他家去說法。

須達長者家中養了兩隻鸚鵡，一隻叫做律提，一隻叫做賒律提。這兩隻鸚鵡都非常聰明，而且能了解人話。每當出家人來時，這兩隻鸚鵡就先說話，稟告須達長者的家人，以便他們整理客廳的桌椅，出外迎接賓客。

有一天，阿難來到須達長者家中，看見這兩隻鸚鵡這麼乖巧，心中非常喜歡。於是他就為這兩隻鸚鵡解說四聖諦（苦的真相和原因，滅除苦的方法和所達的境界）。說也奇怪！這兩隻鸚鵡聽了阿難所說的佛法以後，就很高興地飛到門前的大樹上去練習和背誦。晚間在樹上過夜，不幸被野狐狸所捕食。由於聞法的福德，這兩隻鸚鵡死後神識投生在四王天，四王天命終後又生在忉利天，忉利天命終後又生在夜摩天，夜摩天命終後又生在兜率天，兜率天命終後又生在化樂天，化樂天命終後又生在他化自在天。他化自在天命終後又生在化樂天，化樂天命終又生在兜率天、夜摩天、忉利天、四王天。四王天命終後又生在欲界的其他天。這樣七次往返出生在欲界的六層天裏中享受快樂而且壽命從不夭折。後來投生在人間，出家修道，證得了辟支佛的聖果，一位名叫曇摩，一位名叫修曇摩。

《賢愚經》的第十二卷也記載：從前釋迦牟尼佛在舍衛國的時候，有一位比丘常在樹林中坐禪、經行，有時也諷誦經典。因為他誦經的聲音非常清雅動聽，有一隻鳥非常喜歡聽，有一次正當這隻鳥在聽比丘誦經聽得入迷時，不幸卻被獵人所射殺了。由於聽經的善根，這隻鳥的神識投生在忉利天宮，成為一位光明和相貌非常莊嚴的天人，而且還具有宿命通。當他知道自己升天的因緣以後，他就持著天華來到那位誦經比丘住的地方，向比丘禮拜問訊，而且以天華供養他。比丘問知原委以後，又為他演說佛法，那位天人當下又證得初聖果，高高興興地回到天宮。

《雜寶藏經》的第八卷記載：佛陀在舍衛國的祇樹給孤獨園講經說法時，般遮羅國將五百隻小白雁獻給波斯匿王。波斯匿王就將這五百隻白雁放在八十頃大的祇樹給孤獨園裏。正當佛和弟子們要用餐時，白雁走到比丘眾的面前。佛陀就為這五百隻雁說法。由於佛陀無數劫廣修福德的結果，他所說的話，一切眾生或動物都聽得懂。這一群白雁聽到佛陀所說的道理，身心非常歡喜，以喜樂的鳴叫聲互相唱和，而後回到水池。

後來這五百隻白雁的羽毛逐漸長大了，飛到其他地方，被獵人用網子捕殺了。五百隻白雁被網子網住時，有一隻白雁領先鳴叫聽經時的聲音，其他四百九十九隻白雁也都附和叫出了同樣的聲音。因為聽經的福德和臨終的善念，這五百隻雁死後都投生在忉利天，後來又從天宮下來聽佛陀講經說法，而證得道果。

本來波斯匿王來到佛陀講經的地方，經常看見他所贈送的五百隻白雁排著整齊的隊伍，站在佛陀的前面。後來他看不見這五百隻雁，就問佛陀。佛陀說：「這五百隻白雁飛到別的地方，被獵人捕殺後，神識都升天了。那群頭戴華麗的天冠，容貌莊嚴的天人就是從前那五百隻白雁，他們今天都因聽法而證得初聖果！」

波斯匿王又問佛陀：「這五百隻雁是因為造了什麼惡業而墮畜生道呢？死後升天，今天又得道，這是什麼原因呢？」

佛陀回答說：「從前迦葉佛的時候，有五百位女子，因為心志不堅，毀犯戒律而墮了畜生道，受此雁身。因為她們受過佛戒，所以今天聞法而能悟道。她們當白雁時，因為聽了佛法，而投生天界。」

（註——《賢愚經》的第十三卷也載有波羅㮈國五百隻雁聽經死後升天的故事，內容稍異，但不及《雜寶藏經》第八卷這個故事精彩。）

《善見律毗婆沙》的第四卷記載：有一次，佛陀在瞻婆國，在迦羅池的岸邊為瞻婆人講經說法。當時有一隻蛤，聽到佛陀說法的聲音，心中非常歡喜，就從池裏爬到草根的下面，以便利聽講。

有一位牧牛人，看見大家圍在佛陀的四周聽經，也想來參加盛會。於是他就急忙地走到池邊，為了輕鬆起見，就把牧牛的木杖插入泥地上，不小心誤刺到蛤的頭部。蛤死後，神識投生在忉利天，而且福報很大，不但光明和相貌異常莊嚴，而且所住的宮殿有十二由旬（一由旬約五十里左右）寬。他從天宮下來聽佛陀說法而證得道果。

飛禽走獸和水族的動物聽經聞法都尚且得到無邊的福報，更何況身為「萬物之靈」的人類，以至誠懇切的心去聽經，又怎麼會沒有廣大的福德呢？

聽經求法最重要的是保持虔誠和恭敬心。所謂「一分恭敬則得一分利益」、「十分恭敬則得十分利益」。例如《雜寶藏經》的第九卷記載：

從前有一位知識不豐的老比丘，看見年輕的比丘們在講述哲理，談到了解脫煩惱的聖人境界（四聖果），內心真是羨慕極了！於是他就對年輕的比丘們說：「你們都是知識分子，而且也比較聰明，希望你們能把四聖果的訣竅傳授給我！」

年輕的比丘們開玩笑地說：「我知道四聖果的道理，如果您能請我吃一些上等的素菜，我就教您四聖果！」

老比丘聽了心中很高興，立刻脫下衣服去交換食物，準備了許多豐盛的飲食和點心，請年輕的比丘們，並且要求四聖果的訣竅。

年輕的比丘們用完了餐點，嘲弄老比丘說：「大德！請您在屋子的這一角坐著，我就教您證初聖果的方法！」

老比丘很歡喜，馬上依照年輕比丘的指示去做了。在角落坐著安靜地等待初聖果。

年輕的比丘拿著皮球，投在老比丘的頭上，而告訴他說：「這就是初聖果！」老比丘聽了這句話，更加專心地凝思，果然證得了初聖果。

那些年輕的比丘又作弄老比丘說：「您剛才雖然得到了初聖果，但還有七死七生才能得解脫，請您移到屋子另一個角落，我們再教您二聖果!」

老比丘證得初聖果以後，心裏更加精進而且有信心，馬上移到另一個角落靜坐。

年輕的比丘們又開玩笑地拿起皮球，投向老比丘的頭上，並且對他說:「給您二聖果了!」

老比丘更加專心靜思，立刻又證得了二聖果。

那群年輕的比丘又作弄老比丘說:「您已經證得二果了，但是仍然有一生一死的麻煩，請您再坐到屋子另一個角落，我們馬上教您證三果!」

老比丘又照樣地移到另一個角落，靜靜地坐著。

年輕的比丘又用皮球投在老比丘的頭上，並且告訴他說:「我現在給您三聖果!」

老比丘聽了很高興，又更加專心思惟，終於立刻證得了三聖果。

年輕的比丘們再度開玩笑地說:「您已經證得三聖果了，你現在雖然不必投生受苦，但是您只是在色界和無色界的『五不還天』接受著有煩惱的身體。難免無常的變遷和壞滅，心念還是有苦，所以您要再移到屋子另一個角落，我們應當給您四聖果——阿羅漢的果位!」

老比丘果然又照他們的話去做，移到另一個角落去靜坐。

那些年輕的比丘又將皮球投在老比丘的頭部，而且告訴他說:「我現在給您四果了!」

這時候老比丘一心思惟，當下證得阿羅漢果。他得到四聖果以後，身心非常歡喜，又準備了種種上好的飲食和香花，請年輕的比丘們，以報答他們的恩德。而且跟年輕的比丘們共同討論聖人的無漏功德。年輕的比丘們各個發言滯塞，這時候的老比丘才告訴他們說:「我真的已經證得阿羅漢果了!」年輕的比丘們聽了，都急忙懺悔前日戲弄他的罪業。

所以，修行人應該時常念念在善，只要存著恭敬和虔誠的心去學習，縱使受了別人的戲弄，也是可以得到福德和好報的。更何況至心聽法和學習，焉有不得大利益的道理？

一個人聽法求道，貴在精誠。以精誠的心去感應道交，才能獲得道果。例如：從前有一位婦女，不但聰明靈巧，而且深信三寶。時常依照僧次，平等地請寺院的師父到她家去供養。

輪到一位老比丘到她家去接受供養。那位老比丘不認識字，也不懂得什麼大道理。那位婦女請老比丘用完素菜以後，就請求老比丘為她說法。她鋪設了一把莊嚴的座椅，請求老比丘升座說法，而她本人則坐著閉目養神，靜待聽法。

老比丘自覺愚蠢，不知怎麼說法，就等她閉著眼睛的時候，急忙溜回寺院。那位婦女，專心思惟一切有為的事物都是生滅無常、緣起性空、苦惱、不完美、不自在的。由於她深入觀察有為法的缺陷，心中不再貪求外物，而證得了初聖果。她證得初聖果以後，想要報答老比丘的恩惠，於是就到寺院去尋找他。可是老比丘更加慚愧，不但不敢出來，而且還躲躲藏藏，設法迴避她。那位婦女為了尋找恩人，在寺院裏找了一遍又一遍，終於給她找著了。她見到老比丘以後就說出了自己得道的因緣，而且表明這趟來意是要報答他的恩惠。老比丘聽了以後，心裏非常慚愧，深自剋責，也證得了初聖果。

所以，我們應當以專一和精誠的心去求法。如果心存至誠懇切，所求必能實現。（參見《法苑珠林》第十七卷）

看破紅塵待若何　猶如新燕補舊窠
辛苦到頭還辛苦　奔波一世枉奔波

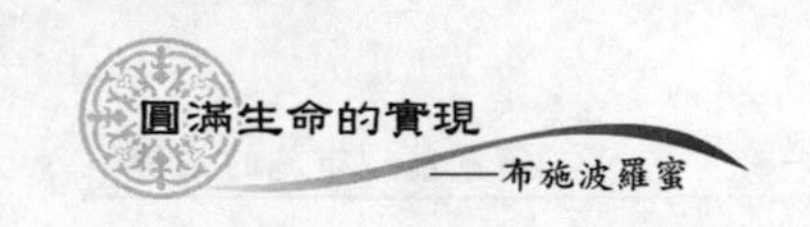

積金萬兩空白首　爭名奪利盡虛浮

算起萬般渾是夢　無如急早念彌陀——羅狀元〈醒世詩〉

十、放下情執是真布施

布施不只是對於財物和真理的施捨而已，安慰和救護眾生、解除他們對於暴政、野獸、歹徒、天災、人禍和盜賊的恐懼等都屬於無畏施。（《發菩提心論》第四品）

心存慈悲、面帶笑容、常以慈眼視眾生、以身作則、言語誠實、讓座位給老弱婦孺、請朋友住宿休息也都是布施。

當我們的六根（眼根、耳根、鼻根、舌根、身根、意根）接觸六塵境界（色塵、聲塵、香塵、味塵、觸塵、法塵），而不起六識（眼識、耳識、鼻識、舌識、身識、意識），便是大布施。這乃是禪宗所謂的：「終日吃飯不吃一粒米，終日穿衣不穿一絲縷。」也正是《金剛經》中所說的：「不住色、聲、香、味、觸、法」或「應無所住而生其心」。

由此可知，放下貪愛、憎恨、愚痴、傲慢、懷疑和邪見等煩惱是真正的布施。放下情欲、我執和妄念是真正的大布施。（見《大智度論》第十一卷末）

情執是苦惱的原因，放下情執才能得到自在。例如《水上泡經》和《經律異相》的第三十四卷記載：從前有一位公主長得非常美，國王對於自己的千金更是十分寵愛。有一天，下大雨，水上產生了許多泡泡，公主非常喜歡泡泡，她對國王說：「我想要得到水上的泡泡來做頭上的花鬘！」國王告訴她：「水上的泡泡不能捉到！怎麼做花鬘呢?」公主說：「我不管啊！如果我得不到水泡做的花鬘，我就要自殺！」國王聽了以後，只好召集全國最精巧的工匠，告訴他們說：「你們各個手藝超群，都近乎萬能，你們趕快拿取水泡，來給我女兒做花鬘吧！如果辦不到，我就要將你們處死！」其中有

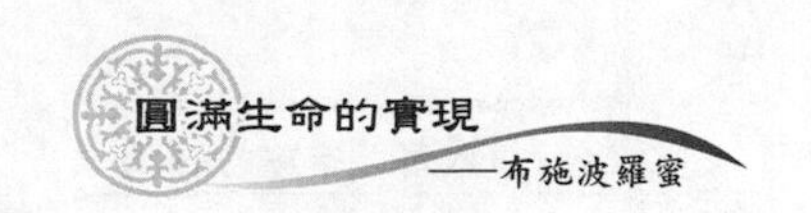

一位老工匠就說:「沒有問題!我能以水泡做花鬘!」國王聽了很高興,立刻告訴公主說:「現在有一個人能為妳做水泡的花鬘,你親自去看看好了!」公主隨著國王到了宮外的水邊。老工匠就對公主說:「我年紀老邁,眼力較差,不能分辨水泡的美醜,請求公主親手選取自己喜歡的水泡,我應當順照妳所選的水泡做成花鬘!」公主用手去捉取水泡,可是水泡怎麼拿起來呢!她整天都在撿取水泡,可是卻得不到半個。公主很厭倦地起身去稟告國王說:「水泡是虛幻的,無法長久不壞。希望父王為我做金的花鬘,就永不枯萎了!」

人身和周遭的事物也像水泡一樣地生滅無常、變幻不已。一切有為的事物終歸散滅,執著有為生滅的事物不異在自尋煩惱、作繭自縛。

下面我們引用兩則「痛念無常,放下情慾」的範例來供諸君欣賞!

《出曜經》的第一卷記載:從前佛在舍衛國的祇樹給孤獨園時,有一位比丘時常到城外曠野的墓園,每次都必須走過人家的田地,才能到達那墳場。地主看見這種情形,便很生氣地對那位比丘說:「你是一個出家人,不好好修身養性,天天在這土地上走來走去,到底是在幹什麼?你瞧!你已經在我的田地上走出一條小路了!」

那位比丘回答說:「我有爭吵和訴訟,常在打官司,為了追求證人,所以才會走過這塊土地!如果你不相信,你可以跟著我去看個究竟,不就明白了?」

於是那地主就隨著比丘來到墳場,看到墳場到處布滿了屍體和殘骸,有的腫脹,有的發臭,有的腐爛了。許多鳥獸都爭搶吃屍體,骨肉四散,到處都有。有的已經被鳥獸啃啄乾淨了,有的還沒有吃完。比丘就舉手告訴那位地主說:這些鳥獸就是我的證人!

那位地主問說:「這些鳥獸為什麼是你的證人呢?你到底在跟誰爭訟和

打官司呢?」比丘回答說:「妄念和情慾會惹來許多疾病、煩惱和束縛，心猿意馬總是愛追逐虛幻不實的色、聲、香、味以及觸感柔軟細滑的事物，引誘我們墮落和受苦。我出家修道就是要斷除妄念和情慾這心賊，因為我現在仍然是一個還沒有解脫煩惱的凡夫，所以我打坐時，還會雜念紛飛，不斷跟妄念和情慾搏鬥，而且常有力不從心的感覺。所以每當我覺得妄念和情慾這心賊難以調伏的時候，我就走到墳場，警告心賊不要再囂張，而且拆穿心賊的把戲。看到這些腐爛不淨的屍體，我便容易戰勝心賊，而將情慾克服!」那位地主因為根器不錯，聽到比丘的這番話，敬佩得心服口服，當下證得了初聖果。

《求離牢獄經》記載:阿育王的弟弟名叫做善容，又名違陀。有一次當善容入山遊獵的時候，他遇到了一群光著身子在修苦行的外道，修行了很久都沒有成就。於是阿育王的弟弟就問他們說:「你們修得這麼辛苦，到底什麼因素使你們不能得道呢?」那些外道回答:「我們靜坐時，時常會看見許多野鹿在交合，看了這種情景，我們的心中就會動起情慾，而無法自我克制!」

阿育王的弟弟善容聽到這句話，心中就生起了一個偏見。他想:「這些道人每天很少吃東西，他們刻苦地餐風飲露，服食天地的精華，身體那麼瘦弱，仍然還有淫欲。那些出家的僧侶每天都吃那麼好的食物，穿好的衣服，坐好的床座，又時常有人供養香花給他，怎麼可能會沒有欲望呢?」

阿育王聽到弟弟持著這種論調，心中非常憂愁。他想:「我只有一位弟弟，他現在突然產生這種邪見，恐怕會因為輕視出家人而導致人格的墮落。我應當想法子來改變他的偏見。」於是阿育王就設了一個計謀(有點類似現代的「仙人跳」)，命令幾個最美麗的宮女，化妝打扮得如花似玉，去勾引善容。並且預先告訴大臣說:「我有一個妙計，如果我下令要斬皇弟善容，你們就上諫求情，等待七天以後才殺他!」

宮女們依照阿育王的計策行事。當宮女去找善容娛樂，隔了半個時辰左右。阿育王也親自出發了。善容和宮女們正在娛樂的證據，被阿育王逮個正著。阿育王告訴他弟弟說:「你怎麼這樣大膽，竟然敢公然跟我心愛的妃子和宮女娛樂，這成何體統呢?」阿育王假裝很生氣地摔擲物品，並且立刻召集朝中大臣和文武百官，告訴他們說:「眾卿知道嗎?我現在尚未年邁，也沒有賊寇和強敵來侵略我國。我曾聽說：如果一個人有福德，四海就會歸服。如果他福德減薄以後，臣子就會叛亂。我目前雖然尚未察覺到叛亂的跡象，可是我的弟弟居然敢誘惑我的宮女和妃子，而且還任情取樂。事情既然嚴重到這種地步，他眼中還有我這當國王的哥哥嗎？你們馬上把他推到街上去斬首示眾!」

朝中的大臣求情說:「請皇上聽微臣一個小小的建議，陛下只有這麼一位弟弟，目前又沒有皇子可以繼承王位，照理來說，他本來是應該繼承王位的。不如請您暫緩七天才行刑，讓他扮演一下國王的角色，享受七天的皇宮生活，然後再將他處死，他也比較能心滿意足!」

阿育王默然答應了。他命令善容穿上龍袍和皇冠，在宮中聽歌作樂。又命令一位武士，每天全副武裝，拿著利劍，去警告善容說:「你的壽命頂多只剩下七天而已，你不如好好享受一下五欲的快樂，以免七天後被處死刑，空留餘恨!」一直到了第六天，那位武士又去警告善容說:「已經過了六天啦! 你的生命只剩下一天而已，明天你的死期就到了，還是想開一點，把握最後一次機會，享受五欲的快樂吧!」

到了第七天，阿育王又派人來問他弟弟說:「這七天當中，你自由享受美妙的王宮生活，你到底快樂不快樂呢?」善容回答:「被判死刑的人，雖然生命還沒有斷絕，那跟死亡究竟有什麼不同呢？在這種時刻，我那有心情享受五欲呢?」阿育王就告訴善容說:「其實這些事都是我安排的。我想要透過這件事來啟發你:當一個人恐懼死亡和懷著憂慮的時候,他縱使在美妙的五欲六塵當中,他便一點都不覺得快樂。更何況僧侶們時常想到過去世、現在世和未來世的三世果報,一個人死了又會再受身,無量世和無數身都受極大的苦惱。雖然有時能僥倖出生做人,有時也難免過著卑賤貧窮和匱乏的日子。想到這些辛酸受苦的事情,所以才出家修道,尋求解脫和度化眾生的方法,萬一修行不夠精進勤奮,也還會多劫受輪迴的痛苦!」

善容聽到阿育王的這段話,終於心開意解了。他對阿育王說:「我今天接受了您的教誨,才覺悟到生老病死的苦惱和恐怖,希望您能准許我出家修行!」阿育王告訴善容說:「放下物質的享受,而去出家修道是一件很高尚的事情,我應該成全你!」

於是善容就辭別了阿育王,到寺院去出家。由於他持戒精嚴,晝夜都不斷地修行。結果斷除了所有的煩惱而證得了阿羅漢果,具足了天眼通、天耳通、宿命通、他心通、神足通、漏盡通等六種神通,隨意通達自在,而沒有掛礙。

《阿育王傳》記載:阿育王聽說他弟弟出家得道,心裏非常高興,他不但禮拜出家得道的弟弟,而且想長期供養他。他弟弟喜歡山林而不愛居住在吵雜的城市,所以阿育王特地又為他出家得道的弟弟,建造了一座數十丈高的假山和泉林,來供養他弟弟。這些遺跡現在還留在印度。(《法苑珠林》第八十四卷)

不但放下情愛是布施,捨棄憎恨也是布施。如果能做到利衰、毀譽、稱譏、苦樂這八種風所不能動的境界,才是真正的布施。如《百緣經》的第五卷所記載的:佛陀在舍衛國時,提婆達多時常辱罵和陷害佛陀,佛陀不但沒有怨恨心,而且還對他發出無限的慈悲心。

佛陀在《五大施經》和《大莊嚴論經》的第八卷中告誡我們：不殺生、不偷盜、不邪婬、不妄語和不飲酒是五種大布施。這五種布施不但可消除眾生的畏懼，而且也能使我們得到安穩和快樂。

下面我們就舉兩個經史上的例子，來說明放下情慾可以產生福德、給人帶來好運，並能促使人格昇華。

《增一阿含經》的第三十四卷記載：從前印度毗舟離城中有一位長者，名叫做毗羅先。他的財寶多得不可計數，可是他非常吝嗇，從不布施救濟貧病。他只一味貪圖享受過去的福報而不再修造新的福德。正當他在後宮和許多美女飲酒作樂時，佛陀告訴弟子阿難說：「這位長者的壽命只剩下七天而已，他死後會出生在啼哭地獄受苦。唯一可以免除他到地獄受苦的方法就是請他趕緊放下情慾，出家修行！」於是阿難就來到了這位長者的家裏，站立在門外。長者遙遠地望見阿難，就出來迎接阿難，請阿難進去客廳坐。阿難告訴長者說：「佛陀是得到圓滿智慧的大聖人（一切智人），我聽他說您的壽命只剩下七天，而且死後會投生在啼哭地獄受苦！」長者聽了毛骨悚然，心中十分恐懼，他就問阿難說：「有沒有法子能使我七天後不會死呢？」阿難回答：「沒有！」長者又問說：「那有沒有能使我不會墮落地獄的方法呢？」阿難回答：「世尊說只要您能出家修道，就不會墮入地獄。您現在最好趕緊出家修道！」長者說：「阿難你先走一步，我稍後馬上趕去！」阿難聽到長者這麼說就回寺院了。

長者心裏想：「七天還早得很呢！不如我再享受一下五欲的快樂，然後才出家修道。」結果就沒去寺院了，第二天阿難又到長者的家裏，對長者說：「已經過了一天，只剩下六天，您還是快點出家吧！」長者又說：「阿難你先走，我隨後馬上就到！」結果長者還是賴皮沒去。阿難天天到長者家裏勸長者出家，長者一天拖過一天，又經過六天，到了第七天清晨，阿難又來勸長者出家：「您只剩最後一次機會了，如果您今天沒出家修道，死後投生在啼哭地獄，後悔就來不及了！」於是長者放下了情慾，跟著阿難去拜見佛陀。佛陀吩咐阿難給長者剃度，並且教他十念法（念佛、念法、念僧、念戒、念施、念天、念休息——靜修、念數息、念身、念死——詳見《諸經要集》），結果只修了一天就命終，死後神識投生在四王天。阿難問佛陀：「毗羅先比丘在四王天命終以後，又投生到什麼地方？」佛陀回答：他在四王天命終以後，會出生在忉利天，忉利天命終以後出生夜摩天，夜摩天命終以後投生兜率天，兜率天命終以後投生化自在天，化自在天命終以後投生他化自在天，他化自在天命終以後又再投生四王天……這樣在欲界六天周而復始地投生七遍，而後再投生做人，出家修道而證得聖果。所以，對佛陀有信心，放下情慾而又能修行十念的人可以得到無量無邊的福德。

二十五史中有一本《三國志》，《三國志》中的〈蜀志〉記載：糜竺的祖先都是經商，家裏非常有錢，可以說是億萬富翁了。有一次，他從洛陽回來的時候，在半路上遇見了一位婦女，要求搭他的便車。他跟那位婦女一齊坐車，坐了好幾里，糜竺一直目不斜視。後來那位婦女對糜竺說：「坦白告訴你好了！我是一個天使，我其實是奉命要去焚燒你家的。非常感謝你的仁慈讓我搭了便車，在沿途我發現你是一位正人君子，所以我才坦白把實情告訴你！」糜竺請求那位天使不要焚燒他家，那位天使說：「這是你自己過去世的業力造成的，我自己也只是奉命行事而已，所以不可不焚燒！那樣好了，你趕緊開車回家，把貴重的東西先搬出來，我慢慢地走，等到中午才開始點發火！」糜竺回到家中，動員了所有的家丁把財物都搬到室外，他家果然在中午的時候發生了一場大火災。（參見《五戒吉凶正史事證選》）這是一則不動淫念的善報。如果糜竺不是一位正人君子，而是一匹「色狼」，沿途在車上吃了那位婦女的豆腐，甚至還想姦淫她，她一氣起來，不把糜家燒得精光，那才怪呢！奉勸諸君：「野花」千萬碰不得！

真正的布施，不但要放下身外之物，而且要捨棄所有錯誤的知見和煩惱。《楞嚴經》說得好：「妄念和煩惱平息的時候，真正的智慧就現前了。」

從前有一位道人兩手拿著合歡梧桐花要供養佛陀，佛陀教他放下，那位道人放下左手的一株花。佛又教那道人放下，他又放下了右手的花。佛陀又說：「放下！」那位道人回答：「我兩手已經都空了，還要放下什麼東西？」佛陀說：「我不是教你放下花，你應當同時捨棄攀緣心，捨到無可捨處，就是你安身的地方！」那位道人聽了佛陀的話，當下明心見性，體悟到不生不滅的真理。

不但要摒除自我的執著，而且連所有觀念和名相上的執取也都要放下，這樣才能達到清淨而沒有負擔的境界和圓滿的智慧。《金剛經》不是已經告訴我們：「法尚應捨，何況非法？」真正的布施不但萬緣放下，施捨一切，心無所著，而且連施捨的念頭也一併施捨離了。換句話說，就是達到心地清淨和「捨念亦捨」、「捨而無捨」的境界了。

《大丈夫論》的第十品說：「有悲心的人，為了眾生尚且不入涅槃，更何況捨身呢？施捨生命和財物有什麼難呢？施捨財物不如施捨身命，施捨身命不如施棄涅槃。連涅槃都不要了，那還有什麼東西不能施捨的呢？菩薩因為悲心非常懇切，好像連骨髓也被悲心浸透了，所以布施任何東西都沒什麼困難。」

《頓悟入道要門論》的上卷也說：「念有念無，都是邪念。不念有無，才是正念。念善念惡，也是邪念。不念善惡，才是正念。乃至苦樂、生滅、取捨、怨親、憎愛通通是邪念。不念苦樂、生滅、取捨、怨親、憎愛等一切對待的名相，才是正念。」換句話說，正念就是沒有執著和一塵不染的清淨心。

「不住一切處，就是不住善惡、有無、內外、中間。不住空、也不住不空、不住定、也不住不定……這就是無住心。無住心就是佛心。」（《頓悟入道要門論》上卷）

十一、布施的樞紐——心念

平等清淨心與無相布施

《發菩提心經論》的上卷說：「不是施捨很多財物就可以叫做高尚的布施，而是要具有一顆布施的心。」換句話說，高尚的布施，不在於財物的多寡，而在於高尚的布施心。

雖然布施的福報是由布施的財物、對象、時間和心地所造成的。但這四個因素當中，最重要的就是心念。因為除了心念這個因素我們較能主動掌握以外，其他三個因素我們似乎都處被動且變化不定，難以預測的。譬如：我們不知道：今天會遇到什麼人？那些人又需要我們的布施？到底布施什麼東西給他最恰當？下一次布施又是什麼時候？每天應該布施幾次效益最大？這些因素都是我們難以掌握的。只有心念是我們較能作主的。因為布施時安什麼心，我們自己心裏有數，尤其當我們了解「一念具足十法界」、「一念三千」、「萬法唯心造」的道理以後，我們更不能不時常檢點自己的心念，努力使心地變得更清淨。所以菩薩布施時只求心地清淨平等，而不計較布施的對象和財物。

《六祖壇經》的第一品中說：「一切福田，都離開不了心地。」《優婆塞戒經》的第五卷也說：「如果能夠本著至誠和大慈悲憫愍心，布施畜生，和以虔誠、恭敬和專心布施諸佛，所得的福德完全一樣而沒有差別。」又說：「我布施舍利弗，舍利弗又布施給我，我所得的福德較舍利弗多（因為心地較清淨的緣故）。」

再者，只要心地清淨，那怕所布施的財物較低賤，所有布施的對象（福田）素質再差，仍然可以得到很大，甚至無限的福報。因為布施的福報既然是等於「財物」乘以「對象」（福田），再乘以「時間」，再乘以「心地」的積，只要心地這因素是無限清淨、沒有執著，所得的福報必然無量無邊。這就是《金剛經》中所說的：「菩薩布施時，對於一切事物，應沒有執著。所謂不執著色布施，不執著聲、香、味、觸、法布施。……這種不著相的布施，其福德不可思量。」

就布施貧病等悲田來說，布施的對象雖然福田較差，可是布施者的悲心殊勝。就布施三寶等敬田來說，布施的對象雖然福田殊勝，可是布施者的心卻免不了分別計較功德和求報的心。如果就悲心的懇切來說，布施佛菩薩不如救濟貧病。所以經典說：「供養佛菩薩和小乘聖人，（悲心）不如布施畜生一口飲食，（所以）後者的福報勝過前者百千萬億倍。」這也是就心地來說，而不論及布施對象（福田）的好壞。布施時除了悲心以外，平等心也是很重要的。《梵網經》的〈菩薩心地戒品〉也特別強調以平等心來行布施或供養：「各別請五百位羅漢僧，不如依照次序平等供養一位凡夫僧的功德來得大！」難怪《大莊嚴論》記載：阿育王臨終時被把權的奸臣所控制，不能夠自在。只有布施了眾僧半個水果。有一位阿羅漢的長老知道這件事情以後就將阿育王所布施的水果研磨成汁，放在僧眾所食用的菜湯中，以增廣他的福報。由此可知：我們布施最好不要存有私心，因為平等布施的福德無量無邊。

有一次，舍利弗布施給佛陀，佛陀又將飯布施一條狗。佛問舍利弗誰的功德大，舍利弗說：因為佛的心地清淨，所以布施功德較大。這故事也是啟示我們清淨心布施，比揀擇福田，較為殊勝。

如果就平等心而隨緣布施的人來說，無論布施對象的優劣，不論對方是悲田或敬田，只要以平等清淨心布施，所得的福德一定宏大深廣。就好像《維摩詰經》的第四品所說的：「將這兩份財物，一份布施難勝如來，另一份施捨給毗耶離城中最貧窮的乞丐，所得的福德完全相同！」

心念在布施中所佔的重要性，我們可以從下面這個故事看得出來。《雜寶藏經》的第五卷記載：從前佛陀在世的時候，有一位長者的兒子，早年就父母雙亡，因此他替人做工過活，過著孤獨貧窮的日子。

他常聽人家說：「忉利天的生活非常快樂。」又聽說：「供養佛陀和眾僧的人，將來一定會往生天界。」因此他立即問別人：用多少錢財可以供養佛陀和眾僧。當時的人都回答他：「有了三十兩金子，就可以舉辦布施的大法令。」

他來到城裏找工作。好不容易找到一位巨富的長者請他做長工。員外問他能做些什麼事，他回答說：「只要出力氣的工作，我樣樣都行！」員外問他：「你工作三年，希望得到什麼報酬？」他回答說：「三十兩金子！」長者聽說他樣樣皆能而且為人正直，於是就答應了。長者有了這位得力助手的幫忙，生意更是蒸蒸日上。到了三年的期限，他就向長者索取酬勞。員外問他說：「你得到這三十兩黃金是要做什麼用途呢？」長工回答說：「我要供養佛和眾僧。」員外又說：「我幫助完成你的心願，我提供盤子碗筷和米麵，幫你做素菜，這樣比較省事。你只要去請佛陀和眾僧就行了！」

他立刻到寺院去請佛陀和眾僧來應供。佛陀吩咐所有的弟子都接受他的供養，而自己卻留在寺院裏。因為那天正逢慶典節日，許多在家人都把食物送到寺院。眾僧們都吃了半飽，才出發到長者子家中去應供。當然也就吃不太下去。長者子布施心切，親手替眾僧盛菜飯，每一位師父都說：「請盛一點點飯菜就行了！」「請盛少一點！」長者子見到這樣子，心中很難過，他甚至懊惱到哭了起來，他想：「真糟糕！我辛辛苦苦工作了三年，為了辦一頓豐盛的素席延請眾僧，結果沒想到他們都不吃。我這次布施本來是想求生天，我的願望恐怕泡湯了！」

長者子急忙趕來問佛陀：「師父們不吃我供養的東西，我的願望必定無法實現了！」佛陀說：「他們都沒有吃嗎?」長者子回答：「都吃得很少！」佛陀說：「福德在於布施的誠心，而不是來吃人數的多寡。你已發了虔敬供養的心，縱使他們都沒吃你供養的素菜，你升天的願望也一定會實現的。更何況他們每個人都吃了，只不過是吃得少而已，你的願望那有不能實現的道理，請你放心吧！」長者子聽了佛陀這一番話。心中滿懷歡喜地回家用飯。當時眾僧已經吃完離開了，恰巧有五百位商人，從海上回來，進入城市索取飲食，因為當時鬧饑荒，所以沒人給他們飲食。有位善心人士就告訴他們：「有位長者的兒子，今天設了一個布施的法會，你們到他那裏去，一定可以得到食物！」長者的兒子看見五百位商人，心中非常高興，馬上請他們吃了一頓豐盛的午餐。那五百位商人也吃得不亦樂乎，每個人都感到心滿意足。五百位商人為了感恩圖報，每個人都贈送長者的兒子一顆寶珠和一頂銅盔，那些寶珠非常有價值，有的寶珠值十萬兩金子，最少也值了一萬兩金子。可是長者的兒子不敢拿取，他又跑去問佛陀，佛陀說：「這只是你福報的一小部分而已，你安心地接受吧！你將來一定會生天，不要害怕！」

那有錢的員外很欣賞長者子的人格和作風，就把獨生女許配給長者的兒子，家聲大振，成為舍衛城中的首富。

員外死後，波斯匿王聽到長者子（員外的女婿）的事蹟，十分佩服他高尚的人格和聰明才智，又賞賜許多財寶給他。

《大丈夫論》的第十六品說：「以同樣的財物，布施相同的福田（對象），因為心念不同，得到種種不同的果報。有的人得到人天和世間的快樂，有的人得到小乘寂滅解脫的快樂，有的人得到菩薩利他的快樂。布施常因為心念和願力的不同，而得到不同的果報。比方說：以愛染心布施作福的人，將來享受福報時比較愚痴昏暗；以悲心布施修福的人，將來享受福報時才可以得到智慧。所以為了成就圓滿的智慧、為了利益眾生，而本著慈悲心去布施，所得的福德最殊勝。」

《俱舍論》第十八卷所敘述的八種布施可以供我們檢討或反省布施的心態：

㈠隨至施（或已至施）——等到親友來了才拿出財物來布施。

㈡怖畏施——害怕災難的來臨或為了平息災難而布施。

——見到財物快要變壞，認為布施總比壞掉好，所以才拿出來布施。

㈢報恩施——過去受人的恩惠，現在回報。

㈣求報施——現在布施財物給別人而希望別人回報。

㈤習先施——學習祖先父母的家風而行布施。

㈥希天施——為了想升天而修行布施。

㈦要名施——為了希求好的名望而行布施。

㈧上義施——為了莊嚴心地、成就禪定、智慧和涅槃而布施。（詳見《阿毗達磨俱舍釋論》第十三卷第一五二頁）

《摩訶止觀》告訴我們：無論修行布施持戒或禪定，應發大心，而不可發下面這十種偏邪狹小的心：

㈠布施時，念念在貪愛、憎恨和愚痴又造作上品十惡——種地獄因。

㈡布施時，念念欲多眷屬，沒有智慧和慚愧心——種畜生因。

㈢布施時，念念愛好邪諂佞媚，陰險狡猾，猜忌嫉妒，貪求名聞——種餓鬼因。

㈣布施時，念念常欲爭勝鬥強，尊己淩人，外表卻現出仁義禮智的模樣——種阿修羅因。

㈤布施時，念念欣求世間快樂，立志奉行仁義禮智——種人道因。

㈥布施時，念念知道三惡道純苦無樂，人間苦樂參半，立志追求天上的快樂，而不貪求人間的榮華富貴——種天道因。

㈦布施時，念念欲大威勢，身口意的一切作為，都要別人順從——種欲界魔道因。

㈧布施時，念念欲得世智辯聰，高才勇哲，博覽世籍——種下外道因。

㈨布施時，念念在三禪或四空定的快樂，重視內在的快樂，發梵天的心向——種色無色界天因。

㈩布施時，厭離有為和生死，追求無為解脫——種二乘因。

不好的動機和心態很多，以上只是簡單列舉重要的十種而已。前面九種布施的心態，還是離不開生死輪迴，到頭來還是像蠶一樣作繭自縛。最後一種布施心態，可以達到小乘的涅槃境界，宛如獨出樊籠的麞鹿一般。又前面九種心態仍停留在世間的苦諦和集諦，最後一種心態是出世間的道諦和滅諦，但只求自度，而無大慈悲心。（參見《摩訶止觀輔行》第三卷或《刪定止觀》第一卷）

〈勸發菩提心文〉也告訴我們：發心有邪、正、真、偽、大、小、偏、圓等八種情形，一定要仔細辨別：

㈠邪——修行時，不明究自己心性，只知向外攀緣，在俗務中打轉，或求利養，或好名聞，或貪現世欲樂，或希望未來果報。如果這樣發心，就是邪曲了。

㈡正——不求名聞利養，又不貪物欲的快樂和將來的果報，只為了生死，為成就無上智慧。這才是純正、確實的發心。

㈢真——念念上求佛道，心心下化眾生。聞知佛道長遠而不生退怯心。明白眾生難度而不生厭倦。這才是真發心。

㈣偽——有罪業不懺悔，有過失不革除。心裏污濁，外表清高。開始的時候很勤奮，後來就懈怠了。雖然有好心，卻多半夾雜名利色彩。雖然行了善法，又常造罪業，而被污染了。這樣發心就是虛偽了。

㈤大——所有眾生都度盡了，我的誓願才圓滿。圓滿的佛智成就了，我的誓願才算完成。這樣發心，叫做發大心。

㈥小——觀三界如牢獄，視生死如怨家，只求自我解脫而不想度化別人，這種心態就狹小了。

㈦偏——如果在心性外見到有眾生、佛道和誓願，忘不了度化眾生和成就佛道的功德，不能夠泯除分別的情識和知見，這樣發心就有偏差了。

㈧圓——如果知道眾生不離自己的心性，所以發願去度化他們解脫生死的苦海。明白心性本來具足一切智德和佛道，所以發願去完成和實現它們。不見到有任何一件事物離開心性而獨立存在。以廣大如虛空一般的心量，發廣大虛空的願望，修廣大虛空的善行和淨行，證廣大虛空的果位，而且不執著廣大和虛空的名相。這樣發心才算圓滿。

《優婆塞戒經》的第四卷說：「菩薩布施有兩種動機。第一為了使眾生遠離苦惱。第二為了使眾生的心能夠調伏。」又說：「聰明的人布施為了利益自己和別人，因為他知道錢財和寶物是無常的緣故。他為了使眾生歡喜而布施，為了憐愍眾生的困苦而布施，為了斷除吝嗇而布施，不為後世的果報、為了圓滿和莊嚴無上的智慧而布施。」

《優婆塞戒經》的第五卷也說：「智者布施，不為報恩、不為求事、不為護惜慳貪的人、不為生人天中受快樂、不為善名遠播、不為畏怖三惡道苦、沒有其他企圖、不因為損失財物傷心而布施、不因為財物多餘或不用才拿出來布施、不因為家族的規定或想攀親附戚而才布施。智者布施是為了憐愍貧苦的眾生，為了使他們得到安樂，為了使別人產生布施的心，為了這是諸聖人本來修行的道路，為了破壞各種煩惱，為了證入涅槃，清淨業障。」

《六波羅蜜多經》的第四卷說：「布施是為了救濟危困，而不是為了嫉妒或競爭，也不是因為畏懼惡名或貪求恩惠和功德。」

《菩薩善戒經》的第四卷記載：「雖然布施飲食可以得到力量、布施衣服可以得到美妙的膚色、布施車乘可以得到快樂、布施燈光可以得到明亮美好的眼睛、布施房舍可以得到隨意的財物。可是我們不期望這些果報而行布施，我們只以慈愍心去布施，為了破除貧窮、為了讓所有眾生都成就無上智慧而行布施。」

《大智度論》的第十一卷也說：「為了成就圓滿的佛道而布施，內心清淨，不起貪愛、憎恨、愚痴、傲慢、嫉妒、競爭等煩惱，也不貪求今世和後世的福德和果德，本著誠懇、恭敬和憐愍的心去布施，才是清淨的布施。」

《大丈夫論》的第六品說得更妙：能夠本著慈悲與平等心，布施財物給眾生，才叫做「施主」。為了貪求名利和果報，沒有平等和慈悲心的布施，其實只能叫做「乞者」。……如果布施時，能使受者得到長遠的實益，甚至連子孫也能蒙受其利、歡喜讚歎，才能叫做「健全的施主」。主動歡喜地布施，才是「好的施主」，被乞求才布施的不是好的施主。本著私愛的心去布施財物，不能叫做施主；有悲愍的心，縱使沒有財物可布施，也算是「大施主」。能讓來乞求的人，每個都稱心如意，才是「好的施主」。不能滿足乞求者的願望，縱使大富大貴，也叫做「貧窮的人」。富人施捨錢財，如果沒有悲愍心，只能叫做「給與」，而不能叫做「施主」。本著悲愍的心去布施，才能叫做「施主」。如果為了貪求果報的贈與，也可以叫做「布施」的話，那麼做生意的商人，也能叫做「施主」了。為了果報而布施，尚且可以得到許多福，更何況不求果報而以悲心去布施，其福德怎可計數呢？為了貪求果報而布施，自己雖然可以得到少許的快樂，卻不能解脫苦惱或真正地救濟眾生，只是徒自疲勞而已。唯有本著悲心去布施，才能得到大福報，自利而且利人。……所以，富有的人應該布施，布施的人應該有悲心。富有的人能布施，富貴才能久遠。布施的人能夠具有悲心，布施的福德才能堅固。行布施的人可以得財富。修禪定的人可得解脫。修慈悲心的人，可獲得無上的智慧，這種果報最殊勝！

十二、一切福德不離心念

發心隨喜和善念的妙處

《大智度論》的第七十八卷說：初發行菩薩道捨己利人的心，便勝過小乘的羅漢了。例如從前有一位證得六神通的羅漢，命令小沙彌背衣缽。小沙彌心裏想：「我應當追求佛乘，證入無上的智慧!」他的師父知道小沙彌發了大心，就拿著衣缽自己背。讓小沙彌走在前面。後來小沙彌又想：「佛道很難達成，需要長久住在生死中忍受無量的苦惱，不如做一位只度自己小乘的羅漢罷了!」師父看他退心了，就又拿衣缽叫他背，並叫他走在後面。小沙彌又發了菩薩心，他的師父就讓他走在前面。後來退心了，師父就命令他退到後面。這樣一會兒上前，一會兒退後連續三次，小沙彌感到很奇怪，問師父說這是什麼緣故。師父回答：「最初你發心成佛那志向很高尚，你的地位比我尊貴，而且是我的榜樣，所以我讓你走在前面。後來你退怯、後悔了，只想學小乘自度，你剛發小乘的心而還沒有證到果位，比我當然要差一些，所以我才命令你走在後頭。」小沙彌這時才明白其中的道理，從此立定志向發心學習大乘佛法，不再退怯了。

《大品般若經》有一段經文說明了菩薩看見小乘的人布施而生隨喜心，菩薩的隨喜功德勝過小乘人的布施功德，其道理和秘訣在那裏呢？因為小乘的人布施只為了自己的解脫，菩薩隨喜的心量無限廣大，而且能將隨喜的功德迴向給一切眾生而不佔為己有。現在我們就來仔細體會《大般若經》第五百七十九卷的這段文字：

假如十方無量無數無邊世界的所有眾生，為了證得阿羅漢果，經過恆河沙數那麼多的大劫，以各種財物布施無量無數的眾生或小乘聖人，他們所得到的福德實在無量無邊而不可思議！有一位大菩薩看見那些眾生在布施，心裏想：「他們布施的福德，我都隨喜！」那位大菩薩又將他隨喜的福德，普遍布施給十方所有的眾生，而且願所有的眾生都能永遠解脫惡道和生死，讓還沒有發心追求無上佛慧的眾生早日發心，讓已經發心追求無上佛慧的眾生能永不退轉，讓追求無上佛慧已經不退轉的眾生，疾速圓滿佛的一切種智。那位大菩薩由於這種隨喜和迴向的福德，將能很快地圓滿一切種智。那位大菩薩隨喜和迴向所得到的福德善根，勝過前面那些眾生布施所得福德的百倍、千倍、乃至無數多倍。菩薩所有隨喜和迴向的心最廣大，超越和勝過世間各種眾生修行布施所得的福德，這是菩薩的方便善巧，他雖然只費了很少的功夫就獲得無量的福德。

假使十方無量無數無邊世界的所有眾生，經過了恆河沙數的大劫，以無量無邊的財物供養諸佛和比丘僧，他們因此獲得無量的福。有一位大菩薩對他們布施所得到的福德產生由衷的隨喜心。他想：「那些眾生對於真正清淨的福田這麼恭敬地供養，身心一點都不感到厭倦，真是善哉（好極了）！我對於他們的福德深生隨喜！」那位大菩薩由於隨喜所產生的福德，比起十方世界所有眾生布施財物供養佛僧的福德，還要勝過百倍、千倍，甚至無數多倍。那位菩薩隨喜的心，超過世間人行布施所得的福德。譬如四大洲內所有珠寶和火藥的光雖然能夠產生照明的作用，可是卻都為月光所映蔽了。十方世界的所有眾生行布施所得到的福德，都被菩薩隨喜的心所引發的善根所映蔽了。又譬如四大洲所有的光明都被日光所映蔽了，十方世界所有眾生布施的福德，也是都被菩薩隨喜的善根所映蔽了。……所以想要證得無上的智慧，對於一切眾生所做的功德就應當深生隨喜心。……為什麼菩薩隨喜能產生這麼大的福德呢？因為他的心量無限廣大，對於自己的善根和福德不會佔為己有，而且能把善根布施給十方世界所有的眾生，希望他們都能離苦得樂。……再者，菩薩的志向很高，而且意志專一，他把所有的善根福德都迴向圓滿的佛智。再者，菩薩時時隨喜眾生的善舉，所以他的隨喜能達到純熟而沒有執著的境界。他雖然隨喜眾生的善根，並將福德迴向給所有的眾生，可是他對於福德和眾生都不執著，他雖然願眾生解脫惡道和生死苦，可是對於惡道和生死都沒有執著；他雖然願意攝受眾生，使他們發無上的道心，可是對於發心都沒有執著，雖然願攝受眾生對於無上道心永不退轉，可是對於這不退的果位卻沒有執著，雖然他發願攝受眾生圓滿菩薩行、疾得一切種智，可是對於佛的圓滿境界並不執著；他自己雖然發願證得一切種智，可是對這種智慧並沒有執著。因為無所執著，所以能使其他眾生獲得殊勝的利益和安樂，自己也可以疾速證得無上智慧。沒有執著的心和無上智慧是相應的！

許多經論無不強調心的重要性，例如：

《六祖壇經》說：「一切福田，都離開不了心地。」又說：「一切萬法，不離自性。……何期自性本自清淨，自性本不生滅，自性本自具足，自性本無動搖，自性能生萬法。……不識本心，學法無益。」（〈行由品〉第一）

《佛遺教經》說：「但制心一處，無事不辦。」

《自愛經》說：「心是一切法的根本。心是善惡的主人。起了惡念，會受苦報。起了善念，就有福報。」

《華嚴經》的第十九卷說：「心念就像精於繪畫的師傅，能夠畫出各種世間百態。物質和感受、思想和意識沒有一樣不是心造出來的。」（〈升夜摩天宮品〉）

《禪門經》：「從外境和名相上去求，經歷多劫，仍不能成道。假如能反觀心性，不消多久的功夫，就可以證得大智慧。」

《頓悟入道要門論》說：「要想解脫一切苦惱，就必須明白苦惱的根本。如果不明白心性的道理，而一味向外馳求，只是白費工夫，辛勞而又無濟於事。」

《般泥洹經》的上卷說：「心使人升天、作人或成為鬼神、畜生、地獄等。這一切都是心造成的。」

《正法念處經》的第二十品說：「心能造作一切行為和業力。由於心念才有各種不同的果報。心是投生的根源。心是解脫和束縛的根本。為善得到自由和快樂，造惡就沉淪遭殃。」

《佛名經》說：「罪過是由心中產生的，要消滅罪過還是要從心上下功夫。我們應知道善惡及一切境界，都是來自內心。」

上面幾段經文都是告訴我們：心是萬法的根本。修行應從心性下功夫，而不可在外境和名相上打轉。如果我們能夠對於一切外境都不執著，就不會被利益、衰損、毀謗、美譽、稱讚、譏笑、痛苦和快樂這八種風所吹動。心一寧靜就會引發無量的福德、智慧、神通和不可思議的潛能。

就一般初學的人來說，要他「對境無心」和「不起妄念」是做不到的。所以佛陀教我們先要學習禪定把精神專一，並且時常行善，念念為眾生著想。習禪定可以開智慧，修善行可以培福，合起來就是「福慧雙修」。習禪定可以自利，修善行可以利他，合起來就是「自他兩利」。圓滿的境界是無論何時何地，心都常在定中，而且又可利益眾生。不像小乘的羅漢只有入了定才有六神通，出了定就沒有六神通。入了定則不能說法利益眾生，出了定才會說法。（詳閱《大智度論》第二十六卷）佛陀無論行住坐臥總是常在定中，永遠沒有散亂心。處處表現利益眾生的行為而心中一塵不染，沒有我相、人相、眾生相、壽者相，也不執著任何名相。簡而言之，清淨心就是離一切相而行一切善。

要達到不執善相的境界，一定要時常行善，行善久了，功夫成熟，才可以進入「行善而不執善相」的完美境界。如果不行善而一開始就要達到不執善相，那是永遠辦不到的。《大寶積經》就曾舉射箭為例，告訴我們：射箭要達到無心（不加思索）而就百發百中的境界，必先專心學習射箭的規則和技巧，而且還要勤於練習，最後才能達到爐火純青的境界——拿起弓箭，不必思考，只要箭一射出就一定能百發百中。由這個例子我們可以明白：要達到清淨圓覺的境界，除了諸惡莫作、眾善奉行以外，還需要勤修禪定。因為禪定可以調伏煩惱，保護善根不受躁動的雜念所破壞。所以古德說：

若人靜坐須臾頃，勝造恆沙七寶塔，
寶塔畢竟化為塵，一念靜心成正覺。

《華嚴經》的〈淨行品〉說：如果要獲得一切殊勝和美妙的功德，一定要時時發清淨的善願。因為如果我們能處處為眾生著想，我執就必然會減輕。我執減少了，煩惱也相對地減少了。煩惱減少，禪定和智慧也就自然現前了。

下面我們就引一些〈淨行品〉的偈子，來看看日常生活當中，應發些什麼善願：

若得五欲　當願眾生　拔除欲箭　究竟安穩。
技樂聚會　當願眾生　以法自娛　了技非實。
若在宮室　當願眾生　入於聖地　永除穢欲。

著瓔珞時　當願眾生　捨諸偽飾　到真實處。
上升樓閣　當願眾生　升正法樓　徹見一切。
若有所施　當願眾生　一切能捨　心無所著。
眾會聚集　當願眾生　捨眾聚法　成一切智。
若在厄難　當願眾生　隨意自在　所行無礙。
若敷床座　當願眾生　開敷善法　見真實相。
⋮
正身端坐　當願眾生　坐菩提座　心無所著。
結跏趺坐　當願眾生　善根堅固　得不動地。
修行於定　當願眾生　以定伏心　究竟無餘。
若修於觀　當願眾生　見如實理　永無乖諍。
捨跏趺坐　當願眾生　觀諸行法　悉歸散滅。
下足住時　當願眾生　心得解脫　安住不動。
若舉於足　當願眾生　出生死海　具眾善法。
著下裙時　當願眾生　服諸善根　具足慚愧。
整衣束帶　當願眾生　檢束善根　不會散失。
若著上衣　當願眾生　獲勝善根　至法彼岸。
⋮
大小便時　當願眾生　棄貪瞋痴　蠲除罪法。
事訖就水　當願眾生　出世法中　速疾而往。
洗滌形穢　當願眾生　清淨調柔　畢竟無垢。
以水盥掌　當願眾生　得清淨手　受持佛法。

以水洗面　當願眾生　得淨法門　永無垢染。

⋮

若在於道　當願眾生　能行佛道　向無餘法。

涉路而去　當願眾生　履淨法界　心無障礙。

見升高路　當願眾生　永出三界　心無怯弱。

見趣下路　當願眾生　其心謙下　長佛善根。

見斜曲路　當願眾生　捨不正道　永除惡見。

若見直路　當願眾生　其心正直　無諂無誑。

見路多塵　當願眾生　遠離塵坌　獲清淨法。

見路無塵　當願眾生　常行大悲　其心潤澤。

若見險道　當願眾生　住正法界　離諸罪難。

若見眾會　當願眾生　說甚深法　一切和合。

⋮

若見涌泉　當願眾生　方便增長　善根無盡。

若見橋樑　當願眾生　廣度一切　猶如橋樑。

若見流水　當願眾生　得善意欲　洗除惑垢。

見修園圃　當願眾生　五欲圃中　耘除愛草。

若見園苑　當願眾生　勤修諸行　趣佛菩提。

⋮

見樂著人　當願眾生　以法自娛　歡愛不捨。

見無樂著　當願眾生　有為事中　心無所樂。

見歡樂人　當願眾生　常得安樂　樂供養佛。

見苦惱人　當願眾生　獲根本智　滅除眾苦。

……

若得美食　當願眾生　滿足其願　心無羨欲。

得不美食　當願眾生　莫不獲得　諸三昧法。

得柔軟食　當願眾生　大悲所熏　心意柔軟。

得粗澀食　當願眾生　心無染著　絕世貪愛。

若飯食時　當願眾生　禪悅為食　法喜充滿。

……

洗浴身體　當願眾生　身心無垢　內外光潔。

盛暑炎毒　當願眾生　捨離眾惱　一切皆盡。

暑退涼初　當願眾生　證無上法　究竟清涼。

諷誦經時　當願眾生　順佛所說　總持不忘。

若得見佛　當願眾生　得無礙眼　見一切佛。

……

若洗足時　當願眾生　具足神力　所行無礙。

以時寢息　當願眾生　身得安穩　心無動亂。

睡眠始寤　當願眾生　一切智覺　周顧十方。

△當我們坐車時，可以發願：願車上所有的人將來都能成為佛法和智慧的良伴。

△每天發願所見到的每一位眾生身心安康，萬事吉祥如意，一切善法都快速成就，所有惡法不得實現。

△遇到一切家禽、家畜、飛禽、走獸、蟲蟻、游魚等動物，都願牠們早日解脫苦惱和束縛，發心追求圓滿的佛智。

《雜寶藏經》的第七卷記載：舍衛國的波斯匿王命令士兵說：「如果抓到盜賊，一律處死！」有一個盜賊，在押赴刑場的途中，看見了佛陀，心裏非常歡喜。後來他被正法後，因為見佛的歡喜心這善根，使他的神識升天。從天宮下來感謝佛陀的恩德，聽了佛陀說法，而悟得道果。

△遇到一切苦報，為眾生懺悔業障。同時也想想：我過去世和今生一定也造了這種業因，將來業障現前，我也是會那樣受苦。所以我自己也要趕緊懺悔啊！例如：

遇到短命、多病和戰爭的現象，為眾生和自己懺悔殺生的業障。遇到貧窮苦楚的眾生，懺悔偷盜的業障。遇到夫婦有外遇和不如意的眷屬，懺悔邪婬的業障。聽到訴訟爭鬥或不好聽的聲音的業障。遇到無舌和口中生瘡時，懺悔毀謗的業障。遇到被欺騙或被誹謗的眾生，懺悔妄語的業障。遇到講話沒人接受或說話不清楚時，懺悔綺語的業障。遇到親友背離或親族弊惡時，懺悔兩舌的業障。遇到醜陋殘廢、被人惱害或常被苛責缺點的眾生，懺悔憎恨的業障。遇到心不知足或所求違願的眾生，懺悔貪愛和吝嗇的業障。遇到常受飢渴和咽喉有毛病的眾生，懺悔飲食無度的業障。遇到車禍、跌落山谷或河川等意外傷亡的眾生，懺悔恣情打獵的業障。遇到天災地變喪生的眾生，懺悔忤逆父母的業障。遇到癲瘋或昏迷而死的眾生，懺悔焚燒山林的業障。遇到難產的婦女，懺悔破卵傷胎的業障。遇到妻離子散的惡報，懺悔網捕小魚和小鳥的業障。遇到身陷牢獄的囚犯，懺悔關繫眾生的業障。遇到服毒自盡的眾生，懺悔毒害眾生的業報。遇到盲聾啞巴的眾生，懺悔毀謗三寶的業障。遇到出生在邊地的眾生，懺悔輕慢教法和不信因果的業障。遇到卑賤受使的眾生，懺悔貢高我慢的業障。遇到財物匱乏的眾生，懺悔暴殄天物和非理毀壞器具的業障。（參見《地藏經》第四品和《萬善見資集》第四卷）

佛陀在《正法念處經》或《妙法聖念處經》的第二卷也曾告訴我們用觀想來對治煩惱和幫助修行的方法。例如：

見到海水，作漂淪想。　見到刀劍，滅煩惱想。
降雲雨時，作普益想。　見諸佛時，作解脫想。
見國王時，起尊重想。　見父母時，起親愛想。
起慳貪時，如毒藥想。　見眷屬時，暫止息想。
趣圓寂時，起平等想。　持淨戒時，起光明想。
見金寶時，起破壞想。　見破戒者，起救護想。
財散失時，非究竟想。　住三界時，如牢獄想。
見日輪時，起智慧想。　修靜慮時，求功德想。

十三、布施的境界和層次

布施可以分為愚痴心、分別心和平等恭敬心三種境界：

㈠愚痴的布施

《頞多和多耆經》說：「愚痴的人布施，只知道布施會受人稱讚，布施會有好的聲譽，而不知道布施的真正好處。他雖然布施，可是無法體悟世間無常的道理。世間本來非常苦，他卻誤以為快樂，而放逸享受。財物本來屬於世間所有，愚人卻認為財物屬於自己所有，而且可以長久掌握。他把不淨的事物看成清淨。他不知道行善得樂、造惡得苦的真理。愚痴的人布施時，不知道受施者品德的好壞，他也不知道：以善良的心布施得道的人，可獲無量的福報。」

㈡分別心的布施

布施時斤斤計較，只選擇良好的福田布施，而不布施頑劣的眾生。因為他認為這樣布施才會得到較大的功德。例如《十誦律》說：「（初發心學習布施的人）不應布施給下面這五種人：沒有羞恥心、肆無忌憚、有嫌疑、邪惡狡猾而沒有智慧、以及將要捨棄戒律的人。」

這種境界的人有三個特徵：

第一是分別心很強。他想：同樣一樣東西與其布施給阿貓阿狗那些人，不如投資到好的福田，將來可以有大收穫。他沒想到：因為布施時起了分別心，心中就無法清淨；而且福德也打了一個很大的折扣。

第二種特徵是勢利眼。他常巴結上司而輕視屬下。他喜歡錦上添花，而不雪中送炭。他一心只想尋找一位品格、學問樣樣第一的人供養，而不

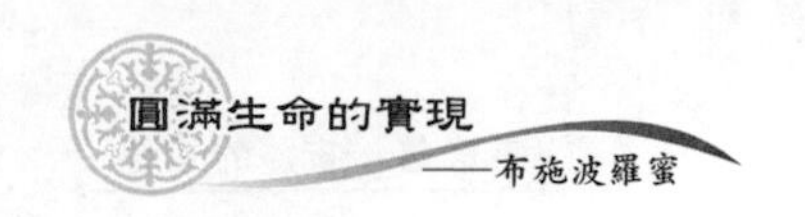

知過「所有的眾生都是未來佛」(《梵網經》語)、「平等恭敬一切眾生才可急速成念佛三昧」(《念佛三昧寶王論》卷上)、「若能隨順眾生，則為隨順供養諸佛。若於眾生尊重承事，則為尊承事如來。若令眾生生歡喜者，則令一切如來歡喜。」(《華嚴經・普賢行願品》)

他苦心追求供養善知識，而不知家中的老母親原來也是一位活佛。《大乘本生心地觀經》說:「以百千種高貴美妙的寶物供養一百位證得五種神通（他心通、宿命通、神足通、天眼通、天耳通）的仙人、一百位修行人、一百位善知識，不如以微少的東西供養父母。」

他不明白「心、佛、眾生三無差別」的道理，不知道佛法是心地法門，應在心性下功夫。真正的佛法僧三寶乃是人人本具的自性清淨心。

他不知道一切眾生都輕視不得。《法華經》是諸經之王，常不輕菩薩時常禮拜恭敬一切眾生。對於眾生有了高下尊卑的分別心，就會產生我慢和雜念紛飛。又怎麼能證入佛陀圓滿的心智呢?

第三種特徵是正義感。他常嫉惡如仇，巴不得讓天下的惡人早日死去、所有的壞蛋通通死光。他輕視破戒和造惡的眾生，而不知道仇視不但無法把惡人感化，而且會造成對立和隔閡。嫉惡如仇也是使心靈不得寧靜的一種煩惱啊!

㈢平等恭敬心的布施

這種布施是菩薩的境界。布施時不計較福田的好壞，也不希望回報和功德。他時常發願平等度化一切眾生，隨順眾生的需要而布施，「先以欲牽勾，後令入佛智」。如《華嚴經・普賢行願品》所說的:「盡法界、虛空界……所有眾生……我都隨順他們的性向和需要來轉變我的教育方式。我用各種方法來服侍他們，用各種物品來供養他們。我平等恭敬他們好像對待父母、師長、羅漢和如來一樣。對於病苦的眾生，我願意當他們的好醫生，給他們醫病和服藥；對於迷路的眾生，我願意引導他們走向光明的大道；在黑暗的夜裏，我願意當做明亮的燈光去照耀他們；遇到貧窮的眾生，我願意教他們一技之長或者引導他們得到無盡的寶藏。菩薩總是這樣平等饒益一切眾生的！……因為以平等心來對待一切眾生，才能成就圓滿的慈悲。以大悲心來隨順眾生，也等於供養如來了。」

※　　※　　※

《集一切福德三昧經》的上卷提到了兩種布施的境界：

㈠有盡的布施——布施時不迴向、沒有方便善巧、志向狹小而且親近惡友。

㈡無盡的布施——迴向智慧、有善巧方便、立志成佛而且時常親近善知識。

※　　※　　※

《優婆塞戒經》的第四卷將布施的人分為上、中、下三個等級：

下等人——不信業力和因果報應，對於財物的執著很深，而且吝嗇不肯施捨，恐怕布施會吃虧，財物會損失。所以看見乞求的人，就起了憎恨和愚痴的心。

中等人——雖然相信業報和因果，但是對於財物仍然有吝嗇心，因他恐怕布施會把財物花光，所以只能有限和有條件地布施。通常來說，他看見乞求的人，都會產生施捨的心。

上等人——深信業報和因果，不貪愛或吝惜財物，他已經真正明白財物無常的道理，所以看見乞求的人，能夠歡喜地施捨他們所需要的財物。布施以後才感到痛快；如果沒有布施，反倒感到十分彆扭和懊惱。他甚至會以自己的身體去交換財物，用來布施貧病或需求的人。

※　　※　　※

下等人——看見乞求的人，不屑一顧，甚至還加以惡罵或侮辱。

中等人——看見乞求的人，雖然能夠施捨財物，可是心中並不會很恭敬，仍然帶有輕視和卑賤的心。

上等人——對方沒有開口乞求，便把他們所需要的財物贈送給他。布施時還畢恭畢敬，絲毫不怠慢。

※　　　※　　　※

下等人——為了現世的福報而布施。

中等人——為了來世的福報而布施。

上等人——為了慈悲和憐愍眾生而布施。

※　　　※　　　※

下等人——為了報答別人的恩情而布施。

中等人——為了善業和果報而布施。

上等人——為了成就無上圓滿的佛道而布施。

※　　　※　　　※

下等人——為了畏懼惡名或競爭或害怕別人勝過自己而布施。

中等人——為了提昇自己跟別人相等而布施。

上等人——不選擇怨仇或親屬而布施。

※　　　※　　　※

下等人——自己有財物，騙人說沒有。

中等人——自己有許多財物，卻說只有少許的財物。

上等人——別人只乞求少許的東西，卻給與很多的財物。

※　　　※　　　※

下等人——自己沒有錢財時，看見乞求的人，心裏頭產生厭惡和憎恨，而且還毫不客氣地責備對方。

中等人——自己沒有錢財時，看見乞求的人，坦白客氣地說：「我現在沒有，很抱歉！」

上等人——自己沒有錢財時，見到乞求的人，不但自己替他擔憂，甚至還去借東西來布施。

※　※　※

下等人——吝惜財物或者布施不如法，常被聖賢所訶責。

中等人——布施時，常被聖賢所憐愍。

上等人——布施時，常被聖賢所讚歎。（《優婆塞戒經》第四卷）

※　※　※

《釋氏六帖》的第五卷中也提到了布施的四個等級：「為了貪求福報而施捨財物是下等的布施。為了害怕聲譽不好或恐懼墮惡道而施捨財物是中等的布施，以供養心來布施財物是上等的布施。以誠敬心布施而且發願成就圓滿的佛道才是最上等的布施。」

《大丈夫論》的第二品也提到了三種不同的布施：

下等人——為了求福報而布施。

中等人——為了求解脫而布施。

上等人——本著大悲心去布施。

以上三種布施，境界雖然有高低，可是都能增加布施的樂趣和歡喜心，所以叫做「增長樂味施」。

※　※　※

《大丈夫論》的第八品提到了兩種布施說：

愚痴的人——到了臨命終時，才布施，這是不得已的啊！

聰明的人——平時就養成布施的習慣。

※　※　※

《大丈夫論》的第七品說:

下等人——為求人天果報而布施。

中等人——為小乘果位和解脫而布施。

上等人——為了得到無上菩提，救度一切眾生而布施。

十四、布施者的心態

《大丈夫論》的第四品說:「貪財吝嗇的人遇到乞求的人，馬上把頭轉到旁邊，當做沒看見。愛布施的人見到乞求的人，卻欣喜若狂巴不得馬上親近和探望他們。」

《大丈夫論》的第八品對於布施者的心態描寫得更細膩:「自私的人時常起貪愛的念頭，博愛的人時常起慈悲的心念。……看見困苦的眾生，能夠布施，就表示有慈悲心。貪愛和吝嗇的人，縱使親朋好友向他要東西，他也會心懷怨憎。有慈悲心腸的人對待怨家仇人如同親友。吝嗇的人，布施泥土就像黃金翠玉一般捨不得。慈悲的人，布施黃金翠玉如同花草樹木一般輕快。吝嗇的人如果喪失了財寶，心裏就產生非常大的憂愁和苦惱。愛布施的人，見到別人得到財物在高興，自己內心也就無比歡喜。假如他有好吃美味的食物，如果不拿出來請客，自己吃了就沒什麼味道。雖然某種東西本來並不怎麼好吃，但要是他布施以後再來品嚐，味道就大不相同了。由於心中滿懷喜悅，所以吃起來就津津有味、甜美無比。他吃布施所剩下來的食物，心生喜樂，宛如證得涅槃那麼快樂。沒有信心的人，誰會相信這些話呢? 縱使有粗糙的飲食，又看見飢餓的人在面前，他也無動於衷，粗賤的東西他尚且捨不得布施，怎麼會贈送精美貴重的財物給可憐的窮人呢? 吝嗇的人聽到別人向他要糞土，他都捨不得給人，何況心愛的財物呢?」

《大丈夫論》的第九品說:「例如有一個富人和一個窮人兩個人同時遇到了乞丐，他們心裏感到苦惱。有錢的人害怕乞丐向他要錢。貧窮的人苦於無物可以布施。這兩個人雖然都是在苦惱，可是果報卻大不相同。貧窮而有慈悲心的人後來生天，享受無窮的快樂。可是那吝嗇的有錢人卻投生在餓鬼中，忍受了無量的痛苦。

所以遇到貧苦的眾生，只要心存悲愍，就可以獲得許多福德利益，何況又布施財物！由於菩薩的慈悲心特別懇切，所以他時常想布施。縱使財物布施光了，見到眾生向他乞求，他不忍心說沒有財物了，這時候他感到悲苦而流淚。他聽到別人受苦的消息，尚且於心不忍，更何況親眼見到貧病苦惱的眾生而忍得下心不去救濟他們？有慈悲心的人見到貧苦眾生而又沒有財物可以布施時，就會感到悲苦和歎息。救度眾生的人見到眾生受苦，因為心地柔軟，所以也會悲泣墮淚。

菩薩有三種情形會流眼淚，第一種情況是看見廣修陰德的人，由於敬愛心，所以流淚。第二種情況是見到苦惱而又沒修功德的人，由於悲愍心，所以也會流淚。第三種情況是修行大布施，會因為悲喜踴躍，也會流淚。總計菩薩生生世世所流的眼淚比四大海的海水還多。世間眾生遇到親屬過世因為哀傷所流的眼淚，比不上菩薩見到貧苦眾生而自己又沒有錢財可以布施時所流的眼淚多。菩薩聽到乞求的聲音，會心軟而流淚。乞求的人見到菩薩流淚，沒有說要給他財物，他知道菩薩遲早一定會給他財物的。」

《大丈夫論》的第十三品說：「菩薩時常為了消除一切眾生的困苦而捨身救濟他們。他布施不求果報，而把財物看得像芻草一般。因為有了廣大的慈悲心，所以能以種種善巧方便的方式來布施。他布施血液比世人布施茶水還要輕鬆容易得多。」

《大丈夫論》的第五品更進一步地說明：菩薩把乞求財物的人，看成來幫他覺悟智慧、幫他修功德的人。他不認為對方是為了財寶而來，而認為他們是為使他成就大事業而來……菩薩見到很難為情的乞者，就委婉地安慰他說：如果有任何需要的物品，可以坦白相告而不要介意。乞求的人既然得到物品，心中非常歡喜。菩薩見到受者高興，內心也無比欣慰，宛如得到涅槃的快樂一般。在世間和生死中打轉非常痛苦，菩薩處之卻如同涅槃那樣快樂。為什麼呢？因為要救濟眾生的緣故。菩薩心裏這麼想：「慈悲眾生即是我得解脫。布施財物和佛法來救助眾生，眾生得到快樂，我就是得解脫。如果沒有悲愍心，不能叫做布施。如果以悲心來布施，就是得到解脫。」菩薩又想：「從前我聽世尊說：證得解脫非常快樂，我現在也已經得到這種快樂了。為什麼呢？能隨順對方的需要去布施（稱意而施）就是解脫。如果阿羅漢解脫的快樂，跟悲心布施的快樂相似，我就喜歡解脫。如果兩者的快樂不相似，我就不愛解脫，而愛布施的快樂。悲愍心布施所得的快樂真是無可比擬啊！」

《大丈夫論》的第十一品甚至說：阿羅漢捨離最後的色身，證入涅槃的快樂，還不如菩薩為眾生犧牲生命時所得的快樂多。阿羅漢得解脫，不如菩薩為眾生而受苦所得的快樂多。菩薩心裏想：「我因為不取證涅槃，為了眾生，而投生接受了這身體，是非常美妙的！」「我犧牲身命布施眾生，而又不斷受身利益眾生，沒證入解脫的境界，這是最殊勝的！」「涅槃雖然非常快樂，在世間受身，輪迴生死，十分辛苦，我應當為了一切眾生而接受這受身的苦，使一切眾生得到解脫！」

《十住毗婆沙論》說：如果有人向在家菩薩要他所珍惜的財物說：「請你把這東西布施給我，你將會很快成佛！」菩薩會立刻這麼想：「如果我現在不施捨這東西，這東西再過不久也一定會離開我。因為到了我死亡的時候，這些東西都不能夠跟隨我去，所以一切財物最後還是會跟我分開。現在我為了啟發圓滿的心智和利益眾生，所以必須布施給眾生。將來我死了以後，心中就不會後悔，而且能投生在更美好的境界，這豈不是一舉兩得嗎?」如果這樣想來想去，還是會貪著那財物，就應該向乞求的人道歉:「很抱歉! 請您不要生氣! 我是剛初發心的，善根還沒有具足，菩薩法也還沒修成功，所以不能施捨這種財物。將來如果我有道行，善根堅固了以後，我一定會贈送您的!」

十五、布施的次數與時間

一般來說，布施的時間越常越好，布施的次數也越多越好。但不可分得太瑣碎，每天跑了很多趟，就未免太麻煩了。一年一次布施一千二百元，不如每個月都按月布施一百元比較能養成施捨的習慣，而且在心靈上的力量也較大。但是如果用郵政劃撥或匯款的方式布施，我們就需要考慮到時間的效益和方便的問題，郵政劃撥要扣手續費，匯款需繳匯費和郵費。郵政劃撥五十元以下扣兩塊錢手續費，五十一元至五百元扣五元，五百零一元以上扣八元。照上面那個例子來說，一次劃撥一千二百元只扣八元手續費。每個月劃撥一百元，一年就需扣六十元的手續費。其實，有時也用不著考慮得太多，只要酌量自己的經濟能力及時間的方便，歡歡喜喜地布施或隨緣救人之急就行了！

「救貧不如救急」。遇到眾生危急的時候，能夠及時布施，就像乾旱時下了一場甘霖，效益和福德當然最大。

所以《七處三觀經》和《增壹阿含經》的第二十四卷說：有五種適合時節的布施（應時之施）利益很大。第一是布施遠來的人。第二是布施出遠門的人。第三是布施生病和瘦弱的人。第四是布施飢餓或困乏的人物。第五是得到新鮮的蔬菜、水果或穀類等，先供養持戒精進的修道人，然後自己才吃。應當隨時修行這五布施。順應時宜的布施將來還是得到順應時宜的果報，所以我們布施要順應時宜，以清淨心來布施。譬如說，在寒冷的季節裏，布施溫室、毛氈、棉被、薪火、熱湯和暖食。在炎熱的天氣裏，布施輕薄的衣服、清水、扇子等東西。在眾生煩渴時，布施潔淨的飲料或茶水。在眾生飢餓時，布施衛生營養的食物。在刮風下雨的時候，就把供養的物品送到寺院。天氣晴朗時才請出家人到家裏用餐。這些隨順時節、適應需要、使人歡喜的布施，將來會得到稱心如意的福報。（參見《法苑珠林》第八十一卷）

《毗耶婆問經》的上卷說：「有五種布施，可以給布施的人帶來滿足感。第一是應時的布施。第二是布施行人。第三是布施病人或照料病患的人。第四是布施佛法的棟樑或新血輪。第五是布施將要出國進修或宏法的人。」

下面我們就來探討布施的時間。我們將應時的布施分為「救濟眾生的危急」和「解救自己的危難」兩方面來敘述：

㈠救濟眾生的危急

拯救危難是第一急切的事情，幫助急需的人最能發揮財物的經濟效用。例如《莊子》的〈外物篇〉記載：

莊子家境貧寒，所以他到了魏文侯那裏去求借食糧，魏文侯說：「可以！但是要等到我收到租稅以後，我才借你三百金，可以嗎?」莊子氣憤地變了臉色說：「昨天我來的時候，在半路上看到馬路上車子走過下陷的軌跡裏有一條小鯽魚，我問牠說：『小魚兒呀！你為什麼變成這個樣子呢?』鯽魚回答說：『我是東海飄來的水族，你有幾公升的水，可以救濟我嗎?』我說：『好啊！可是你得等我去遊說吳國或越國的君王，引西江的水來接濟你，可以嗎?』那條鯽魚氣憤地變了臉色說：『我已經被困在這裏，失去常態而無法活下去了！我想要的只不過是幾公升的水來活命而已，先生竟然這麼說，不如早點到乾魚市場，去尋找我的殘骸吧！』」

所以《瑜伽師地論》的第三十九卷說：以布施滿足眾生的需要，通常有八種情況。

1. 如果眾生匱乏飲食，則施以飯食。

2. 如果眾生匱乏車乘，則施以車乘。

3. 如果眾生匱乏衣服，則施以衣服。

4. 如果眾生匱乏莊嚴的器具（裝飾品），則施以莊嚴的器具（裝飾品）。

5. 如果眾生匱乏資生用品，則施以日常用品。

6. 如果眾生匱乏化妝品、香水和首飾，則施以化妝品、香水和首飾。

7. 如果眾生匱乏房宅，則施以房宅。

8. 如果眾生匱乏光明，則施以燈具。

《安士全書》的《陰騭文廣義節錄》上卷列舉了數種急難：

1. 水災、地震等天然災害——迅速拯救。————無畏施

2. 火災、車禍等人為災禍——迅速拯救。————無畏施

3. 冤獄——申冤平反。————無畏施

4. 孤寂——安慰同情。————無畏施

5. 盜賊——協助脫離。————無畏施

6. 刀兵——協助脫離。————無畏施

7. 饑饉——施捨飲食。————財　施

8. 疾病——救助醫藥。————財　施

9. 邪惡——讓他相信三世因果和明白佛法義理。————法　施

10. 修行不如法——示以正道和要領。————法　施

例如《百緣經》的第四卷記載了一則佛陀救助弟子的故事：舍衛國有一位老比丘，名叫尸婆，他的視力很差，想縫補衣服，卻無法穿針引線。他說：「誰是喜愛福德的人呢？請來幫我穿針線吧！」佛陀聽到了，立即趕來幫他穿針線。那位老比丘認得佛陀的聲音，他問佛陀：「世尊！您無量劫來不斷修行慈悲和利他的善行，您的福德和人格已經達到圓滿的境界了，

為什麼還要來幫忙我、還要再種福德呢?」佛陀告訴尸婆說:「我因為不會忘失過去行善的習慣，所以才來幫助您、才來再種福德!」

《六度集經》的第三卷記載：佛陀在無量劫以前是一隻母天鵝。在饑荒時，猛力裂開自己的腋下，用嘴啄腋下的肉以餵食三隻小天鵝。那三隻小天鵝認得鵝媽媽的肉而不敢吃。那三隻小天鵝就是後來佛的得意弟子——舍利弗、目蓮和阿難三個人。因為佛陀從前生生世世時常救助眾生的危急，所結的善緣很廣，所以成佛時，萬事如意，度化無盡的眾生。

《百緣經》的第一卷也記載：佛陀在舍衛國的祇樹給孤獨園時，舍衛大城中有一位長者，名叫做婆持加。他有許多壞習慣，喜歡發怒，沒有人能跟他和睦相處，可是他卻蠻相信外道的。有一次，他生了重病，居然無人照顧他。他心裏想:「我的命真苦，這也是我過去作惡多端的報應!有誰能拯救我的性命呢?如果救了我，我應當終生行善，並且好好信奉他!」他想來想去，覺得好像只有佛能夠救他的命，於是就立刻對佛陀產生懇切的恭敬心，渴望見到佛陀。

佛陀無時無刻不本著慈悲心去觀察眾生誰正在受苦惱，應當去解救他們脫離苦海，講委婉的話語去安慰他們，說法使他們歡喜，如果見到眾生將要墮落惡道，就運用善巧方便的方法去幫助他們，使他們得到人天福報，甚至證得聖果。當時佛陀見到長者為病所困，身心憔悴，無人照料，就放出光明去照耀長者的身體，使他感到清涼和舒適。婆持加長者心中立刻醒悟，禁不住滿懷歡喜地五體投地，禮拜和歸依佛陀。

佛陀知道婆持加長者的善根已經成熟，適合接受教化，立即起身到長者的家。長者覺得十分驚訝，急忙合掌恭迎佛陀。佛陀問婆持加長者說:「您現在什麼地方最不舒服呢?」長者回答:「我的身心都十分苦惱!」佛陀想:「我無量劫以來，常修慈悲，發誓治療眾生身心的一切疾病和苦惱。」

忉利天的天帝知道佛陀的心念，立即到了香山去採取一種名叫「白乳」的藥草，雙手奉給世尊。佛陀得到這種藥，就拿給婆持加長者服用，長者的疾病痊癒後，身心非常舒暢，對於佛陀產生堅定的信心和敬仰。長者病好後，設素食供養佛陀和僧眾，又以很好的衣服供養佛陀，並且發了廣大的誓願：「希望我來世能幫眾生治療身心的疾病，使他們得到安樂，就如同佛陀治療我的疾病一般！」

平時多搜集一些藥方或秘方，並且將確實有效的驗方告訴別人，也是救人危急一個很簡便的方法。例如，下面這幾個藥方也是屢次嘗試都十分靈驗的。我的朋友都說它們的效果非常良好。我不敢這麼說，因為凡事可能都有例外，恐怕萬一「定業」現前而難以轉變時，那可就糟了！內服藥由於個人的體質和五臟六腑的機能千差萬別，所以效果較不穩定，因此下面所列舉的方子大多是外敷藥：

1. 吹乳（產婦餵奶時被嬰兒吹到乳）：

蒲公英二錢　乳香五分　沒藥五分　丁香二錢　南星二錢　天花二錢　大黃五分

（以上面的藥研粉末，和童尿做膏，抹在乳部。）

2. 子宮發炎：

仙楂二錢　淮山二錢　茯苓二錢　蘇黨一錢半　砂仁一錢半　東前二錢　神殼二錢　陳皮二錢　蓮子二錢　甘草五分

（以上面的藥和水煎服，數次即癒。）

3. 刀傷止血：蕃石榴的嫩葉洗淨、曬乾、研末、敷患處。

4. 油火燙傷：（馬蹄形的）大黃研為粉末，加上純正茶油，抹塗患處。

5. 外傷發炎或潰爛（流膿水）用大黃和冰片共研粉末灑在患處，效果也非常好，隔一、兩天傷口就結乾皮了。您可以到中藥房買十塊錢大黃和冰片粉，放在家中，以備急用，妙用無窮！

6. 治火傷、燙傷，痊癒後沒有疤痕的方法：

如果要救人，平時先買一包較細的生石灰粉（一般建材行都有出售）放入容器裏，加水拌攪均勻，如果水面上浮了一層髒的東西或水泡就弄掉，這樣浸泡著以備急用，浸上數日或數個月效果更佳。（如果平時沒有準備，見人燙傷後臨時再沖調也可以。）要用時把石灰水上面的水倒掉，只留下一些水和濕石灰，然後用一雙筷子快速攪拌均勻成石灰泥，再逐漸倒入純正的花生油，請注意：花生油要慢慢倒，以免一下子倒了太多，不易攪拌均勻。石灰泥的攪拌則要越快越好，這樣花生油才能融入石灰泥中。將花生油逐漸倒入，同時以筷子快速攪拌石灰泥最後達到完全「乳化」的現象（看起來像濃的牛乳），就大功告成了。將乳化了的石灰乳，塗抹在棉花片上（棉花片的大小要比火燙傷的部位大一些）敷在受傷的部位。請注意：被火或油燙傷後，不管多嚴重，皮膚上所腫起的泡泡，請勿將起泡的皮撕掉！這樣痊癒後就毫無傷痕。以乳化的石灰泥塗抹在棉花片上敷在燙傷的部位，很好敷，也很好拿掉。剛燙到時每隔幾分鐘或十來分鐘就敷一次棉花片，棉花片敷在患部上，只要一感覺到熱，就換抹上乳化石灰泥的新棉花片。這樣不斷更換新抹上乳化石灰泥的棉花片，越來越久更換一次，甚至隔天更換一次抹上乳化石灰泥的新棉花片，一直到痊癒為止。

7. 腹瀉（拉肚子）：吃下成熟的木瓜一大片，即可痊癒。

8. 青春痘：半個苦瓜切丁，加水清燉，不可加油、鹽、糖、味精或其他調味品，熬到苦瓜稀爛為止，當開水喝。

9. 風濕痛：

小本山葡萄　當歸　桂枝　白朮　枸杞　六汗　紅花　埔鹽　川牛膝　川獨活　防風　研末和蜂蜜為丸

（藥材的分量輕重，請教中醫師斟酌各人體質而加減。）

10.肺炎：馬齒莧（又名：五行草）四兩搗汁加蜂蜜服用，半月至一月可痊癒。

11.腎結石：桔梗一錢、海藻二錢、知母三錢、五靈脂半錢、茯苓、澤瀉、白豬苓、滑石、車前子各三錢、大革薢四錢煎水服用。

12.肝機能不好：甲、枸杞葉泡開水喝。

乙、欖仁葉（曬乾）泡開水喝。

丙、含羞草的根煮水喝。

丁、馬齒莧搾汁喝。（亦可治青春痘）

13.糖尿病：甲、時常以山藥（淮山）煮湯，食飯時配菜吃。

乙、茵陳三兩分十次，用開水沖泡當茶喝。

另外告訴您一個節省洗髮精的實用小秘訣：每天用（溫）清水洗頭，以手指按摩髮根，洗完頭髮擦乾後，以護髮刷或梳子梳頭數十下，這樣每天只要花數分鐘，頭髮便長久不會癢。只有等到頭髮髒（有的人有較多的油垢或頭皮屑）時，才用洗髮精洗頭。不但可以節省洗髮精的開支，而且頭髮比較富有油質，不容易變黃或斷裂。因為市場上洗髮精的品質參差不齊，有些洗髮精的品質不錯，也有些洗髮精的質料很差，洗了會掉頭髮，越洗頭髮越糟糕。有一位先生頭皮每天都會癢，用了許多洗髮精和藥膏都沒治好，後來改用清水天天洗頭，並且買了一隻花王護髮刷時常梳頭，偶而擠柚子、柳丁和橘子皮的油，塗灑在頭皮上，後來不但頭不再癢了，而且髮質也改善不少。他現在還天天用清水洗頭，他發現用清水洗頭的好處真不少，每天用清水洗頭，反而比三、四天才用洗髮精洗一次頭節省時間，

而且輕鬆愉快，頭皮也不會再癢了。如果您的髮質不好，也可如法泡製，買一隻護髮刷時常梳頭（每天梳數十下到數百下均可，頭會癢就再多梳幾下），天天用清水洗頭，您的頭皮就不會再癢了。

㈡解救自己的危難

布施不但要救助眾生的危急，而且也要針對自己的困難和弱點來下手。譬如，會感覺口渴的人，就常請人吃水果和喝茶；常生病的人，就戒殺放生，而送醫藥給貧窮的病人；近視眼的人，就布施油燈；智力差的人，就印送經典；這叫做「應病與藥」。下面我們就舉兩個以布施來解除自己危難的例子：

《百緣經》記載，過去迦葉佛時，有一位長者，出家修道，不能精勤用功，又染上重病。醫生教他吃乳酥來補身體，沒想到吃得太多，夜間發生了熱渴，找不到可以解渴的水來喝。迦葉佛就教他以清淨、美味的飲水布施在寺院修行的出家人，並且很誠懇地懺悔自己的業障。因為布施清淨的飲水給出家眾，所以他過了兩萬年，生生世世從不熱渴，而且嘴裏時常有甘美的唾液。後來投生在印度舍衛城，做一位很有錢長者的兒子，相貌端莊可愛，嘴裏自然有甜美的唾液，而不必吸吮母奶。年紀較大以後，跟隨釋迦牟尼佛出家修道，而證得阿羅漢的聖果，他的名字叫做耶奢密多。

《閱微草堂筆記》的第一卷記載了一個布施化解冤仇的故事。胡牧亭御史說：他所住的鄉里裏，有人飼養了一頭豬。這頭豬每次遇見鄰居某位老先生，就怒目叫吼，一直要衝跑出來咬他。遇到其他的人都不會這樣。那位老先生起先很恨這頭豬，想把牠買來宰割，吃肉吃個痛快。後來他突然領悟到：這大概是佛經中所說的「宿冤」（過去世的冤業）吧！世界上沒有不能化解的冤仇。於是他就出了一個很好的價錢，買下了這頭豬，並且把牠送到佛寺去做「長生豬」，打算長期飼養這頭豬，而不殺牠，一直養到牠自然死亡為止。沒想到隔了一段時間他又遇到那頭豬時，那頭豬不但不會像從前那樣怒目相向，而且還很馴服和體貼地靠近他。

由這個故事我們可以體會到：對於冤家債主，我們更應本著慈悲心去關懷和對待他。常布施他美好的東西或所需要的物品。如果他不接受，你可以用化名布施，或者在暗地裏幫助他。甚至以他的名字做功德，或者行善後把功德迴向給他，並且再代他將功德迴向給一切眾生，那就更圓滿了！

總而言之，當我們遇到福田或貧病的人，而自己又有錢財時，便應及時布施，以免錯過大好時機，等將來錢財花光時，才想到要布施，那就來不及了。這好像佛陀在《百喻經》裏所說的：

「有一個人在一個月以後宴客，需要大量的牛奶，所以他事先準備貯存，以免匱乏。他心裏想：『如果每天從乳牛身上擠出鮮奶來積蓄，就需要很大的木桶，而且牛奶在木桶裏放久了容易變質。不如把它藏在牛的肚子，等到宴客那天才擠來食用，豈不是既新鮮又省事嗎？』因此他就把他所養的那頭乳牛和正在吃奶的小牛分開，也不每天去擠鮮奶儲存。一個月後，宴客的日子到了，他就把乳牛牽出來擠奶，可是不管怎樣用力，卻都擠不出奶，當場給客人譏笑了一頓。」

這故事比喻：想要等到錢財多時才來救濟貧困的人是錯誤的，應該把握機會，及時布施，否則不就和那個把鮮奶貯存在牛的乳房裏的愚人一樣嗎？（史天行譯：《百喻經故事》）

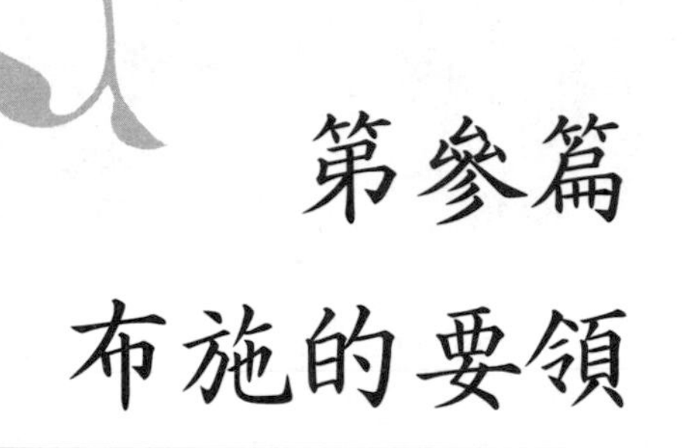

第參篇 布施的要領

The Principles of Almsgiving

一、以平等心行布施

《菩薩善戒經》的第四卷說：「菩薩常以平等心行布施，他不分別對方是福田，不計較怨和親屬，也不選擇受者身分的尊貴或卑賤。……他布施時不會因為接受財物的人地位尊貴而就雙手恭奉，也不因為接受財物的人地位卑賤而就草率丟擲。」

《大般若經》的第五百八十三卷說：「布施時，如果考慮到：現在我要布施少一些或者多一些，我只要布施這種財物而不布施那種財物，我只要布施這群人而不布施那群人，這種分別心便會障礙我們啟發圓滿的智慧，他需要經過很久的時間才能得圓滿清淨的布施和得到無上智慧。所以如果我們不想阻礙心智的啟發，而要疾速成就一切種智或者使布施達到圓滿的境界，就不應本著分別心去布施。應當平等施捨一切財物，給予所有眾生。」

布施貴在平等而沒有分別，否則豈不是變成了巴結和奉承？佛陀在梵摩難國王經中叮嚀我們：「布施務必要存著平等心，不可有絲毫的輕慢心。甚至當我們接受別人的財物時，也應懷著平等感恩的心。無始以來，一切眾生都曾當過我們的親屬，怎麼可以隨便嫌棄或輕視他們呢?」

《瑜伽師地論》的第三十九卷說：「菩薩布施時，應當對於所有的眾生起平等心，認為他們都是福田，而不分別怨親、有德無德、頑劣乖巧等。」

《菩薩善戒經》的第四卷說：「假設有貧者和富者兩個人同時來求財物，如果財物夠多，便應當平等施與。如果財物不夠，便應當先救助較貧苦的人。」

《大寶積經》的第一百一十七卷告訴我們：應以平等的心來行布施，

不可說：我只布施給某甲，而不布施給某乙。布施某甲比較多，布施某乙比較少。好的東西布施給某甲，差的布施給某乙。珍貴的布施給某甲，普通的才布施給某乙。時常布施給某甲，某乙只要給他一兩次就行了。親手奉送財物去給某甲，某乙叫他自己來拿就行了。精細的物品先送某甲，粗糙的才留給某乙。這個人持戒，那個人破戒。這個人眾望所歸，那個人沒有人緣。這個人有福德，那個人沒福德。這個人是正派的，那個人是邪派的。這個人行善，那個人造惡。這個人高尚，那個人卑賤。這個人信佛，那個人不信佛。這個人境界高，那個人境界低。……菩薩布施，應當捨棄這些分別心。……所謂平等心，就應像虛空一樣，對於一切萬物沒有增減。……不可以說：只有修持經法的人，我才要布施經典給他；不能修持經法的人來向我要經書，我就不布施。一定要具備所有條件的人，我才布施經書給他；佛學基礎不好的人，我就不布施經書給他。真正想要宏揚佛教，推行法施的人，不會以為布施給凡夫，就有什麼損失；也不會以為布施給聖賢，就可以得到什麼利益。他知道一切事物本來都是清淨無染、平等沒有差別的。所以我們的布施也應當平等而沒有分別心。

布施貴在平等而沒有分別，如同《六波羅蜜多經》第四卷所說的：「如來在世時，以種種上妙的衣服、房舍、臥具、飲食、湯藥、梵唄、油燈、香花等，尊敬地供養和讚歎佛陀。如來滅度以後，恭請佛陀的舍利，建造佛塔，也用上面種種物品來供養和讚歎佛陀。這兩件事的功德果報完全一樣而沒有差別。由於這種布施的福德，使眾生能對三寶產生誠敬和尊重心，發心聽聞正法，而且如說修行，最後必定會成就圓滿的智慧。」

佛陀在《大寶積經》的第一百二十卷也說：「所有的如來都是法身，而非色身。無論如來在世，或者滅度後，只要我們誠心供養，所得到的福報並沒有兩樣。猶如轉輪聖王教我們不要殺生、不要妄語，我們雖然沒有見過他或當他的侍衛，但只要我們遵照他的話去做，轉輪聖王一定會喜歡我們。同樣的道理，雖然有些眾生見過我的色身，但如果他們不護持清淨善戒，那又有什麼益處呢？例如提婆達多雖然遇見了我，卻還是墮了地獄。在未來的末法時期，如果有人勤修我的教法，就非常難能可貴了。依照我的教法去修行，跟見到了我，是沒有什麼兩樣！」

布施不可帶有私愛和偏好。帶有私愛和偏好，布施的功德就不圓滿，福德就被打了一個大折扣。所以《中阿含經》的第四十七卷（《瞿曇彌經》）記載：佛陀的姨媽拿了一件新的黃色金縷衣要布施佛陀，佛陀請她拿去布施僧眾，因為平等而沒有條件的布施功德較大。佛陀說：「您拿這金縷衣布施眾僧，就等於供養我了！」（參見《雜寶藏經》第五卷）

《增壹阿含經》的第四十五卷說：「依照僧次平等供養一位出家人，其功德勝過別請五百位羅漢的百、千、萬、億倍，甚至不可譬喻的倍數。……菩薩布施心地平等，不分高下。當菩薩布施時，縱使有天人來告訴他：這位是持戒的人，那位是犯戒的人，布施這個人福報多，布施那個人福德少。菩薩也不會起分別心，只布施這個人，而不布施那個人。因為他知道：平等布施的福德無量無邊，而且長期受益。」

布施時不可「勢利眼」，隨便用肉眼去判定一個人，是會失去種福機會的。例如：漢聲出版公司所印行的《中國童話》四月份（十九日）中有一篇發生在四川成都浣花溪的「百花潭」故事，女主角蓉卿所幫助的那位渾身流膿、流湯、又髒又臭的醜和尚，原來是聖僧的化身。《虛雲和尚全集》裏，當虛雲和尚從浙江的普陀山三步一跪，五步一拜到山西的五臺山去朝聖，中途所遇到那一位文吉，原來就是文殊菩薩的化身。下面我們就引用《文殊大士感應錄》中一則以凡情忖度分別，失去接近大聖的故事：

北齊時，定州有一位出家的師父，名叫明勗法師。年輕的時候，就懷著大志向。他讀了《華嚴經》，知道五臺山（又名清涼山）是文殊菩薩所住的道場。於是他就帶著簡單的行李，千里迢迢來到了五臺山。五臺山很大，但由於他朝見文殊菩薩的心志很堅定，所以走過一山又一山，許多深山幽谷，他都尋遍了。

有一天，他突然遇到一位長相很奇特的僧人，他趕緊向他禮拜，過了好一陣子，他才詢問那位僧人的籍貫和住所。沒想到對方說他也是來五臺山朝聖的。於是他們就結伴同遊五臺山。

他們形影不離，連續走了三天，到了東臺的半山腰，看見一間很簡陋的房子，裏面住了幾位出家人，相貌醜陋，而且儀態也很粗野。明勗法師見到這個樣子，就起了輕慢的心。可是因為天色已晚，只好將就在那裏住宿了一夜。

睡到半夜，與他同遊的那位僧人突然生了重病。整晚不斷呻吟，一直折騰到天亮，而且身上散發出一股很難聞的氣味，使人無法容受去靠近他。同行的那位僧人就對明勗法師說：「我的病況十分沉重！你最好先走一步，以免受我牽累，耽誤了你朝聖的行程！」

明勗法師回答說：「既然你這麼說了，那我就先去朝聖，等我禮拜文殊菩薩完後，我再來照顧你！」

第二天，明勗法師想辭別了那位生病的僧人，繼續往前走。沒想到當他離開那間房子，剛走了幾步路，忽然聽到背後鏗然一聲，他回頭一看，房子和僧人都不見了。

這時候，他才明白原來那僧人是文殊菩薩變現的。他非常傷心錯過了這麼一個大好時機，感歎自己實在太愚蠢，而且也責備自己太勢利眼了。他不死心，在那裏一直誠懇地祈求了十幾天，聖跡始終都沒有重現。

他很失望地下山，並且把發生的經過告訴一位長老。那位長老說：「你有兩個過錯：第一、你不應看見面貌醜陋的僧人而起了輕慢心。第二、你不該在同伴生重病的時候，捨離同伴而去。捨棄生病的眾生是犯菩薩戒的。因為你犯了這兩項錯誤，所以雖然進入了聖地，還是見不到菩薩。朝聖要有感應最重要還是要學習菩薩平等、慈悲和清淨的心！」

明勗法師接受了長老的教誨以後，從此痛改前非，終身都保持著恭敬心，不敢再輕慢一切眾生，而且還時以服侍病人作為修行的準則。

佛陀在《增壹阿含經》的第五十卷說：「福田雖然有勝劣，我們的布施心應該平等，而不可厚此薄彼。我不說：布施我得到的福多，布施別人沒有福；只應布施我的弟子，不應布施別人。我只說：將飲食布施給眾生，可以得到難以計量的福報。以清淨的心，將飯粒放在潔淨的水中，都可利益無數的小生命，更何況布施給人類？……布施畜生的福德尚且難以估計，更何況布施人類？」

《優婆塞戒經》的第五卷說：如果心不平等，只選擇了良好的福田來布施，而不樂於時常布施（貧病的眾生），來生享受福報時，比較不喜歡普遍布施。如果剝奪或強劫別人的財物，用來布施，來世雖然能得到財物，卻會時常耗損而無法把財物聚集或儲蓄起來。如果惱害親友眷屬，得到財物用來布施，來生雖然有點福報，可是身體卻時常有病痛。如果不能供養父母，使妻子眷屬困苦而拿錢去布施外人，這種人憐愍心很少，又不知報恩，來世雖然因布施而得到財物，卻不能享用，財物時常損失而無法聚集，身體也常生病受苦。這些都是布施時心念偏差所造成的果報。

我們對待所有的眾生應「一視同仁」。我們時常會有下面這種經驗：買的紅棗、香菇、紅豆和米麥等乾果，一旦放久了，就可能會長小昆蟲。尤其在雨季裏，有時東西一買來就已經長了小昆蟲。如果小昆蟲很少，我們可以細心地挑出，把牠們放在適合的生存環境，比方說：紅豆上所長的小昆蟲，把牠移放到室外的院子或野地，並且放一些紅豆餵牠，等到小昆蟲長大，就會變成小蝴蝶或飛蛾飛走。如果乾果上長了太多的小昆蟲，就乾脆整包乾果都不要了，本著歡喜心，將食物連同小昆蟲拿去室外或野地布施兼放生。多年前，我曾經買了一包黑棗，沒放進冰箱，在廚房擱了兩個星期，上面已經長了許多很細長的小白蟲，需要剝開棗肉，用心觀看才可察覺得出來。我不敢吃那包棗子了，於是就全部拿去「放生」。起初也有捨不得，後來想到這種布施跟花錢買動物放生的含義相同，我的心裏也就很欣慰了。這種經驗，我又經歷了很多次，越來越自在，越放得下。現在我不但不受乾果長蟲的困擾，反而在捨棄有蟲的乾果時，會感受一股喜悅。不管再名貴的乾果，只要一旦長蟲了，就布施放生。甚至當我看見或發覺桌子、床舖等傢俱的木頭長蛀蟲時，我也不再緊張或煩惱。因為如果我們心量夠大，時常保持著平等施捨的歡喜心，處處可布施，隨時可成就福德。布施眾生就是利益自己。眾生都是我們的同胞，更何況《優婆塞戒經》說：縱使布施畜生也有百倍的福報！怎能不信受奉行佛陀的真理，為了幾十塊錢的紅豆、或幾百塊錢的香菇而去殘害許多無辜的小生命呢？拿了有蟲的乾果去烹煮，犯了殺戒，吃了良心不安，又受惡報。這豈不是「因小失大」嗎？佛陀曾告訴我們：「求福不如避禍」的道理。如果我們不留心乾果食物，處處犯了殺生，而再花錢去放生行善，豈不是「本末倒置」了嗎？

同樣的道理，遺失腳踏車、錢包、鋼筆、手錶等物品，也應當做布施想，心存歡喜而不可怨天尤人。甚至當別人向我們借錢或借東西，而賴帳不還時，我們也切莫動怒或煩憂，這時候應本著歡喜心，做平等布施想，發願將所有布施的福德，迴向給一切眾生，願大家早日覺悟清淨的心性，願一切眾生都能得到智慧的法財，心地光明自在。同時也盼望向我們借錢財不還的那位仁兄，能因此跟我們和三寶結了善緣，生生世世成為佛法的良伴和菩提眷屬，互相提攜、勉勵和幫助，同證圓滿的智慧。

遺失錢財或別人借錢不還時，除了做「平等布施想」以外，也可以做「前世欠債，今生酬還想」或「財物無常想」。不管做什麼觀想，只要能達到心靈清淨而不貪著財物、或者激勵我們更加精進用功修行的效果，就行了！當然最高超的境界是——無論遺失錢財、借人不還、或遭遇任何天災、人禍等逆境時和損失時，心裏都清淨自在而絲毫不動一念。但是這種境界太高，恐怕一般人無法做到，所以先要學習「平等布施想」、「酬償還前世欠債想」或「無常想」。

保持平等布施的歡喜心很重要，因為這種方法不但能拓展我們的心量，使我們心中充滿安詳與喜悅，而且還能跟眾生廣結善緣，這種方法比「財物無常想」和「償還前世欠債想」更積極、更開朗。「財物無常想」可破除貪愛，增加施捨的心。「償還前世欠債想」可以減少愚痴和無明，增加正知正見。這三種觀想方法各有妙用，都應學習，以便隨著適當的時機和情況靈活運用。

如果沒有這種修養，時時會起煩惱。例如：我們騎機車、開轎車、或出門時，都會遇到要不要上鎖的難題。上鎖表示我們有了微細的貪愛、執著和畏懼心；不上鎖，掉了車子，苦惱更多。不但會產生後悔、怨恨和愚痴，而且還會擔心如何找回失物、如何賺錢再買一部新車或中古車。因為我們的心量不夠大，「平等布施的歡喜心」學得不精純，所以才會起惱。如果我們學會這一招，就可以隨緣自在了。假使我現在需要用車子，掉了沒有錢再買，就不妨上鎖，以免小偷有造業的機會。如果我有錢，那上不上鎖都沒什麼關係，反正掉了可以觀想「布施」、「還債」、和「無常」。布施是投資，要高興才對；還債也是越早越好，以免本金加上利息，時間拖延得越久，越難償還。無常可以警惕和激勵我們用功修行。有了這種修養，我們不再像從前那麼無知和小氣了。不為了氣派和充面子而買一些不太實用的東西。除非出於必要，否則不買機車和轎車，以免污染空氣，天天洗車、擦車，做車子的奴隸，又要替名貴的車子耽心。佛陀說：「財物是重擔。積蓄越多的財物，束縛也就越多。對於財物的執著越深，束縛也就越堅牢。」《十住毗婆沙論》的第六卷〈分別布施品〉也說：「不論是有生命或沒生命的東西，如果它會使我們產生貪愛和吝嗇，就不應該積蓄這種物品，以免後患無窮！如果能做到這一點，布施一切財物就不會再吝嗇了。為了利益眾生，我們應把身體想成一棵藥樹，我們的身體應隨時準備為眾生服務，當眾生需要我們時，我們就立刻奉獻和布施。」

二、以同體大悲心行布施

《集一切福德三昧經》的上卷說：「要憐愍一切受苦的眾生！」

《發菩提心經論》的上卷說：「以慈悲心施捨財物給貧窮和急難的眾生，是一種高尚的布施！」

見到眾生的危難，如同自己的危難。這樣才不會「等閒視之」或者「視若無睹」。遇到受苦痛的眾生，要設身處地替他設想，不可幸災樂禍，認為再痛也是別人的皮肉，與自己毫不相關。必須以「悲天憫人」和「民胞物與」的胸襟去布施，才能產生廣大的福德。

所以《大般若經》的第五百七十卷說：「如果要疾速成就無上的智慧，就應當以圓滿的佛慧（又名『一切種智』）為目標，然後本著悲憫心去修行布施。」

《大丈夫論》也特別詳細讚歎悲心布施的功德。例如該書的第一品就告訴我們：布施要本著悲天憫人或拔除一切眾生苦的悲心，而不可自私或者為了名利和回報。

悲心施一人，功德如大地。
為己施一切，得報如芥子。

《大丈夫論》的第二十三品說：「一切善法都是以慈悲心為根本。……佛陀曾經說：如果要想見到我，就應當存著恭敬和大悲的心。想要見到我，應當常觀察世間的苦難。如果能體會到眾生無窮無盡的苦，也就會產生無窮無盡的悲愍心。體驗到苦，便自然會流露出悲愍的心。所以大悲心就住在眾生的貪慾、憎恨、愚痴和生老病死的痛苦中。有了大悲心，才能體會到別人的苦，所以有了悲心就等於跟佛菩薩住在一起。大悲心不但能引發布施的行動，而且能長養一切福德，所以大悲心是一切善法的乳母(奶媽)。」

《大丈夫論》的第三品也曾說：菩薩的悲心以布施為具體的表現，世間的眾生以煩惱束縛為本質。由於世間充滿著苦，菩薩為了使眾生離苦得樂，所以本著悲心來行布施。太陽以照明為作用，月亮以清涼為性質，菩薩以悲心為本體，布施財物和智慧，來使一切眾生得到安樂。……菩薩永遠不捨離布施救濟眾生的心願。他時常渴望布施，為了解除布施的熱渴，他就應當飲下大布施的水，時常愛樂布施，才可止息心中的熱望。

《大丈夫論》的第四品也說：有了悲心，才能行大布施，息滅眾生的苦痛。宛如在炎熱的時候興雲下雨。興起大悲的雲層，下了布施的雨滴冰雹，便能摧毀像山石那麼堅硬的貧窮。因為菩薩有了大悲心，所以拯救貧困的眾生，沒有限量。他能時常以大布施的雨水來普遍利益一切眾生。

《大丈夫論》的第四品又說：菩薩的悲心遍一切處，而對於乞求的人，心中特別憐愍，……他常用柔軟悅耳的話語來鼓勵和安慰眾生，使眾生心中得到清涼。……有了懇切純厚的悲心，布施才會清淨。如果沒有悲心，布施也就不清淨了。……菩薩對於貧窮的人，悲心特別懇切。……他因為有了悲心，所以見到別人的苦難，就感同身受。他見到乞求的人時，認為：自己所有的財物本來就屬於別人。所以他會告訴乞求的人說：「從前我就發願把一切財物給予眾生，所以這些財物本來就是你們的，你們儘管拿去好了！」

《大丈夫論》的第二十一品說：「如果不體驗自己身心常被苦惱所束縛，就無法明白眾生心中的苦楚。沒有悲心的人，無惡不作，縱使親眼看見別人遇到倒霉和災禍，心中也不會產生同情和憐愍，這種狠心人真是罪大惡極！……反過來說，心地柔軟的人容易產生悲愍的心。有了悲愍的心，智慧的果實便如同在掌中一樣地穩操勝算了。」

悲心布施不但對布施者有很大的福德，甚至連接受財物的人也常可以得利益。下面我們就舉一些悲心布施的例子來說明：

㈠照料貧苦

《雜寶藏經》的第四卷記載：從前舍衛城有一位非常貧窮的女子，她經常三餐不繼找人要東西，加上全身又髒又臭，所以絕大多數的人都處處迴避她，甚至連看都不敢看她一眼。佛陀知道這種情形以後，就帶領了弟子來到她住的地方慰問她。那位貧窮的女子向佛乞食，佛陀命令阿難布施食物給她。她得到食物以後，心中非常歡喜。隔了不久也就命終了。她死後神識飛升天上，又從天宮下來感謝並且供養佛陀，聽佛陀講經說法而悟得道果。

㈡救濟殘廢

例如《雜寶藏經》的第七卷記載：舍衛國有一個人犯了王法，被截斷手腳，拋棄在街頭。佛陀看到了，就走到那個犯人的身邊問他說：「你那裏最不舒服呢?」那個人回答：「我感覺到很飢餓!」佛陀就命令阿難給他飲食，後來那犯人死後，神識升天。為了報答佛陀的恩惠，從天宮下來禮拜佛陀，佛陀為他說法，那位天人立刻悟得道果。

㈢克己施食

《福報經》和《經律異相》的第十三卷記載：佛陀的弟子須菩提，很多世以前，本來是一位貧家子，由於見到一位和尚入城乞食，空無所得，發起悲心，請他回家供養，把自己的那一份食物施捨給和尚，因而感得大福報，死後升天，在天上九十一劫享受快樂，後來投生做舍衛國拘留長者的兒子，長大後，隨佛出家，證得聖果。

㈣施氎補衣

《賢愚經》的第十三卷記載：佛陀入舍衛城乞食時，身上的衣服已經稍微穿壞了。有一位婆羅門見到佛陀的衣服穿壞了，就立刻趕回家中拿了一小塊白色的細毛布（白氎），來供養佛陀。婆羅門說：「唯願如來用這一塊細毛布縫補衣裳!」佛陀接受了，並且為他授記：「過了兩大阿僧祇劫後，你也會成就無上的智慧!」

㈤割乳救急

《經律異相》的第十卷記載：從前有一位有慈悲心的妓女，她看見一位貧窮的婦女剛剛生了小娃娃，沒有東西吃快要餓死了，她感到很可憐，就立即用利刀割下自己的乳來餵她，後來這位妓女成道了。真是了不起!

㈥施髓療病

《彌勒所問本願經》記載：佛陀過去行菩薩道時，曾經當過蓮華王太子，有一天，在道路上遇見一個人生了癩病，太子很同情對方的病痛，就問他說：「用什麼藥可以治好這種病?」那病人回答：「得到王者和王室的骨髓才可治癒這種病。」太子馬上就很歡喜地割身破取骨髓布施病人，沒有絲毫的悔恨心。海水可以用斗量，菩薩生生世世所布施的身髓難以數計。

㈦悲心善報

《經律異相》記載：有一位信奉佛法的居士見到一位腳有毛病、行動不便的修道人。他就將這位修道人背回家供養，經過了一年而毫無倦意。後來那位修道人走了，他感到很傷心，正當他在悲泣的時候，發現床舖下面有許多金銀財寶。因此而就變成了大富翁。這件事情被鄰居的人知道了，有人就加以模仿，甚至將腳沒有毛病的修道人，故意把他的腳弄受傷，甚至弄骨折了以後，才細心地加以供養和照料，等到修道人走了以後，他也想要在床舖下取寶，不料卻被一條毒蛇咬死了。

三、隨己所有，盡心布施

《瑜伽師地論》的第四十七卷說：「菩薩如果有可以布施的財物和佛法，遇到乞求的人，就立刻布施所有的東西。對於眾生，他沒有什麼不能施捨的。他尚且能夠布施身體和性命去救濟眾生，更何況那些身外之物呢?」

《菩薩善戒經》的第四卷說：「菩薩不聚集財物，不等到飛黃騰達以後而才布施；他得到財物，立即就布施出去，而永遠不把財物囤積起來。為什麼呢？因為菩薩深知財物和人命都無常難保。所以一遇到乞求的人，便立刻布施，為什麼呢？如果等到飛黃騰達和夠氣派才布施，就會使眾生忍受更久的苦惱，所以這種布施不算完美。」

《大般若經》的第五百八十卷說：「布施時，不起分別心和做種種限制，隨著自己的能力和所有，無論布施財物的多寡，都發廣大的心願，普遍惠施一切眾生，能做到這樣，雖然沒有施捨很多財物，也能夠成就清淨圓滿的布施。為什麼呢？我們是為了成就無量的佛法，才去修行布施。如果布施時，心中有了限量，便不能證得無量的佛法。以狹窄的心量去布施，不但無法使布施清淨圓滿，也是無法成就一切種智。所以要證得佛陀完美的一切種智，就應當以無限量的心去布施。」

我們每天應發願：盡心奉獻此身為一切眾生服務，不可苟且敷衍，必會有很大的福德。譬如《雜寶藏經》記載：須達長者的太太，見到五位證聖果的出家人在乞食，她就把所有的飯都供養這五位師父，她的丈夫回來，看見沒有飯菜，不但沒生氣，而且很高興他太太這麼做。後來他打開房門，發現許多珠寶，從此過富足的生活，後來他們也都得到非常大的福報。

萬一，經濟情況不允許或者受環境的限制，不能盡心盡力時，也應隨分隨力，隨緣方便布施。不可「一毛不拔」或者只拔了「九牛一毛」！所以《發菩提心經論》的上卷說：「家境貧窮，而又能布施的人，多麼高尚啊！」《菩薩善戒經》的第四卷也說：「如果只有少許財物，而卻能時常惠施眾生，是非常難能可貴的。」

例如《賢愚因緣經》記載：從前毗婆尸佛時有一位貧窮的老先生，聽了佛陀所說的真理以後，就受了三歸依和五戒，而且回家拿了一文錢供養佛，佛陀授記他將來會悟得道果。得道時的法號叫做重姓。

《四十二章經疏鈔》的第五卷說：王舍城有一位織布的師傅，因為遇到辟支佛在乞食，全家大小，不論夫婦、兒子、媳婦和奴僕每個人都減少一部分食物以供養辟支佛。後來這一家人出生在跋提城，各個全都大富大貴。

《雜寶藏經》的第四卷記載：舍衛國有一位女子，坐在地上磨檀香粉。恰巧佛陀走進城裏。那位女子見到佛陀莊嚴的儀態，心生歡喜。於是她就頂禮佛陀，並且用自己所磨好的香粉，塗在佛陀的腳上。後來她死了以後，投生在忉利天宮，身上的香氣散布得非常遙遠。

到底應布施薪資或所得的幾分之幾呢？這一個答案是因人而異，不可勉強的。由於佛陀講經說法的聽眾不同，所以許多經典對於布施的比例也略有不同。例如《雜阿含經》說：將所得分為四等份：一份食用、二份經營事業或投資、另一份儲蓄，以備應急或救助貧乏的人。

《大般涅槃經》告訴我們：除了生活所需的費用除外，也可以將剩餘的錢財分成四個等份：一份供養父母妻子、一份幫助部屬或傭人、一份布施親朋好友、一份供養出家師父或捐獻政府。

《大寶積經》記載：因為波斯匿王擁有許多財富，而且不需顧慮到生活的問題。所以佛陀建議他將錢財分成三等份。一份從事宗教奉獻、一份

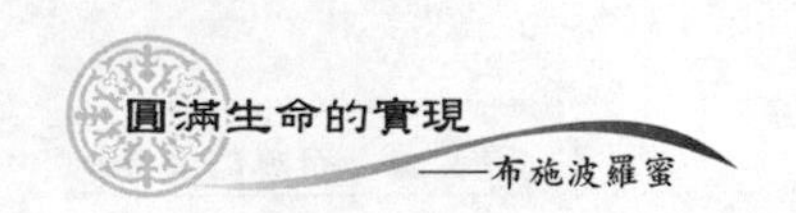

救濟貧病、一份投資國家的經濟文化建設。

隨緣量力方便布施很重要。例如《佛說阿鳩留經》記載:

從前有一位不信因果的長者,名字叫做阿鳩留。他出外旅遊,不幸誤入了險道,一連三、四天見不到水草,他快要餓死的時候,樹神現身救他,他看見樹神右手的手指非常奇妙,只要一指就會變化出美味的飲食。他問樹神這是什麼緣故,樹神回答說:「我前世是一個專門磨銅鏡的窮人,因為我住在城門附近,遇到有師父在尋找用齋飯的地方,我就時常舉起右手的手指,告訴他打齋供眾的地點。所以我現在的福報完全在這一根手指上!」阿鳩留長者聽了樹神的話,心裏覺悟了。他回家以後趕緊大布施,每天都請了很多僧人用素齋。後來他死了,投生在忉利天宮,成為散華的天人。

周安士先生說:「沒有智慧的人,有財不會修福。有智慧的人,沒有財也能作福。如果我們好好體會這故事的精神所在,學習樹神的手指,那麼別人的所有財物,都可以被我用來作為修福的工具了。指示別人正確的道路或替人搬運財物,福田會從手而寬廣。常讚歎別人的善行和勸勉他人的行善,福田也會因口而變得寬廣。別人布施,我替他奔走效力,福田也能因足而變得寬廣。只要我們稍微費點心思,便不難發現:無論耳朵、眼睛或手腳,沒有一樣東西不可以布施修福的。佛法利益眾生的範圍非常廣大,凡夫能夠具有這種智慧嗎?」(《陰騭文廣義節錄》卷上)

《百緣經》的第三卷記載:佛陀在王舍城迦蘭陀竹林講經期間,城中有位長者的婢女,生性賢良,敬信三寶,她時常為人磨檀香粉。有一天,她出門看見了佛陀入城乞食,心裏十分歡喜,立刻回到家中拿了一些檀香粉,塗在佛陀的腳上。佛陀運用神力,使這香氣遍布全城,磨香的婢女見到這種奇蹟,信心倍增,五體投地禮拜佛陀,並且發願:將來永離貧賤,早日成道,廣度眾生。佛陀微笑放光,並且對弟子說:「這位婢女布施檀香抹塗在我的腳上，將來九十劫不但不會墮落惡道，而且常在天上人間享受快樂，生生世世身體都芳香潔淨，最後修道成辟支佛！」

我們也可以從小就培養兒童的布施行為，小孩兒雖然沒什麼錢財，可是他們也能布施，他們也能以不同的方式，表現慈悲和虔敬：

《百緣經》的第三卷記載：佛陀在舍衛國的祇樹給孤獨園講經期間，有一次帶領著許多比丘進入舊衛城乞食，走到一條巷子。有一位婦女手上抱著一個小孩坐在地上，小孩子看見佛陀，心中非常歡喜，就向母親要花，母親就立刻買花給孩子。那孩子拿著花朵走到佛前，散在空中，變成花蓋，隨著佛陀。小孩子看了很歡喜，發了大願：「希望散花的功德，使我將來也能成佛，廣度眾生，像釋迦牟尼佛一樣！」佛陀微笑放光，授記他將來也會成就圓滿的智慧。

《譬喻經》的第一卷記載：從前有幾位弟子一齊在路上遊戲，看見了佛陀，其中有一位童子向佛陀禮拜，並且將手中所拿的五顆豆子供養佛陀，四顆放進了佛陀的缽中，一顆掉落地上。佛陀說：「祝你世世得福！」那位童子死後立刻投生在天界，後來又做了八十世的轉輪聖王。

《五百幼童經》和《出生經》的第四卷記載：波羅奈有五百位幼童結伴在江邊玩戲，他們堆積沙做佛塔。他們雖有善心，可是過去世的福德卻很薄弱。突然下了一場大雨，江水遽漲，這五百位幼童同時溺死。他們的父母哭得很傷心，佛陀去安慰他們說：「這次不幸是前世的業報，請你們不要傷心！他們現在都已往生兜率天了！」佛陀放光，使那些父母都可以遙遠地見到自己的孩子，這五百位天人也來散花供養佛陀。佛陀說：「善哉！你們因為造塔的福德，能夠生天，拜見彌勒菩薩，福報真不少！」五百位天人各個稟告父母不要憂愁，努力用功學佛。這五百位天人繞佛三匝後作禮飛去。

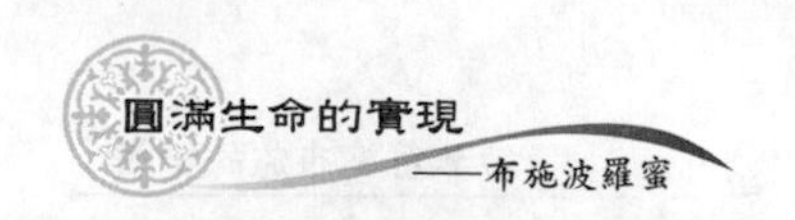

四、以無緣大慈心行布施

「無緣」就是沒有條件的意思。布施不能有條件，不能對受施者有所要求，以免引起反感或不愉快。布施一有了條件，心就不清淨；心不清淨，福德就小。沒有條件就沒有掛礙，不但心量廣大，而且福德也無量無邊。沒有條件的布施，佛經中稱之為「無遮大施」。這種布施法會是非常難能可貴的。

《菩薩善戒經》的第四卷說：「時常布施，不貪求果報，把所有眾生都當做福田，不計較受者是不是好的福田，不選擇布施的時間，也不猶豫財物可不可以布施，這叫做沒有條件的布施！」

《瑜伽師地論》的第三十九卷說：「所有的財物，無論多少，菩薩都先觀想已經普遍布施給一切眾生。他把後來求取的人當做領回自己的財物，菩薩施與時，如同把財物還給來人。」

《中阿含經》的第十二卷記載：迦葉佛到波羅的陶師家裏去化緣，陶師不在，只有他的雙親在家，可是他的父母卻是瞎子。佛命令侍者去乞食。那兩位盲眼的老人家說：「我的兒子不在家，鍋裏有菜湯，籮筐裏有飯，請您們自己拿吧！」佛陀命令侍者去取，並且祝福那兩位老人家來世得到大福報。後來陶師回來了，看見鍋子裏的菜湯減少了，他問說：「為什麼飯和菜湯都減少了？」他爸爸回答：「佛自己來拿了飯菜！」陶師感到非常高興，經過了十五天，果然得到殊勝的福報。

《菩薩善戒經》的第四卷說：「布施身外的財物有兩個原因。第一是為了利益眾生，第二是為了斷除心中的貪愛和吝嗇。」

布施不是畏懼惡名，不是希求回報或來世的福果，也不是為了別人的讚譽和恩德，也不是為了名聞利養。

例如《出曜經》記載：目蓮尊者有一位很有錢的弟子，家中有很多財產。可是卻吝嗇而不布施。他的哥哥經常勸他布施，並且告訴他布施有很大的福果。於是弟弟就把所有的財物都布施出去了，甚至連倉庫也快空了。弟弟並沒有感到有福報，他就向哥哥抗議說：「您真會騙人，我布施了這麼多，那裏有什麼福報呢?」哥哥就說：「我的好弟弟啊！將來的福報在天上，而且比你所布施的財物要多出無數倍呢!」弟弟急忙問說：「天宮在那裏啊?」目蓮就立刻運用神通帶那位弟弟到了天宮，看到他弟弟自己將來所要投生的宮殿，他弟弟才開始相信布施的福德。

當然，為了貪求果報而布施，總比吝嗇不布施好多了。可惜的是——為了果報而布施最多只能享受有限的人天福報。如果能本著慈悲心來布施而不貪求名利，那福德可就無量無邊，比前者大多了。

《雜藏經》和《經律異相》的第十四卷記載：舍利弗在炎熱的夏日，遊化到了菴羅園。有一位農民正在汲取井水灌溉果樹，他雖沒信奉三寶，可是對舍利弗有點信心，印象還不錯。他就告訴舍利弗說：「大德！天氣這麼炎熱，請您快點來，脫掉衣裳坐在果樹下，我用水來給您沖沖涼，同時又灌溉我的果樹，這樣可以說是一舉兩得!」舍利弗就脫掉上衣，接受那農人的淋浴，他身體覺得十分涼爽，又去遊化了。當天晚上，那位農夫命終了，他的神識生在忉利天宮，威望很大，僅次於忉利天的天主——帝釋。後來他拿著天華從天宮下來供養舍利弗，聽了舍利弗所說的佛法，又證得初聖果。

五、以歡喜心行布施

《菩薩善戒經》的第四卷說:「菩薩對於所有財物時常產生喜捨心，他所儲存的一切財物無不為了利益眾生。……他以珍貴的財寶惠施眾生，心中絕不後悔，也沒有憂愁。」

布施的可貴在於：把最好的財物奉送給別人，最不好的東西卻留著自己使用。同時，不但沒有不悅的心情或不自然的神態，而且能滿懷歡喜，又不炫耀自己的修養。

布施時不可貪惜吝嗇，不可懷疑、猶豫、忖度、計算、籌量、退怯或後悔。尤其不可表現一副「莫可奈何」、「不太高興」的苦瓜臉。

《大般若經》的第五百八十卷說：如果有眾生來到菩薩所住的地方，先辱罵菩薩，而後向菩薩乞求財物和佛法，菩薩也是很歡喜地把財物和佛法布施給他。菩薩心裏想:「現在眾生來到我這裏，就是我的大恩人。因為他使我成就布施和安忍，由此能證得一切種智。因為他來了，才更增強我追求圓滿佛智的道心!」

《大丈夫論》的第四品說：菩薩時常保持和顏悅色，使乞求的人產生有求必應的想法。菩薩見到乞求的人時，就說:「請過來！你需要什麼東西自己隨便拿！你不要害怕或畏懼啊!」菩薩時常用悅耳委婉的話，來安慰和鼓勵乞求的人，使他們心中得到清涼；並且隨意布施眾生所喜歡的財物，來滿足他們的需要，息滅他們的貪慾。

《瑜伽師地論》的第三十九卷說:「菩薩見到來求的人，絕不會嘲笑、輕視或戲弄他，也不會使他感到愧疚。菩薩布施時和顏悅色而不愁眉苦臉，並且總是親切地露出微笑或說出歡迎的話，他布施很快、很乾脆而不會停留了很久。菩薩沒有等來者開口要求財物，就先主動地親近和問候他，來者有所要求，他一定隨著對方的需要而施與，他時常讓來求的人很高興而且主動地領走財物。」

《菩薩善戒經》的第四卷說：「菩薩布施時，不會以厭惡、憎恨或散亂的心布施，而且布施後，絕不計較恩情或企求回報。……甚至受到乞求的人打罵或搶奪，他也絕不會起憎恨心，他把過失歸罪在煩惱上而不訶責他人，而且對於打罵和搶奪的人生起了廣大的慈愍心。」

《法句經》和《釋迦如來應化事蹟》的第三函第十三頁記載：從前印度有一位非常有錢而且也很喜歡布施的大長者，名叫修羅陀。他不但時常救濟貧病，而且發願：每年的十二月八日都要請佛陀和眾僧到家中供養。

雖然他龐大的財產已經由於不斷施捨而所剩無幾了。他臨終時，還叮嚀子孫繼續奉行他的遺志。

長者的兒子比羅陀很孝順，他謹記著父親臨終的遺言，每年到了臘八那一天，便設齋供養佛陀和眾僧。可是過了幾年以後他的家境越來越貧窮，有一次竟然因為沒有錢可以買素菜供養佛陀和眾僧而發愁。

正當比羅陀在憂愁時，佛陀派遣目蓮尊者來到他家，問他說：「比羅陀！每到十二月八日這一天，令尊都有辦齋供佛的慣例，你今年有什麼打算呢？」

比羅陀回答：「目蓮尊者，家父的遺志，我絕對不敢違背，到那時候，還請佛陀和諸位師父光臨寒舍！」

目蓮尊者把比羅陀的話稟告佛陀，佛陀很讚嘆比羅陀的為人。

比羅陀和妻子回娘家借錢，籌辦豐盛的素食以供養佛陀和眾僧。佛陀和他的弟子在十二月八日那天也都來應供了。吃飽了飯後，佛陀並為比羅陀他們夫婦倆祝福。

那天晚上比羅陀他們夫妻兩人心裏都非常高興，帶著愉快的笑容睡覺。後來在家裏發現了許多財寶，憂喜交加，恐怕官府的人來盤問，就趕緊跑去請教佛陀。

佛陀說：「比羅陀！你們安心地運用那些財物，不要產生懷疑和恐懼！你不但孝順、守信，而且在貧窮時，仍然保持著歡喜心布施，這些財寶是你的福德所感，而不是災變！」

《賢愚因緣經》的第二卷記載：從前有一個窮人，看見出家師父內心非常歡喜，感歎自己沒有錢財供養師父，於是到野地的沼澤，採集各種花草，供養眾僧，至心敬禮而去。結果九十一劫中，身體端莊，飲食臥具隨意自在。後來出生在佛世，名叫華天，相貌非凡，遇到佛陀出家修道，證得聖果，大家尊稱他「華天比丘」。

《百緣經》的第三卷記載：舍衛城中有一位專門為人看守花園的窮人，名叫枝提。有一天他挑了一根木炭，走到城裏去賣。在城門口遇見了一位仁兄，這位仁兄說：「如果你給我這根木炭，我就給你許多豐盛的飲食！」那位窮人聽到這句話，心中十分歡喜，便立刻把木炭交給他。那位仁兄說：「你現在挑著這根木炭，跟我走到祇樹給孤獨園，我就拿食物給你！」他們兩人不知不覺走到了祇樹給孤獨園，看見佛陀莊嚴的相貌和光明，心中非常歡喜，就上前禮拜佛陀，將那根木炭布施給佛陀，並且發願將來自己也能像佛陀一樣，成就無上的智慧，利益一切眾生。佛陀微笑放光，並且告訴阿難說：「幫人看守花園的那位窮人，以敬信和歡喜心布施木炭給我，將來十三劫不會墮落惡道，常在天上和人間享受福報，後來修道，證得群支佛果，廣度眾生，不可限量！」

《譬喻經》的第三卷記載：從前有一位女子頭髮非常秀麗而且留得跟她身高一樣長。皇后想以一千兩金子高價收買她的長髮，可是她堅決不肯出售。後來她看見了佛陀，心中十分歡喜，想請佛陀到她家去供養素菜。她的父母就對她說：「我們家裏這麼窮，那有錢買飯菜供養佛陀呢?」那位女子回答：「我想賣掉長髮，來供養佛陀!」於是她父母就去稟告佛陀說：「請世尊明天到寒舍吃個便飯!」佛陀答應了。

那位女子就割下長髮，拿去賣給皇后，皇后知道她急著賣錢，只給她五百兩金子。她就拿著這些錢去買素菜，心中非常歡喜。她後悔前世吝嗇，所以今生才會貧窮受苦，她發願將來永遠不再受貧窮的苦惱。

當佛陀來應供時，她看見佛陀身上的光芒照遍了室內，她五體投地禮拜佛陀，繞佛繞了三匝，剪掉的頭髮又復原了。佛陀說：「這位女子前世貧窮，沒錢財可以布施，時常叩頭禮拜，所以八十一劫常生在人中，頭髮特別美好。她今世雖然貧窮，卻仍然不忘修福德，她一看見我就心生歡喜，並且變賣長髮換取飲食供養我，她將得到無量的福報。她命終後會投生在忉利天宮，天福和天壽享盡後，她還會發菩薩心呢!」那位女子的父母兄弟聽了都十分歡喜，死後也都各個生天。

《增壹阿含經》的第十一卷記載：從前雪山北上住了一位精通天文地理的道人叫做耶若達梵志，他教了五百個弟子。其中最有成就的一位弟子，名字叫做雲雷。因為他相貌莊嚴，而且聰明伶俐，博學多聞，各種書論和技能都學得非常精通，所以他的師父就給他取一個外號叫做「超術」。超術為了報答師父的恩惠，因此下山來尋找東西供養師父。他走到了缽摩大國，離京城不遠的地方，看見有八萬四千位道人在參加競技、議論和背誦比賽。結果有一位外道的首領贏得第一，其他人便布施了五百兩黃金、一枝金杖、一個金澡罐和一千頭牛給這位勝利者。超術聽說參加比賽可以得到許多獎品，於是他就參加了。他和剛才那位外道的首領比賽，結果超術贏了，得總冠軍的頭銜。那位外道的首領見到超術奪去他第一的寶座，心裏非常怨恨，發了一個惡誓：想生生世世盡全力破壞超術所做的事，阻擾他成功。當眾人頒發獎品給超術時，超術說：「我只接受這五百兩黃金、金杖和金澡罐以供養我的老師，其他這一千頭牛和女子我還給布施的人，因為我不染女色，也不積蓄錢財！」

超術拿了金子、金杖和金澡罐就朝向缽摩大國的首都出發。缽摩大國的國王名字叫做光明，為了供養定光佛（燃燈佛）和他的弟子，下令買下全國每一間花店的香花，並且規定人民不能再將香花出售，如果出售香花被發現要受到重罰。國王又叫人民把街道打掃得乾乾淨淨，懸掛幡蓋，用香花的汁塗灑地上，又奏起悅耳的音樂。超術來到首都，看見這麼莊嚴的場面，內心十分驚奇，一問之下，才知道國王要請完美的聖人定光佛來首都供養。超術從前在梵書中讀過知道如來和轉輪聖王很難得遇到，他又聽說如來不接受金銀珍寶，於是他就決心用黃金去買香花來供養如來。可是沒有一家花店敢把香花賣給他。正當他要出城時，看見了一位名叫善味的婆羅門女拿著瓶子正要去裝水，手裏還拿了五根蓮花。他就上前向那女子問說：「您這一位大妹是否可以把蓮花賣給我呢?」那婆羅門女回答：「我什麼時候當了你妹妹? 你認識家父和家母嗎?」超術見到這位婆羅門女性情善良，只是開開玩笑而已，就說：「我會給妳錢而不是叫妳白白把花送我!」婆羅門女說：「你難道不知道國王已經下令不能賣花嗎?」超術說：「沒什麼關係啦! 反正妳把花賣給我又沒有人知道，皇上怎麼會處罰妳呢? 我現在急需這五根蓮花，只要妳給我蓮花，我保證給妳很好的價錢!」婆羅門女又問：「你要這五根蓮花做什麼用?」超術回答：「我現在發現了一塊良田，想把這花種在良田上!」婆羅門女又問：「這蓮花又沒有根，種在土地上怎麼會活呢?」超術回答：「我所發現的這塊良田，縱使把死灰種上去也會生長，更何況是蓮花呢?」婆羅門女又問：「到底是什麼良田能使死灰復生? 那有這麼神奇，你快說嘛！」超術說：「賢淑的小姐啊！定光佛已經出現在世間了！」婆羅門女問：「定光佛是怎樣的一個人？」超術說：「定光佛是一位完美的聖人，他的品德、智慧、神通都已經達到圓滿的境界了。」婆羅門女說：「假如你願意生生世世都和我結為夫妻，我就把蓮花送給你！」超術說：「我現在已經沒有慾念了。」婆羅門女說：「我不求今生今世做你的妻子，我只求來生能做你的妻子！」超術說：「菩薩的行為應沒有貪愛和吝惜，妳當了我的妻子，恐怕會影響我施捨的心意。」婆羅門女說：「我一定不會損壞你布施的心意，縱使來生你將我的身體布施給別人，我決不會破壞你的布施心！」

於是超術便拿出五百兩金子，向那婆羅門女買了五根蓮花，而後兩個人共同發願：來生成為清淨的夫妻。

過了不久，定光佛穿著袈裟、持著瓦缽和許多比丘們一同進入缽摩大國。當時超術遙遠地見到定光如來相貌這麼莊嚴，舉止這麼安詳，全身還有光明籠罩著，他心裏非常高興，就拿出這五根蓮花供養定光佛，並且向佛請教修菩薩道的方法，定光佛以詩偈告訴他布施的方法。當超術右膝著地，散花供養定光佛時，他心中想：「希望我今天布施佛的功德，使我將來也能成佛，跟定光佛沒什麼差別！」當時他見到地上濁濕，恐怕佛陀走過，腳趾會沾到了塵土，就將自己的頭髮散在污泥上，他心裏想：「如果如來會給我授記，他一定會從我的頭髮上走過。」定光佛明白超術的心念，就告訴他說：「你將會成佛，在五濁惡世度化眾生，大家都尊稱你為釋迦牟尼佛！」

當時超術有一位同學，名叫做曇摩留支，見到定光佛給超術授記，腳卻踩在超術的頭髮上，他看了很不習慣，就發牢騷說：「這位禿頭的出家人，怎麼忍心用腳踏在我們的清淨道友超術的頭髮上呢？這不是人幹的！」

釋迦牟尼佛說：「當時的耶若達道人就是現在的白淨王。當時那八萬四

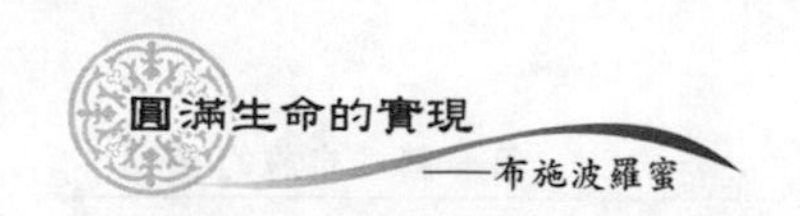

千個外道的首領就是現在的提婆達多。當時的超術就是我。那賣花的婆羅門女就是現在的瞿夷。曇摩留支因為造了口業，所以無數劫中常做畜生，最後一次投生在海中當大魚，死了以後才出生在印度，跟你們這些善知識在一起，出家修道而得了成就。」

註——《過去現在因果經》中也載有買花供佛、布髮掩泥的故事。

《六波羅蜜多經》的第四卷說：菩薩為了利樂眾生，所以要先修布施。遇到乞求的人，一定盡力布施。他布施時，不會愁眉苦臉或皺眉頭，也不會邪視、忿憤或懷恨來行布施。隨著自己所有而布施給需要的人，不得遲疑而生吝嗇心。甚至施捨心愛的財寶也不生退悔心。如果產生疑惑，應當知道是魔障現前，為什麼呢？魔王能變化成財寶來使我們生吝嗇心，我的心思迷惑混亂，而且成為啟發心智的障礙。所以我們不吝嗇，對於一切珍寶的財物都不能生愛戀的心。

因為菩薩知道布施有無量的功德和利益，吝嗇有無數的過失，所以決心澈底斷除吝嗇和布施的障礙。他看到有人來向他要東西，心裏非常高興，他的態度很客氣而且不會說風涼話。他聽到乞求的聲音，非常甜美，心生歡喜，就好像一位孝子，聽說離別了五十幾年的父母忽然要回家，那種喜悅真是難以形容。菩薩聽到眾生乞求的聲音也是如此。趕緊把乞求的人迎接回家，像供養佛祖一樣地加以招待。他心裏這麼想：「這位向我乞求的仁兄是善知識，他現在接受我的布施，消除了我貪愛和吝嗇，使我來生不會墮落三惡道，而且還有無量的利益來莊嚴我的身體，使我得到無上的智慧。向我乞求的這位仁兄雖然穿了破舊的衣服，對我很客氣地哀求，但他是看得起我，才來找我。他是我的良友。為什麼呢？他可以破除我吝嗇和貪愛的罪惡。凡是來向我要東西的就是我的主人，我應當像奴僕一樣地服侍他、恭候他的差遣！」這樣發心以後，就從座位起來，手裏捧著所布施的財物，右膝著地，歡歡喜喜地供奉布施眾生。……如果沒有眾生來向我們乞求財物，那我們怎麼度過生死的苦海，而達到涅槃的彼岸呢？所以我們必須知道：布施是解脫的資糧，因為眾生向我們乞求財物，所以我們才能成就人天的福報和無上的解脫。

布施時不可發怨言、發牢騷。例如《賢愚因緣經》記載了一個故事，描述了一位大臣受國王的命令監工建造佛塔，因為隨便發怨言，感得未來五百世身體醜陋矮小，但是因為他曾布施了一個寶鈴在佛塔上，所以生生世世聲音都宏亮而且清脆悅耳。

《燈指因緣經》記載：從前有一位很有錢的長者，他生了一個兒子，有一隻手指特別光亮，所以大家都叫他做燈指。連國王都召見他。後來長大，娶了一位門當戶對的千金小姐。

燈指結婚後，雙親便相繼過世。燈指因為從小花錢慣了，沒有一技之長，又結交了一些壞朋友，所以一直揮霍無度，沉迷在酒色裏。有一天正當他去飲酒作樂時，家裏鬧了盜賊，全部財產都被洗劫光了，只剩下磚瓦和牆壁。他回到家看到這種情景，非常傷心。他一下子變成了窮人，他的手指的光明消失了，太太也離家出走了，僕人也不願再跟他，許多親友都不再理他，甚至還有反目成仇、怒目相向的。他從此過著落魄漂蕩的日子，衣服穿得破破爛爛的，而且還經常三餐不繼，使他變得更加憔悴。他走投無路只好替人擔死屍過日子。

有一天，他無意中發現了許多黃金，又變成了大富翁。有些過去曾經瞧不起他的親友，現在又來巴結他了。他對自己一生的遭遇感到很意外，從此他淡泊了名利，後來把所有的珍寶都布施貧病的人，而跟隨佛陀出家修道，證得了阿羅漢果。

他出家得道以後，也常拾獲許多寶物。許多佛陀的弟子感到很奇怪，就去請教佛陀，佛陀說：「很多劫以前，燈指出生在波羅奈國一位大長者的家裏，當他是孩童的時候，有一天出外玩耍，太晚回來，大門已經關了。他就叫人開門，可是沒有人應。過了一陣子，他媽媽才出來為他開門。他以憎恨的心罵他媽媽說：『你們全家人都去擔死人了嗎？為什麼沒人給我開門？』因為造了這個惡業，所以他死了墮到地獄受苦，然後又出生做貧窮的人。……又在過去九十一劫以前，有一尊毗婆尸佛出世，佛涅槃後，燈指他出生做一位大長者，有一天到佛塔和寺院去禮佛，看見有一尊泥塑的佛像斷了一隻手指，他就請人把佛像的手指修復，而且還貼上了金箔。他因此發願：『希望我本著供養香花和修補佛像的功德，能投生天上和人間，享受富貴的生活。如果萬一失去財富，希望能早日恢復，並且出家學佛而得成就！』因為他過去以金箔修補佛像的手指，所以出生時有一個手指有光芒，而且時常拾獲珍寶。因為他曾經惡口辱罵母親，所以從地獄中出來，還常得到貧窮的果報。」

《百緣經》的第二卷記載：佛陀在舍衛國的祇樹給孤獨園時，舍衛城中有五百位乾闥婆（愛香的樂神），非常善於彈琴，他們時常以音樂和歌舞恭敬地供養佛陀。南方也有一位精於琴藝的乾闥婆，名叫做善愛。可是善愛很驕傲，他一向認為自己的琴藝是沒人比得上的，聽說北方的舍衛城有許多乾闥婆善於音樂。於是就老遠趕到舍衛城來找他們較量琴藝。波斯匿王贊成這場音樂比賽。

佛陀變化成乾闥婆王的樣子，率領了七千位天上的音樂之神，每位手裏都拿著琉璃的琴，在左右侍衛。善愛取出一弦的琴彈奏，發出了七種聲音，而且每種聲音有二十一解，能使人聽了歡喜歌舞，沉迷在樂音中而不能自拔。佛陀也拿了天上音樂之神的琉璃琴，彈了一弦，發出數千萬種婉轉、美妙、清澈、可愛的聲音，使聽眾各個歌舞歡笑，得到未曾有的喜悅。

善愛聞到這種聲音，自覺慚愧，便長跪叉手向對方請教琴法。佛陀見到善愛已經捨棄傲慢，心服口服了，就恢復佛陀原來的形像。善愛對佛陀產生很深的信心和敬仰，因此長跪合掌，請求佛陀收他為弟子，他照佛陀所教的方法去用功，沒多久就斷除了所有煩惱而證得了阿羅漢果。

波斯匿王見到善愛得道，心裏十分高興，請求佛陀和眾僧接受他的供養，佛陀答應了，波斯匿王就命令大臣派人把道路修平，打掃清潔，懸掛幢幡和寶鈴，散灑香水和名貴的花朵，並且擺設了素食供養佛陀和眾僧，弟子們受到這種供養，歎未曾有。他們問佛陀說：「您在過去世到底修了什麼福，以致時常有人用悅耳的音樂來供養您！」佛陀回答：「過去無量世以前，波羅國曾經出現了一位完美的聖人——正覺佛，他率領許多弟子遊化到梵摩王國，正覺佛就在一棵樹下靜坐，進入了火光三昧的禪定境界。當時梵摩王帶著許多大臣和成千上萬的民眾出城遊戲，歌唱跳舞。看見正覺佛在樹下禪定，光芒四射，心裏非常歡喜，就帶領許多伎女到正覺佛的面前，恭敬地禮拜後，又奏出莊嚴的音樂來供養佛。並且請求正覺佛進入皇宮接受他的供養。梵摩王以素宴供養正覺佛，正覺佛為他說法，而發心追求慈悲眾生的真理。正覺佛授記梵摩王將來會成佛，佛號是釋迦牟尼。」佛陀說：「當時的梵摩王就是我本人。當時梵摩王的左右大臣就是諸位比丘。由於我當時用音樂和飲食供養正覺佛，無量世中從不墮落惡道，常在天上和人間享受快樂，直到今天我成了佛，還時常有人用美妙的音樂供養我！」

六、以誠懇和恭敬心行布施

布施時，態度要謙虛，不可貢高我慢，譏笑或嘲弄乞人。布施時要親手恭敬奉送，或者請他進來供養，不可嗟來食，以免對乞者造成侮辱，損及他的自尊心。所以《大丈夫論》的第四品說：「只有愚痴的人才會輕慢和不恭敬來乞求的人。」又說：「菩薩不但有求必應，而且能主動地把財物奉送到乞求者的家裏，讓對方的家屬也能分享這分快樂。如果乞求的人自己來要東西，只要他一開口，必定不會讓他失望而回，甚至犧牲性命也不例外。如果乞求的人沒來，菩薩就親自把所需的物品送去給他。他連施捨生命都毫不吝惜，更何況是身外之物呢?」

在《菩薩本行經》的第二卷中，佛陀告訴須達長者說：「布施時心不恭敬，猶如在貧瘠的土地上種植農作物，得不到豐碩的果實。如果心地能夠誠懇恭敬，雖然所布施的財物很少，卻可以得到很大的福報。」

《瑜伽師地論》的第三十九卷說：「不可侵奪父母、妻子、奴婢、隨從或親戚眷屬的財物，用來布施。也不可逼迫或惱害父母、妻子、奴婢或親友眷屬，把我們從前布施給他們的財物拿出來布施。」

「菩薩不可以非法、粗暴或逼迫損惱他人的方式來布施，也不可違背戒律和佛法的原則而行布施。」

「菩薩絕不會以不禮貌的東西布施。他不會以殘餘的飯菜供養出家人，也不會以骯髒或不衛生的東西布施……他不會以雜有蔥蒜的飲食布施不吃蔥蒜的人，也不會以夾雜肉渣或肉汁的飲食布施給不吃肉的人，或者以含有酒精的飲食布施給不喝酒的眾生。」

「菩薩布施時，對於卑賤的乞丐，尚且不會以不敬的方式丟擲財物給他，更何況是對一般有道德的人呢?」

「菩薩布施時，如果遇到犯戒、邪惡、輕浮、暴躁的眾生來辱罵和呵責，始終不會起厭惡和倦怠的心。因為他知道那些眾生被煩惱所逼迫，改變了本來的習性，菩薩反而以更深的憐愍心去行布施。」

布施不可有不良的企圖，而且要守信用。例如《菩薩善戒經》的第四卷說:「菩薩承諾布施以後，絕不後悔，承諾再多的財物，布施時絲毫不會少給。他不會承諾精美的財物，而後來卻給與粗劣的東西。他只會先前承諾較差的東西，而改布施較好的財物，或者承諾少許的物品而改布施更多的財物。」

《瑜伽師地論》的第三十九卷也說:「菩薩布施時，不會欺誑眾生。他不會布施一些財物，使眾生起了愛念和親附以後，卻又取消諾言而不布施。他也不會唆使接受財物的人背叛原先的主人，而來歸順他。」

「菩薩不以諂媚和詭計而行布施，他絕不會布施假的寶珠、真珠、琉璃、翠玉、珊瑚……而想換取更美好和更有價值的財寶。」

「菩薩布施時，必定實踐先前所說的話語或承諾。他布施會跟先前的承諾相等或者增多，而絕不會減少。只要先前答應過布施殊勝美妙的財物，他以後絕不會用品質拙劣的財物布施。當他在先前答應過要布施某種便宜的財物，如果他後來擁有更殊勝、更美妙的財物，他就會以殊勝美妙的財物布施。菩薩布施不會改變心意，不會不守信用，也不會以憤怒污濁的心布施。」

布施時要儘可能給予受者便利，不讓人久等。也不要讓人跑了很多趟、填寫了很多表格、蓋了很多次印章、又等待很長久的日子才領到贈送的款項或禮品。布施的人將來是會發財發福沒有錯，可是這麼不便利受者的布施方式，將來必定要費盡了千辛萬苦，財富才能得到手。誰叫你當時布施那麼神氣，給人平添麻煩，得果報時當然就得忍耐一些了！

列舉三則實例

《賢愚經》的第十卷記載：阿難尊者為什麼多聞（總持）第一的原因。在無量劫以前，有位師父（即後來的定光佛）教導小沙彌（即後來的釋迦牟尼佛）非常嚴格，每天一定要限制他背誦多少經典才能休息。由於小沙彌每天都要出去乞食，乞食要走很長的一段路，往返十分費時，時間一減少，經文就背誦不熟，所以常被師父責訓。有一位長者（即後來的阿難尊者），見到這種情形，十分同情小沙彌。於是他就恭敬地請小沙彌每天到他家去吃素菜，小沙彌不必奔波乞食，因此經典背誦得非常流利，從此不再受師父的責備了。那位嚴格的師父，後來轉世成為定光佛，那位小沙彌後來就成了釋迦牟尼佛，而那位布施飲食的長者就是阿難尊者。因為那位長者每天能以恭敬心布施飲食，以幫助小沙彌學習經典，所以來世記憶力特別強，學習速度很快。佛陀所說過的話，他從不會遺忘。於是就成為佛陀一千二百五十五位大弟子中最博學多聞的人了。

《百緣經》的第六卷記載：佛陀在舍衛國的祇樹給孤獨園時，舍衛城裏有許多有錢的長者，聚集在泉水旁奏樂歌舞。他們派一個人去樹林裏採婆羅花，做成許多花鬘。採花的人在歸途中，遇見了佛陀，他看見佛陀莊嚴的相貌和威儀，心中非常歡喜，就上前恭敬地禮拜佛陀，並且將所採的花，散在佛陀身上。他又趕去樹林採花，沒想到這次因為爬得太高，樹枝斷裂，掉落地面摔死。他死後神識升天，又從天宮下來聽佛說法，而悟得道果。

《百緣經》的第二卷記載：佛陀在舍衛國的祇樹給孤獨園講經說法時，有一天，佛陀帶領弟子要去某一個村落宏法，必須經過伊羅拔河，河邊有許多船師看見佛陀非常歡喜和恭敬，請求佛陀乘坐他的船隻，並且把船打掃得乾乾淨淨，掛了幢幡灑了香水，又放置了各種不同的花朵，並且準備了豐盛的素食供養佛陀和眾僧。佛陀為他們說法，每個人都心開意解，有所體悟。有的人證了初果，有的人證了二果、三果，甚至還有人發心追求無上智慧。

佛經中有一則非常著名的故事，描寫：釋迦牟尼佛過去世行菩薩道時，為了表示對於燃燈佛的恭敬，曾經「買花供佛」和「布髮掩泥」。《因果經》和《六度集經》的第八卷記載：無量劫以前，燈照王的太子普光，出家修行，而成了佛，他就是一般人所熟悉的燃燈佛。當時有一位仙人名叫做善慧，跟五百位外道講演殊勝的義理，大家以五百枚銀幣供養他。他因為聽說普光太子出家修道，證得圓滿的佛智。心中非常歡喜，所以想拿這些銀幣去買些鮮花來供養燃燈佛，以表示內心的恭敬和仰慕。他在半路上遇到有人拿著七枝很美的蓮花，他就以那五百枚銀幣買下那五枝蓮花。那人也託他拿另兩枝蓮花去供養佛陀。一般人散花供養佛陀時，花朵都掉落在地面上，但是因為善慧仙人的心太虔誠、太恭敬了，所以他所供養的五枝蓮花，卻停留在空中，變化成很莊嚴的花臺和傘蓋。他以別人所託的那兩枝蓮花供養燃燈佛，也同樣出現奇蹟，停在佛的兩旁。燃燈佛稱讚善慧仙人說：「你過了無量劫以後，也會成就無上的智慧，名叫做釋迦牟尼！」……有一次，善慧仙人見到燃燈佛要走過的路上，有一小塊地方有爛泥巴，又濕又髒，他恐怕佛陀走過時，腳會沾到污泥，就立刻脫下鹿皮的衣服，覆蓋在地上，又解下自己的頭髮鋪在鹿皮上，頂禮等待佛陀走過。燃燈佛就給他授記說：「你將來成佛以後，會在五濁的惡世，度化眾生。」

註——《六度集經》的第八卷將「燃燈佛」譯為「錠光佛」，將善慧仙人譯為「儒童菩薩」。

七、以精進心行布施

布施貴在持久有恆，而不生厭膩、疲倦或退怯心。因為心中起了疲厭或退怯，就無法成就圓滿的智慧。所以《大般若經》的第五百八十卷說：「如果菩薩想要疾速證得無上智慧，就不應使心有間斷和染雜亂。如果他觀察一切事物，無論順境或逆境，都能作為啟發心智的助緣。……他時常歷事練心，對於逆境不生怨恨，對於順境不起貪愛，那麼他在一切時和一切境界中，就不會有間斷和染雜的心。譬如一個將要被帶往刑場處決的犯人，除了恐懼的心念以外，萬念俱灰。菩薩也是如此，如果他時常專心想一切種智，就不會再起其他雜七雜八的念頭，這樣心就自然不會間斷和染雜了。……有間雜心的人經過無數劫的修行才能成就無上智慧，沒有間雜心的菩薩不必經過一百劫就能圓滿成就了。……有間雜的心，雖多時相續修行，仍不能成辦智慧的資糧。沒有間雜的心只要少時相續修行，就可成辦智慧的資糧了。因為他時時刻刻都在用功修行。」

《瑜伽師地論》的第三十九卷說：「菩薩布施精勤不懈。他不會只教（勸導）別人布施，而自己不布施。他布施時以身作則，自己先布施，然後再勸人布施。」

《大般若經》的第五百八十二卷也說：「如果發心追求無上的智慧，很用功地修行到達彼岸的布施、持戒、安忍、精進、禪定、智慧，而心不厭倦，縱使遇到了種種頑劣邪惡的朋友和逆境，也不退怯，他就是菩薩了。」

※　　　　※　　　　※

《大智度論》記載：舍利弗過去世曾經修了六十劫的菩薩道，當時有一個人來向舍利弗要眼睛，舍利弗說：「眼睛挖出以後沒什麼用處，你為什麼要它呢？如果您需要我的身體和財物，我可以布施給您！」那個人很肯定地回答：「我不需要你的身體和財物，只想要得到眼睛！如果你是一位修行布施的人，你就把眼睛贈送給我吧！」當時舍利弗就挖出了一個眼珠交給那乞求的人。沒想到他拿了舍利弗的眼珠，用鼻子聞了一下，嫌它氣味不好聞，而把眼珠丟在地上，又用腳去踩。舍利弗覺得很委曲，他想：「這個人真是刁蠻不講理，明明不需要眼珠，卻硬要我布施。眼珠得到手以後把它扔了，又用腳踩踢。真是太沒有良心了！這種人不度也罷！我不如早點修行禪定，解脫生死算了。」舍利弗想到這裏，他就不要度眾生了，他從大乘的菩薩退到小乘的自了漢。（《大智度論》第十二卷）

做布施的事情偶而或許會間斷，但施捨的心念卻不可暫停。譬如《雜譬喻經》（只有一卷的譯本）記載：從前舍衛國有一位貧窮的人家，想布施一串葡萄給比丘，因為家裏實在太窮了，所以等了一個月才實現願望。那位比丘有他心通，當他接受葡萄時，說：「你已經布施一個月了！你一個月以前就有布施的念頭了，這段期間，你念念不忘，不是就等於布施一個月了嗎？」

布施與其「一曝十寒」，不如「細水長流」。要時常布施，隨時隨地布施，把布施當做生活的一部分，就像吃飯一樣地平常。

例如《大寶積經》的第四十一卷記載：旁耆羅私佛時，有一位織布的師傅，每天布施一縷棉紗，一直累積到一千五百縷時，發願成佛，普救所有眾生。因為這種布施的福德，經歷很多劫當了轉輪聖王和天帝，將來成佛，佛號叫做善攝受如來。

布施久了，自然慷慨大方，而且漸入佳境，最後連難捨珍貴的東西也能布施了。如同《大丈夫論》的第四品說：「菩薩學習布施由易而難，逐步成就。他先布施財物，然後布施自己的親屬，又布施自己的手腳血肉，最後連生命也能布施了。這就是他布施的次序。」

《大丈夫論》的第十九品也說：「菩薩為了利益眾生，修行布施終不疲厭，宛如大地載持萬物，終不疲厭。愚痴的人凡事享圖自己的享受，久了身心也會厭煩疲勞；只有菩薩利樂眾生，永不疲厭。菩薩為了利樂眾生，受了地獄那麼大的苦，尚且樂如涅槃，受其他小小的苦，又怎麼會疲厭呢？菩薩為了利樂一切眾生，自己甘願代眾生受無量地獄苦。他時常勇猛精進利樂眾生，永不生疲厭心。

為什麼菩薩利樂眾生不會疲厭呢？菩薩視一切眾生如同自己。眾生為貪愛、憎恨和愚痴等煩惱所驅使而不得自在。菩薩因為悲心懇切，所以樂於代替眾生受苦。由於悲心和苦的感受不能同時在一起，有了悲心，就不會感覺到苦；而且在利樂眾生的時候，心中能產生比解脫還要殊勝的喜悅。慈悲的人時常想代眾生受苦，自己有了財物或快樂，就想送給別人分享。當他利益眾生時，自己覺得快樂勝過涅槃。解除別人的苦惱能使我們產生很大的歡喜。菩薩利樂眾生所得到的喜悅，不如別人利樂眾生時，心裏那麼歡喜。因為見到別人快樂，自己也快樂，所以見到別人行善布施，自己就非常歡喜。

一般人見到別人受苦時，總是產生討厭，而且想逃遠離他們的心裏，所以感到憂愁和煩惱。有悲心的人才會加以憐愍，而把眾生的苦認為是自己的分內事。一切眾生的苦就是我的苦。菩薩想：如果不勇猛精進，怎能破除這麼大的苦呢？」

所以《瑜伽師地論》的第四十七卷說：「菩薩布施永不厭倦，精勤不斷。他時常以自己所得到的各種財物布施眾生，而毫無吝惜！」

《華嚴經》的第六十一卷勉勵我們發十種無疲厭心，才能疾速成就如來無上的智慧和境界：

一、積集一切善根，心無疲厭。

二、見一切佛承事供養，心無疲厭。

三、求一切佛法，心無疲厭。

四、行一切波羅蜜（到達彼岸的法門），心無疲厭。

五、成就一切菩薩三昧（正定），心無疲厭。

六、次第入一切三世，心無疲厭。

七、普遍莊嚴清淨十方佛剎，心無疲厭。

八、教化調伏一切眾生，心無疲厭。

九、一切剎一切劫中成就菩薩行，心無疲厭。

十、為成就一眾生故，修行一切佛剎微塵數波羅蜜，成就如來十力，如是次第為一切眾生，成就如來一切智力，心無疲厭。（參閱《四十華嚴》的第四卷）

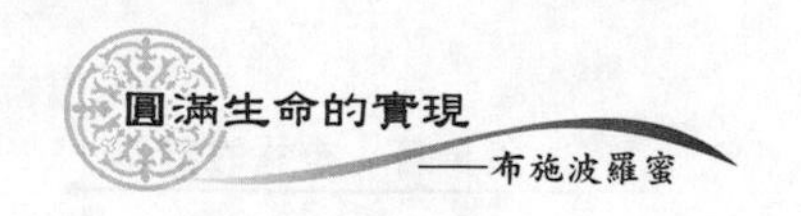

八、以感恩和謙卑心行布施

《菩薩善戒經》的第四卷說：「菩薩見到乞求財物的人，心中一直保持謙卑心，他不會稱讚自己是施主，也不會企求報恩，也不會為了爭勝而布施。」

《大丈夫論》的第八品說：「如果沒有感恩的心，就沒有悲天憫人的胸襟。如果沒有悲心，就不會布施。如果不布施，就不能度化眾生出離生死的苦海。」

《大丈夫論》的第十六品也說：「一位有慈悲心的人，見到世間人遭受了種種痛苦，終不為自己修福。……一切眾生都是我的大恩人，都是我修福的良伴，如果我為了自己修行布施，單獨一個人享受清福，或自己證得了果位而獨自享受解脫的快樂，那豈不是成了忘恩負義的人嗎？……心地慈悲、心量廣大的人，絕不會自己一個人享受福報和快樂，而將眾生置之不顧。假如得到一千次涅槃的快樂，而不能利益眾生，不如救度一位苦難的同胞。菩薩見到眾生受苦受難、無依無靠，尚且不忍獨自享受解脫的快樂，更何況無上的智慧呢？」

《大丈夫論》的第七品又說：「因為乞求的人，所以我們才能成就智慧。我應當布施這種智慧給一切眾生，將所有的福德迴向一切眾生，以報答他們的恩情。我現在因為布施眾生得到無比的喜樂，因為這種喜樂，才能成就智慧，所以我應當將智慧布施給眾生。我現在因為布施乞者而得到比解脫還更有味道的快樂。現在布施所得的快樂都這麼多，更何況將來成就無上智慧時所得到的快樂那豈不是更加殊勝！……所以乞求的人對我們恩惠很大，如果我們只布施財寶，不足以報答他們的恩惠，應當把最高的心智布施給他們。……我現在布施不求人天果報或小乘果位，而只希望得到無上的智慧，來救濟一切眾生。……菩薩悲心關懷一切眾生，而且覺得無法報答佛恩，所以布施永不疲厭。一切快樂，沒有能夠勝過解脫的。菩薩受眾生，勝過受解脫。因為慈愛眾生，想使他們得到解脫，所以要修行各種布施。如果生、老、病、死不是一件極苦的事，菩薩就不會追求無上的智慧。因為生死輪迴非常苦，所以布施才要追求無上智慧，以拔除眾生的困苦。」

《大方便佛報恩經》的第九品記載：佛陀住在竹園精舍時，有一位弟子身上生了惡瘡，腫得很大，而且還常流出膿血，氣味十分難聞。因為一般人都不喜歡這種惡瘡的氣味，所以沒人敢親近他。他只好住在偏僻地方一個朽壞的木頭房子裏。當佛陀知道這件事情以後，就暗中獨自來到這弟子的住所，而沒讓任何人發現。佛陀隨著那弟子的需要而為他效勞。拿水替他清淨污穢的膿血。……從頭頂上放出光明照耀那弟子，那弟子遇到佛的光芒，痛苦立刻消失了。當時那弟子想起身禮拜佛陀，可是病得太重，力不從心，身體站不起來。佛陀右手拿著寶瓶，灌在弟子的頭頂，然後用左手摩擦那弟子身上的惡瘡。說也奇怪！那弟子身上的惡瘡過沒多久，就痊癒了。當時那弟子非常高興，盼望佛陀再進一步說法治療他心中的煩惱。佛陀告訴弟子：「我是來向你報答深恩的！」那弟子聽了感到很驚奇，佛陀接著就為他演說前世的因果和斷除煩惱的方法。……那弟子聽完了佛陀的話，當場證得聖果，具足了六種大神通。……

佛陀說：「眾生都是我們的恩人。」佛的福德、智慧和人格都已經達到圓滿的境界，尚且處處懷著感恩的心去幫助別人，我們凡夫又怎麼能貢高我慢，不懷著感恩的心去布施呢？

《瑜伽師地論》的第四十五卷說:「什麼是菩薩施恩和報恩的方便善巧呢? 菩薩起初隨自己能力的多少，用財物惠施眾生，滿足他們的需要、救濟他們的危難、或解除他們的恐懼、撮合他們的好事，或化解他們的冤仇，治療他們的病苦，使他們得到安康和快樂。當那些受惠的眾生想報恩時，菩薩就會勸導他們行善，以代替受恩。菩薩對他們說:『您們拿世間的財物來相互酬謝和贈送，不是叫做報恩。如果您們能知道父母的恩情、孝順和恭敬地供養父母……以至於受持佛的清淨戒律，那才是大報恩。』菩薩先布施財物恩賜給眾生，然後才勉勵他們行善學佛。由於這種方便善巧，使眾生對於善業和佛法，更加精勤修學，這叫做施恩和報恩的方便善巧。」

九、以信心行布施

俗語說:「真布施不怕假和尚。」布施時最忌諱懷疑和猶豫。懷疑和猶豫不但容易錯過修福的機會，而且會使布施的力量減弱。

所以《瑜伽師地論》的第三十九卷啟示我們:「菩薩不會叫乞求財物的眾生跑來了很多趟，等他對自己親附和歸順，或者停留了很久而感到疲倦和厭煩時，然後才布施。只要乞求的人一來，他便立刻布施。」

《瑜伽師地論》的第三十九卷又說:「菩薩不但明白各種布施的性質和利弊，而且對於布施的果報深具信心。他布施沒有什麼條件，也不會因為某種外在的因素或其他因緣而布施。他確信布施飲食必定能感受大力的果報，布施衣服能感受美妙的膚色，布施車乘能感受快樂，布施燈火能感受清淨的眼睛等。」

※　　　　※　　　　※

例如《心明經》記載：有一位正在做菜的婦人，見到佛陀莊嚴的相貌和光明，心中產生了無比信心和歡喜。她很想布施飯菜，可是卻害怕她先生信奉外道，見了起憎恨心，因此不得已只拿了一杓飯汁布施佛陀，佛陀讚歎她的福德，並且授記她三十劫後也會成佛，佛號是心明如來。她先生聽了佛陀說法，也出家證得阿羅漢果。

除非我們有足夠的證據，能確定對方是一個騙子，我們可以不布施，否則，我們就得布施。因為經典說:「眾生向我們要東西，我們有而沒有施與，心中就有吝嗇和貪愛的煩惱。」當然這是很細微的，時常反省或心智敏銳的人比較容易感覺到這個事實。一般人大都認為：我高興就布施，不高與不布施是我的權利，這是理所當然，沒什麼好大驚小怪的。

《優婆塞戒經》說：「縱使布施破戒的人，也可以得到千倍的果報。」

《阿毗曇甘露味經》也說：「布施不善的人，能受一千世的福報。」

《大集經》的第五十五卷記載：「佛陀滅度後第一個五百年得到解脫的人很多。第二個五百年解脫的人少，但修禪定的人仍然很多。第三個五百年，人們偏重於讀誦多聞。第四個五百年偏重於建造塔寺。第五個五百年開始鬥諍訴訟，善法也逐漸隱沒和損減了。在這個時期以後，有許多出家人身被袈裟，毀破禁戒，行不如法，只是假名的比丘罷了。雖然是破戒的名字比丘，如果有人供養、布施和護持他，我說供養和布施的人仍然可以得到無量的大福德。為什麼呢？因為破戒的名字比丘仍然能饒益很多眾生。譬如：真金是珍貴的寶物，如果沒有真金，銀就變成了珍寶。如果沒有銀，鍮石就變成了珍寶。……在一切世間當中，佛寶最尊貴。如果沒有佛寶，緣覺就變成最尊貴；如果沒有緣覺，羅漢就變成最尊貴；如果沒有羅漢，其他聖眾就變成最尊貴；如果沒有聖眾，得定的凡夫就最尊貴；如果沒得定的，持戒精嚴的人就最尊貴；如果沒有持淨戒的，污戒的比丘就最尊貴；如果沒有污戒的，剃除鬚髮和身著袈裟的名字比丘比起其他九十五種外道，還是最為尊貴，應受世間人的供養，成為眾生的福田。為什麼呢？因為他們能使眾生對於因果產生敬畏之心。所以布施和供養名字比丘，不久也將可以成就大智慧。」

由上面幾段文字，我們可以知道：縱使對方真的是一個騙子或破戒的人，布施都有功德。更何況我們只是半信半疑，還不知道來化緣或索取財物的人是真是假，怎麼能吝嗇而不布施呢？有一個折衷的辦法就是：當有人來找我們出錢，而我們確信他是真的在辦慈善事業，我們就多給一些錢。萬一我們直覺上覺得對方可能是一個騙子時，我們就少給一點。如果我們有證據確定他是一個騙子，我們可以不給他錢！或者講做人的道理或佛法給他聽，給他一點錢而後詢問他行騙的原因，並勸勉他不可行騙而應找正當的職業。除非對方是一個惡性難改，為害社會很大的騙子，我們才需要檢舉，送交治安機關法辦、或揭發他的陰謀以免有人再受害。否則我們還是以道德感化為主。例如法國文豪雨果 (Hugo) 所寫的「孤星淚」就描述了一位天主教神父供給一位剛從監獄釋放出來的陌生人居住和飲食，可是那位陌生人賊性難改，他不但沒有感恩圖報，反而「順手牽羊」把貴重的銀燭臺偷走了。不久被警察抓到了，連人跟銀燭臺都送到教堂來對證。神父在這種場合卻打了方便妄語說：「那銀燭臺是我送他，而不是他偷拿走的！」那位小偷因而又被放了。但他被神父的道德所感動了，從此痛改前非，奮發向上，後來居然做了市長，真是難以想像！

天主教的神父能以道德的力量來感化惡人，我們為什麼不能？只要我們拿出決心，以慈悲、勇氣和智慧也一定能感動惡人的。「堯和舜是怎麼樣的人？只要有心去做，人人都能成為聖賢的！」(引印光大師語)

《瑜伽師地論》的第三十九卷說得好：「菩薩見到每一位乞求的人，都能隨意歡喜布施。甚至遇到了講話不實在的商人，菩薩明知他想要騙人，仍然把他的過失掩蓋住，而不使別人知道，又怎麼會去揭發或觸怒他呢？菩薩滿足他的願望，使他不感到羞恥或慚愧，而且高高興興地拿著財物回去。

假如有人欺騙菩薩，菩薩起初不知道，後來才發覺，菩薩雖然發覺那個人的惡行，也不揭發這個人的醜聞，既不訶責他，也不憤恨在心而不能忘懷，菩薩只對他發起慈悲憐愍的心：他雖然做錯事情，騙取我的財物，可是我不跟他計較這些，我現在本著歡喜心布施財物給他，他就沒有犯罪了！」

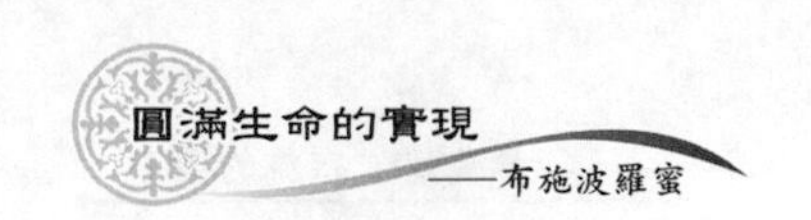

布施除了對受施者要有信心以外，就是要對自己有信心。我們要相信布施一定有福德和果報，相信佛所說的話真實不虛，相信佛、法、僧三寶是清淨的福田。下面我們就舉幾個例子來說明信心布施的果報。

《賢愚因緣經》的第五卷記載：從前有一對貧窮的夫婦，除了有一張白毛氈以外，幾乎一無所有。有一天他們看見有一位和尚在化緣。他們夫妻兩個人就商量：「我們今世貧窮，就是由於前生不布施的結果。如果現在我們又不布施，將來的報應豈不是更加淒慘了嗎？反正人遲早總是會死，不如將這白色的毛氈布施給師父算了，縱使凍死也沒關係，只要來世有好日子過就行了！」於是他們就將自己所擁有的那張白毛氈供養師父，後來被國王和皇后知道了，深受感動，並賞賜給他們許多珍寶。那對夫婦不但沒凍死，反而得到了好的現報。

《雜寶藏經》的第四卷也記載：有一天須達長者的心中想：「凡是出生在我家的人，死後都不會墮落三惡道。為什麼呢？因為我都會以清淨的佛法教導他們。我現在也要勸那些貧苦和沒有信心的人，使他們也能供養佛法僧三寶而種下善因！」於是他就把這構想告訴波斯匿王，國王也非常同意他的善舉，波斯匿王便下令人民隨喜布施，而須達長者也到處勸募供養三寶的款子。有一位貧窮的女子看見須達長者在募捐，便將唯一的財產——毛氈——交給須達長者布施佛僧，她死後，因為布施毛氈的福德而升天，又從天宮下來聽佛講經，證得了初聖果。

《百緣經》的第一卷記載：當佛陀剛開始在王舍城的迦蘭陀竹林講經說法時，波斯匿王還沒有聽說有佛，波斯匿王每天都以香花供奉天神。有一天，佛陀走到波斯匿王的宮殿，波斯匿王看見佛陀的光明、莊嚴的相貌和安詳的儀態，心裏非常高興。他請佛陀坐下，並且設宴供養佛陀。佛陀為波斯匿王說法後，波斯匿王對佛陀產生很深的信心，從此不再信奉天神，每天早晚和中午都以香花供養佛陀。

有一天，王宮守護花池的人將鮮花送給波斯匿王以後，自己也拿了一株花到市場上。一位外道和須達長者爭著搶購這株花。兩個人出價越來越高，已經高到百千兩金了，還不肯罷休。送花者問說：「請問！你們買這一株花幹什麼?」外道回答：「我要供養那羅延天，以求賜福與庇佑!」須達長者回答：「我買花要供養佛!」送花的人又問：「佛到底是什麼?」須達長者回答：「佛陀是完美的聖者，他已證得圓滿的智慧，對於無限的時空瞭若指掌，連天帝和神仙也都恭敬他呢!」送花的人聽到須達長者這麼說，心裏暗自高興，他想：我看須達長者的言行非常安詳，一點都不粗暴，今天為了這一株花，竟然出到這麼高的價錢。他買花去供養佛陀，一定有非常大的利益，才會不管貴賤，勢在必得！想到這裏，送花的人就說：「這株花我不賣了！我要親自拿這株花去供養佛陀!」須達長者聽了非常高興，就帶著他去拜見佛陀。當他見到佛陀那莊嚴的相貌和優雅的談吐，信心更加堅強。於是就以香花供養佛，散在佛陀頭上，花在虛空中變成花蓋，隨著佛陀走動。送花者見到這種奇蹟，五體投地，發大誓願：「希望這次散花的功德，使他將來能不斷地追求無上的智慧，廣利一切眾生!」佛陀微笑放光，並授記他過了三大阿僧祇劫後會成佛，佛號叫做「花盛如來」。(關於天帝供養佛陀的經典根據，請閱《百緣經》第二卷)

十、以無畏心行布施

《瑜伽師地論》的第三十九卷說:「菩薩布施不畏懼自身的貧窮,他只是悲愍眾生而很樂意地布施。」

布施時要果敢,不要畏首畏尾。俗語說:「吉人自有天相。」有布施的氣度和心量,福報自然會來。布施是最好的投資和儲蓄,不要把布施想成損失,也不要經常想說「我錢財都布施了,將來要怎麼生活?」顧忌太多是辦不成事的。你要這麼想:「布施就好比播種,只要我經常播種,那還怕將來沒有收穫嗎?」

我們要以決定果敢的心布施。捨財要乾淨俐落,不要讓別人說我們做事不痛快,連布施也拖泥帶水、考慮了老半天。

《大般若經》的第五百七十九卷說:「如果有眾生來向我乞求各種民生日用品,我應當生決定布施的心,不應當說我現在沒有財物,不能布施。縱使我現在沒有他所要的財物,也應當以善巧方便的方式去尋找他所需的財物來布施,而不可認為:『反正我自己現在沒有這種東西,乾脆算了吧!不必再為他操心尋找了!』如果有其他眾生自己布施東西給他,我應當隨喜讚歎。如果為了眾生而去向別人求索,對方不布施給我,我就以種種方便善巧的方式去勸他發心,使需求者的願望能得到滿足。……如果有眾生布施修福,菩薩便勸他們迴向無上的佛道。菩薩勸人發道心所得到的福德,勝過其他眾生布施所得的福德,還要多出百倍、千倍、乃至無數多倍。為什麼呢?菩薩勸人發起迴向無上道的心,能使他自己和其他眾生都證得無上智慧。」

下面我們就來看看古德布施的勇敢情形。有的向人借錢來布施，有的冒著罰款和生命的危險而布施，你說他們沒有道德的勇氣嗎?

㈠借錢布施

《羅越城人民請佛經》和《經律異相》的第四十一卷記載：羅閱城的人民想共同請佛陀和眾僧來供養，由於出錢的太多，婆羅門就私自限定：每個人最多只能出一百文錢。當時雞頭婆羅門想供養佛陀，可是家裏實在貧窮，於是他就四處借錢，可是都借不到錢。他太太告訴他去向弗賒蜜多羅長者借錢，答應如果七天沒還錢，雞頭婆羅門他們夫婦兩人都願意做長者的奴婢。長者便借給他們一百文錢。當他拿錢交給主辦供養的人時，沒想到主辦人說：「我們的錢早已湊足去採買食物了，不需要了，請你拿回去吧!」雞頭婆羅門聽了有點洩氣，夫婦兩個人共同到佛陀所住的寺院去禮拜佛陀，並且誠懇地請求佛陀和眾僧接受他們的供養。佛陀微笑地答應了。

㈡施食無畏

《雜寶藏經》的第四卷記載：舍衛國有一位長者的兒子，跟其他長者的兒子一齊在花園中遊戲。早在出門以前，就吩咐家裏的人給他送午餐，後來他家裏的人就派遣了一位奴婢送食物去給長者的兒子。當女婢提著食物走出門外時，遇見了佛陀，女婢就以所提的食物供養佛陀。而後再回家另取食物。她第二次拿食物時，卻在半路上遇到舍利弗和目蓮等佛陀的弟子，她又把食物供養他們了。她第三次回家拿取食物，才將食物送到長者的兒子那裏。長者的兒子用完了午餐，自己回到家告訴他的妻子說：「為什麼這麼晚才給我送午餐去!」妻子回答：「我的天啊！今天已經連送了三次飯給您。為什麼會晚呢?」於是就叫女婢出來問：「今天早上妳送了三次午餐，到底送給誰吃?」女婢回答:「我第一次送飯，遇到佛陀，就布施給他。第二次送飯，遇到舍利弗和目蓮等佛的弟子，又布施供養他們。第三次才送給少爺!」長者的兒子聽了，非常生氣，用棍子打女婢，沒想到出力過猛把女婢打死了。女婢死後，神識升天。又從天宮下來聽佛說法，而證得道果。

㈢不怕受罰

《普曜經》的第五卷記載:佛陀遊化婆羅門城，婆羅門王知道佛陀的道德能感動人心，他想:「一旦被感化了，誰肯再聽信我的話呢?」因此規定:如果有人以食物供養佛陀或者聽佛說法就罰五百文錢。

佛陀入城乞食，每一戶人家都關著門，正當佛陀空缽要走出城的時候，遇到了一位貧窮的老奴婢，正拿著陶器盛了粗弊的粥菜要出門倒掉，她看見佛陀托著空缽，心中產生了清淨的信心，她想要供養佛陀，可是那有食物呢?她想:「這些不好的食物如果有人需要，可以拿去!」佛陀知道她的心意，就接受了她的供養。佛陀為了增加她的信心，在她面前喝下那粗弊的粥菜，那貧窮的老婢見了非常感動。佛陀說:「您今天的布施這粥，使您將來十五劫不墮惡道，常在天上人間享受快樂，後來轉成男身，出家修道而證得群支佛的聖果。」

旁邊有一位婆羅門聽了說:「佛陀為了飲食而打妄語!布施這種粗陋的飲食怎會得到這麼大的福報?」佛陀就現出廣長舌相以舌覆額，並且告訴他說:「你見過婆羅門的經典記載有這種舌頭的人還會撒謊嗎?」婆羅門回答:「有廣長舌的人一定不會打妄語!我只是不了解為什麼布施這麼一點東西卻得到那麼大的福報!」佛陀於是舉果樹為例，說明種子長大結果時的懸殊比例，那婆羅門終於心開意解，當面禮拜佛陀，並向佛陀懺悔過失，佛陀為他說法，那位婆羅門立刻證得了初聖果。他大聲地喊：「甘露和幸福的門已經大開了，你們怎麼不快點出來呢?」許多婆羅門都布施錢財，迎請佛陀回去供養。連婆羅門王和左右大臣也歸依佛法，全城老百姓都得到了清淨的信仰。

㈣冒死布施

《百緣經》的第六卷記載：佛陀在王舍城的迦蘭陀竹林講經時，頻婆娑羅王每天率領著文武百官去拜見佛陀三次。後來他年紀老了，不能天天去拜佛，就派人去向佛陀索請頭髮和指甲，回宮內建造塔寺禮拜。

後來太子阿闍世聽信提婆達多的讒言而陰謀叛變，把父王監禁死在宮中，自立為王。阿闍世王下令：不准禮拜或供養宮內那座佛塔，違者殺無赦。

宮裏有一個人名叫功德意，他想：「這座佛塔是先王建造的，現在灰塵遍地，沒人打掃，我寧願冒著生命的危險去打掃佛塔，以香花和燈燭供養佛塔!」想到這裏，他就馬上去做了。阿闍世王在樓閣上遙遠望見佛塔的燈光，十分氣怒，派士兵去捉拿功德意。阿闍世王對功德意說：「你為什麼去佛塔禮拜供養?」功德意回答：「這座佛塔是先王建造的，今天七月十五日是佛的歡喜心，所以我才去禮拜和供養佛塔!」阿闍世王又問：「難道你沒有聽到我的禁令嗎?」功德意回答：「可是你治理國家的情形不如先王!」阿闍世王聽了更加生氣，拔劍殺死功德意。功德意因為供養禮拜佛塔的善根，死後神識投生忉利天，相貌非常端莊，而且身上還有一由旬（五十里）光芒。從天宮下來聽佛陀說法，而悟得道果。

㈤不怕傳染

《百緣經》的第二卷記載了：佛陀在王舍城的迦蘭陀竹林時，有一個名叫那羅的村落流行疾病。佛陀去勸那裏的民眾行善，並拯救了染了病的眾生。

㈥度化醜者

《百緣經》的第十卷記載：舍衛城有一位長者生了一位相貌非常醜陋的兒子，形狀很像惡鬼，每個人見了都噁心，甚至飛禽走獸見了也驚惶逃走，因為沒人敢跟他在一起，所以他長大後只好單獨住在山林裏。有一天，佛陀知道他的善根成熟，可以度化了，就率領著弟子走到他所住的山林裏。當時那位醜陋的人見到了佛陀就想逃走，佛陀運用神力使他無法逃走。這時候每一位弟子都在樹林內靜坐。佛陀變化成一位非常醜陋的比丘拿著盛滿食物的缽。一步一步走向那醜陋的人。那醜陋的人看見和自己相貌類似的比丘，心中十分歡喜！他心裏想：「這位仁兄才是我真正的伴侶！」於是跑來跟他講話，談得很開心，還用同一個缽吃東西，他感覺這頓飯菜吃得特別香。吃飽飯後，佛陀化身的醜比丘相貌忽然變莊嚴了，那醜陋的長者子就問他說：「你的臉孔為什麼忽然變好看了呢?」化人回答：「我吃了這一頓飯，而且用善良的心去觀察那些在樹下靜坐的出家師父，所以相貌變美了!」醜陋的長者子聽了，立刻效法觀想比丘在樹下靜坐那種安寧的樣子，面貌果然也變端莊了。這時候他欣喜若狂，對於化人產生了無比的信心。化人也變回本來的形像。長者子看見佛陀那莊嚴的相貌和光明，上前禮拜佛陀，佛陀為他說法，他立刻證得初聖果。請求佛陀收他為弟子，並且允許他出家，他出家後，精進用功修行，而證得了阿羅漢果。弟子們好奇問起因緣，佛陀說：「無量世以後，波羅㮈國出現了一位完美的聖人——弗沙佛，那時彌勒和我都是菩薩，見到弗沙佛莊嚴的相貌和光明，就拿著許多東西供養他，並且翹了一隻腳，七天七夜說偈讚美弗沙佛：

天上天下無如佛，
十方世界亦無比，
世界所有我盡見，
一切無有如佛者。

正當我說偈讚佛時，山中有一位鬼神，作出醜陋的樣子來嚇我，我運用神通使他不能過來，後來山神來向我懺悔，並且還發了善願。那位山神就是現在證阿羅漢果的醜陋比丘，因為他以醜陋的形相嚇人，所以五百世相貌醜陋，見者驚惶逃走。因為他事後向我懺悔又發了善願，所以今生遇到我才能出家得道。」

㈦降伏毒蛇

《百緣經》的第六卷記載：佛陀在王舍城的迦蘭陀竹林講經時，王舍城裏有一位長者，名叫做賢面。他家財萬貫，財寶多得難以計數，可是他卻非常貪心和吝嗇，他從不布施，甚至連飛鳥下來院子吃草子，也要把牠們趕走。曾經有婆羅門和出家的師父到他家化緣，只要一點食物，就被他罵走。他不斷拚命賺錢和儲蓄，而從來不救濟貧困，死後投生變成一條毒蛇。

他成了毒蛇繼續守著生前的財寶，凡是接近這財寶的人，這條毒蛇就怒目逼視，甚至把人咬死。頻婆娑羅王知道這消息以後，就請求佛陀去降伏這條毒蛇，使牠不再傷害別人。佛陀答應了。第二天佛陀走到毒蛇住的地方。毒蛇發脾氣，想咬死佛陀，佛陀就進入慈心三昧，從五指尖放出了五色的光芒，照射毒蛇的身體，毒蛇立刻感到清涼，怨恨、毒害和惱熱的心頓然消失，牠心裏十分高興，舉起頭來看看四面八方，心裏想：到底是何方神聖放出光芒，照射我的身體，使我感到清涼和快樂呢？佛陀看見毒蛇調伏了，就告訴牠說：「賢面長者！你因為前世貪財吝嗇又愛發脾氣，所以才變成毒蛇，你現在怎麼變本加厲，又害起人來呢？如果你不改過，來世所受的苦恐怕會更大呢！」毒蛇聽完佛陀的話，深深責備自己，終於良心發現了，牠記起前生的事情，因此對佛陀產生信心和尊敬。佛陀說：「你要不要聽我的話？如果你聽我的話，請進到我的缽裏！」毒蛇爬進佛陀的缽中，被佛陀帶回迦蘭陀竹林。當時頻婆娑羅王、左右大臣以及老百姓聽說佛陀降伏毒蛇並且把毒蛇放在缽中，都爭先恐後趕來觀看。毒蛇看見眾人，心裏慚愧，不久就命終了，他死後神識升天，又從天宮下來聽佛陀說法，而悟得道果。

十一、以肯吃虧心行布施

掃地是一種不需要本錢的布施，它屬於手的布施。

《百緣經》的第四卷說：掃地有五種福德。第一、除去自己心上的污垢。第二、除去別人的污垢。第三、除去驕傲和我慢。第四、可調伏妄念。第五、增長福德，提昇人格，死後投生較好的境界。

《雜寶藏經》的第四卷記載：南印度有一個習俗就是女孩子都要早起打掃庭院。有一位長者的女兒，每天都黎明起來灑掃庭院，有一天正當她在掃地時，佛陀從她家門前經過，她見到佛陀，心中非常歡喜，而且還目不轉睛地注視佛陀，欣賞佛陀那莊嚴的相貌和優雅的儀態。那位女孩的壽命很短，隔了沒多久，就命終了。她因為見佛而心生歡喜而生天。後來又從天宮下來聽佛陀說法而悟道。

《成實論》的第七卷說：「掃一閻浮提的僧地（僧眾所住的寮房），不如掃像手掌那麼大的佛地（佛塔或佛殿）。」這是就福田（布施的對象）來說的。因為佛的智德圓滿，所以掃佛殿和佛塔比掃其他地方福報大。

《無垢優婆夷問經》就明文提到了：打掃佛塔和四周的土地，可以得到五種福報。第一、自心清淨；別人見了，也會生清淨心。第二、受別人所敬愛。第三、天神心生歡喜。第四、種集端正的業因。第五、命終投生善道或天界。

我們可以舉兩個例子來說明掃佛塔和佛殿的福德。

《百緣經》的第七卷記載：過去有一個人見到毗婆尸佛的佛塔上有一些灰塵和凋謝的花朵，他就把它清理乾淨，以便利別人供養，結果來世感得出身高貴、相貌莊嚴、人人敬愛。後來長大聽佛說法，悟得道果。

《雜寶藏經》的第四卷記載：舍衛國有一位長者，建造了一座塔寺，命終之後生天。他的妻子因為想念她先生，所以時常打掃她先生所建造的寺院。有一天，她的先生遠遠地對她說：「我是妳的丈夫。因為建造寺院的功德，所以出生在天上。因為看見妳很想念我，所以我才來人間。只可惜人的身體味道很難聞，所以我不能夠靠近妳。如果妳還想當我的妻子，妳就要勤於供養佛僧，並且常把佛塔和寺院打掃乾淨，如果有損壞的地方要把它修補好。希望妳也能夠出生在我這裏！」那位太太依照她先生的話去做，命終之後，果然生在她先生所投生的那一層天，又再結為夫妻。他們同時從天上來見釋迦牟尼佛，佛陀為他們說法，這一對神仙眷屬都證到了初聖果。

一對夫妻死後來世相遇的機率很小。縱使都出生在天上，也不一定又能結為夫妻。因為必須福報和業力都很接近才能成為夫妻。其中有一位福德較大就無法「團圓」了。譬如《分別功德論》記載：舍衛國有一對信佛很虔誠的夫婦。他們夫妻倆沒生孩子。太太很早就逝世了，出生在忉利天，做了一位很美的天女。她想世間上有誰適合做我的丈夫呢？她用天眼觀察，看見她丈夫已經出家，年紀也老了，每天還不斷清掃佛塔和寺院。於是她就用身上的光明去照耀她丈夫，使他能夠見到她的莊嚴，並且勉勵他精進生天，又來當她的丈夫。她的丈夫因為見到太太升天而努力用功加倍精進。結果那位天女又來了，卻說：「您的福德現在反而比我殊勝，我無法嫁給您做妻子了！」那位老比丘，聽了更加勇猛精進，於是就解脫煩惱而證得了阿羅漢的果位。

由上面這幾個例子，我們可以知道清掃佛塔和寺院的功德很大。我們一定要好好地布置和整理自己家中的佛堂。以家裏最大、最上面、最清淨、光線最好的那一個房間做佛堂。切不可「委屈」佛菩薩，把佛菩薩像簡陋地放在二樓三樓樓梯轉彎的那小小空間，而人卻住在樓上寬敞豪華的大臥室。要記住：臥室比佛堂和藏經室豪華，風水就不好。忽視佛堂和藏經室而重視客廳和飯廳，也是不吉祥的象徵！佛堂和藏經室是我們家中最重要的地方。莊嚴的佛堂和藏經室不但會引發我們的宗教情操，而且可以使我們充滿著法喜，提昇人格的修養。這件事跟我們的生死有密切的關係，千萬不可以等閒視之！

我們不可以因為掃佛塔和大殿的功德大，大家就爭著去打掃佛塔和大殿，而不願去掃寮房、院子或廁所。我們必須凡事有「好事讓人，劣物向己」的修養。把別人喜歡或者有功德的好事讓給別人，自己專做一些別人最不喜歡、最沒有「功德」的事。如果有這慈悲和忍讓的心量，無論做什麼事，甚至打掃廁所，也得到無量無邊的福德。如果爭著掃佛塔、大殿或擦拭佛像上的灰塵，表面上是佔了福田殊勝的便宜，其實因為名利心作祟，心地不清淨，也就無法得到大福報。所以我們必須要記住：學佛要學吃虧忍讓，凡事肯吃虧才是福德的氣相。凡是搶佔便宜，最後自己必定吃了大虧！所以古人告訴我們清掃心地的重要性：

掃地掃地掃心地
心地不掃空掃地
人人若將心地掃
人間處處是淨地

做人處事都應抱著肯吃虧的心，凡事讓別人佔便宜、得好處，而自己吃大虧、受損失。有了這種心量，不但能使周遭的人得到利益，自己可以

學習安忍，又可培育福德。例如：吃宴席時搶大家喜歡吃的菜就是消福，吃別人所不願吃的東西就是惜福。當然不可矯枉過正，為了惜福，吃一些腐菜或不衛生的食物，而把腸胃弄壞，那就得不償失了。

在水災的時候，財物到處漂流，有人趁機撈取財物，發了一筆意外的橫財。可是有慈悲心一心只想救人而不貪取財物。從世俗的眼光來看，救人而不撈取財物的人純粹是吃虧的。拯救溺水的人，不但沒錢財可得，而且還要提供飲食和住宿來安頓他們。只救人而不撈取財物的人常被世俗淺見的人罵為傻瓜，但事實上，他們卻是在廣積陰德的聰明人。從歷史上來看，凡是心存慈悲而不貪財的人，將來子孫賢貴而且能得善終。一味貪財的人終究還是名利盡失，而且庸庸碌碌過了一生，甚至有現世就遭受惡報而不得好死的。請參閱《懿行錄》、《了凡四訓》、《太上感應篇》和《陰騭文廣義節錄》這幾本書，就能明白其中的道理！

十二、以發願和迴向心行布施

《菩薩善戒經》的第四卷記載：「修行的人，應時常發願將一切財物布施給十方諸佛、菩薩和眾生。宛如弟子以禮物供養師父，師父雖然沒有接受，可是這弟子卻獲得許多的福德。修行者也是如此，他將所有財物都供養諸佛和菩薩，佛菩薩雖然沒有領取受用，他也得到無量的福報。因為他已發心把所有財物都供養佛菩薩了，所以他把周遭的財物都當作佛菩薩寄放在他這裏，所有權屬於佛菩薩。他知道佛菩薩對於這些財物沒有吝嗇心，所以能大方而且隨意地代替佛菩薩布施眾生！」

《大般若經》的第五百八十二卷說：「如果想證得無上智慧，就應當發一切種智心（發心追求一切種智與發與一切種智相應的心）！」

《大般若經》的第五百七十九卷說：「菩薩布施，應將福德迴向無上智慧，並願所有眾生都能同證一切種智。這種方便善巧能使自己和眾生都獲得殊勝的利益。如果菩薩布施時，沒有發願與所有眾生共同迴向無上佛智，就不能成為清淨圓滿的布施。」

上面幾段經文告訴我們布施一定要發願和迴向。談到發願和迴向，總是離不開心量和志向這兩個問題。布施時，心量越大、志向越高，所得到的果報也就越大。所謂「心量大」就是要將布施的福德全部迴向給所有的眾生，而不佔為己有。所謂「志向高」就是布施時要以圓滿的佛智或無上的智慧為目標。當然，「心量大」和「志向高」這兩件事是相輔相成，可以同時並存，而不相矛盾的。因為要成就無上的智慧，便必須破除自私的心態，培養「民胞物與」的胸襟，處處關懷眾生。所以佛陀在《大般若經》

的第五百七十九卷中說：「菩薩布施，普為攝受一切有情，成就無上智慧。」換句話說，就是把我們布施的福德迴向給一切眾生，而且希望他們早日解脫苦惱成就圓滿的佛慧。

將布施的福德迴向給所有的眾生有幾層含義：

第一、無始以來，我們造了很多殺生、偷盜、邪婬、妄語等惡業，做了很多對不起眾生的事情，欠了眾生許多錢債、命債、情債……迴向就是以福德來還債，減輕我們的內疚、負擔和業障。

第二、無始以來，無數的眾生都曾經幫忙和救助過我們，所以眾生對我們有很大的恩惠，迴向就是報恩。

第三、我們把所有福德迴向給一切眾生而不擁為己有。這種廣大而平等的心量和智慧相應。因為圓滿的智慧是以平等的慈悲心為基礎。

第四、獨樂樂不如眾樂樂。自私是苦惱的根源，惟有透過毫不保留的迴向和奉獻，我們才能打破我執，而確實體會到真正而持久的快樂。

所以《瑜伽師地論》的第三十九卷說：「菩薩布施不計較果報，而把所有的布施都迴向無上的佛慧！」

《大般若經》的第五百七十九卷也記載：布施時，要發心將布施的福德，贈送給十方法界的一切眾生，希望他們解脫惡道和生死的苦惱，未發心追求佛道的眾生希望他們早點發心；已發心追求佛道的人，希望他們永不退失。如果追求佛道不退的人，希望他們疾速圓滿成就一切種智。……菩薩布施時，心裏要這麼想：我布施飲食來利樂眾生，希望眾生接受了我的飲食以後，能隨己所取、少分受用，並且把所剩餘的飲食，轉施其他眾生。那些眾生再用一點，而把剩餘的飲食再轉施其他眾生，這樣輾轉下去，所有的眾生都會接受和享用到我所布施的物品。我也因此而攝受了無量無邊的善根。我又把這無量的善根福德，普遍布施給十方所有的眾生，使他們都能永遠解脫惡道和生死。還沒有發心追求佛道的眾生會很快就發心，已發心的眾生會達到永不退轉，不會退轉的眾生能夠疾速圓滿一切種智。……菩薩因為有這種方便善巧，所以只布施了很少的財物，就能夠種下無量的善根，獲得無量的福德。為什麼？因為他布施的心量無限大而且把所有的福德迴向一切種智。菩薩布施時，心裏想：我布施不希望得到世俗或人天的果報，只有希望證得無上的智慧，盡未來際能利樂一切眾生。這種迴向無上智慧而不貪求其他果報的布施，才叫做「布施波羅蜜多」到達彼岸的布施，而且才能夠使所有的修行達到圓滿的境界。布施如果不迴向無上智慧，就不是清淨圓滿的布施，而且也不能證得佛的一切種智。這種不能達到彼岸的布施，仍然招來輪迴生死的痛苦，而且無法成就圓滿的智慧。

《大般若經》的第五百八十三卷也說：布施如果不迴向或追求一切種智，就不能達到清淨圓滿的布施境界。能迴向和追求一切種智的布施，才能解脫煩惱、達到真善美聖的涅槃境界。

佛陀在《六波羅蜜多經》的第四卷又告訴我們：從今身開始，一直到成佛，都發願布施此身給法界所有的眾生。所修的福德善業，無論或多或少，都願意和一切眾生共同迴向無上道。

例如布施飲食可以得到長壽、相好、有力、安樂和辯才五種果報。我們千萬不可吝嗇，想單獨享用布施的福德，應該每天發願將所有各種大小的福德都迴向給一切眾生，和一切眾生共同分享法喜，共同成就善業和佛道。

㈠如果布施飲食使人延長壽命，我們希望跟所有的眾生都能夠得到佛陀長遠而沒有窮盡的壽命。住世的長短能隨意自在。

㈡如果布施飲食，使人吃了以後氣色好看，我們希望跟所有的眾生都得到佛陀美好的相貌和莊嚴光明的色身，普照世間，超過千百日月。

㈢如果布施飲食，使人吃了有了力氣，我們希望跟所有的眾生都得到完美聖人無量的神力。

㈣如果布施飲食，使人吃了身心安樂，我們希望跟所有的眾生都得到完美聖人無比安寧快樂的涅槃境界。

㈤如果布施飲食，我們希望跟所有眾生都能夠得到佛的四種無礙辯才。

㈥如果布施美味的食品，我們希望跟所有的眾生都得到佛陀無上的甘露法味，證入無比清淨的涅槃境界。

㈦如果布施潔淨的飲料，我們希望跟所有的眾生都除去熱渴和貪愛。

㈧如果布施衛生的天然食物，我們希望跟所有的眾生都能像如來一樣，所有的飲食與毒藥，一到了口中，立刻化為美味的甘露（如果口中有四顆牙齒可以化解毒藥成為甘露）。

㈨如果布施醫藥，我們希望跟所有的眾生都能得到智慧的法藥，療治生死的疾病，而得到無為清淨的快樂。

㈩如果布施衣服，我們希望跟所有眾生都能得到慚愧的衣裳，覆蓋身體。遠離各種醜陋的形相，而得到莊嚴美好的金色身。

⑾如果布施各種香花或檀香，我們希望跟所有的眾生都能得到清淨的戒香，除去煩惱和污穢（邪惡）的習氣。

⑿如果布施象馬車船，我們希望跟所有的眾生都得到如來隨意自在的禪定，遊行自在，沒有障礙。

⒀如果布施橋樑，我們希望跟所有的眾生都得到六度的橋樑，超越生死而到達涅槃彼岸。

⒁如果布施瓔珞等飾物，我們希望跟所有的眾生都得到佛陀三十二種完美的相貌和八十種特徵，而且還有非常莊嚴的瓔珞。

⒂如果（在炎熱的曠野）布施清潔的水源供人飲用或沐浴，我們希望

跟所有的眾生都能遠離生死、煩惱、熱渴和貪愛的痛苦。希望我的身中充滿著智慧的泉水，能夠使眾生得到解脫。

(十六)如果布施房舍，使別人身心安樂，遠離強風、暴雨、怨賊、惡獸的恐怖，我們希望跟所有的眾生都能證入涅槃安穩住處，遠離煩惱的盜賊、地獄的寒熱、生死的風雨，而永無怖畏。

(十七)如果布施柔軟舒適的毛氈和被單，我們希望跟所有的眾生都能夠登上智慧的寶座，覺悟宇宙人生的真理，得到平等清淨的心性。

(十八)如果布施樸素美好的衣服，我們希望跟所有的眾生都能夠得到三乘佛法的衣裳，普遍覆佑一切苦惱的眾生。

(十九)如果布施燈燭給寺院或父母，我們希望跟所有的眾生都能夠得到一切智眼。

(二十)如果布施音樂，我們希望跟所有的眾生都能夠得到真正的天耳通，清楚地聽聞十方世界的法音。

(二十一)如果在偏遠沒有佛法的地方建立寺院，並且擺設了修道所需的日常用品，我們希望跟所有的眾生都能夠安居在涅槃城安穩快樂的處所，永離流轉生死的苦惱。

(二十二)如果布施湯藥，我們希望跟所有眾生都能以法藥來破除煩惱病。

(二十三)如果布施僕使，我們希望跟所有的眾生都能像阿難一樣地服侍如來。

(二十四)如果解救被囚禁束縛的眾生，我們希望跟所有的眾生都能遠離一切煩惱的束縛，得到真正的解脫，而且成佛救度眾生。

(二十五)如果布施金銀財寶，我們希望跟所有的眾生都能得到百福莊嚴的色身。

(二十六)如果布施寶冠、手環、耳璫、珠鬘等精美的裝飾品，我們希望跟所有的眾生身體都有如來八十種美好的特徵來莊嚴法身。

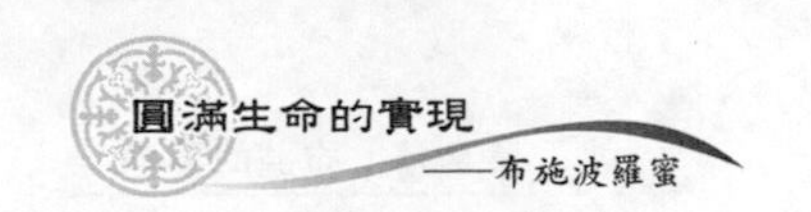

㈦如果布施道場，我們希望跟所有的眾生成就聖賢的果位。

㈧如果布施寶藏，我們希望跟所有的眾生都得到如來無上的功德法財。

㈨如果布施七寶和轉輪聖王的王位，我們希望跟所有的眾生都得到大力用，以微妙的法手救濟眾生出離十惡業，以十善水來洗清邪惡的眾生，以清淨的戒香來塗擦身體，斷除一切惡名和臭氣，以慚愧來做衣服，以功德來做瓔珞，以忍辱來做莊嚴身相的華鬘，以禪定來做安穩的床座，以智慧來做寶冠。

如果我們布施時，不能普遍為一切眾生迴向無上智慧，縱使用像妙高山那麼多的寶物來布施，所得到的利益也是非常少。宛如芥子很容易就用完，像一小片雲彩遇到強風，很快就被吹散了。（以上參見《六波羅蜜多經》第四卷）

《華嚴經》的第二十一卷勉勵我們：每當我們吃飯時，要想一想：「有八萬戶蟲住在我們身體裏面，如果我身體充實快樂了，牠們也得到充實快樂；如果我的身體飢餓受苦，牠們也忍受飢苦。我現在接受這種飲食，希望使眾生也都能得到充實和飽滿；我為了惠施眾生，才吃下這頓飯菜，所以不可以貪圖美味！」又想：「從前我一直貪愛自己的身體，為了使身體充足和飽滿、為了滿足口腹之慾而接受飲食，現在我改變觀念，以飲食來惠施眾生，希望我永遠不再貪著自己的身體！」（參閱《大寶積經》第一百一十四卷〈阿蘭若品〉）。

《大寶積經》的第一一七卷告訴我們：「布施的時候，不可想我會獲得福報，因而企求天人和帝王的寶座。不要因為布施有福德，就想擁有權位和富貴，也不羨慕美好的色、聲、香、味以及細滑的觸感。布施不可希求財富、珍寶、眷屬、侍者或隨從，也不可貪戀生死輪迴和世俗的享受，甚至也不追求小乘的聖果，只有專心一志地嚮往和迴向無上的佛道。」

《大智度論》的第八十一卷說：「菩薩所有布施的功德都與一切眾生共同迴向圓滿的佛智。由於他體悟了空性的智慧，所以能無所不施，而且跟所有的眾生分享福德。」

《大般若經》的第五百七十九卷記載：「菩薩寧願以無善無惡的心去布施或者乾脆不布施，而終不以迴向小乘的心去布施。因為菩薩畏懼小乘的境界。小乘的人布施時將福德迴向涅槃和阿羅漢果，菩薩布施卻迴向圓滿的佛智。譬如有兩個人都行布施，其中某甲一心專求王位，他布施時發願做一位偉大的國王，統領大眾，推行仁政。他後來果然如願以償，當上皇帝了。而某乙布施時只求當大臣，他希望將來輔佐國王，替國王辦事和推行政令。由於這種願望，他始終不能當國王。這兩個人雖然都布施，可是隨著願望的不同，所產生的結果也有優劣的分別。菩薩和小乘的人布施也是如此，菩薩時時以圓滿的佛智為目標，本著大悲的心去行布施，並且把所修行的福德，迴向一切眾生早日成就無上的智慧，所以能得到佛的一切種智。而小乘的人布施時，只求自己解脫，而不追求無上的智慧。菩薩和小乘的人雖然都行布施，可是隨著心量和願力的大小，所證的果位也自然就有勝劣的不同。菩薩成就布施的結果得到了佛的一切種智，而小乘的人卻只得到了阿羅漢果。」

下面我們就引用幾個經上的故事來說明發願與迴向的重要：

《阿闍世王經》的上卷記載：過去無數劫以前，有一位完美的聖人出世，他的名號叫做一切度佛。當一切度佛率領著弟子入城乞食時，有三位童子正穿著各種不同的服飾在玩戲。他們看見佛陀莊嚴的相貌和光明，就想拿東西供養佛陀。其中兩位童子說：「我們沒有香花，要用什麼供養呢?」另一位童子就把帽子上面的白珠解下，拿在手中，告訴那兩位童子說：「可以供佛了!」那兩位童子也模仿他，解下帽子的白珠供養佛陀。最先解下白珠的那位童子就問另兩位童子說:「你們布施白珠供佛是要求什麼呢?」其中一位童子回答:「我希望像佛右邊那位尊者一樣!」另一位童子回答:「我願像佛左邊那位有神足通的比丘!」他們兩位童子共同問那位童子,那位童子回答:「我想要像佛一樣!」他們三位童子一齊來到佛前,各以所持的白珠散在佛上面。發小乘心的那兩位童子的白珠,掉落在佛的肩上,發心追求無上智慧的那位童子的白珠,卻停留在佛陀的頭頂,化成許多寶珠交織而成的寶帳。

釋迦牟尼佛告訴弟子說:「從前中間那位發大心的童子就是我。左邊那位童子就是舍利弗,右邊那位童子就是目蓮。因為你們過去畏懼生死只發小乘心,而沒發救度眾生的菩薩心,所以現在的成就僅限於小乘的聖者!」

《雜譬喻經》記載:從前有一個人用三文錢布施,發了三個願望:第一、願將來做國王。第二、願了解眾生的語言。第三、願智力高超。他死後,神識投生在一個平民家,後來因為面貌端正、聰明、而且懂得鳥語,而成為王位的繼承人。

《雜寶藏經》的第五卷記載:從前有一位窮人,靠勞力賺取微薄的工資。有一次他做工得到六升的麵麩(類似現在的麵包屑),正想拿這些麵麩回家養育妻兒,在路上遇到一位修行人,手裏拿著錫杖在四處乞食。他心裏想:「這一位和尚面貌端莊,儀態十分安詳,我看了心中非常恭敬,如果我能施捨一些麵麩供養他,那豈不是一件很快樂的事情嗎?」那和尚是一位得道高僧,他有他心通,知道這位窮人的心念,所以就跟著他走。走到溪水邊,窮人便告訴和尚說:「我這裏有一些麵麩,想要供養您,不知道你喜歡吃嗎?」和尚回答了一聲「好啊!只要能填飽肚子就行了!」

那位窮人在溪邊鋪好了座位,請和尚入座後,就拿出一升的麵麩,用水和成一個圓團,雙手捧交給那位和尚。他心中發願:「如果他是一位持戒清淨而且得道的高僧，希望這布施的福德能使我做一位小國王。」和尚得到這食團，告訴窮人說：「為什麼這麼小又這麼少呢？」和尚講這句話本來是激勵他：你的志向為什麼只有這麼少，而且又這麼小，可是窮人以為和尚大胃口，又再加了一升的麵麨，做成圓團交給和尚。心裏又想：「假如他是一位持戒清淨而且得道的高僧，希望我布施這兩升的麵麨，將來能做兩個小國的國王。」那位和尚又說：「為什麼這麼少又這麼小呢？」窮人以為和尚的食量很大，嫌自己所做的麵團太少，又再加上兩升的麵麨，做成更大的麵團。心中發願：「如果他是一位持戒清淨而且得道的高僧，希望我將來能做四個小國的國王。」沒想到和尚又說：「為什麼這麼少又這麼小呢？」窮人把所剩的那兩升麵麨全部摻進去做食團。心中又發願說：「如果他是一位持戒清淨的修道人，希望我將來能做波羅奈國（古印度的大國）的國王，統領四個小國家，而且將來又能悟得道果！」那位和尚得到這些麵麨，又故意嫌少又嫌小。窮人說：「請師父先食用，如果不夠吃，我會再脫下衣服去換取食物來供養您的！」那位和尚便開始吃麵麨所做的食團，結果只吃了一升，其他五升都歸還原主。窮人說：「師父！您原先不是嫌太少又嫌太小嗎？為什麼現在卻只吃了一升而沒把它吃完呢？」和尚回答：「最初你給我麵麨時，只求做一個小國王，所以我說你的心願太小，你卻以為我嫌食物太少，所以你又不斷地布施，不斷地發願，最後才發願做波羅奈國的國王並且能聞法悟道。我是說你的心願不夠大，而不是嫌你布施的東西太少！」

當時那窮人心中懷疑：「我希望做五個國家的國王，其實也不錯了，只是恐怕不能實現而已！」可是他的心中又想到：「那和尚能夠知道我的心念，必定是一位聖人，同時也是一個很好的福田，他不應騙我才對啊！」和尚知道窮人起了這種念頭，就把缽丟到空中，隨後飛身而去，將身子變成很大，幾乎遍滿了整個天空，又變成小得像微塵那麼小的身體，化一身為無量身，

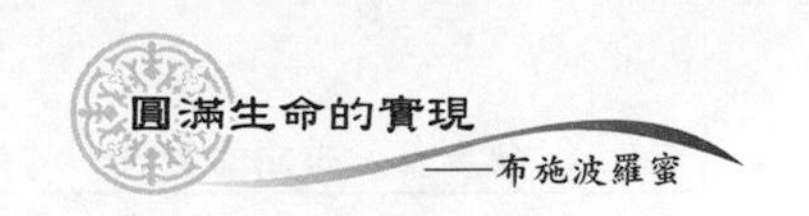

又化無量身為一身，身上出水，身下出火，履水如地，履地如水，作了十八種變化，並且告訴窮人說：「好好發廣大的善願吧，心中千萬不可猶疑！」說完這話，和尚就隱身而去。

窮人看見這種情景，滿懷信心和歡喜地走向波羅奈城，在半路上遇到了輔佐君主的臣相（宰相），那位宰相見到這位窮人，很仔細地看他，而後對他說：「你是某甲的兒子嗎？」窮人回答說：「是啊！」宰相又問：「你現在為什麼這麼邋遢呢？」窮人回答：「我因為年少時，父母雙亡，無依無靠，家產又變賣光了，所以現在才過著貧苦的日子。」那位宰相就稟告波羅奈國的國王說：「皇上有一位某某親戚的兒子現在宮門外恭候！」國王命令左右大臣去帶他入宮，並且親自問他事情發生的經過和委曲，才知道是真正的皇親國戚。國王說：「你好好親近我，千萬不要離開！」

七天以後，國王崩殂了，左右的大臣都議論：國王沒有生太子繼承王位，只有這位窮人是他的親戚，於是共同推舉他做波羅奈國的國王。

這位窮人僥倖登上了皇帝的寶座，並且統領另外四個小國家，可是他後來變得非常凶暴。那位和尚又現身在王宮的虛空中，告訴他說：「你從前發願明悟真理，為什麼現在卻造了許多罪惡而違背過去的心願呢？」接著又為國王講了許多做人的道理和佛法，國王聽了很慚愧，懺悔過去的惡業，又改過向善，專心用功修行，終於證得了初聖果。

十三、以清淨心行布施

《菩薩善戒經》的第四卷說:「菩薩布施時,不執著名利。他把名利看成空中的風和蓮藕中的絲。因為如果貪求名聞利養,就無法得到無上的智慧。」

《瑜伽師地論》的第三十九卷記載:菩薩布施以後,永遠不會自己稱讚自己。比方絕不會說:「我曾經給你什麼恩惠,我曾經救濟過你!」等諸如此類的話語。

不執著財物,布施才會大方慷慨。布施時不可執著五欲六塵,不可以執著我相和一切名相。所以《摩訶般若波羅蜜經》的第八卷〈無生品〉中說:「怎樣的布施才能解脫煩惱而達到圓滿的智慧呢?這種布施就必須具備三個清淨的因素(這清淨的三要素,原文叫做『三分清淨』,有的經上稱之為『三輪體空』)。也就是布施時不可執著我相、受者相和所布施的財物。布施時不認為有我在布施,對方在接受我的布施,心中也不計較我所布施的財物,也不希望回報。這叫做到達解脫境界的清淨布施!」

《大般涅槃經》的〈梵行品〉也說:「菩薩修行布施時,不見受者持戒或犯戒,是福田還是非福田,是知識還是不是知識。布施時不見受者的根器是利還是鈍。也不選擇日期、時間和地點。也不計較在饑荒時候布施,還是安和樂利、國泰民豐的時候布施。布施時也不執著因緣果報。」

《六波羅蜜多經》的第四卷說:「如果能以清淨心來修行無相布施,縱使只施捨了一滴水,所得到的果報和利益,如同虛空和法界一樣,沒有窮盡。」

《大般若經》的第五百七十九卷說:「菩薩能施捨一切事物。無論是財物或佛法,沒有不布施眾生的。菩薩對於別人的善根,尚且能將隨喜的功德迴向給無量無邊的眾生,何況對於自己的善根福德又怎麼不能布施呢?……由於他施捨一切財物,所以才能證得一切種智。」

《大般若經》的第五百七十九卷記載:「假如十方世界所有眾生,經過恆河沙數的大劫,常以種種上妙的器物奉施佛陀和僧眾,而且很恭敬地供養、尊重、讚歎……並修行各種福德。如果有一位菩薩只持了一缽飯,供養佛和僧,所得到的福德要勝過前者百倍、千倍,乃至無數多倍。

為什麼呢?因為這位菩薩布施時,不執著施者、受者和所布施的東西。他雖然明白諸法性空的道理,布施時卻總是不會忘記迴向和發願。他常將所得的福德布施給眾生,共同迴向無上智慧,發願同證佛陀的一切種智。」

《大寶積經》的第一一七卷也告訴我們:「布施不可執著我相、人相、壽者相、斷滅相、恆常相,不可執著三界果報,也不可執著空無。」

《大般若經》的五百七十九卷說:「菩薩雖行布施而不執著,雖能迴向無上智慧也不執著,雖以佛的一切種智為修行的目標也不執著。這樣布施才能到達彼岸,才能使所有的修行達到清淨圓滿的境界,而且疾速成就無上智慧和利樂一切眾生。」

《釋氏六帖》的第四卷記載:有一位外道的太太見到佛陀莊嚴的相貌和威儀,產生清淨的信心。因為她的先生不信佛法,而且財物都把持在她先生手裏,所以一時也找不到東西布施,只有用稀飯的湯汁供養佛陀。佛陀為她授記,並且告訴她將來可以得到非常大的福報和快樂。雖然她布施的只是一碗稀飯湯,可是卻勝過別人布施許多名貴的大眾和馬匹。因為以清淨的信心布施,那怕所施的財物多麼微不足道,都可以得到非常大的果報。

《中阿含經》的第九卷記載了一則沒有執著的布施：郁伽長者家財萬貫，又娶了許多妻妾。但是當他聽到佛陀的教誨後，他體悟到多慾的苦惱了。他回到了家中便對所有的妻妾說：「我現在已經受持佛陀的戒法，而且已經稍有體悟了，妳們從此自由，而且不必再受我的控制了。妳們可以隨意走動或改嫁，要到那裏都聽隨尊便！」郁伽長者的大夫人不相信就試探他說：「那麼，請您將我送給某某人好了！」郁伽長者立即牽著大夫人的手布施給她所說的那一位先生。那位先生嚇了一跳，很驚恐地說：「請您不要開玩笑，不要害我嘛！」郁伽長者說：「我已接受了佛陀清淨戒律，一定不會生後悔的心，假如您喜歡，就布施給您吧！」

《百緣經》的第四卷記載：佛陀在無量世以前，當了波羅奈國的國王，名字叫梵豫，所以大家都叫他「梵豫王」。他把國家治理得非常好，風調雨順，五穀豐收，因此人民生活十分富裕。

可惜好景不常，有一位善於占相的婆羅門，觀察星相算出旱災快要來了，而且連續十二年農作物沒有收成。梵豫王聽到這消息心裏十分憂愁，他想：「我應當怎麼養活老百姓呢？」於是他就命令精於數學的人計算國內穀倉的貯存量，以及每位國民可以分配到多少米糧。後來梵豫王見到一位飢餓的婆羅門，就把自己的食物分一半給他。梵豫王心裏想：「助人為快樂之本！如果我連少微的飢餓都不能忍受，將來又怎麼行菩薩道為眾生忍受各種飢渴寒熱等痛苦呢？」梵豫王在饑荒時，難忍能忍，布施一半食物給修道的婆羅門，精誠的布施心感動了天帝降下甘霖，乾旱也從此解除了。

所以請佛常讚歎清淨布施的果報不可稱量。

十四、以智慧行布施
——兼談安樂死、自殺與墮胎

俗語說：「慈悲生禍害，方便出下流。」布施時只有慈悲，而沒有智慧，容易變成溺愛，不但達不到預期的效果，而且會產生許多流弊。例如：

㈠不可布施糖果或甜點給患糖尿病的人。糖尿病人吃糖果不但無益，反而有害。好心布施結果變成幫倒忙。

㈡不可布施高鹽量的食物或動物性的油脂（尤其是很鹹的醃肉）給高血壓或心臟病患者。

㈢不可布施餅乾或蛋捲給感冒或火氣大的眾生。

㈣不可布施香蕉給咳嗽的人。

㈤不可布施炒花生或油炸物給肝炎或長青春痘的人。

㈥不可布施刀劍、釣竿、農藥、殺蟲劑、毒藥……殘害眾生或屠殺生靈。

㈦不可布施桃仁、紅花、半夏、巴豆、通草、薏（苡）仁、犬肉、羊肝、鯉魚、螃蟹、龜鱉、生薑、小蒜、雀肉給孕婦食用（詳見《本草綱目》第二卷所列的八十五種「妊娠禁忌」）。不可布施太鹹或太熱的食物給孕婦。因為《瑜伽師地論》的第二卷說：「孕婦常吃過鹹的食物，胎兒的毛髮會稀少。孕婦常在炎熱的地方，胎兒的膚色較黑。孕婦常在寒冷的房間，生下的胎兒，膚色太白。孕婦多吃熱食，胎兒的膚色會變赤。孕婦時常行婬，所生的胎兒皮膚會有惡癬和疥癩。孕婦時常奔走、跳躍和振動，胎兒的五官和四肢容易造成殘障。」

當我們布施比較特殊的飲食和藥物，最好先去請教醫師或研究《本草綱目》第二卷的「飲食禁忌」和「相須、相使、相畏、相惡和相反」的藥物。

《菩薩善戒經》的第四卷說得好：「如果菩薩知道眾生接受施物以後，得不到利益和安樂，他就不會布施。只有當眾生接受施物以後，必定得到利益和安樂，他才會布施。」

《瑜伽師地論》的第三十九卷也說：菩薩如果知道他所布施的內外財物，只帶給眾生短暫的安樂而沒有實質和長遠的利益，或者連短暫的安樂和利益都沒有，他就不會布施那種東西。如果他知道所布施的內外財物，目前雖然不一定能帶給眾生快樂的感受，可是在實質上或者在將來卻能饒益眾生，或者能同時給眾生帶來安樂和利益，他便會立刻把那種財物布施出去。

如果有人為了自殺或殺害其他眾生而來要求毒藥、火柴、刀劍和酒精等東西，就不應當布施。但如果他是為了利益自己或饒益眾生，而來要求毒藥、火柴、刀劍或醇酒，才布施給他。

當眾生來要求各種好玩而卻沒有道德和利益的物品，不應布施。為什麼呢？布施這種東西雖然可以使他們心生歡喜，可是卻使他們做了種種無益的事情。由於布施這種物品，使他們時常做出放逸、驕傲和邪惡的行為，死後墮落惡道。另外有些遊戲和玩樂的器具，布施以後，不會使眾生墮落惡道，也不會增長各種不善，菩薩為了使那些眾生得到遊戲和玩樂的器具以後，能夠接受教導、得到利益而且產生清淨的信心，所以才布施這種東西，滿足他們的要求。

當眾生來要求遊戲和玩樂的器物時，那些東西我們應當布施，那些東西不能布施呢？所有捕捉、獵殺眾生的器具和殺生祭祀的祠堂，都不應布

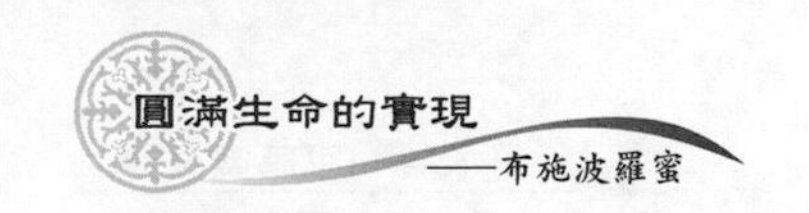

施。各種網子、機關或弓箭（獵槍），不管是學習、玩樂或打獵，都不應布施。如果有人為了尋仇、吵架、辱罵、殺害、奪財或刑罰來求借各種殺生的利器，都不應施與。簡而言之，所有逼迫和損害眾生的玩具或利器，都不可布施。

象馬、車乘、衣服、飲食、歌舞、樂器、飾物、香鬘、珍玩、園林、樓觀等器物，只要能帶給眾生喜樂，而又能發起清淨的信心，凡有所求，都應當布施。

如果病人要求超過分量或者不適當的飲食，不應布施。甚至，當眾生吃飽飯後，有嘴饞的習性，時常來求珍妙的飲食，也不應施與。

如果眾生為憂愁所逼惱，而想自殺、服毒、投崖、跳水、赴火等，都不應當布施滿足他的意願。

如果想要布施自己的妻子、兒女、奴婢、親戚或眷屬都應當以委婉良善的話語，講出道理，以使他心生歡喜、心服口服。千萬不可強迫逼他，使他產生憂愁和苦惱。不可布施給怨家、惡友、夜叉、羅剎或兇暴的人以免遭到虐待。也不可以布施弱不禁風、沒有氣力的妻子或眷屬給人做奴婢或苦力。因為這是不合情理的！

如果有兇暴邪惡的人來要求王位，也不可以施與。殘暴兇惡的人當權做王，有力的菩薩尚且應當罷免他，怎麼能再布施王位給他呢？

《瑜伽師地論》的第三十九卷又說：菩薩常以善巧方便的智慧行布施。假如有兩個人同時來向菩薩要東西，其中一個人經濟情況較好，而且生活已有依靠；另一個人卻是貧賤孤苦而無依無怙。菩薩如果有足夠的財物，他就會立刻布施，而使這兩個人同時得到滿足。但是如果他的財物不夠，只能布施其中一人，無法同時滿足兩個人的要求時，他就會以善巧方便的話語，婉轉地拒絕經濟情況較好或較不需要的那位求者，而盡己所有，布施那位貧賤孤苦而無依無怙的求者。比方說:「這些東西我已經先前答應給窮苦的某人了，所以我現在應布施給他。我對您不是沒有樂施的心，而是目前我實在無能為力，希望您不要對我產生嫌恨和背棄的心!」

菩薩如果有許多可以布施的財物，而且又知道某甲是一位最吝嗇的富人，從來不布施所有貧病和修行人。他就會來到某甲的住處，向他問安，並且以恭敬和隨順的方式跟他打交道，告訴他說:「您如果照我的話去做，我不會讓您的財物減少一分一毫，而且又能利益廣大的群眾。我家現在有許多財寶和施物，請您幫我滿足布施的願望。如果有人來到貴府，向您要求財物，您不要讓他空手而返，您可以隨時到我家拿取各種財寶來布施給他們。或者當有人來我家向我索取財物時，請您幫忙我布施，或者當我在布施時，您可以順便產生隨喜心!」某甲聽了，心中十分歡喜，他心裏想:「我的財富絲毫不會減損，而且又能滿足眾生的心願，這真是何樂而不為呢?所以我應當隨順幫助完成這樁善舉!」菩薩以這種善巧的方式來幫助眾生調伏貪吝的惡習，而且逐漸誘導他們親自修行布施。

當菩薩跟其他眾生共同住在一起的時候，如果有人生性貪吝或者雖不貪吝而卻缺乏資財時，菩薩為了使他們廣修福德，就把錢財拿給他們，請他們代為布施其他眾生，或者做一些福利事業。菩薩處處為眾生著想，而不斤斤計較自己的福德。他為了調伏眾生貪吝的習性，自己沒布施，而把財物拿給別人布施，他這樣做，自己所產生的福德，反而更多。因為他不但調伏眾生貪吝的煩惱，而且使樂於行善的人，能夠實現願望，不但可攝受眾生，又可使眾生善根成熟。

目前有許多人提倡「安樂死」，以為植物人是現代的產物，殊不知:早在二千多年前，佛經就已經提出植物人的解決辦法了。

其實，現代人所採用的「安樂死」，死的人並不一定樂意，也不能得到安樂。「安樂」只不過是旁觀者的一種錯覺罷了。為什麼呢？因為貪生怕死乃人之常情，尤其身罹絕症的人，求生的慾望有時還特別強烈。甚至有的已經斷氣被放進棺木的人，要被送入火葬時，仍有很強烈的求生慾。他的神識（靈魂）有時還會迫使火場的人故意延遲將屍體點燃，這是一個千真萬確的事實。由於眾生都有強烈的我執，除了君子型的人會捨己為人以外，一般人都希望求生，不可以因為他現在是生重病的植物，沒有表情、不能行動，天天又吃藥打針受苦，就要他早點死，豈有此理！我們又不是植物人，怎麼知道他想早一點死。縱使他受了許多痛苦而真的想死，我們也不能就順他的意思，讓他死掉，因為想死只是他一時的衝動，事後會後悔的。這如同有人說：「我活著很痛苦，請你幫我早一點『解脫』！快點拿刀子把我殺死吧！」我們絕不能照他的話做（佛陀在《四分律》的第二卷就曾明文禁止這種行為），因為人們並沒有自殺或殺人的權利，「自殺」或「安樂死」事後都會導致許多親友的悲傷和歎息，況且自殺和「安樂死」並沒有把痛苦解除，反而把事情弄得複雜、更難解決。死亡不是一了百了，而且還有來世。被利刀殺死的人臨命終時，甚至死後，常會懷有憎恨和抱怨心。他怪你為什麼這麼糊塗聽信他一時衝動的話，他恨你無知使他一失足而成千古恨。吃安眠藥自殺或被打鎮靜劑、毒劑而「安樂死」的人，臨終時常會神智不清或起怨恨心，不但無法往生好的境界，反而容易墮落惡道。

「自殺」或「安樂死」在表面上好像解決了痛苦，其實死後反而會加深苦惱。因為我們前世在心念、語言和行為上造作了惡業，所以今生才會有痛苦，受苦就是在消罪業，自殺或「安樂死」，業障沒消完，來世還是要再繼續受苦報。自殺或安樂死是愚痴的舉動，它只有治標，而沒有從根本上解決問題的癥結。像王曉民女士幾十年來都昏迷不醒，吃藥打針也沒有起色，受盡千辛萬苦，十分可憐，那是她的業報，除非有了宿命通，才能知道植物人過去到底造了什麼惡業，否則也只能根據《大藏經》的因緣果報或本生事蹟方面來推知其大概。解決王曉民女士的問題，千萬不能用「安樂死」，最好照《地藏經》中所記載的方法去做，包準有效。《地藏經》說：「有的人臨終前病得很久，求生不得，求死不能。時常夢見惡鬼和家裏的親人，有時行走在種種危險的道路，有時發覺自己被鬼壓著動彈不得，或者與鬼神同遊各種恐怖的境界。日子久了，身體變得更為虛弱，病情更加嚴重，每晚都不得安眠，甚至在睡覺也會叫苦連天，十分悽慘而絲毫沒有樂趣可言。這些都是他過去惡業所造成的。因為他的冤家在陰間告了狀！法官尚未判定罪的輕重，所以他很難捨去世壽而死，疾病也很難痊癒。一般人用肉眼，無法明白這件事。解決的辦法很簡單——只要在佛菩薩像的前面，大聲讀這部《地藏經》一遍，或者拿病人喜愛的東西，如他的衣服、珠寶、珍玩或房宅，對著病人的面前高聲說：『我某甲等為了這位病了，對著經典和佛菩薩的聖像前面，發心施捨這些財物，來供養三寶或者雕塑佛菩薩像，或者建造寺院佛塔，或者點燃油燈，或者布施寺院的常住。』這樣稟告病人連續三次，讓他聽到以後心裏能夠明白（植物人或中風的人雖不說話，但能聽見聲音）。假如他的神識已經走了或者呼吸停止了，七天內要大聲地讀誦《地藏經》，大聲地唸剛才那段文字。那麼這個人逝世以後，過去的重罪和業報，甚至他曾犯了殺父母等五種最重的罪業，也會永遠得到解脫。所投生的地方，時常能憶知自己過去的命運。誦《地藏經》尚且這麼有效果，何況自己或再書寫經典或教別人書寫經典，教別人雕塑、繪畫菩薩的聖像，所得到的果報和利益，那就更廣大了。」（《地藏經・如來讚歎品》第六）

「如果未來和現在的世界中，六道的眾生臨命終時，能夠聽到地藏菩薩的名號，只要一歷耳根，這眾生就永遠不會經歷三惡道的痛苦。更何況

臨終時，他的父母眷屬或親友能布施亡者的房宅、財物、寶物、衣服來雕塑地藏菩薩的聖像。或者使病人還沒斷氣時，耳朵能聽到或眼睛能看到他的親友，為了他自己或布施房宅財物來雕塑或繪畫地藏菩薩的聖像。那人的業報本來應受重病的，可以因為這功德，而疾病立即痊癒，壽命延長。如果他本來應該死亡，而且由於罪障和業障的牽累會墮落惡道，也能因此功德，命終之後，就投生在人天的境界，享受殊勝微妙的快樂。同時，一切罪障也都消滅。」（《地藏經．見聞利益品》第十二）

由此可知，要治好植物人還是以讀誦經典、唸聖者的名號、和修福迴向為最有效，而且沒有絲毫流弊。

墮胎、自殺和「安樂死」的問題相類似，只不過對象和方式不同而已，「安樂死」的對象是病人，墮胎的對象是胎兒，自殺的對象則是自己。儘管對象和處理的方式不同；戕害生命則是共同的結果。安樂死、墮胎和自殺的人都破了殺戒，犯了殺生的重罪，將來都同樣受三惡道、短命和多病的果報。

例如《雜阿含經》的第十九卷就記載了一個墮胎的故事。墮胎不但會墮惡道或地獄，百千歲中受無量苦。從惡道出來轉世為人，還受短命和多病報應，有時出生時還變成一個沒有皮的肉團。所以《分別善惡報應經》的上卷曾列舉了十種造成短命報的殺業。自己墮胎和勸人墮胎就是其中的兩種殺業。

十五、救急重於救貧

布施以救人危急的效益為最顯著。救貧只是隨緣而不是重點。救貧永遠救不完，我們的財富雖多，以一個人有限的經濟能力去解救多數人的貧窮和無限的物質需要，有點像「杯水車薪」一樣，對於實際，助益甚少。救助窮人目的在廣結善緣。送人千金救濟貧窮，不如教他一技之長。

同樣的道理，可以把資金借給投資創業有困難的朋友，不必為了利息而把錢財借給資金時常周轉不靈的生意人。因為前者只是一時的危急，後者卻是長期的需求。不要為了錢財的借貸，而損壞了朋友之間的情誼。

下面我們就從《六度集經》的第三卷中舉一個布施貧窮不如提供創業構想的故事來說明：

過去劫時，有一位長者，一生廣行菩薩之道，他是一個大理財家，所經營的事業，相當龐大興隆，他所積聚的金銀財寶，有國庫那麼多。而且樂善好施，濟貧扶危，利益一切眾生，數十年如一日，從未中輟。因此，世人無不嚮往，樂為親近，受其德化，猶如百川之水歸於大海；海量之所以大者，也就是能容納大地之水。所以說，泰山不擇壤土，之所以能高；大海不拒細流，之所以成為大也。

在他的朋友中，有一個朋友的兒子，是個放蕩不羈，淫亂損德，不務正業的敗家子，原有無量的家財，都被他揮霍無餘，窮途潦倒，親友遠離，人皆不理。只有這位大理財家，愍念年輕，勸其改過向善，教導處世做人之方又傳授治生理財致富之道，並賜給黃金千兩以為資金，勉勵這個青年善自為之。

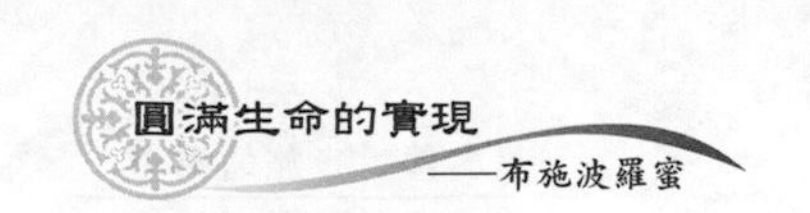

青年領受了黃金，口中稱謝，表示奉行明訓，不違教誨，遵守訓誡。但因惡性成習，江山易改，秉性難移，雖然口說貿易經商，一旦身上有了金錢，隨即故態復萌，仍是花天酒地，歌舞妓樂，任情狂賭，喜好妖艷，淫蕩不堪，邪行惡業，揮霍無度。不久，金盡復窮，又去找這位大慈善家。

長者慈悲，但不運智慧，受此青年花言巧語一陣欺騙，復又賜以資金，勉勵再三，無非希望浪子能夠回頭，改邪歸正，改過自新。但此青年惡性重大，得到了錢財，仍然揮金似土。如此五次求助，結果依然財盡人窮，實在無藥可救，不可提拔。

青年最後一次，又向長者乞助之時，長者指著門牆外面，那園地裏，糞堆上的一隻死老鼠對他說：『如果你是一個聰明立志的人，只要這一隻死老鼠也可以白手興家，何況有千兩黃金而仍是一個窮小子！』只見青年首肯，唯唯稱是，而又將千兩黃金拿走了。

正在這個時候，有一個父母雙亡，孤苦無依的乞兒，向長者乞食，在旁聽見了長者對青年的訓示，他就銘誌在心。向長者乞化時，不化金錢，而只化了那隻死老鼠，拿回漏居，剝去了皮毛，棄除腸雜，用水洗淨，加以油鹽糖醬，調和烤熟，其味香美，拿去賣給一戶大富人家，與狗為食，得錢二文，買蛋生雞，賣雞買菜，賣菜生利。如此經營，不到一年，乞兒已有可以經營小生意的資金了。

一面又學長者拜佛行善，小施助人，平素安守本分，不喝酒，不賭博，不看戲，不玩樂。經商之餘，讀書習算，正業精進，廣學技能，慎言慎行，慎營慎交。朝晨出門之前，計劃如何經商，日暮回家之後，又要反省檢討一日之得失。平常商讀為本，諸惡遠離，眾善廣行。不到十幾年的時間，已是人所共知的理財家了。

每每有人問及他發財致富的因緣，他毫不諱言的，津津樂道幼時向長者乞得死鼠，聞得致富妙訣的往事，並對長者時存報德報恩之心。

有一天，他想到一個報恩的辦法，他到銀樓請金匠，以金銀製作一個銀案，案上置一隻純金的老鼠，鼠身中空，將最名貴的珍寶貯於鼠腹，金鼠全身佩以瓔珞寶飾。並備了許多甘美的飲食，送到長者府上，恭恭敬敬的禮謝長者，請求受納，並說明其原委。

長者聞之，心生歡喜而讚歎說：『好呀！好呀！賢哉！大丈夫可為教訓矣！』並聞尚未娶親，長者乃將其獨生女許配為妻。因長者無嗣，招贅入婿，並將所有房屋財產，良田寶庫，完全付與掌管使用。又囑咐自此以後，要皈依三寶，奉佛教誡，廣行四攝六度菩薩之行，建立佛化家庭，廣行慈濟布施之道。

這位賢婿，事親至孝，行善布施，不亞於岳父大人，亦獲得世人的讚歎稱為第二位大理財家。

佛陀告諸沙門：「理財家者，我身即是；敗家子者，今之調達是也；因鼠致富者，樂特比丘是。」

調達壞我六億品經，所言順從，其行拂逆，將死入泰山地獄之中，受無量諸苦。

樂特比丘，信受奉行一句之教，乃至度世。唉！夫學佛行道之人，只會說而不行者，猶如在明亮之室，自我偷竊，這是小人之智。言行相符者，心地光明磊落，時懷利濟眾生之苦，成就普潤萬物之德，這才是菩薩大人之明也。

行者是地，萬物皆能依地而生。所以菩薩慈惠度無極之行，當重布施也。（摘自一無法師所譯的《六度集經白話故事》上冊第一五五頁）

十六、財施和無畏施應順便加法施

布施窮苦的人，最好順便講一些佛法給他聽。譬如說告訴他因果報應的事實——「為善得樂，造惡受苦。」教他懺悔過去的業障，讓他明白今生受苦的原因和懺悔會減輕業報。更重要的是今生不可再種惡因。今生不種苦因，來生自然不受苦果。這跟「預防勝於治療」和「大醫醫未病，下醫醫病後」的原理是相通的。救濟苦難於發生之後，不如防患苦難於未發生之前。勸人念佛行善，不造殺生、偷盜、邪婬、妄語等惡業，比事後的救濟和安慰要高明多了。

所以《優婆塞戒經》告訴我們：布施窮人以前，先鼓勵他歸依三寶、受持齋戒。如果對方不能歸依佛法、受持清戒，就請他跟隨我們唸幾句簡易而引入深省的經文或偈頌。

《解深密經》的第四卷說：「如果單以財物饒益眾生而便感到心滿意足，而不能使眾生解脫惡道，進入善境，這叫做沒有方便善巧的技巧。為什麼呢？布施財物不是真正的利益眾生，譬如骯髒的糞土，不管多或者少，終究不能成為香潔的物品。眾生由於造作惡業，所以才會受苦。只布施財物無法使眾生得到真實的利益和安樂，惟有以美妙的善法來教導和啟迪眾生，才是饒益眾生的最佳途徑！」

《無常經》記載：從前有四位得了神通的婆羅門，他們聽說：只要以飲食供養佛陀，死後就會升天；如果聽了佛法，就會達到解脫的境界。他們喜歡享受天福而不願解脫，所以他們每人就各拿了四瓶石蜜去供養佛陀。第一位婆羅門供養佛陀時，佛陀只說了一句「所行非常」，他就掩住耳朵不再聽下去。第二位婆羅門供養佛陀時，佛陀也只說了一句「諸法興衰」，他就掩著耳朵不聽了。第三位婆羅門供養佛陀時，佛陀只說了一句「有生則死」，他就掩住耳朵不聽。第四位婆羅門供養佛陀時，佛陀只說了一句「此滅為樂」，他就掩住耳朵不聽了。他們回去之後，聚在一起談論佛陀講了什麼道理，每位婆羅門都把自己所聽到的一句話講出來。四句連起來成了一首偈子，他們玩味這偈的意思，終於心開意解，而證得三聖果。他們悟道以後，一齊來到佛陀的面前禮拜懺悔，請求佛陀收留他們當弟子，後來他們都斷除煩惱而證得阿羅漢果。

《賢愚經》的第十二卷記載：佛陀在舍衛國時，舍利弗尊者用天眼觀察那一位眾生應得度化，他看見：有許多商人要去外國做生意，順便帶了一隻狗，當商人們在半路上休息時，那隻狗就偷了肉吃。很多商人共同打那隻狗，而把狗的腳打斷了，丟棄在路旁。舍利弗看見狗躺在地上抽攣，一副疲憊和飢餓的樣子，他就來到狗的身邊，以食物餵狗，狗得到食物，內心非常歡喜，當然也有說不出感激。舍利弗為狗說了微妙的佛法，不久狗便命終了，牠的神識投生在舍衛國做一位婆羅門的孩子，名字叫做均提。均提七歲時，舍利弗去婆羅門家中，請求婆羅門讓兒子出家，舍利弗將均提帶到祇樹給孤獨園，舍利弗為他說法，均提心開意解而證得阿羅漢果。均提得道以後，他以智力觀察自己的宿世，看見自己前生是一隻餓狗，承蒙舍利弗解救和說法恩德，今世才能得到人身，並證得道果，他內心十分歡喜，他心裏想：「我承蒙師父的恩賜，才能解脫各種苦惱，我現在願意終身做舍利弗的隨從侍者，以報答他的大恩大德！」

我們布施財物時，順便對受施者說法，好處真多！不但對方容易聽得入耳，而且可以啟發他的思想和觀念，一旦有了正確的知見和智慧，將來就會受用無窮。縱使對方聽不太懂，也可以結個善緣，所謂「一歷耳根，

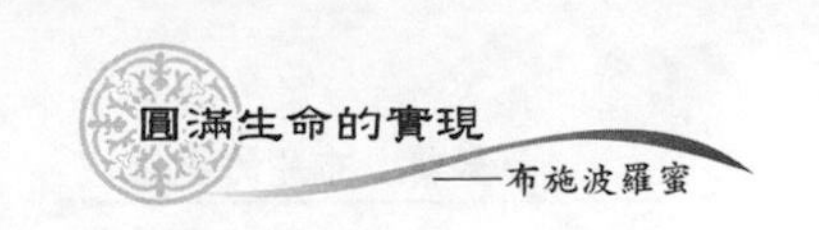

永成道種」。當然我們說法時要觀機逗教，儘可能運用對方所了解的語言、字彙和詞句去傳法，才能收到更大的效果。福德和智慧不可偏廢，我們希望所有的眾生都能「福慧雙修」！誠如《分別業報略經》所說的：

> 常樂修智慧，而不行布施，來生有聰明，無財受貧苦。
> 唯樂行布施，而不修智慧，來生得財富，愚闇無知見。
> 施慧二俱修，來生福慧全。施慧俱不修，長夜處貧闇。

佛陀在《海龍王經》的〈法供養品〉中也說：「以香花、檀香、繒蓋、幢幡伎樂、衣被、飲食、床舖、醫藥供養如來，雖然可以得到很大的福報，而且能隨著供養的物品，得到相關的果報，但是財物的供養不夠究竟，無法達到圓滿的解脫境界。所以菩薩應用下面這四件事物來供養如來：第一、不捨棄道心，培育品德的根本。第二、本著慈愍心，去運用智慧。第三、勇猛精進，莊嚴清淨的佛土。第四、深入奧妙的經典，洞悉宇宙和人生的最高真理。這四樣東西才是供養如來的最佳禮物。」

《華嚴經・普賢行願品》的第四十卷說明了七種供養：「各種供養當中，以法供養最為殊勝。其中包括了如說修行供養、利益眾生供養、攝受眾生供養、代眾生苦供養、勤修善根供養，不捨菩薩業供養，不離菩提心供養。一念頃的法供養功德比許多香花、音樂、傘蓋、衣服、香末、油燈等財物的供養功德，還要勝過百倍、千倍……無數倍。」

《華嚴經・普賢行願品》的第三十八卷，提到了圓滿供養如來的十種方法：

㈠以法供養。

㈡修行諸行。

㈢平等利樂一切眾生。

㈣以慈悲心，隨順攝取眾生。

㈤以如來力，隨順一切。

㈥不捨勤修一切善法。

㈦不捨一切菩薩事業。

㈧如說能行，如行能說。

㈨長時遍修，心無疲厭。

㈩常不捨離大菩提心。

「必須能做到上面這十點，才能圓滿地供養如來，而不是以財寶、飲食和衣服，就算做真正的供養。為什麼呢？因為如來恭敬尊重真理的緣故。譬如孝順的孩子非常尊重父母，時常和顏悅色服侍順從父母的心意。假如有人恭敬他的父母，那孝子一定會更尊重那個人。諸佛也是如此。如果眾生能供養法，就是真正地供養如來。因為如來非常敬重佛法。

如來從修行中得到成就。如果能修行，就是供養如來。諸佛出生，本來就是為了利益安樂一切眾生，為了以慈悲心攝受眾生，為了隨順利樂而得到圓滿的神通力量。如果我們不精勤修行一切善法，便無法利益安樂一切眾生。捨棄菩薩所做的事業，就不能利樂眾生了。暫時捨離了道心，也不能利樂眾生。為什麼呢？菩薩為了利樂眾生，所以勤求無上的智慧。假使沒有眾生，一切菩薩都不能成就圓滿的佛道。善男子！您們應當這樣了解法供養，才能圓滿地供養如來！」（《四十華嚴》第三十八卷）

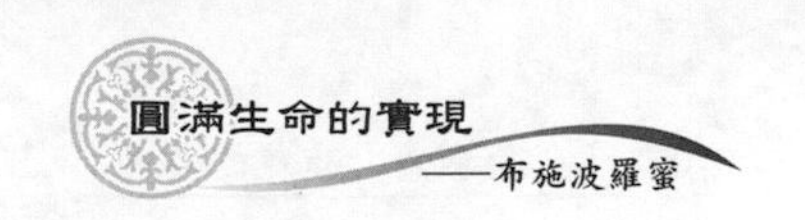

十七、經論啟示我們如何行布施

《大樹緊那羅王所問經》的第三卷說:「怎麼修行布施呢? 布施了以後,心中沒有惱熱,也不希望回報,並且將所有福德迴向無上智慧。一切財物都捨得布施,而且布施後心中永不後悔。」

《菩薩善戒經》的第四卷說:「以良善的心去布施,以信心去布施,以至誠懇切的心去布施,親手布施,配合時節和需要去布施,而且以如法得到的財物布施,這叫做善人的布施。」

《解深密經》的第四卷和《瑜伽師地論》的第七十五卷都提到了達到清淨圓滿的布施境界有五個原則:

㈠無著——當仁不讓,不因布施時所遇到的障礙而退怯。

㈡無戀——不執著財物,不求果報。

㈢無罪——不起貪愛、憎恨、愚痴、傲慢、嫉妒、後悔等煩惱。

㈣無分別——不執著人我的差別,也不執著財物和布施的各相。

㈤迴向——將布施的福德迴向無上佛智。

《發菩提心經論》的上卷記載了五種布施的原則:

㈠以至誠心布施。

㈡以信心布施。

㈢隨時隨緣布施。

㈣親手布施。

㈤以如法的方式去賺取清淨的財物來布施。

《雜集論》的第八卷說:如果要使布施圓滿,就必須做到下面幾點:

㈠時常布施，養成布施的習慣。

㈡平等布施，對於所有沙門和婆羅門等眾生沒有偏私的心。

㈢能隨著眾生的需求而布施一切財物。

㈣不期望名利和果報。

㈤以清淨心行布施。

㈥以歡喜心行布施。

㈦布施貧病和聖賢這兩種福田。

㈧親手布施，而不退怯。

㈨以智慧為導引。

《瑜伽師地論》的第七十四卷說：清淨和圓滿的布施，應當具有下面七個條件。

㈠施物清淨

1. 廣大施——以各種財物布施，而不只單布施某一種財物。
2. 平等施——對乞求的人沒有厚此薄彼的現象。施時一視同仁，不因受者不同而增減施物。
3. 應時施——配合時節而布施適當的財物。
4. 上妙施——以品質精良與高尚的東西布施。
5. 清淨施——所施的財物沒有不清淨或污穢的。
6. 如法施——布施不會造成犯罪的物品。
7. 隨樂施——隨求者的喜好而布施。
8. 利益施——以對方能受益與適宜的財物布施。
9. 或頓或漸施——布施的多寡隨求者的需要。(觀察求者的性向和根器而布施)
10. 無間施——時常布施，而不中斷。

㈡行為清淨（戒清淨）

1.以辛勤或精進所獲得的財物布施。

2.以自己的勞力所賺取的財物布施。

3.以沒有缺陷的財物布施。

4.以合法（合乎道德規範和佛法）的方式布施。

5.以合理的方式所獲得的財物布施。

6.先除去本身的邪惡，然後行布施。

7.調伏眼、耳、鼻、舌、身、意等六根而行布施。

8.以殷重恭敬的態度布施。

9.親手布施。

10.先布施對自己有恩的屬下或僕從，而後再惠施其他來求的人。

㈢見解清淨

1.布施時，不執著：我能行布施，這些財物是我所施。

2.布施時，不跟別人比較功德：我布施得比較多、比較少或相等呢？

3.布施時，不企求他人的回報。

4.不因為想到將來有殊勝、美妙的財富和快樂而行布施。

5.不以為布施完全沒有果報而行惠施。

6.不以為布施沒有相似的果報（善報）而行惠施。

7.不以為布施會產生顛倒的果報而行惠施。

8.不以殺生的手段來布施。

9.不因為看見奇特和吉祥的現象而才布施。

10.不因為想被世人所讚譽而才行布施。

㈣心念清淨

1.對於眾生，自然流露憐愍和慈愛的心而行布施。

2. 對於所施的財物，以珍重和誠敬的心行布施。

3. 以平等心而行布施，對於怨親和普通人一視同仁。

4. 以調伏塵垢（煩惱）的心行布施。人們對財富有兩種煩惱——第一種是有財富而不施捨，這叫做吝嗇。第二種是有財富而不運用或受用，這叫做積蓄的煩惱。

5. 以歡喜心行布施。

⑴對於還沒有來乞求的眾生，發出喜樂的心。

⑵對於已經來乞的眾生，初見面時，便產生清淨的信心。

⑶正在進行布施時，心生喜悅。

⑷以寧靜和堅定的心而行布施。

⑸以永不厭足的心而行布施。

⑹以沒有惱害的心而行布施。

⑺布施以後，心不悔恨。

6. 對於頑劣和留難的眾生，以忍辱的心行布施。

7. 對於惱害的眾生，以慈愛的心行布施。

8. 對於苦難的眾生，以悲愍的心而行布施。

9. 對於有德和有恩的眾生，以欣喜的心而行布施。

10. 對於親朋好友，以沒有執著和貪戀的心去行布施。

㈤語言清淨

1. 告訴乞求的人可隨意取用各種財物。

2. 遇到來求的人，趕緊客氣地說：「請進！」

3. 見到乞求的人，就先開口問候他。臉上經常面帶微笑，神態自若，而不愁眉苦臉。

4. 以柔軟委婉的話語和來求的眾生談論，並安慰與鼓勵他們。

5. 經常對乞求的人說:「我應當將美好的財物布施給您!」並且對布施的行為感到慶幸和欣喜。
6. 正在布施時,向乞求的人說:「現在我贈送這東西跟您結緣,請您笑納吧!」
7. 遇見留難和阻礙時,很從容地分發財物,而不發出怨言和粗暴不雅的話語。
8. 無論在乞求者的面前或背後,從不毀謗或譏笑他們,也不議論他們的是非。
9. 財物施捨光了以後,又遇到乞求的人,應該婉轉地辭謝,或答應下次再贈送他們。
10. 不責備、訶罵、驅逐、嘲笑、戲弄乞求的眾生,也不使對方感到慚愧或難為情。

㈥智慧清淨

1. 明白布施的本體、名相、原理、福德、境界、障礙和禁忌等。
2. 明白乞求者的性向和嗜好。

不但把所有眾生都當做福田來布施,同時對於眾生勝劣、得失、恩怨等也都瞭若指掌,能隨著乞求者的喜愛而行布施。

他先前就想隨著眾生的興趣而把財物布施給一切眾生,現在如果眾生自己來領取,他便心生隨喜。

3. 由於熟練世俗技能,而很快就賺到許多錢財來布施;或者以前生行善布施而感得的財富布施;或者由於說法,別人所贈送的財物布施;或者勸導有錢財的人布施。
4. 明白實行布施的各種要領。布施時,不使求者身心勞累,以沒有染執的心行布施。善於分發財物,使每位眾生都能稱心如意,無論是布施窮人、無依無靠的人、行惡的人、言行高尚美妙的人、或者施給自己的部屬或隨從……無論對方是貧賤或富貴，都能依照他們的需要去布施，使眾生皆大歡喜。

5. 明白以布施來使眾生的善根早日成熟的技巧。布施財物給廣泛的群眾，並使接受財物的人們也能一同行善布施，使眾人都得到無量的福德和利益。

   對於貧窮而又喜歡施捨的人，能將財物分給他們，使他們能完成布施的心願。

   如果有不窮而卻吝嗇的人，雖然想要布施，可是卻捨不得用自己的錢財，這時候我們可以送錢財給他，請他代為布施。

   如果有人想要供養佛法僧三寶，便提供財物，給他布施。

6. 明白各種激勵和誘導眾生布施的技巧。

   比方說：由於教導，而使眾生行布施；或者以命令或激將法的方式，強迫他布施；或者接受對方的恩惠而令他布施（跟他建立恩情而後再勉勵他行布施）；或者主動製造機會和因緣以便讓對方去布施，或者顯現神通力而使對方布施。

7. 確實明白各種欲念的過失才容易專心一志地布施。

   過多的財物會給我們帶來負擔、焦慮、憂愁和恐懼。物欲使我們「得不償失」和「因小失大」。貪求和享受物欲的快樂非常短暫，可是卻讓我們忍受長期的煎熬，甘心做物質的奴僕。物欲越強，煩惱也越大；它使我們失去心靈的寧靜，而且得不到自由自在。

   所以佛經說：「物欲像電光石火那樣無常，像陽燄和夢境那樣虛幻，像水泡和芭蕉那樣不實在！」貪求物欲好像野狗啃腐朽的骨頭，不管怎樣，都啃不出味道。貪求物欲好像爬上樹幹，想摘取枝葉上最尖端的果實，實在危險極了！

8. 明白斷除煩惱和無明的方法。

9. 知道遠離惡友和親近善知識。

10. 布施時，不求名聞利養，不讓人知道。

(七)煩惱清淨

1. 遠離懈怠——不管身體強弱或者疲不疲倦，都經常布施而不間斷。

2. 遠離貪愛——布施時，對財物不起貪戀。

3. 遠離憎恨——布施時，對於乞求的人不起怨恨心。

4. 遠離愚痴——布施時，明白因果，而不企求回報。

5. 遠離障礙——布施有四種障礙：(1)不習慣布施，(2)財物匱乏，(3)沉迷物慾，(4)希望人天果報。

6. 善於酌量自己的經濟情況而行布施——

如果我們沒有錢財，就先從幫忙自己的親屬或部屬開始。如果我們有較好的財力，除了周濟親朋以外，可再救助貧病和窮苦的人家。如果我們有雄厚的財力，那麼除了布施親友、部屬和貧困的人以外，凡是有所需或有所求的眾生，我們都應毫不吝惜地施捨給他們。

7. 布施各種財物，圓滿而沒有缺失——

(1)事圓滿——布施財產、土地、妻子、裝飾品、房舍，甚至血液、骨髓、皮肉、頭目等。

(2)意樂圓滿——布施身內和身外之財都欣喜而不貪執。（以上《瑜伽師地論》第七十四卷）

8. 以清淨心而行布施——

(1)不留滯施——看見乞求的人，乾脆而且迅速地布施而不拖泥帶水，拖拖拉拉，延誤時機。

⑵不執取施——不以邪見而行布施，不執著布施沒有福報，不為了布施而殺害眾生，不執著只有布施才是最清淨和圓滿的世間法或出世間法。

⑶不積聚施——不囤積很多財物或積蓄了很久，而後才一下子布施光光。

當我們遇見乞求的人，不管是個人或群體，只要來求財物的人品德相似，布施的財物數量相同，為什麼一定要執著漸施和頓施的福德有所不同呢？因為積蓄財物而後突然地布施有許多缺點，而隨著自己的所得而隨緣布施就沒有什麼流弊。

如果說：沒遇見乞求的人，而把財富儲存起來，在理上還講得通。但是如果你在積蓄的過程中，有一百個人來向你乞求，你都忍心不布施，這樣就會使對方產生怨恨、嫌棄、不能忍受和沒有信心。而且當你積蓄很多財物才布施時，可能會因為財物太多，急著要布施出去，而流於草率和泛濫，布施得不如法或者布施了不恰當的對象。

⑷不高舉施——以謙虛和卑下的心去布施，不因為跟別人競爭而才布施，也不在布施後產生傲慢，比方驕傲地說：「我能布施，只有我才是施主，你們其他的人都不是！」

⑸無所依施——不因為稱譽和名利而行布施。要體會世間的名譽和讚美都是由空洞不實的聲音和文字所組成的，不可加以虛妄地分別和計較。

⑹不退弱施——布施以前身心保持著愉快，布施時心地清淨，布施

以後永不後悔。他聽到菩薩廣大和最殊勝的布施事蹟，不妄自菲薄，輕視自己或產生畏懼、退怯和懦弱的心。

⑺不下劣心——選擇最精良、最美妙的飲食、車乘和衣服等財物來布施。

⑻不向背施——以平等的慈悲心去行布施，不偏向親友而排斥冤家；不受朋黨的擺布，也不怨恨或捨棄造惡的人。

⑼不望報恩施——以悲愍心去行布施，而不希望回報。

⑽不希異熟施——布施時，不希求將來獲得很多財富和果報，不期求自己的身相圓滿。觀察一切有為的事物如夢幻泡影一般地虛妄不實，而一心只嚮往無上的佛慧和圓滿清淨的功德。（以上《瑜伽師地論》第三十九卷）

9. 善於觀察而行布施——

⑴觀察施物——觀察「受用財物」勝過「積蓄財物」，而「布施財物」又勝過「受用財物」。為什麼呢？積蓄財物既不能利益自己，也不能利益他人，對於現世和來世都沒有多大益處。享用財物只利益自己，而卻不能利益眾生；只得到現世的快樂，而沒有來世的利益。只有布施能利人利己，又可獲得現世和來世的利益。

⑵觀察布施時的心意——

A.布施的動機純正，而沒邪偏的意圖。

B.不貪執布施的果報。

C.以悲愍的心惠施財物給貧病的眾生。

D.以圓滿和無上的佛慧為目標。

⑶觀察「福田」（受施者）——

五種福田（可布施的對象）——

A.對方有乞求的表示。

B.對方不但乞求，而事實上也很貧窮。

C.對方不但貧窮，而且無依無靠。

D.對方沒有依靠，因此而容易行惡。

E.對於沒有以上情形，但已在行善或修行。

七種非福田（不好的受施者）——

A.乞求的人很兇暴，曾經怨害眾生，又參加惡黨。

B.屢次勸他行善，他都置之不理。

C.心懷不軌，為行惡而有所乞求。

D.為損害和煩惱眾生而乞求財物。

E.乞求者是惡魔，或被惡魔所迷魅，隨便亂求。

F.乞求施者布施父母，或任何一種不適當的物品。

G.對方會利用施物做出不合道義的事情。（以上《瑜伽師地論》第七十四卷）

十八、增進布施的十五條綱領

㈠思維佛陀萬德莊嚴和無量智慧是由清淨的布施所成就的。

㈡思維佛菩薩難捨能捨的事蹟。

㈢思維佛陀的教法，例如四念處、八正道、十二因緣、六度等。

㈣思維布施的功德利益和不布施的弊害。

㈤思維一切五欲的快樂和享受，都是從妄計分別產生的，既短暫又不實在。

㈥修無常觀——於財物生暫時借用想、無常想、本屬眾生所有想、（水災、火災、官府、盜賊、敗家子）五家共有想、眾生共業想、不用生過患想、以財濟世想。

㈦體會因緣性空的道理——於布施者生無我想、性空想。

㈧於乞者（受布施的人）生難遭遇想、良伴想、福田想、善知識想。

㈨不貪著世間所有微妙美好的財物，以免作繭自縛，徒增煩惱。

㈩把布施當作投資想、還債想、報恩想、儲蓄想。

⑪常欣賞每一位眾生的特點和專長，了解受施者的優點，而且不計較他的缺點，可引發慈愛心。

⑫常體會或觀想眾生所受的各種苦，以激發大悲心。

⑬常恭敬愛護一切有情眾生。於一切眾生生恩公想、施主想、未來佛想、佛菩薩（示現）想、親友想——視年長的眾生如父母兄弟想、年幼的眾生如子女弟妹想、年紀相仿的眾生如眷屬朋友想。

⑭視一切眾生如同自己，平等地善待他們。

㈤視察財物、我們、眾生和布施等事物，都如夢、幻、泡、影、露、電、陽燄、空華、水月、鏡像、聚沫、蜃樓、浮雲、音響、芭蕉一樣虛幻不實，自然就不會執著財物的所有權和布施的福德了。（參閱《維摩詰經》和《法界次第初門》下卷的十種喻）

「人間富貴花間露，世上功名水上漚。」（羅狀元〈醒世詩〉）

「華屋量人斗，嬌妻渡客船，

田園身後債，兒女眼前怨。」（《修行法語》第一篇）

不幸的實例

屏東有一位給人裝水電的先生，辛辛苦苦把剩餘的錢拿去標會，經年累月終於熬到了尾會。某年農曆十二月二十八日他騎機車載他太太出去收會錢，沒想到不幸被卡車撞到了。他本人被車子輾死，太太斷了一條腿，腦部又受重傷。卡車司機賠償她八十萬，她住醫院手術療傷花了二十幾萬，先生的埋葬費又花掉了十幾萬，所剩的錢已經不多了，又要長期撫育三位兒子，真可憐！這只是一個例子，全世界每天不知有多少人在車禍喪生，單單臺灣一日可能發生十起車禍，或傷或死。我們要以歷史、報紙和周遭發生的不幸事件來警惕自己──「萬法無常！」趁著無常尚未襲擊我們時，趕緊把財物布施出去，趕緊用功精進修行，以免無常來時，急得像落湯的螃蟹，徒悔平生沒有及時布施和修行。

引證八種經論

《福蓋正行所集經》的第一卷說：我們對於財物應當做不堅固想、無常想。把財物拿來布施，不但不用再憂懼盜賊、水災、火災、官府和敗家子的侵奪和損耗，而且來世有無窮的快樂和福報。布施財物不但可以廣結善緣、攝受眾生、受人樂愛，而且可以消滅業障、吉祥如意、美譽廣播、遠離過患、壽命綿長、廣修淨行、掃除貪愛、憎恨、愚痴和邪見等毒素，

獲得福德，不墮惡道……。

《大智度論》的第八十一卷說：菩薩布施時產生各種善良的心，來破除貪愛、憎恨。看到接受財物的人得到快樂，內心歡喜可以消除嫉妒心。本著恭敬心布施財物給求的人，可以破除驕傲和我慢。深信布施的果報，能破疑惑和無明。不執著布施的我相、人相和法相，可以破除邪見。觀接受布施的是未來佛，觀所施的財物是無上智慧的津樑和象徵，觀自己的身心從本已來畢竟空。這樣布施，決定功不唐捐，能成就圓滿的佛智。

《大般若經》的第五百七十九卷說：菩薩應該憐愍眾生而行布施，以慈心去給與眾生安樂而行布施，以悲心去救拔眾生的痛苦而行布施，以喜心去慶幸眾生離苦得樂而行布施，以捨心平等饒益眾生而行布施。布施以後，又將福德迴向給十方所有的眾生，願他們永遠解脫惡道和生死苦，發無上道心，疾速成就一切種智。

《大方等大集經》的第十三卷說：布施時，觀身如幻，觀受如夢，觀佛智猶如虛空，不見有任何一件事物或者名相可以執著，就是清淨圓滿的布施。

《大方廣佛華嚴經》的〈十住品〉告訴我們：應經常觀察世間一切法無常、苦、空、無我、無作（沒有造作之相）、無味、不如名（但有假名而無實體）、無處所、離分別、不堅實。

《大丈夫論》的第四品說：菩薩對於乞求的人，產生難遭遇想。為什麼呢？如果沒有乞求的人，就不能布施，也不能得到無上的智慧。只要有人繼續不斷向我們乞求，便不難成就圓滿的智慧。菩薩聽到乞求的人講話，就很高興地說：「讓我來布施！因為這就是我成就無上智慧的大好機會！」

當我們得到錢財時，我們應像窮人突然發現寶藏一樣地恐懼。因為沒有適當的地方可以貯藏這些寶物，難免遭到官府、盜賊、水災、火災的侵襲。如果這時候，親朋好友對我們說：「我現在妥善地替你保管這些財物，以免損失！」我們必然感到很高興。菩薩遇到乞求的人，就好像遇到親友和良伴那麼歡喜！

《大般若經》的第五百八十卷說：如果眾生無法了解不執相的道理，就不會發心求一切智；如果不發心求一切智，就不能修菩薩行；不能修菩薩行，則不能得到圓滿的佛智。……菩薩發心追求一切智後，凡是所有的布施，他都能如實了知所施的財物猶如幻化，因而能不取執。眾生不知道各種事物都是幻化虛假，所以對財物起堅固的執著；由於執著很深，所以不能施捨；由於不施捨，心存吝嗇，所以死後墮落惡道受貧窮的苦；貧窮時他又放不下自己所得到的事物，變得更貪吝，由此又再墮落惡道中受種種苦。這些痛苦都是由於貪執所造成的。……如果能明白諸法幻化不實，就不會產生執著，也就能放下和捨棄各種財物，因此疾速證得無上智慧。所以菩薩想要成就無上智慧，就應體悟諸法幻化不實，捨棄執著，以無相心去勤求一切種智。

佛在《六波羅蜜多經》的第四卷說得好：修行慈悲眾生的大乘佛法，以及追求無上智慧的人應當修習空觀。因為明白空的真理以後，心裏就會自在，不但會受恆河沙那麼多的佛授記，心不退轉，而且修行布施也不會感到辛苦。他能夠運用布施來破除吝嗇。吝嗇是苦惱的根本啊！

菩薩應這麼想：如果有人來要我身上的皮，我立刻就剝給他，不但不生憎恨心，而且歡歡喜喜的施與。如果有人要我的頭顱、血肉和骨髓，我都能夠奉獻。因為這樣可以利益安樂眾生，不捨生死而就證得涅槃。想一想：我現在這身體，是父精母血和合所成的不淨物質。我這身體像是一棵充滿業障的毒樹。我的身體是以苦惱為枝條，憂悲為葉子，欺誑為花朵，愚癡為根本，而且還有許多瞋恚的羅剎住在這棵樹上，又有許多惡業的虎豹、豺狼、獅子圍繞在這棵樹的四周。我現在只不過暫時在這棵樹下休息，為什麼要愛惜這棵毒樹呢？這樹（身體）並不是我，也不屬於我所有。假使這身體是我，我也大方地布施給眾生，隨著眾生的需要任意取用。我這麼施捨，不求果報，不求恩德，也無所執著。為什麼呢？我這有毒的身體被不淨、極苦、無恩這三種壞東西所包圍住。如果有人在這羅剎和野獸圍繞的中間，解救我的身體，應當知道這個人對我有非常大的恩德和利益。我對於這個人應該常懷著感恩的心，怎麼能夠反而吝惜自己的身體呢？

再者，無情的大地尚且生長了許多藥草、花木和森林，它們的根部、莖部、枝條、葉子、花朵、果實能利益無量的眾生。大地從不想眾生因為吃了我的身體、枝葉、花果而除去病痛。大地沒有情感和分別心，尚且能利益眾生，何況我是血肉、有靈性的高等動物，怎麼不能夠以布施來利益眾生反而對於乞求的人產生傲慢和輕視呢？

我們要常反省，觀察裏裏外外的各種事物。先觀察身體的內部——難道眼睛是我嗎？眼睛屬於我的嗎？如果不是我，怎麼會這麼吝惜呢？這樣逐部觀察耳朵、鼻子、舌頭以及身體其他各部分，將會發現身體不是我，也不屬於我所有的。其次觀察身體外面的事物——色是我嗎？色屬於我所有嗎？聲、香、味、觸也是如此。這樣內外周遍觀察，會發現一切事都沒有我。既然沒有我，為什麼吝惜而不布施呢？這樣想通了以後，就會願意儘快將此身奉施一切眾生。因為此身無常，變遷不定，剎那生滅，本來就不屬於誰所有。當時佛陀就說了兩首偈頌：

若他逼捨身命財，
制不自由無利益，
如是知已諦思惟，

開心自施為最勝。
迷人若悟夢幻法，
內外皆捨無所著，
如是布施等虛空，
無我無受為最勝。

在《大寶積經》的第九十六卷裏，舍衛城的勇猛授長者請教佛陀說：「如何觀察身命和財物才能沒有貪愛和吝嗇的心?」佛陀告訴他：應觀察身體具有無量的過患。身體是由無數固體、液體、氣體和溫度等因素所聚集而成。無時無刻不在朝著變異和衰老的過程。細胞雖然有新陳代謝，但還是不斷老化。兩眼、兩耳、兩個鼻孔、嘴巴、肛門、尿道這九個管道，就像毒蛇所住的窟穴。身體沒有實體，宛如空的村落。身體終究毀壞，如同瓷瓶。身體貯藏雜七雜八的髒東西，宛如垃圾桶。盛著尿屎，猶如廁所。不可觸撞，猶如惡瘡。貪求外在美，宛如摻雜毒素的食物。不認識恩德，如怨仇。欺騙眾人，如惡知識。受了愚痴和貪愛的弊害和戲弄，宛如交上了獼猴。斷送慧命，猶如殺人魔。侵奪善法，猶如盜賊。常求人便，猶如冤家。沒有慈悲心，猶如劊子手。難以侍候，猶如兇惡的暴徒。如箭著身，一碰就痛。如腐朽的房舍，常要修理。如老爺車，難以自由駕御。如裝毒蛇的竹簍，不可靠近。宛如旅館，為疲苦所聚集。如獨立屋那樣孤單。如破器那麼難以持拿。如陽燄那麼虛假不實。如幻化那麼迷惑人。如芭蕉那麼不堅實。如水泡那麼迅速無常。如在河上航行的船隻，最後一定到達死海。

《大寶積經》的四十四種觀法

佛陀接著又教導弟子四十四種觀身的方式：

㈠此身可厭，（因）緣（和合而）生（所以）沒有實體。

㈡此身臭穢，膿血常流。

㈢此身不堅，畢竟敗壞。

㈣此身羸弱，肢節相持。

㈤此身不淨，穢惡流溢。

㈥此身是幻，誑惑凡愚。

㈦身是瘡門，九處（兩眼、兩耳、兩鼻孔、口、大小便處）常流（不淨的液體）。

㈧此身燃燒，欲火熾盛。

㈨此身是火，瞋火猛烈。

㈩此身遍燃，癡火普遍。

⑾身是盲冥，集合了貪瞋痴等無盡煩惱。

⑿此身墮網，愛網所覆蓋。

⒀身是瘡聚，千瘡百孔。

⒁此身不安，有四百零四種疾病。

⒂此身是諸蟲所寄，有八萬種細菌。

⒃此身無常，終究死亡。

⒄此身頑癡，對真理無所了知。

⒅此身猶如陶器，有生必有滅。

⒆此身逼迫，常多憂惱。

⒇此身無可救藥，終必衰敗。

㉑此身險惡，諂誑難知。

㉒此身是無底洞，各種慾望永不滿足。

㉓此身如乾柴烈火，貪求美色永不厭倦。

(二四)此身沒有厭足，時常貪受五欲。

(二五)此身如被捶打，極易損壞。

(二六)此身不定，盛衰增減變化無常。

(二七)此身常隨心轉，雜念紛飛。

(二八)此身不知恩，最後必定丟到墳場。

(二九)此身為他所食，死後被野獸和昆蟲所吞食。

(卅)此身如機關，筋骨緊相連鎖。

(三一)此身不可看，膿血尿屎污穢不淨。

(三二)身不自由，必須依靠飲食。

(三三)身妄纏裹，終必敗壞。

(三四)身是惡友，常違逆人意、害人受罪。

(三五)身是兇手，自相殘害。

(三六)身是苦器，眾苦煎逼。

(三七)身是苦聚，五蘊（色、受、想、行、識）所生。

(三八)此身無主，眾緣和合。

(三九)此身無命，本離男女相。

(卌)此身是空，不離名色。

(四一)此身虛妄，宛如作夢。

(四二)此身不實，宛如幻化。

(四三)此身幻惑，宛如陽燄。

(四四)此身欺誑，宛如影像。

菩薩做這四十四種觀想時，對於所有身命、愛欲、執著、妻子、房舍、飲食、衣服、車乘、香鬘、珍玩、樂器等都產生厭離而無所顧戀，很快就能夠圓滿達到涅槃彼岸，而疾速證得無上智慧。

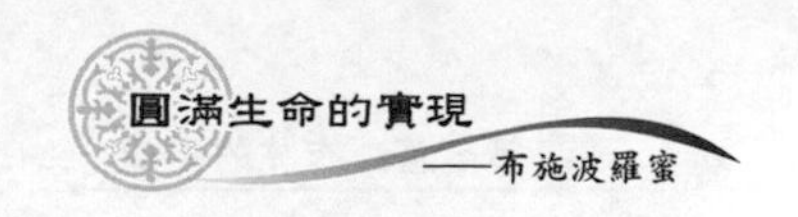

《大樹緊那羅王所問經》淨化布施的三十二個方法

《大樹緊那羅王所問經》的第二卷提到了淨化布施的三十二個方法：

㈠不忘菩提心而行布施。

㈡先起領導和帶頭作用而行布施。

㈢不稱讚下乘（人天乘及小乘）而行布施。

㈣對於其他布施的人，無傷毀心而行布施。

㈤對於來求的眾生，沒有侵害心而行布施。

㈥對於請求的眾生，心生福田想而行布施。

㈦把來求的人都當做師長和善知識想而行布施。

㈧捨棄心中吝嗇的煩惱而行布施。

㈨無所貪惜，歡喜踴躍而行布施。

㈩把手伸直，愛好贈與，沒有企圖或期望而行布施。

⑪增長道心，不生退怯心而行布施。

⑫不生惡處而行布施。

⑬不貪果報，無所希望而行布施。

⑭想讓眾生受持佛法而行布施。

⑮心無惱熱而行布施。

⑯為了攝受眾生而行布施。

⑰為了教化眾生而行布施。

⑱為了護持佛法而行布施。

⑲隨順如來言教而行布施。

⑳為了降伏魔黨而行布施。

㉑為了成就圓滿的佛智而行布施。

㉒為了做大丈夫的利生事業而行布施。

(廿三)為了遠離餓鬼等惡道而行布施。

(廿四)為了修習捨心而行布施。

(廿五)相信布施的福德與攝取眾生而行布施。

(廿六)常使眾生和敬而行布施。

(廿七)不離善知識而行布施。

(廿八)不以瞋害的眼光去睨視一切眾生而行布施。

(廿九)以所有行善的福德迴向無上佛道而行布施。

(卅)學習其他菩薩的喜捨行為而行布施。

(卅一)為了相貌莊嚴，易於度化眾生而行布施。

(卅二)為了淨化世界而行布施。

《大般若經》的第五百八十一卷告訴我們布施要有了解諸法幻化不實的智慧，才能達到輕鬆自在而沒有負擔的境界：

「因為菩薩行布施時，知一切法都如幻化，所以沒有實在的東西可捨。當他證得無上智慧時，知道一切法也都是幻化，所以沒有實在的東西可得。……譬如有兩位魔術師在變把戲，一位變出錢幣，一位變出絲巾，他們交換所變的財物。可是這兩種東西都不是實有的。菩薩行布施時，捨棄虛幻不實的財物，而證得幻化的無上智慧。……他布施時，表面好像有減損，而實際上卻毫無減損。當他證得無上智慧時，雖然看起來好像有所增益，而事實上卻沒有增加什麼。宛如那位魔術師捨棄了錢幣時，看起來好像有所減損，而其實並沒有減損。正如菩薩捨棄了不實在的財物，看起來也是似乎有所減損，而其實毫無減損。當那位魔術師得到絲巾時，他好像有所收穫，其實也是沒有增益。菩薩證得無上智慧時，看起來也好像有所增益，其實也是不增不減。聰明的人應當正確地了解這個譬喻的因果關係和所含的義理。……所以菩薩布施時，有所捨而不生憂愁。當他證得無上智慧時，雖有所得而也不歡喜。因為他們知道所捨的財物和所得的智慧都猶如幻化的緣故。……因為如來看見一切法空的緣故，所以不但對於善法沒有貪愛，對於所有的事物也都沒有慾念了。……佛陀對於一切法都沒有貪愛和憎恨。為什麼呢？因為他明白諸法都不是實有的，萬法都是因緣和合而生，沒有實體，所以不會生貪愛和憎恨。……大菩薩雖然以恆河沙數那麼多世界的珍寶布施眾生，他心中不會認為『我能把珍寶布施給您！』他不執著施者、受者和財物等名相，而卻使布施清淨圓滿了。當他把布施的福德與所有眾生共同迴向無上智慧時，他心裏想：『菩薩法就是能施捨一切。我現在雖然施捨財物，可是所捨的財物都宛如幻化一般，所以我雖施捨一切事物而實無所捨，雖得一切境界而實無所得。』如果能明白這道理，他就是菩薩。如果菩薩不能明白這道理，就不是真正的菩薩，他便無法施捨各種財物，也不能證得大智慧！」

十九、布施的典範

《雜寶藏經》、《法苑珠林》、《經律異相》、《六度集經》、《百緣經》、《賢愚經》等經典都載有許多有關布施的典範。下面我們就引用幾則來供大家欣賞！

《雜寶藏經》的第五卷、《大莊嚴論經》的第四卷和《大智度論》的第十一卷都記載：從前大月氏弗迦羅城中有一位畫家，名字叫千那，他到東方的多利陀羅國去作畫，工作三年（另外一種說法是十二年），賺到了三十兩金子，然後把這些金子帶回本國。回到祖國的弗迦羅城聽到寺院做法會的打鼓聲，他看見出家的師父們，內心非常高興，產生了很清淨的信心。他就問維那說：「您們寺院裏這麼多師父，每天吃飯需要多少開支呢？」維那回答：「有了三十兩金子就足夠吃一天了！」千那聽了，馬上把所有的三十兩金子交給維那說：「您替我準備上好的素食請師父們用齋，明天我再來一趟！」於是他就空著手回家了。

回家以後，他太太問他說：「您這三年到底賺了多少錢呢？」他回答：「三十兩金子！」他太太又問：「現在那三十兩金子在什麼地方呢？」他回答：「已經種在福田裏了！」太太又問：「怎樣的福田呢？」他回答：「布施給寺院的師父了！」太太聽了很生氣，便集合親戚和左鄰右舍的人，把她先生綁了起來，送到官府去。告訴判案的官爺說：「我先生瘋狂了！我們母子貧窮度日，他工作了三年賺到了三十兩金子，卻沒拿回來養活我們全家大小，而把全部所得都送給別人了。他是一個不盡責的丈夫，所以我依照法令，把他抓來治罪！」

縣太爺問千那說：「你為什麼不把辛辛苦苦賺來的三十兩金子交給太太，反而送給別人呢?」千那回答說：「我因為過去世沒有積福德，所以今生才會貧窮辛苦。現在我遇到了好的福田，如果不趁這時候種福田，將來又會再貧窮，生生世世一直貧困，也就難以翻身了。我現在為了快速捨棄貧窮，所以把所有的金子都供養出家的師父。」

好在那大官是一位信仰虔誠的佛教徒，聽到千那這麼說，就讚歎千那說：「這真難得！您辛辛苦苦得到的酬勞都全部布施給眾僧，您是大善人！」說完，立刻脫掉身上的瓔珞和所乘的馬車，贈送給千那，還分了一大塊土地和房子，賜給千那，以獎賞他。並且對他說：「您剛剛供養眾僧，眾僧還沒有食用，這表示穀子還沒有種下田地，已經先長芽了，更大的果報還在後頭呢！」所以用難得的東西來布施，福德最多。

《雜寶藏經》的第五卷又記載：靈鷲山上住了許多僧人，各地的人都送東西去供養那些修道的師父。有一位貧窮的女乞丐見到許多富人長者送東西去靈鷲山，她心裏想：「那個地方一定在做法會，我應當去要一些東西！」於是她就走到了靈鷲山，她看見那些長者用種種的飲食供養眾僧。她心裏又想：「那些人前世布施修福，所以今生富貴。現在他們又這麼努力布施，來世將會更加尊貴。我前世不修福德，所以今生貧窮困苦，如果我今生不布施，來世一定更貧苦。」想到這裏，她禁不住地哭了起來。她想起從前她曾經在糞坑裏撿到兩文錢。她一直非常愛惜地保存著，準備將來有一天要不到食物時，再拿出來買東西吃。於是她就毅然決然地拿那兩文錢出來布施。那寺院的維那師（專門負責領眾誦經唱梵唄的師父）本來要替這位女乞丐祝福，上座和尚不肯讓維那師祝福，而由上座和尚親自為她祝福和迴向。她很歡喜，離開寺院後睡在路邊的大樹下，全身容光煥發，好像被金黃色的祥雲所罩住，國王的相師見到此女子很有福德，可以當王后，便替她替換華麗的衣服，帶回皇宮，國王非常高興，她馬上變成了第一夫人。

她當了皇后以後，為了報答那位師父的恩德，就用車子載了許多飲食和珍寶來到了靈鷲山布施那間寺院。結果上座和尚只派遣了維那師替她祝福，而不親自為她祝福。不但許多年輕的比丘感到莫名其妙，連皇后也感到很意外，她就問住持是什麼道理。上座和尚說：「我們佛門中只貴良善的心地而不重視珍寶。夫人您從前布施兩文錢時，心地非常虔誠懇切，所以那時候如果我沒有親自為您祝福，恐怕對不起您。可是您現在當上皇后，布施這麼多珍寶和美味的飲食，難免帶有貢高我慢的態度，所以我只要派遣維那師去為您祝福，就消受得了啦！請皇后夫人和您們這些年輕的比丘不要怪我！」年輕的比丘聽了這段開示，馬上證得了初聖果。皇后也因為聽了佛法感到慚愧而證得了初聖果。

《隋史》和《歷史感應統紀》的第二卷記載：李士謙，字子約，天性聰慧，是隋朝人。自幼喪父，所以對母親很孝順。有一次，聽到他的母親嘔吐，他懷疑母親中毒，就跪在地上嚐母親吐出的穢物，他伯父岐州刺史李瑒琛知道這件事，讚歎說：「這個孩子真是我們李家的顏子啊！」因此十二歲時，被魏廣平王徵辟為開府參軍。在他母親去世以後，三年喪服期滿，就捐捨自己的私宅為寺院，並且從此立志不再做官。李先生終生沒有飲過一滴酒，沒有吃過一塊肉，行為是如此的端正，口業也十分清淨，從來不說有關殺害的言論，他繼承了祖上鉅大的遺產，所以家中很富裕，可是他的私生活，比較窮人還要節儉，穿的是布衣舊衫，吃的是粗茶淡飯，終日以救濟無衣無食的窮人為務。鄰里中有因喪事無法殮葬的，他施以棺木。有兄弟分財不均而爭訟的，他就出錢補助不足的一方，以致感動他們兄弟慚愧而互助推讓，也都成為善人。有一天，看見賊在他的田中偷割稻穀，他不但不喊捉賊，反而不聲不響的避開，人家覺得很奇怪，他解釋說：「俗語有言：樹樹要皮，人人要臉。人誰不要臉皮呢？人誰自願作賊呢？都是因為天災人禍，迫得沒有辦法，應該寬恕他呀！」後來賊知道李先生這樣的仁慈，也被感動得革面洗心，從此不再作賊，成為善人。有一年荒歲，很多鄉人無法生活，李先生拿出家中的存穀數千石，統統借給行將斷炊的窮人。到了第二年，因為還是歉收，以致上年借穀的人，都無法償還，到李先生的家中去表示歉意，但李先生並不向他們要求償還欠穀，還招待他們在家中吃飯，當眾把鄉人們借穀的債券，完全燒為灰燼。對他們說：「我家中的存穀，本來是預備救濟人家患難之用的，並不是想囤積圖利。現在你們的債務已經了結，希望你們不要再放在心上。」過了幾年，又遇到了大饑荒，李先生出盡了大量的家產，辦理大規模的施粥，嗷嗷待哺的飢民，賴以救活性命的，不下一萬多人，第二年的春天，李先生又施出大批的糧種，分贈給貧乏的農民。有人對他說：「李先生，你救活了很多人，陰德實在太大了。」他回答道：「陰德的意義，好比耳鳴一樣，只能自己知道，別人是聽不到的，現在我做的事，已經給你知道，那裏還談得上陰德呢！」後來李先生的子孫很發達，人們都認為是積德的果報。可是當時也有人不信佛教因果輪迴的道理，認為普通書籍上都沒有因果輪迴的記載，李先生對他曉喻說：「孔子贊易，也在文言中道：積善之家，必有餘慶，積不善之家，必有餘殃。可見儒書上也有因果的道理。至於輪迴的事，史冊古籍上記載的也很多，例如鯀為黃熊，杜宇為鶗鴂，褒君為龍，牛哀為獸，彭生為豕，如意為狗，黃母為黿，宣武為鼈，鄧艾為牛，徐伯為魚，鈴下為烏，書生為蛇，羊祜的前身為李家子，這不都是輪迴的證明嗎！」那人又反駁道：「如果說人的後身，可能墮落為禽獸，那麼松柏的後身，為什麼不會變成樗櫟呢？」李先生解答道：「輪迴的升沉，是由於心而作，松柏等植物，是沒有心的，豈可與人等動物，混為一談。」那人又請問三教的優劣，李先生說：

「佛教好比太陽，道教好比月亮，儒教好比天空中的星星。」那人聽了這番高論，覺得很有道理，不禁心悅誠服。李先生在六十六歲的時候去世，地方上人聽了噩耗，都痛哭流涕的說:「為什麼我們不死，而李先生這樣的大善人，竟去世了呢!」當時參加送葬的，有一萬多人。(參閱唐湘清所譯的《因果報應故事類編》和林守城所編的《神童趣談》)

第肆篇
布施與解脫

Almsgiving and Liberation

一、貪執是苦惱的根源

(一)人生的際遇

「人類有一個共同的願望，希望在瞬息多變的宇宙中尋求永恆的快樂。但事實上：『不如意事十常八九』、『好花不常開、好景不長在』、『人有悲歡離合、月有陰晴圓缺』，這難全的人生自古以來令人喟歎不已。在有限的生命裏，我們受風花雪月的拂觸、受天災人禍的悸動，個人喜怒哀樂居然毫無抗力地受到外物左右牽絆。我們的確是難得真樂長樂的動物啊！」——王祝美

上面這段文字是位屏東師專的學生在作文課對人生苦樂所表達的心聲。

我們所住的地方叫做「娑婆世界」。「娑婆」就是「難以忍受」(堪忍)的意思。因為這個世界正處於一個眾苦煎迫的五濁惡世。有許多難以克服的苦惱及不完美需要我們忍耐接受。例如：天災的頻繁、能源的危機、環境的污染、人口的壓力、種族的摩擦、戰爭的威脅、道德的淪喪、求職的不易、工作的單調、內心的惱熱、化學藥品的副作用、食物的農藥遺毒、交通的混亂、哲學的危機、暴力和色情的泛濫、人情的冷淡、科技的噩夢、宗教的變質、死亡的陰影……真是多得不勝枚舉！

我們不只有生、老、病、死的痛苦，還有「求不得苦」、「愛別離苦」、「怨憎會苦」、……八苦、十苦、一百零八種苦、八萬四千煩惱，其實八萬四千還是一個簡化的數目，應該說「煩惱無盡」才對！怪不得佛經上常以

「火宅」、「險道」和陷阱來譬喻我們所住的世界。

㈡各種感受終究是苦

我們的感受可以分為五種：

1. 苦受——眼、耳、鼻、舌、身等（前）五識，因為遇到逆境，而感受到苦痛。
2. 樂受——眼、耳、鼻、舌、身等五識，因為遇到順境，而感受到快樂。
3. 憂受——第六識（意識）因為接受逆境，而產生憂惱的感受。
4. 喜受——第六識（意識）因為接納順境，而產生喜悅的感受。
5. 捨受——身心（六識）因為接納非順非逆境，而產生無苦無樂、無憂無喜的中性感受。

這五種感受之中，前面兩種感受是屬於生理（身體）的，第三和第四種感受是屬於心理（意識）的。最後一種感受則同時包括生理（身體）和心理（意識）兩方面。

就凡夫的境界來說，苦樂是相反而相成的。痛苦和快樂在性質上是相反的兩種感受。感覺快樂時，就湮沒了痛苦。受苦痛的折磨時，就快樂不起來。然而苦樂也是相輔相成的。受了很深的苦痛之後，有稍微的快樂（其實是痛苦的減輕），便感覺到非常的快樂。例如紐約窮人家過年時只送給小孩一雙新鞋，他笑得合不攏嘴。反過來說，嚐過糖果的甜頭後，只要吃了一個不太甜的柳丁，都會感到酸苦，而難以下嚥。大富大貴的人家，因為平常享樂慣了，只要遇到一點打擊或挫折，就感到痛苦難忍。例如：越有錢的人臨終時越痛苦，因為家大業大就難放捨得下。

我們的感受明明有苦、樂、憂、喜、捨五種。為什麼佛陀卻時常鼓勵我們要客觀而仔細地反省這五種感受，並且覺悟這五種感受到最後都會變成「苦」和「憂」的感受呢？因為「觀察各種感受到最後都變成苦和憂的感受」是啟發智慧的起步，是覺悟的基礎。有了「觀受是苦」的覺醒，才會產生「宗教情操」，放下世俗的牽掛，而嚮往心靈的永恆境界。

在五種感受中，「快樂」、「喜悅」和「捨」（中性）的感受都是虛妄的。而「痛苦」和「憂惱」的感受卻是實在的。為什麼呢？「快樂」、「喜悅」和「捨」的感受本來是沒有的，因為「痛苦」和「憂惱」的暫時停止或減輕，所以才產生「快樂」、「喜悅」和「中性」的感受。

例如：夏天我們喝飲料，身心覺得很舒服。一般人認為我們想喝水是因為我們「口渴」和「喉嚨乾燥」。事實並不盡然，假如純粹是「口渴」或「喉嚨乾燥」，那麼只喝一口水就夠了。喝一口水就可滋潤喉嚨，而且使口不渴，何必又再喝那麼多水！當我們很渴時，我們也許需要喝一兩杯水。患有糖尿病（中醫稱之為「消渴症」或「上消症」）的人喝再多的水也不能解渴。近代的科學實驗證明：人類喝水，是受身體內需要水分的程度所影響，而不是受口腔和喉嚨乾燥的程度所決定。口渴想喝水是跟腦神經系統和血液的化學變化（例如血液的含醣量或荷爾蒙含量）有關。尤其是下視丘細胞內血液化學成分的變化，會導致口渴而想喝水。喝水或飲料的快感，就是由於口渴的苦惱暫時停止或減輕所導致的結果。

同樣的道理，由於疾病的痊癒或減輕，所以我們產生快樂的感覺。如果從來沒生病，那快樂從何而來？

由於平日煩慮雜多，所以當我們聽音樂的時候，把精神集中在音樂上，煩惱無形中也就縮小範圍了。煩惱減少使我們產生喜悅的感受。

當您開車不小心闖了紅燈，被警察逮到了，闖紅燈本來要罰五千元，可是警察說今天特別優待只罰您一千元就行了，您馬上付款，說聲道謝的

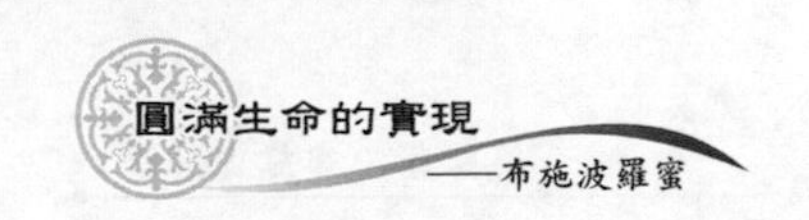

話。在這種情況下，你雖然被罰，卻有快樂和歡喜的感覺。

俗語說：「人逢喜事，精神爽。」當人們遇到升官、發財、金榜題名、洞房花燭夜、環遊世界等「喜事」的時候，會有快樂和歡喜的感覺，主要是由於我們人類本來有很多苦惱，衰老、疾病和死亡的苦惱，打從我們出生那一天起，便一直緊盯著我們，本來還天天耽心空氣污染、核子戰爭、物價波動等，現在把注意轉移到「喜事」上，暫時減少或減輕平日所苦惱的事物，所以我們遇到「喜事」才會「精神爽」。所以世俗的快樂都是一種錯覺，它只轉移注意，而讓衰老、疾病和死亡的威脅遺忘了。可是人生根本的苦惱並沒有獲得解決。

「一切感受終究是苦」的另一個原因就是：快樂、喜悅和中性的感受最後都會變成痛苦和憂惱的感受。為什麼快樂和喜悅會變質呢？因為世間的一切生物都是生滅無常，我們自己與所喜愛的一切事物都不斷在變化、不斷走向衰老和滅亡。所以佛陀說：「無常本來是隱含著痛苦，一切有條件（由因緣和合而成）的事物都是無常的。而天下沒有一件事物不被無常所吞沒！」（參見《無常經》）無常終必導致「愛別離」的痛苦。再者，快樂和喜歡的事物一再重覆出現，我們終究會感到厭膩和疲倦。幸虧天下沒有不散的宴席，假如有的話，那種痛苦恐怕也會使人吃不消，因為一直坐在宴席上，再好吃的東西也會吃膩，聊天談話久了會厭倦，坐久了也會累壞人的……。

食色是人的大欲。假如一個人整天享受飲食和色欲不停止，超過了飽和的程度，食和色都會產生負的「邊際效用」，那時食色就變成痛苦和憂惱，而不再是享樂了。所以追求和享受色、聲、香、味、觸、法這六種東西都不能導致永恆的快樂。永恆的快樂要在自己的心靈上求，而非向外求得的。

對於物質的享樂，如果超過我們的負荷量，都會變成苦惱。物質的享樂，久了會變成受苦、牽絆、和束縛。可是痛苦的事物一直累積或重覆出現，卻不會變成快樂，憂惱久了不會化成喜悅。例如：受別人的打罵是苦惱的事，一直不斷地受打罵，只有苦上加苦，絕不會轉變成快樂。所以「痛苦」和「憂惱」的感受是實在的，「快樂」和「喜悅」的感受是虛妄的。

另外一個對我們不利的因素是：在我們快樂的時候，感到時光流逝得特別快。而在受苦和憂惱的時候，卻覺得時間過得特別慢。所以我們才有人生「苦多樂少」、「不如意之事十常八九」的感覺。正如愛因斯坦 (Albert Einstein, 1879–1955) 對一群年輕的學生解釋他的「相對論」說：「當你跟一個好女孩坐在一起，過了兩個小時，你可能感覺只有一分鐘。但假如你在很熱的火爐上坐了一分鐘，你將會覺得好像已經過了兩個鐘頭。那就是相對論！」(《師專英語課本》第二冊第八課) 因為這樣，所以佛陀教導我們「惜福而不可貪圖物質享受」、「隨緣消舊業更莫造新殃」，並且啟發我們：「境隨心現」、「業隨心轉」、「以心轉業」、「透過心靈的淨化來以不變應萬變」的道理。

總而言之：覺悟「一切感受終究是苦」是實觀，而不是悲觀。因為我們凡夫的快樂和喜悅是建立在痛苦和憂惱的減輕之上。我們的快樂和喜悅都很膚淺而且飄浮不定，物質的享樂終歸變成苦惱。唯有走出紛擾的相對境界，證入絕對永恆自在的涅槃，才是畢竟常樂的。

㈢宗教情操與智慧的開展

察覺自己的弱點是智慧的開始。覺悟世間的無常是宗教情操的起步。物質的享受要知足才能常樂。心靈的境界要不斷開創與提昇，人格才能漸趨完美。我們描述世間的缺陷，不是在吹毛求疵，而是想透過這種認知來激發我們的「出離心」、「慈悲心」和「智慧心」等宗教情操。

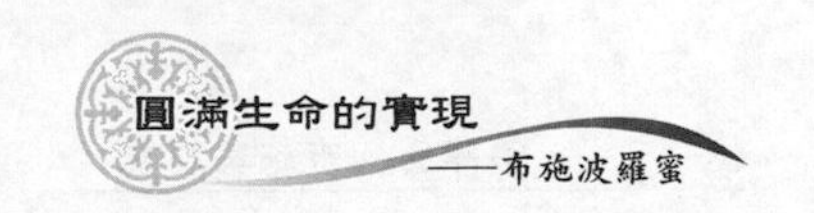

㈠出離心——沒有痛念世間的無常，我們不易放下內心的貪執。沒有認清物欲的害處，我們無法提高心智的修養。當我們認清世俗的缺陷以後，我們才會想辦法改善或超越它。有了這種修養，我們更不會斤斤計較於物質的成就和眼前的名利。甚至對於物質的享受，我們也不再像從前那麼貪戀不捨了。它會使我們有「如釋重負」的感覺！

㈡慈悲心——慈悲就是「拔苦與樂」的願望與行動。認識眾生的苦痛，可以使我們產生「感同身受」的悲心及「民胞物與」的悲心。當我們深入了解周遭人們的境遇，我們便會設身處地為他們著想，進而發出更大的仁愛心。同時，我們也開始嚮往完美的事物和境界，以激勵我們解決問題的勇氣。

㈢智慧心——了解這世界是由眾生共同的心念和行為所感應的結果，我們便不會像從前那麼胡作非為，而且也不敢怨天尤人。因為我們知道心念、語言和行為的影響力，「種瓜得瓜、種豆會得豆」（為善一定得樂報、為惡必然得苦果）。同時當我們明白：世界的好壞各有其存在的因素和條件。只要我們除去或改變不好的因素和條件，世界就會變得更美好。明白這「因緣性空，可以改變」的道理是一種智慧，它會使我們更積極奮發地邁向真善美的心靈境界。

諸君千萬不要小看「覺悟無常」的重要性。它是一切宗教的搖籃。這種心態（心理準備）可以使我們領會到宗教和心靈的美，而不再患得患失或沉迷於物欲的洪流。密宗的黃教創始人宗喀巴大師在其名著菩提道次等廣論中就曾特別強調「出離心」、「菩提心」（追求圓滿智慧和慈悲救度眾生）和「空性正見」（智慧心）這三種宗教情操可以提昇我們的境界和淨化我們的人格。誠如《八大人覺經》所說的：「解脫生死的苦惱，先要覺悟：世間無常、國土危脆……。」《優婆塞戒經》的〈二莊嚴品〉也說：「如果對於出生、物質的貪求、衰老、疾病和死亡產生厭離心，而且能深入地觀察解脫的途徑，才能成就無上的智慧。」

㈣苦樂隨心生

苦樂和憂喜的感受主要在於內心而不是外境。周遭的世界與人物只不過是我們心意所映現的影像罷了，所以《華嚴經》說：「佛陀成正覺時，見到一切眾生也都成正覺。」見到別人的無理因而憤恨不平，表示我們的心中仍有執著和我慢。所以我們要「隨喜功德」、「善與人同」，「視人之善若己之善。」

一切苦惱的來源就是我們的無明。因為不明白「心境一如」、「人我平等」的真理，所以才會執著外境和人我是非。遇順境和悅人的事物起貪愛心。遇逆境和令人討厭的事物起憎恨心。對於非順非逆起愚痴心。由貪愛、憎恨和愚痴再演變成各種錯綜複雜的煩惱。

追根究底來說：「萬法唯心造」——一切苦惱和不完美的現象都起源於內心的執著和妄動。所以《六祖壇經》說：「不是旗動，不是風動，而是仁者心動！」《大乘起信論》的上卷說：「一切諸法，唯依妄念而有差別。若離心念，則無一切境界的差別相。」正如屏東師專王祝美同學所說的：「為什麼總是景入情生、憂風憂雨、感天泣地呢？為什麼難得自在瀟灑，輕鬆適意呢？……不是景非，不是物非而是心已非呀！心若能定，則萬物靜觀皆自得；心若不定，則紛紛擾擾幾時休？心若能定，則泰山崩於前而面不改色；心若不定，則蟲蟻迎頭過而瞿然受驚；心若能定，則華枝春滿、天心月圓；心若不定，則才下眉頭、卻上心頭。人是否快樂，決定於己身這顆觸饕龐蕪、纖柔易感的心。能把持、穩著便能在澄然的境界中體悟宇宙真理及生命本質。」這就是「煩惱因心起、快樂從心生」！

㈤貪執成束縛

因為我們的內心有了執著，所以才不能自在無礙。貪愛、憎恨和愚痴是最深的執著。貪愛使我們多得無厭，常不知足。憎恨使我們怒火沖天，憤恨不平。愚痴使我們迷糊顛倒，是非不明。所以《大學》說：

「心中有了憤怒，就不能平正；有了恐懼，就不能平正；有了喜好，就不能平正；有了憂患，就不能平正。」(《大學》傳第七章)

愚痴會產生貪愛，貪愛會導致憎恨。憎恨使我們與外在的境物格格不入，並且作繭自縛。

執著是身心的束縛和重擔。貪執一件事物，就產生了一個束縛和煩惱。貪執越多，束縛和煩惱也就越多。貪執越深，束縛和煩惱也就越強烈。所以貪執是堅固而看不見的結。「心有千千結」就是形容一個人的執著又多又深。

難怪佛陀在《金色女經》會說：「人生的苦都是從貪愛產生的，生了就會衰老，衰老就會生病。疾病會導致死亡，從死亡又導致憂愁和哭泣。所以天下的苦都是因為貪愛產生的。」(參見《經律異相》和《釋文紀》第一卷)

貪執就是苦。因為貪執就不得自在。貪執就是「蓋子」，因為它會覆蓋我們清淨明靈的心性。貪執就是「障礙」，因為它會阻塞我們的智慧。執著就是「逼迫」，因為有了貪執，我們就會被它左右，它驅使我們造作不好的行為而墮入內疚和悔恨的深淵。執著就是「顛倒」。因為它常會迷惑我們客觀的認知，使我們不明白事理。

世間一切事物都是生滅無常的，對它起了貪執就會吃大虧。因為到頭來，我們必會失望痛苦。貪執不但使我們迷惑顛倒、昏頭轉向，把生滅的事物看成永恆、把苦因看成樂事而在苦中作樂。而且在尋歡作樂時，忘記

「無常迅速」。事實——無常的火正在燃燒，衰敗和死亡的步子已逐漸走近每一件事物。

沒有智慧的人，經不起五欲（「色、聲、香、味、觸」或「財、色、名、食、睡」）的誘惑。一旦被貪欲勾引住了，就會掉進物欲的陷阱而難以脫身。正如《四十二章經》所說：

「對於財物和美色貪執不捨的人，好比無知的小孩用舌頭去舔刀子上面的蜜糖。蜜糖明明只有那麼一點點，舔一下子就光了，但卻有割傷舌頭的危險！」

《大智度論》也說：「可憐的眾生時常追求和陷入五欲（色、聲、香、味、觸或財、色、名、食、睡）而不能自拔。五欲這東西得到手以後，就會欲罷不能，苦惱越來越多。好比火焰上添加木材，愈燒愈猛烈。五欲的快樂其實既單調又膚淺。它好比野狗啃骨頭，再啃還是那個味道。五欲會產生紛爭，好像禿鷹在搶吃死屍上面的腐肉。五欲好像毒蛇一樣恐怖，一踩到就會傷人。五欲很不實在，宛如夢中所得到的東西一般。五欲很短暫，宛如過目雲煙和電光石火一樣。世上的人因為愚惑，所以才會貪著像曇花一現般的五欲。而沒想到將來會在三惡道忍受更多的苦惱！」

二、度過彼岸

㈠「度」的意義

「度」這個字，在印度話叫做「波羅蜜多」(Pāramitās)。這個字在古巴利文沒有尾音，所以也被音譯成「波羅蜜」。「波羅」就是「彼岸」的意思，而「蜜多」的字義就是「到（達)」。印度的文法，先列名詞，後寫動詞。而我們中文習慣卻先寫動詞，然後再寫受詞或名詞，所以翻成我們中國話，應該寫成「到達彼岸」，而不是「彼岸到達」。「到彼岸」就是離開生滅無常苦惱的這一邊，而渡過煩惱的苦海，到達絕對、永恆、圓滿的彼岸。

依照印度的古習俗，凡是所做的一切事情究竟圓滿，就可以說「到達彼岸」。這意思又很像我們的方言「到家」。比方說「火候到家」、「服務到家」都帶有「徹底圓滿成就」的意思。所以《大智度論》把「波羅蜜多」翻譯成「事究竟」，意即：所作的事情已經究竟圓滿達成（目標）了。《瑞應經》和《六度集經》把「波羅蜜多」譯成「度無極」，意指：到達無限或無礙的大自在境界。它不但有達到「自由自在」、「精深博大」的意思，同時又有「爐火純青」和「不可言說」的意義。「度無極」也可以解釋為「超越無限」，例如《大智度論》說：「有和無這兩種見解都是戲論，超越有和無這兩種執著，才可以達到圓滿自在的境界。」

《大乘義章》把「波羅蜜多」譯作「度」，帶有渡過（苦海)、超越（生死）或解脫（煩惱束縛）和度化（眾生）的意思。

再者，「波羅蜜多」跟梵語「阿羅蜜」語音很相近。「阿羅蜜」就是中文「遠離」的意思，所以也有人以「遠離」來解釋「波羅蜜多」的含義。唐朝的窺基法師就是一個很好的例子。例如他說：「由於修行般若智慧，而遠離一切障礙和染著。」(《心經幽贊》)

由上可知，各家的譯名雖不相同，但意義卻是可以相通的。(參見江味農居士所著的《金剛經講義》第十八頁和周止菴先生著的《般若心經詮注》第三十一頁)

(二)度的兩種層次

就世俗的觀點來說，煩惱和解脫是不同的，斷除煩惱才可以得解脫，解脫此岸的煩惱而證入彼岸的涅槃，叫做「度」。離開眾苦煎迫的五濁惡世，而到達安樂永恆的清淨境界，叫做「度」。從開始覺悟而逐漸到究竟圓滿的覺就是「度」。

就究竟的觀點來說，煩惱與解脫、生死與涅槃、此岸與彼岸都不是相異和相離的。所以《維摩詰經》的〈觀眾生品〉說：「佛陀為有增上慢的人說：捨離淫欲、憤怒和愚痴才可以得到解脫。如果對方沒有增上慢，佛陀就說：淫欲、憤怒和愚痴的體性即是解脫。」到底什麼叫做「增上慢」呢？僧肇大師說：「輕視生死，而尊重自己的道法，就是增上慢。」道生法師也說：「獲得佛法少許的成就而自以為了不起，就是增上慢。」(見李翊灼所輯的《維摩詰經集註》的第六卷)

佛陀在《淨業障經》中對文殊菩薩說：「不但貪欲、憎恨和愚痴是障礙。如果執著法相、布施、持戒、忍辱、精進、禪定和智慧也都成了障礙。甚至有了佛、法、僧、空、無相、無作的執著也都變成障礙。……簡而言之，如果心中有了對待的名相，認為一切事物有束縛和解脫的差別，就是障礙。……為什麼呢？因為一切法性本來沒有障礙，而凡夫和愚痴的人卻自生分別，執著法相，而排斥非法相，所以造成對立和紛爭。例如愚笨的人布施時，對於吝嗇的眾生不生恭敬心。因為沒有恭敬心，便產生了憎恨和厭惡心；因為憎恨和厭惡心而墮地獄。自己持戒，而卻輕視犯戒的人，說犯戒者的過失而使別人生不敬心，因為不恭敬而墮落惡道。自己修行忍辱，又因為忍辱的緣故而生貢高我慢心，以為自己了不得而輕視其他的人，因此而放逸造罪。自己精進而卻輕視懈怠的人，自己修禪定而輕視散亂的人，自己修智慧而輕視愚痴的人，也是同樣的情形。」

《大乘起信論》的上卷也說：「一切事物本來都不可說、不可分別。……因為一切事物都同樣是真如，那還有什麼好分別的呢？」

《中論》的〈破因緣品〉說：「一切法不生也不滅、不常也不斷、不一也不異、不來也不出。」

由此可知：「此岸」和「到達彼岸」都是方便說，都是一種假名。對於明白般若智慧的人來說，眼前的世界只不過是一個假相罷了。既然是幻相，因幻相所產生的苦惱又怎麼會是真實的呢？所以《心經》說：「是諸法空相，不生不滅，不垢不淨，不增不減。是故空中無色，無受想行識。無眼耳鼻舌身意，無色聲香味觸法。……無無明，亦無無明盡，乃至無老死，亦無老死盡。無苦集滅道，無智亦無得。」古德也說：「若人識得心，大地無寸土。」明見心性以後，自然就能洞悉世間是一種「因緣和合而生的假相」和「唯心所現的幻相」，而不再去執著它。連大地都是幻相，那裏還有什麼「此岸」和「彼岸」呢？因此《維摩詰經》的〈觀眾生品〉說：「一切法都是解脫相。……如果看見自己有所得、有所證，那麼他就不明白清淨與平等的真理，他對於佛法仍然還有增上慢！」

心中起了能（度）所（度）的對立觀念，就受到名相的束縛，又怎能達到無礙的境界呢？這也就是《維摩詰經・入不二法門品》裏所說的：「生和滅是相對的兩種不同現象。一切事物本來就不生，那裏會有滅呢？體悟到這無生的真理（經上稱之為『無生法忍』），就可以進入沒有對立與紛爭的心靈境界（經上稱之為『入不二法門』）。……我和我所有也是相對的兩種不同概念，因為有了我的概念，便會又認為這個我已擁有某些事物。假如沒有我的概念，就不會執著周遭的事物被我所擁有，於是便可進入和諧平等的心靈境界。……」

㈢彼岸在那裏？

煩惱和生死是由內心的妄念和執著造成的。所以只要能平息內心的妄念和執著，就可以解脫苦惱而證得涅槃彼岸。《維摩詰經》說：「心地淨化以後，所見的世界就隨之清淨而沒有污染了……如果菩薩要得到清淨的國土，應當先淨化他的心靈。只要心靈淨化了，則便可見到清淨的佛土。」（〈佛國品〉）

「由於覺悟和相信自性的圓滿和智慧，所以心地清淨了。因心地清淨的緣故，所以看到外界的事物清淨。……乃至六根、六塵、內外世界都清淨了。」（《圓覺經・普眼菩薩章》）如果我們放下內心的煩慮，智慧便會顯現，涅槃彼岸自然現前受用。所以《楞嚴經》說：「煩惱歇即菩提。」菩提就是無漏的智慧，就是涅槃的大道。

有了煩惱和執著，心中便示現了此岸。沒有煩惱和執著，此岸當下就成了彼岸。並不是離開此岸，才能去到彼岸。而是迷的時候，才有彼此的分別。悟了以後，此岸就是彼岸。所以古德說：

「有少許的情執未盡，便無法到達彼岸。一切對立的名相都不執著，甚至連凡聖的分別也忘卻了，就立即到達彼岸。」（《心經詮注》第二卷）

「只要明白此岸本來是空幻的，此岸即是彼岸。並不是另有一個彼岸可以到達。」（《心經請益說》）

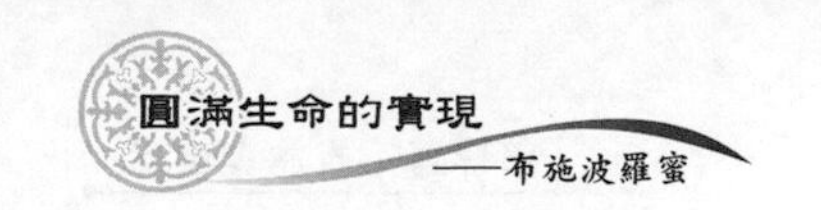

要達到彼岸就要在心地下功夫。只要我們日常生活當中，遇到一切事物，心中不起貪愛、憎恨和愚痴的念頭就行了。所以《金剛經》告訴我們要「應無所住而生其心」、「不應住色、聲、香、味、觸、法生心」。換句話說，就是六根（眼根、耳根、鼻根、舌根、身根和意根）接觸六塵（色塵、聲塵、香塵、味塵、觸塵和法塵）不起分別意識或妄念罷了。不起分別意識和妄念，我們的心就會清淨，心清淨就像擦亮的鏡子一樣，可以產生照明的作用。這叫做「離念靈知」。反過來說，心中起了分別意識和妄念，就像平靜的水面激起了洶湧澎湃的浪潮，心中失去了明鏡照了的作用。（參見《楞嚴經卷》）因此，《維摩詰經》的〈不思議品〉告訴我們：

「真正求法的人，不見有苦的形相可得，不見有苦的原因可斷，不見有解脫和涅槃的境界可證，更不見有斷除苦惱的方法可修。為什麼呢？真正的佛法是沒有染執的——如果執著事物的名相，甚至執著涅槃這假名，就是染著，而不是求法了。……最高的境界沒有對立的名相——如果我們認為自己在實踐最高的真理，那就是執著名相，而不是求法了。佛的境界沒有取捨——如果對於法有取捨，那就是自作主張，而不是求法了。……所以求法的人，對於一切法，應無所求。」

㈣彼岸風光

涅槃是梵文 Nirvāna 或巴利文 Nibbāna 的譯音。有人把它譯為「泥洹」、「泥田」、「泥畔」或「涅槃那」（參見《涅槃無名論》和《涅槃玄義》的上卷）。其實，涅槃的全名應該是 Parinirvāna，所以也有人把它譯為「般涅槃」或「波利暱縛喃」。《成唯識論述記》的第一卷說：「波利 (Pari) 是圓滿的意思，暱縛喃 (Nirvāna) 是寂滅的意思。」賢首大師的《心經略疏》說：「涅槃就是圓寂的意思。圓是指所有智德的具足，寂是指一切障礙的滅盡。」《華嚴經疏鈔》的第五十二卷說:「洞悉宇宙的真相而且慈悲遍布所有的眾生,叫做圓。心性清淨無染而沒有名相的束縛,叫做寂!」

除了「圓寂」以外,涅槃還有其他許多譯名。例如:

《大乘義章》的第十八卷把涅槃譯為「滅」。因為涅槃就是滅除一切煩惱、生死和名相,而得到大寂靜的境界。

《大般涅槃經》的第四卷說:「消滅所有煩惱,而不再造作各種污染的業行,叫做涅槃。」

《圓覺經》說:「斷除一切有為的因緣,不執著名相,也不起妄念,叫做證得涅槃。」

《涅槃玄義》的上卷舉出:涅槃還具有「寂滅」、「秘藏」、「安樂」、「無累」、「解脫」、「不生」、「滅度」、「無為」等譯名。

《大般涅槃經》的〈光明徧照高貴德王菩薩品〉說得最詳盡:

涅是「不」的意思,槃是「編織或束縛」的意思,所以涅槃就是「沒有編織或束縛」的意思。(沒有煩惱、不造惡業,當然就不會再編造生死的牢網,以作繭自縛。)

槃又具有「覆蓋」的意思,所以「沒有覆蓋」才能叫做涅槃。

槃又具有「來去」的意思,所以「如如不動,沒有來去」才能叫做槃。

槃又具有「執著」的意思,所以「沒有執著」才能叫做涅槃。

槃又具有「不穩定」的意思,所以「沒有不安穩和寧靜」才能叫做涅槃。

槃又具有「新」的意思,所以「亙古常存,不生變壞」才能叫做涅槃。

槃又具有「障礙」的意思,所以「沒有障礙」才能叫做涅槃。

槃又具有「名相」的意思,所以「沒有名相的累贅」才能叫做涅槃。

槃又具有「造作」的意思,所以「沒有造作」才能叫做涅槃。

槃又具有「和合」的意思，所以「沒有和合」才能叫做涅槃。（因為有了和合，就會產生分離和生滅。）

槃又具有「苦」的意思，所以「沒有眾苦」才能叫做涅槃。（見北本的《大般涅槃經》第二十五卷以及南本的《大般涅槃經》第二十三卷）

《毗婆沙論》的第二十八卷又說：

涅具有「出」的意思，槃是「稠林」，所以「出離煩惱和生死的稠林」叫做涅槃。

涅又具有「無」的意思，槃是「後有」的意思，所以「將來不再隨業投生受苦」就是涅槃。

涅具有「離」的意思，槃有「繫縛」的意思，所以「遠離一切繫縛」叫做涅槃。

涅具有「超度」的意思，槃又有「生死和苦難」的意思，所以「超越一切生死和苦難」叫做涅槃。

涅槃到底是什麼樣的境界呢？這是「唯證所知」，用語言所難以描述的。我們知道它是一個永恆和真善美聖的境界。因為它不再生滅了。由於有生必有滅，所以宇宙中沒有「永生」的事物。不過卻有「永恆」的事物存在，因為不生就不滅了，所以「不生」就是永恆。好比一根蠟燭，不點火，蠟燭就不會燃燒，點了火，蠟燭就會慢慢燒掉。正因為我們周遭的事物和身心世界都生滅無常，瞬息萬變，所以我們很難理解永恆和不生滅的涅槃。

《大智度論》第五十五卷〈釋如幻品〉說：涅槃是最究竟無上的境界，因為它已破除了所有的苦惱和憂愁，它獲得了永恆和最大的喜悅。它是十方諸聖賢的學習目標，沒有比涅槃更安穩、更高超的境界了。

《大般涅槃經》曾記載了：涅槃的四種大快樂——

1. 沒有絲毫的痛苦或負擔——離開了世俗所有短暫和會變質的快樂，

而得到永恆而且絕對的快樂。

2. 最大的寂靜——身心沒有煩惱、束縛和憒鬧。

3. 圓滿的智慧——對於一切事物，瞭若指掌。能從各個角度來了解某一件事物，同時也能洞悉每一樣事物的所有特性。《法華經》記載：佛陀能明白一切事物的：性、相、體、力、作、因、緣、果、報、本末究竟等。

4. 安樂不壞——身體像金剛一樣常住不壞，永遠沒有病痛。除非為了度化眾生的時候，才示現了疾病和圓寂（入滅）。壽命能隨心所欲長短自如，隨緣度化眾生。關於佛陀壽命的奧秘和細節，請詳讀：㈠（南本）《大般涅槃經》的第三卷〈長壽品〉及〈金剛身品〉。㈡（唐本）《華嚴經》的第四十五卷〈如來壽量品〉及第五十卷至第五十一卷的〈如來出現品〉。

「涅槃」的好處多多，真是筆墨難以形容！現在謹將其要點列舉如下：

涅槃是「永恆」，因為它不再輪迴生死。

涅槃是「不生」，因為各種苦的現象從此不會再發生。

涅槃是「無為」，因為它不再生起妄念和造作業行。

涅槃是「寂滅」，因為它已經獲得究竟的安寧，而免除塵勞的憂患。

涅槃是「滅度」，因為它滅除生死的因果，而度過了生死的洪流。

涅槃是「止息」，因為它已平息所有煩惱和痛苦。

涅槃是「解脫」，因為它已突破「起惑」、「造業」和「受苦」的惡性循環了。

涅槃是「得大自在」，因為它沒有業障和阻礙。

涅槃是「最大的喜悅」，因為它已卸下一切負擔。

涅槃是「大圓滿」，因為它是人格和善願的圓滿實現。

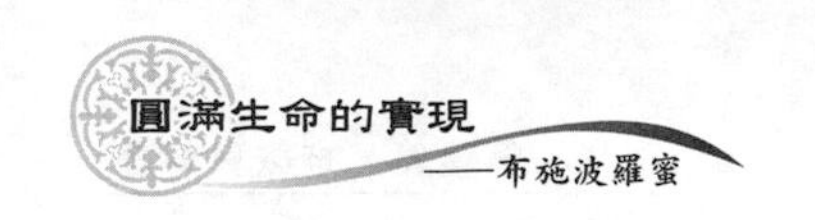

涅槃是「大圓鏡智」，因為它洞悉萬物的總相和別相，而無所不知。

涅槃是「大自由」，因為它沒有任何束縛。

涅槃是「究竟」，因為沒有比涅槃更高的境界。

涅槃是「完美」，因為它沒有絲毫的瑕疵。

涅槃是「無盡燈」，因為它可不斷示現度化眾生而永不疲厭。

涅槃是「無限的開展」，因為它不是有限的到達。

涅槃是「絕對待」，因為它沒有任何對立的名相，所以沒有糾紛或爭論。它沒有「人我」、「自他」、「彼此」、「凡聖」、「高低」、「美醜」、「心境」等執著。

涅槃是「大我」，因為它勇於分擔一切眾生的憂苦而不以為苦。

涅槃是「自性」，因為它是我們的本來面目。

涅槃是「真實」，因為它不再退卻或變壞。

涅槃是「實際」，因為沒有任何戲論和虛偽。

㈤度人即是度己

修行六度，利人利己。表面看起來，它好像都是在度別人，其實是在度自己。所以《華嚴經・普賢行願品》的第四十卷說：

「如果能夠隨順眾生，就是隨順供養諸佛。能夠尊重承事眾生，就是尊重承事諸佛。能夠使得眾生歡喜，就能使得一切如來歡喜。為什麼呢？諸佛如來都以大慈悲心為本體。因為看見眾生受苦，所以起了憐憫救度的慈悲心。有了深切廣大的慈悲，才能發出道心，由於道心而得到圓滿的智慧。譬如在荒野的沙石中，有一棵枯樹。假使有人用水灌溉，這一棵樹自然就茁壯茂密，花果豐碩。打個比方來說：在生死的曠野中，我們每個人都有一棵智慧樹，所有眾生是樹根，諸佛菩薩是這棵樹的花果。假如我們能以慈悲的水饒益眾生，就能綻開佛菩薩的智慧花果。……所以修行道業要靠眾生。如果沒有眾生，所有的菩薩都不能成就圓滿的智慧。善男子！您對於這個道理應善加體會。因為平等地對待所有眾生，沒有人我高下的分別，就能夠時常隨順眾生，使慈悲心逐漸圓滿。用大慈悲心來隨順眾生，就是供養諸佛。因為隨順眾生和隨順諸佛是一樣的。」（《四十華嚴》的最後一卷）

《六祖壇經》的〈行由品〉說：「迷時師度，悟了自度。」當我們能度化心中的煩惱和眾生，我們自然就成就無上和圓滿智慧了。所以，度別人即是度自己。對於一個悟道的人來說，別人和自己都是一體的。圓滿的智慧是從清淨平等心所流露出來的，有了人我、自他的分別，心就執相而無法清淨平等了。由於眾生無始以來自私和貢高我慢的習氣根深蒂固，想破除這種習氣，先要從謙虛和誠敬下手，然後才可以達到「民胞物與」的「同體大悲」和「無緣大慈」。所以，《大悲心陀羅尼經》上說：

「大慈悲心、平等心、無為心、無染著心、空觀心、恭敬心、卑下心、無雜亂心、無見取心和無上的菩提心都是陀羅尼（通達一切法的神咒或無礙法門）的特徵，您要依照這些心去修行！」

但願我們像一塊抹布，潔淨器物，而把塵土留給自己！但願我像一盞蠟燭，不斷燃燒自己，照亮別人！

㈥度的種類

道霈法師的《心經請益說》記載：

如果依照共有的般若去修行，可分為聲聞、緣覺、權乘菩薩三種。聲聞以「苦諦」（生、老、病、死等苦）和「集諦」（貪、瞋、痴等煩惱）為此岸。以「道諦」（正當的見解、正當的思考、正當的語言、正當的行為、正當的職業、正當的努力、正當的意念、正當的禪定等八正道）為舟航。

以「滅諦」（涅槃）為彼岸。

緣覺以「十二因緣」（無明緣行，行緣識，識緣名色，名色緣六入，六入緣觸，觸緣受，受緣愛，愛緣取，取緣有，有緣生，生緣老死……）三世過去、現在、未來流轉，（迷惑→造業→受苦）循環無盡為此岸。觀察和斷除「愛」（貪愛）、「取」（執著）、「有」（造業）這三種現在業因的智慧為舟航。證入「緣生心空」「寂滅業因」的境界為彼岸。

權乘菩薩以六蔽（慳貪、破戒、瞋恚、懈怠、散亂、愚痴）為此岸。六度（布施、持戒、安忍、精進、禪定、智慧）為舟航。佛的圓覺果位為彼岸。

如果依據不共般若去修行。一切凡夫的五蘊（色、受、想、行、識），十八界（外六塵界：色界、聲界、香界、味界、觸界、法界。內六根界：眼根、耳根、鼻根、舌根、身根、意根。六識界：眼識、耳識、鼻識、舌識、身識、意識）及三乘（聲聞、緣覺、菩薩）聖賢所修的法門與所證的境界為此岸。以觀照般若為舟航。實相真空為彼岸。（參閱《大智度論》第一百卷）

三、布施與六度

㈠為什麼要修行六度?

《大般若經》的第一百零二卷說:「我們修行六度時，應當想一想——如果我不布施，來世將會出生在貧賤的家族裏，連自身都難保，怎麼能利益眾生、莊嚴和淨化整個世界呢? 又怎麼能得到圓滿的大智慧呢? 假如我不受持淨戒，來世將墮落三惡道，連最下賤的人都夠不上，又怎麼能得到圓滿的大智慧呢? 假如我不修忍辱，來生五官殘缺不全，容貌醜陋，連菩薩圓滿的色身都無法具足，又怎麼能證得佛陀圓滿的一切智呢? 假如我懈怠不精進，連菩薩道我都做不來，更何況那完美的如來境界呢? 如果我內心散亂，不修行禪定，連菩薩乘的定功都學不成，又怎能成就一切智慧呢? 如果我沒有智慧而又不學般若，連超越小乘的善巧方便都沒有，又怎麼能成就如來的圓滿智慧呢?」

《大般若經》的第三百五十一卷說:「勤於修學這六度法門時，應當經常這麼想——世間的眾生都迷惑顛倒，陷在生死的苦惱中不能自拔。如果我不好好修行善巧方便，就不能解脫他們的苦惱。我應當為那些眾生精勤修學布施、持戒、安忍、精進、禪定和智慧。這種觀念能使我們更用功修行六度。」

㈡六度的重要性

1. 消除一切苦惱，獲得永恆的幸福和自在。

2.饒益眾生，常令眾生歡喜。

3.圓滿具足一切福德。

4.明心見性，究竟成佛。

5.一切魔怨不能觸惱和傾動。

6.心智的修養境界永不退轉。

7.破除各種偏邪的見解。

8.成就金剛不壞身。

9.淨化世界。

10.成就圓滿的智慧。

（三世諸佛都由六度成就無上智慧）

11.廣演無盡法藏。

（十方諸佛現在所說的真理，都從六度流出）

12.成就最莊嚴的相貌，例如佛陀身上的三十二相和八十種美好的特徵。

13.成就清淨無瑕的行為、語言和心念。

14.成就無量的神通、力量和無礙辯才。例如佛陀所具有的十力、四無所畏、十八不共法等。（請參見《瑜伽師地論》第四十三卷第二十一頁）

㈢六度的搭配與開合

佛陀在《解深密經》的第四卷中說明了：有兩個原因，所以把菩薩到彼岸的修行法門訂定為六種。為什麼一定要「六」呢？

第一個原因是——六度中的前面三度是專門針對饒益眾生的。由於布施，所以能以資生的財物來攝受眾生。由於持戒，所以對於眾生不行損害。由於安忍，所以遇到怨害侮辱時，能夠容忍和利益有情。

第二個原因是——六度中的後面三度是專門對治各種煩惱的。由於精進的緣故，雖然尚未調伏一切煩惱，卻能勇猛地修習各種善法，而且所修的善法不被煩惱所動搖。由於禪定的緣故，所以能夠長期伏住煩惱，使煩惱不起現行或作用。由於智慧的緣故，所以能夠永遠破除一切煩惱。

六度這六種法門搭配得恰到好處。所以《解深密經》說：六度這個「六」是一個難以增減的數目。經論談及「到彼岸的法門」時，最常談到六度，而較少談到「六」以外的其他數目。例如：《大乘起信論》的下卷將六度合為「五度」：布施、持戒、忍辱、精進、止觀（止即禪定、觀即智慧）。《華嚴經》的〈十地品〉將六度開為「十度」：布施、持戒、忍辱、精進、禪定、般若、方便、願、力、智。

《大乘莊嚴經論》的第七卷說：解脫和度化眾生的法門不是有很多嗎？為什麼只提了六種呢？

第一，就自利的觀點來說，為了達到「增進福德」、「不受染污」、「不迷惑顛倒」這三個目標，所以只才訂立了六度。前面四度（布施、持戒、忍辱、精進）就是為了達到「增進善法」這目標。一、由於布施，所以資生的財物具足。二、由於持戒，所以自身才能成就。三、由於忍辱，所以眷屬才能成就，因為修行忍辱的人必受到很多人的愛戴。由於精進，所以一切事業才能成就。禪定能使我們不受煩惱的染污，因為折伏煩惱是由於定力的緣故。智慧使心念、語言和行為不會顛倒，而且能如確實明白所作的一切事業。

第二，就自利利他來說，六度中的前三度是屬於利他：布施的贈與和奉獻，持戒是不惱眾生，忍辱是忍受外來的惱害。六度的後面三度屬於自利：精進是成就一切善法的原因，禪定是調伏散亂的心念，智慧是使已經寧靜的心念達到解脫自在的境界。

第三，為了攝受六種利益眾生的事宜，所以才訂立了六種度。布施是可使眾生享用財物而不匱乏，持戒可以不惱害他人，忍辱可以忍受他人的惱害，精進可以幫助別人所作的善行不退，禪定可以以神通力攝伏眾生，智慧可善於說法以斷除眾生的疑惑。菩薩利他就是自利，幫助別人成就，就等於自己成就一樣。由於這種因緣，而證得廣大的智慧。

第四，為了攝受大乘的四種善因，所以訂立了六度。所謂大乘的四種善因就是「不染」、「極敬」、「不退」和「無分別」。布施時，對於財物不會貪染，而且無所顧戀。持戒時，對於所有的善法起了極大的恭敬心。修行忍辱和精進可以使我們不會退怯：忍辱由於安忍眾生和環境的惱害而得到不退，精進由於用功修行善法而達到不退。修行禪定和智慧由於止觀等持，所以可以達到沒有分別及負擔的境界。這四種善因可以普攝一切大乘的善因。

第五，由於為了攝受大乘六項最重要的綱領，所以訂立了六度，到底大乘有什麼綱領呢？有方便善巧而能利益眾生就是大乘的原則。布施就是不著財法，因為布施時，對於各種財物不起貪著心。持戒就不亂造業，因為受戒時，能攝住一切惱害心；護持戒體時，不易受一切擾亂人心的現象和順逆的境界所動轉。忍辱就是不捨眾生，因為忍辱時，不怨恨一切對我們無益的眾生。精進就是增長善法，因為精進能使一切善法不斷進步。禪定就是淨化煩慮，因為禪定可以調伏各種煩惱。智慧就是除卻愚痴，因為智慧可以清淨各種心智的障礙。這六個綱領攝盡了一切大乘的道理。

第六，因為六度已經圓滿具足了「戒、定、慧」三學。布施、持戒和忍辱是屬於戒學的範圍，因為布施時不吝惜財法，忍辱時受打罵而不還報。這兩者都是輔助持戒不可或缺的功臣。禪定屬於定學，智慧屬於慧學，而精進則是戒定慧三學的推動力，一切三學必須精進為伴侶，才能圓滿成就。

㈣六度為何這樣排列？

至於六度的次序為什麼這樣排列？《解深密經》的第四卷回答說：因為六度的前面每一度，都可以引發後面的那一度。排在前面的度就是後面的基礎。如果對於身體和財物沒有貪吝，便能受持清淨的戒律；為了護持淨戒便能忍辱；修忍辱後便更加精進；精進後便能深入禪定；深入禪定後便能獲得出世間（沒有負擔）的智慧。

《大乘莊嚴經論》的第七卷說：六度的排列次序有三個因緣：第一是前後，第二是上下，第三是粗細。「前後」的意思就是：依照前者才能引起後者。為什麼呢？由於不顧財富，所以受持淨戒；持戒以後才能忍辱，安忍以後才能精進修行，精進以後才能引發禪定，有了禪定以後才能明白真法。

而所謂「上下」就是：前者是下，後者是上，後者比前者高尚。布施跟持戒相比，布施為下，持戒為上。持戒跟忍辱相比，持戒為下，忍辱為上。忍辱與精進相比，忍辱為下，精進為上。精進跟禪定相比，精進為下，禪定為上。禪定跟智慧相比，禪定為下，智慧為上。

至於「粗細」就是：前者為粗，後者為細。布施比較粗，持戒比布施細，忍辱又比持戒細，精進又比忍辱細，禪定又比精進細，智慧又比禪定細。所謂「粗」，就是容易入門，容易做到的意思；而「細」就是難以入門，難以做到的意思。（請參閱《瑜伽師地論》的第四十七卷第五頁）

㈤六度的內容

1. 布施（梵語「檀那」dāna）

布——甲、以自己的財物分布他人。

乙、仁愛之心遍布一切眾生。

施——節約自己，施惠予人。

2.持戒（梵語「尸羅」śīla）

清涼——持戒則遠離惱熱，身心清涼。

防止——防止身體、語言、意念的過失。

3.忍辱（梵語「羼提」ksānti）

辱——他人給我們惱害，叫做「辱」。

忍——對於辱害，內心安寧容受，叫做「忍」。

4.精進（梵語「毗梨耶」vīrya）

精——專心於所學習或所練習的事物上。

進——精益求精，努力不懈。

5.禪定（梵語「禪那」dhyāna）

靜慮——起心動念都是虛妄，將心安住在某一件事物或理境上。

智生——從定功可以產生智慧。

6.智慧（梵語「般若」prajñā）

智——照見——明瞭世俗的事相（俗諦）——智門照有。

（《大乘義章》第九卷）（《法華義疏》第二卷）

慧——解了——洞悉究竟的義理（第一義諦或真諦）——慧門鑑空。

（詳見《菩薩善戒經》的第一卷、第四卷、第五卷、《大乘理趣六波羅蜜多經》的第四卷至第十卷）

㈥六度的種類

三種布施：

財施——施捨財物，有益眾生的身體。

法施——講經說法，利益眾生的善根。

無畏施——使眾生沒有恐懼，有益眾生的心情。

三種持戒：

攝律儀戒（轉捨不善戒）——防止惡業的戒律。

攝善法戒（轉生善戒）——產生善業的戒律。

饒益有情戒（轉生饒益有情戒）——利益眾生的戒律。

三種忍辱：

耐怨害忍——遇到怨仇，能安忍。

安受苦忍——能忍耐貧病寒熱等苦，使修道不生退屈。

諦察法忍——能觀察了解深奧的事理。

三種精進：

披甲精進——起大誓願，勇猛修行，宛如披上鎧甲的戰士，有進無退。

攝善精進（轉生善法加行精進）——勤於修行各種善法，廣集善根。

利樂精進（饒益有情加行精進）——精勤利益眾生，並使眾生歡喜。

三種禪定：

安住靜慮（樂住靜慮）——對治煩惱和眾苦，安住法樂的禪定。

引發（功德）靜慮——引發功德、智慧和神通的禪定。

辦事靜慮（引發饒益有情靜慮）——能成辦利益眾生事業的禪定。

三種智慧：

緣俗諦慧——了解世俗各種現象的智慧。

緣勝義諦慧——證入第一義諦理的智慧。

緣饒益有情慧——方便接引和說法利益眾生的智慧。

（見《解深密經》第四卷與《瑜伽師地論》第七十八卷）

《成唯識論》以「法空智」、「生空智」和「雙證二空智」為三種智慧。

《攝大乘論》以「加行慧」、「正智慧」和「後得慧」為三種智慧。也有古德說：聞慧、思慧和修慧叫做三慧，也有的說：三慧是——

無分別加行慧——真觀出現以前的方便智。

無分別慧——真觀智。

無分別後得慧——現觀邊諸世俗智，能起種種說法等事。（詳見《攝大乘論》的第九品和《顯揚聖教論》的第三品）

㈦六度與三學的關係

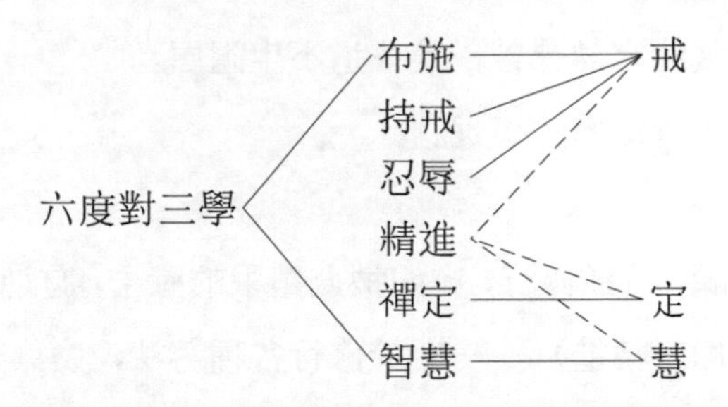

《解深密經》的第四卷說：「六度中，布施、持戒和忍辱三者都攝屬於戒學，禪定攝屬於定學、智慧攝屬於慧學，而精進則遍於一切（通於戒、定、慧三學）」（參見《瑜伽師地論》的第七十八卷）

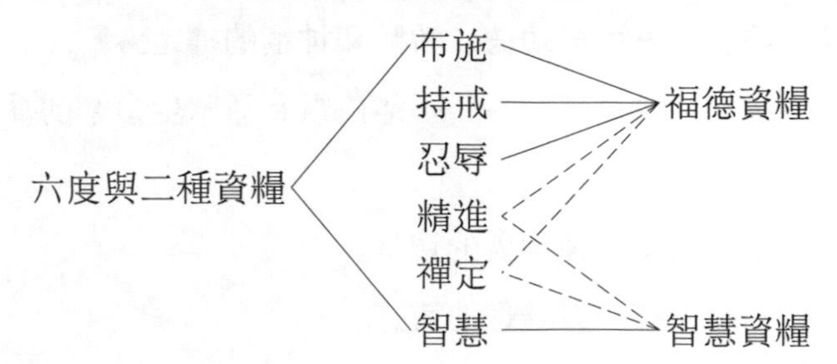

《解深密經》的第四卷又說：「布施、持戒和忍辱是福德的資糧，（般若）智慧是智慧的資糧，而精進和禪定則兼攝兩種資糧，既是福德資糧，

也是智慧資糧。」

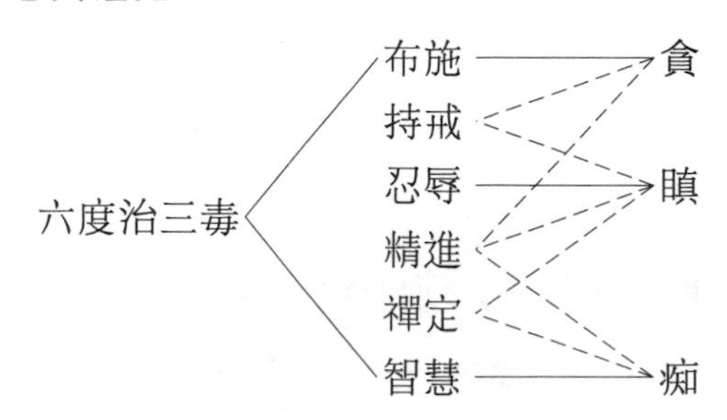

㈧成就六度的七個條件

《解深密經》的第四卷說：修行六度時，要具備下列七種條件，才能清淨圓滿。

1. 修行一切善法，不為人知。
2. 不執著名相和所修的功德。
3. 對於自己所修的法門，不生疑惑。
4. 絕不讚歎自己而毀謗他人，不輕視所有眾生。
5. 不貢高我慢，也不放逸怠懈。
6. 絕不因小有成就，而生滿足的心。
7. 不嫉妒或吝嗇。

《成唯識論》也說：修行布施、持戒、安忍、精進、禪定、智慧等法門，如果沒有具足下面七個條件，只能叫做「世間的善事」，而不能解脫苦惱，到達涅槃彼岸。換句話說，它只能叫做「布施」、「持戒」……而不能叫做「布施波羅蜜」或「持戒波羅蜜」等。

1. 安住最勝——本著菩薩捨己為人的精神。
2. 依止最勝——修任何善業，不忘失上求佛道、下化眾生的心願。

3. 意樂最勝——慈悲憐愍一切眾生。

4. 事業最勝——所有淨善事業樣樣都做。

5. 巧便最勝——利益眾生，不執著我相，眾生相和功德相。

6. 迴向最勝——所有功德迴向無上智慧。

7. 清淨最勝——不起貪瞋痴等煩惱，而且態度客觀公正，沒有先入為主的偏見。（參見《攝大乘論》第二卷第二十四頁的「六種相」）

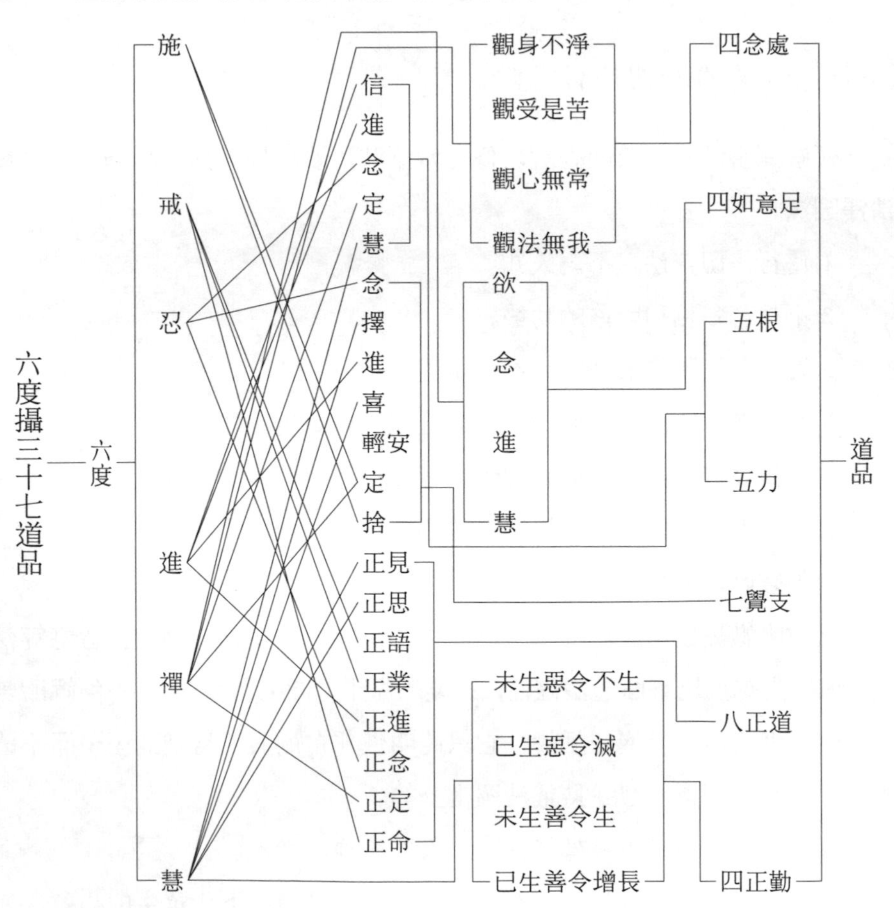

㈨六度的四種相（特徵）

《大乘莊嚴經論》的第七卷記載：菩薩修行六度，每一度都具有四種特徵——

1. 對治障礙——布施對治慳貪，持戒對治惡業（破戒），安忍對治憎恨，精進對治懈怠，禪定對治散亂，智慧對治愚痴。
2. 融合智慧——修行每一度都能通達無我的真理，而與無分別智相應。
3. 滿足願望——布施時，能隨著眾生的需求，而給予財物。持戒時，能隨著眾生的興趣，而教導他們保護自己的身口意。安忍時，能使悔過的人產生歡喜。精進幫助眾生實現自己的願望和作為。修行禪定可以教導眾生學習禪法。智慧可以幫助疑惑的眾生解除困難。
4. 成就眾生——先布施財物攝受眾生，然後再配合他們的性向，教以五乘佛法。教眾生持戒，先安住十善戒，然後學小乘出世的八關齋戒、沙彌戒、比丘戒，和大乘的菩薩戒。教眾生忍辱，先學習忍受順逆境和苦樂毀譽，然後再學「無生法忍」（明白諸法不生不滅的道理）。以下依此類推！

㈩六度相輔相成

——隨修一度，萬法圓融

六度不但相互關連，而且還相輔相成。修了其中一度，便同時具足了其他五度。毀犯了其中一度，其他五度也就無法成就。所以，《優婆塞戒經》的〈二莊嚴品〉說：布施具足其他五度。

「大菩薩看見來求的人，把他當做是自己的獨生子。因此，能盡量施給他所需要的東西，這叫做布施。布施時，沒有吝嗇的心，就是持戒。能忍受所有索求者的閒話，就是安忍。能親手把所布施的財物交給對方，叫做精進。布施的時候，專心觀想解脫而不念名利果報，就是禪定。布施時，不選擇一切怨家或親友等名相，就是智慧。……宛如眾生因貪心而殺害動物時，一念就具足了十二因緣。菩薩布施時也是如此，一念就具足了六度。這叫做『功德智慧莊嚴』。」（《優婆塞戒經》卷二）

《大品般若經》的〈無盡品〉也說：以清淨心來修行任何善法，都能使功德圓滿而得到大成就。「如果菩薩能安住甚深的智慧，就能圓滿布施、淨戒、安忍、精進、禪定等。能真正修行般若智慧，便能圓滿具足一切到彼岸的法門。……當他以清淨心來修行布施、持戒、安忍、精進、禪定等，同時又能將布施等功德迴向給所有的眾生，而且和一切有情共同迴向無上的智慧，所以能功德圓滿。」（《大般若波羅蜜多經》第四百五十八卷）

《思益梵天所說經》說：「放下一切煩惱就是布施。對於一切事物不起妄念不再造業，就是持戒。對於一切事物都不起擾害心，就是安忍。修行各種善法而不貪取名相，就是精進。對於一切事物或境界都不執著，就是禪定。對於一切事物都不玩弄文辭，就是智慧。」

大珠和尚在《頓悟入道要門論》進一步發揮清淨心具足六度的道理：

「布施、持戒、安忍、精進、禪定、智慧這六個法門都是隨事方便、假立名字的。其實它們的妙理，並沒有兩樣。只要知道放下，就可以放下一切煩惱。只要不起妄念，就能遇到所有的事物都不再造業。不明白真理的人，以為六度不同。愚痴的人停留在名相和法數之中，因而長期輪迴生死。所以我告訴您們這些學道的人：如果得到清淨心的要領，只要修行布施，就可以圓滿一切功德了。那有不會具足其他五度的道理?」（《頓悟入道要門論》卷上）

難怪《華嚴經》把布施比喻做「乳母」，把持戒比做「養媽」，忍辱比做「莊嚴具」，精進比做「教育家」，禪定比做「清洗的人」，智慧比做「親生娘」，原來他們都是為了啟發心智而擔負不同的角色，他們可說是互助合作的一家人，只要我們如法修行，條條大路，都能通向「萬德莊嚴」！（見《佛學名相彙解》第三十八卷）

雖然就理論上來說，上根利器的人，隨修一度，就可圓通其他五度。但是在事相上，我們千萬不可執著某一個法門，而排斥其他法門。不可只修布施而不持戒，或只布施而不忍辱……這些都是偏差的見解。我們應隨緣度化眾生，隨著眾生的需要來行六度，並且針對自己的缺點來修行六度法門。例如：如果我們吝嗇的習氣較強，我們就多修布施。如果常發脾氣，就把重點放在安忍。時常懈怠，就刻苦精進。經常散亂，就力修禪定。這樣才能「對症下藥」。

㈩六度的功能與利益

布施——對治慳貪或私吝。

持戒——對治惡業。

安忍——對治瞋恚。

精進——對治懈怠或畏怯。

禪定——對治散亂。

般若——對治愚痴或邪見、固執（見《大乘莊嚴經論》第七卷）

一般來說，六度最常見的果報有下列六種：

布施可以導致財富。

持戒可以導致善道（或身相美好）。

安忍可以導致端正（或孔武有力）。

精進可以導致神通（或長壽）。

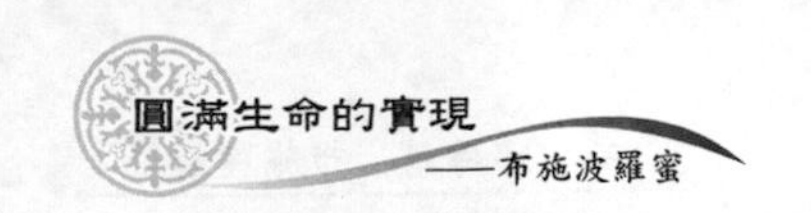

禪定可以導致安寧（或升天）。

智慧可以導致辯才（或無礙、無惱）。

《解深密經》的第四卷說：「修行一切度，可以得到六種異熟果報。第一、得大財富。第二、往生善道。第三、沒有怨仇和衰損，常多喜樂。第四、常能做眾生的模範和領導人。第五、身無惱害。第六、親信的朋友和眷屬眾多。」

《大乘莊嚴經論》的第七卷說：「布施能施捨財法，除去貧窮。持戒能除去煩惱和熱渴，帶來清涼。忍辱能澈底破除瞋恚（憎恨）。精進能建立各種善法。禪定能調伏妄想，收攝心念。智慧能明白真理，洞悉宇宙和人生最究竟的事理（第一義諦）。」（參見《攝大乘論》的第二卷第二十七頁）

《大樹緊那羅王所問經》的第四卷說：「布施是致富的原動力，持戒是實現願望的原動力，忍辱是相貌莊嚴的原動力，精進是證得佛法的原動力，禪定是鍛鍊心志的原動力，智慧是淨化業障的原動力。」

《解深密經》的第四卷也記載了修行六度各有四種最殊勝的功德：

1. 能捨離慳貪、惡業、憎恨、懈怠、散亂及邪見。
2. 是成就無上智慧的資糧。
3. 在現世中，自己能受用，又可饒益眾生。
4. 來世能感受廣大無盡可愛的果報（異熟果——異時、異地而成熟的果報）。

到底這些美妙果報是什麼呢？《解深密經》說，最少也有下列六種：

1. 得大財富。
2. 往生善道。
3. 做事不遭人怨恨和破壞，身心中常感受高尚的喜樂。
4. 當眾生的領導人。

5. 身心沒有苦惱和災害。

6. 能成就偉大的精神事業。

由於修行六度，將來能感受種種美妙的利益，最少是人天的福報，就長期來說，則必可證得無上的智慧。所以《華嚴經》的第五頌說：

昔於眾生起大悲，
修行布施波羅蜜，
以是其身最勝妙，
能令見者生歡喜。

昔在無邊大劫海，
修治淨戒波羅蜜，
故獲淨身遍十方，
普滅世間諸重苦。

往昔修行忍清淨，
信解真實無分別，
是故色相皆圓滿，
普放光明照十方。

往昔勤修多劫海，
能轉眾生深重障，
故能分身遍十方，
悉現菩提樹王下。

佛久修行無量劫，
禪定大海普清淨，
故令見者深歡喜，
煩惱障垢悉除滅。

如來往昔修諸行，
具足般若波羅蜜，
是故放光普照明，
剋殄一切愚癡暗。

㈢身心應如何修行六度

1. 六根應修六度

⑴身體應該布施，常隨眾生的需要幫助他們。

⑵眼睛應該持戒，看見美色不能動慾念。

⑶耳朵應該忍辱，不貪著浮靡的聲音，聽到惡聲和毀謗，心不動念。

⑷鼻子應該精進，時常數息而心不放逸。

⑸舌頭應該禪定，遠離一切貪著而心不散亂。

⑹意根應該修行智慧，時常如理思惟佛陀的教法。(《釋氏六帖》第四卷)

2. 六心具足六度

⑴信解心具足布施。

⑵不疑心具足持戒。

⑶不動心具足忍辱。

⑷不退心具足精進。

⑸不散亂心具足禪定。

⑹無分別心具足智慧。（見《廣博嚴淨不退轉輪經》及《佛學名相彙解》第三十八卷）

3. 六事即是六度

⑴香華供養——即是布施。

⑵身體、語言和心念不生煩惱——即是持戒。

⑶安忍不惱害眾生——即是忍辱。

⑷善心相續不斷——即是精進。

⑸心不散亂——即是禪定。

⑹修行的儀式和方法正確無誤——即是智慧。

所以說：一進入道場修行佛法，就圓滿具足了六度。（《佛學名相彙解》第三十八卷）

㈢一念具足六度

一念中能行六度。最著名的例子，就是藕益大師所說的「念佛具足六度」：

真能念佛，放下身心世界，即大布施。

真能念佛，不復起貪瞋癡，即大持戒。

真能念佛，不計是非人我，即大忍辱。

真能念佛，不稍間斷夾雜，即大精進。

真能念佛，不復妄想馳逐，即大禪定。

真能念佛，不為他歧所惑，即大智慧。（《藕益大師全集》第十七冊第一〇

八〇七頁）

《大智度論》的第八十一卷更將一念修行六度的事理，精簡地發揮如下：

如法施捨財物就是布施。以十種善業來布施，而不趣向小乘，就是持戒。布施時，心不為貪愛、吝嗇等煩惱以及魔鬼所動搖，就是忍辱。專心布施，心不散亂，沒有疑惑和後悔，就是禪定。布施時不執著我在布施，對方在接受布施以及所布施的財物，不執著各種名相，就是智慧。

受持清淨的戒律和威儀，從善心中引發良好的語言和行為，並使一切眾生都沒有畏懼，就是布施。心中起了淫欲、憎恨等煩惱，而對淨戒有所損壞時，能夠自我克制，就是持戒。受人打罵加害，害怕破戒，忍耐而不報復，遇到飢渴寒熱等苦惱時，為了持戒而能忍受就是忍辱。分別一切戒相的輕重、開遮、持犯、本末因緣就是心精進。能奉行戒法，犯了戒律則精誠懺除，就是身精進。持戒精嚴而不求人天以及小乘果報，就是精進。持戒清淨和證得禪定有很密切的關係。為什麼呢？持戒清淨，減弱煩惱的力量，心念就容易調伏。因為修行人沒有得禪定，所以才貪戀五欲，產生五蓋（貪愛、憎恨、昏沉、散亂、疑惑），對持戒有不利的影響。所以為了持戒堅固，應該追求禪定的快樂。……持戒時，知道持戒能產生許多今世和來世的果報，就是智慧。再者，不執著戒律、持戒和破戒的名相，就是智慧。有三種人：下等的人破壞戒律，中等的人執著戒律，上等的人持戒而不執著戒相。菩薩想：如果我厭惡破戒和破戒的人、愛惜戒律和持戒的人，因而產生貪愛和憎恨，那麼我還是造了罪業的因緣；宛如洗過澡的大象，還用泥巴弄髒自己的身體。所以不應該產生憎恨和貪愛的心。再者，一切事物都是因緣和合而生，沒有自性的。一切善法都是因為犯錯才產生的。如果因為犯錯產生的，那怎麼可以貪著呢？犯錯是改過遷善的起因，怎麼可以憎恨犯錯呢？這樣思惟，就可以直接明白一切事物的本體；觀察持戒、破戒都是從因緣和合而生，所以它們都沒有自性。沒有自性就是畢竟空。畢竟空就不可執著，這就是智慧。

修行忍辱的菩薩想：如果眾生用刀子來切割我的身體，我就布施，不使眾生得到強劫或偷盜的罪，這就是財施。通達義理，常為眾生解說，就是法施。菩薩修行忍辱時，尚且不吝惜自己的身命，又怎麼會去惱害眾生而破戒呢？所以因忍而持戒、憐憫一切眾生而想度化他們。菩薩忍辱時，身心勤於修行其他四度，就是精進。在忍辱的時候，心地柔和，不貪著五欲，專心注意某一件事物或境界，而像大地一樣能容忍所有眾生，這就是禪定。知道忍辱可以產生相貌美好莊嚴的果報。而且能調伏煩惱，容忍眾生的過失，接受一切深奧的真理，這就是智慧。

精進也可以產生其他度。精進是一切善的根本，沒有精進，便無法成就一切善法。時常施捨財物、演說佛法、使眾生沒有畏懼，就是布施。正當的行為和語言，專心趣向佛道，而不貪求二乘果位，就是持戒。勤行精進時，如果有人來毀壞菩薩道，能安忍而不動憎恨心，就是忍辱。雖然遇到各種境界（或修行各種助道法），心不散亂，一心專念圓滿的佛智，就是禪定。精進有兩種：第一種是動態的精進——身心精勤不懈。第二種是靜態的精進——息滅一切離戲論和妄想，身心安穩而不躁動。菩薩雖勤行動態的精進，也不離靜態的精進。這種「動中取靜」或者「不動的精進」，就是智慧。

菩薩因為禪定，而產生了慈悲心，常能安慰眾生遠離怖畏。或者以神通變現寶物充滿一切，或者使天空降下香花以供養諸佛，或者以衣食布施貧窮的人，或者在禪定中，運用神通，為眾生講經說法，這都是布施。以著禪定的心去實行身體和語言的善業，而不求小乘果位，就是持戒。進入禪定以後，心地清淨、柔軟、快樂、能不貪著禪味；因為禪定的力量能領悟諸法性空的真理，能容納一切法，心中不起疑惑或悔恨就是忍辱。忍辱時，能引發種種三昧，而不懈怠，就是精進。因為禪定的力量，內心清淨而不躁動，能明白諸法的實相，就是智慧。

菩薩修行智慧時，能觀察三種布施如無上智慧，心中沒有各種相對的名相，就是布施。行為和語言都和智慧相應，因為得到智慧，而使戒行堅固，就是持戒。布施時心念清淨，對於一切外來的事物，無論是順逆、苦樂、利衰、讚毀……都能容忍而且和氣待人，就是忍辱。修行智慧時，身心清淨無染，不起妄念。觀察一切動態的精進都如夢幻一般，得到寧靜的精進，卻又不入涅槃，這就是精進。菩薩由於修行無礙的智慧，所以常入禪定。由於智慧的力量，所以不起禪定而就能度化眾生。這就是禪定。菩薩有很好的智慧，所以在一念時能同時圓滿具足六度。

㈣六度的相生性

六度是相生的。由於放得下所以能布施。由於常布施，所以沒有貪愛等惡念，這不就是等於持戒嗎？由於持戒，所以不會干擾別人，而且遇到挫折，也不會憤恨，這不又是安忍了嗎？由於習慣安忍，所以遇到困難和辛苦不會退怯或懈怠，這豈不是精進嗎？由於不斷精進，所以能逐漸調伏身心妄想，而且得到法味，這不是更容易進入禪定嗎？由於不斷修習禪定，所以心靈寧靜而能大開圓解，這難道不是正確的智慧嗎？

不但布施會引發持戒，持戒會引發安忍，安忍會引發精進，精進會引發禪定，禪定會引發智慧，而且六度都是相互輔助、相互生成的。因此，《攝大乘論》說：「只要理路通達，修行任何一度，對於其他的度都有幫助。

比如說，布施而不敢造惡業，即是持戒；忍受挑剔和嫉妒，即是安忍；再接再厲地修行，即是精進；專心布施，即是禪定；善能了知因緣果報的關係，即是智慧；這樣布施就產生其他五度。持戒時，不起貪吝心，即是布施；不起憤恨心，即是安忍；心不懈怠，即是精進；心不散亂妄動，即是禪定；深信因果而不起邪見，即是智慧。其他四度可依此類推。下面這首偈頌能幫我們記憶布施產生其他五度的情形：

「施時無貪無犯戒，(即持戒)

無嫉無恚起慈心，(即安忍)

諸來求者便施與，(即精進)

無惓無亂無異見（上面四字即禪定，下面三字表智慧)。」

下面我們引用《大智度論》來說明六度的相生情形：

1.同度相生——

布施有上、中、下三種。由下等的布施可昇華為中等的布施，由中等的布施可以產生上等的布施。例如：初發心時，能布施粗茶淡飯，而且信心不堅強，有時還帶有悔意，這就是「下等的布施」。下等的布施修習久了，慢慢能夠用較珍貴的衣服或寶物來布施，這階段屬於「中等的布施」。布施的心越來越強，對於身體內外的財物都無所吝惜，能夠布施頭目顱、眼睛、血液、骨肉……等，這就成了「上等的布施」。(《大智度論》第十二卷)

持戒也是先受隨分五戒或滿分五戒，然後再受八關齋戒、菩薩戒等。因為五戒而得沙彌戒，因沙彌戒而得律儀戒，因律儀戒而得禪定戒，因禪定戒而得無漏戒，這就是持戒相生的情況。忍辱、精進、禪定、智慧也都是由淺而深，相輔相生的。(參見《大智度論》第十四卷至第十八卷)

2.異度相生——

(1)布施生持戒——

我們自己反省：眾生因為不知布施，所以後世貧窮。由於貧窮的緣故，所以產生強劫竊盜的心念。因為強劫竊盜，所以才殺害眾生。因為貧窮，所以難娶到美好的太太，因此色欲不滿足，所以才又犯了邪婬。又因為貧窮，所以為人下賤，由於畏怖下賤的惡名，所以撒謊。因為貧窮而造了十不善業。如果修行布施，將來就安享富貴，不會因為財物短缺而造惡業。

如果修行布施，來生就有福報，不致缺乏財物或坐失良機，所以比較容易受持戒法。再者，布施時，能使破戒的煩惱心淡薄，所以對於持戒很有幫助，堅固持戒的信心。再者，布施時，常對接受財物的眾生產生慈悲心，尚且不貪著財物，不吝惜自己的財物，又怎麼會去強劫或偷盜呢？對於接受財物的人常存慈悲，怎麼會起殺害的意念呢？假如能以布施破除慳貪的心，再來持戒、忍辱等，就容易多了。例如文殊菩薩在過去久遠劫時，曾經做比丘，他入城乞食，得到一缽很好吃的「百味歡喜丸」。城裏有一個小孩子向他要，他沒有馬上給他，走到寺院的時候，手裏拿著兩個「百味歡喜丸」告訴那小孩子說：「假如你自己吃一個，另外一個布施其他師父，我就送你兩個！」那孩童答應了。布施一個「百味歡喜丸」給師父們，然後在文殊菩薩面前受戒，發心成就圓滿的佛智。所以布施能導致持戒。

再者，布施的果報，不但得到衣服、飲食、醫藥、臥具等四事供養，而且因為廣結善緣，所以能遇到良師益友，所以容易持戒。

布施會使心地變得柔和，心地柔和的人，不會起強烈的惱害心，所以容易持戒，遇到不善法能夠克制自己的心念。

⑵布施生忍辱——

布施時，如果被人反過來辱罵，比如對方獅子大開口，向我們要求很多，或者時常來索取（或索取的時間不適當），或者不應該要的東西他卻強迫索取。這時候我們應該想一想：現在我布施是為了成就佛道，並沒有人叫我布施呀！我自己高興這麼做，怎麼能起怨恨心呢?」這樣想，就能夠忍辱了。

再者，我們布施時，如果接受財物的人向我們發脾氣，我們應該想一想：「我現在布施內外的財物，連難捨的東西我都施捨了，怎麼連這一點空幻的罵聲我都不能忍受呢？假如我不安忍，我的布施就變成不清淨了。這好比白象到水池去洗澡，洗完澡後，又用泥土弄髒身體，這豈不是太愚笨了嗎？布施沒有忍辱也是如此。這樣想就能夠忍辱了。

⑶布施生精進——

布施會激勵自己精進。為什麼呢？初發心的時候，雖然想要滿足所有眾生的願望，可是財物卻不足夠，因此會勤求財物、勤學佛法，以應眾生的需求。如釋迦牟尼佛在久遠劫前，為能施太子，凡所有財都用來布施，但仍供不應求。為了滿足所有眾生的欲願，冒險入海，尋找如意寶珠。（詳見《大智度論》第十二卷。）

⑷布施生禪定——

布施可以破除貪愛和吝嗇。專心布施可以逐漸除去貪愛、憎恨、昏沉、散亂、疑悔五種會蒙蔽心智的障礙（五蓋），這豈不是進入禪定的境界嗎?

再者，如果布施財物給修行禪定的人，我們心中會想：「因為這個人修行禪定，所以我淨心供養他，我現在怎麼可以連自己的禪業也荒廢了呢?」這樣檢點，就會想修行禪定。

如果我們布施窮人，想到對方因為過去生造作惡業，不修禪定，不求一心，不修福業，所以今世貧窮。這麼自我勉勵，就會廣行善事，一心修行禪定。

如果我們想：布施財物的福報只能達到「欲界天」，而無法達到「色界天」以上的境界，因為「色界天」以上的境界是要修禪定的。這樣反省，

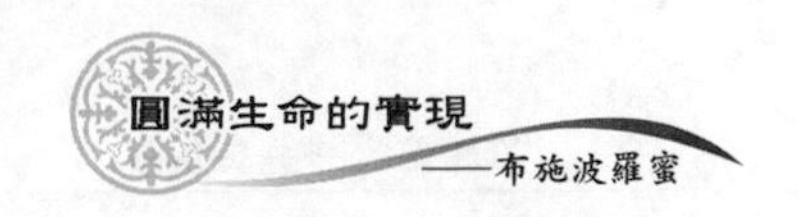

也會專心修行禪定的。

⑸布施生智慧——

當我們布施時，我們相信「所謂布施者，必獲其利益，若為樂故施，後必得安樂。」對於布施的果報深信不疑，能破除邪見和無明，所以布施能激發智慧。

再者，菩薩布施時，能知道：不持戒的人，如果拿拷打或欺壓眾生所得到的錢財來布施，將來會生作大象和牛馬，雖然受人重視，吃穿不愁，卻常負重勞累，並受鞭策和拘束的痛苦。假如布施的人常發脾氣，心術不正，那麼來生就會墮到龍中，在七寶宮殿中，享受美味的食物。傲慢而且常發脾氣的人雖然布施，卻墮在金翅鳥中，享受福報。當官的人，隨便冤枉老百姓，不順法治而詐取財物，來布施作功德，會墮在鬼神中，作「鳩槃荼鬼」，能作種種變化，以五塵來娛樂自己。常憎恨而且又心狠手辣，愛好酒肉的人，雖行布施，卻會墮到「地行夜叉」中享受歡樂、音樂和飲食。剛愎自用、好強的人，雖能布施車乘和馬匹，會墮到「虛空夜叉」中，有很大的力氣，而且行走如風。嫉妒心強、愛好爭鬥的人，雖然布施房屋、臥具、衣服和飲食，卻只能出生在「飛行夜叉」中，享受娛樂。

再者，布施飲食可得長壽、有力、相貌莊嚴和快樂的果報。布施衣服，可得身心安樂，威德端正，有慚愧心。布施房屋將來自然可以享受種種七寶宮殿，有美妙的五欲可供娛樂。布施井泉、池塘和清水的人，來生不受飢渴，同時享有較高級的五欲。布施橋樑、船隻和鞋子的人，享有車乘和馬匹（等於現代的轎車）。布施花園和樹林的人，出生豪貴，為一切眾生所親近和依靠，身體端莊，心中快樂而沒有憂愁。

如果為作福德而布施，不修色界以上的禪定，通常會往生「四王天」。如果常行布施，又能供養父母和親戚，沒有憎恨心，不愛好諍訟，又不喜歡看見別人諍訟，就會出「忉利天」、「夜摩天」、「兜率天」、「化自在天」或「他化自在天」。

如果布施時，心不貪執我相，厭離世間的過患，而一心想證入涅槃，就是阿羅漢和辟支佛的布施。如果為了成就圓滿的佛道，為了度化眾生而布施，就是菩薩的境界了。

再者，一切智慧功德因緣，都是由於布施引發的。例如千尊佛因為布施華花、衣服或楊柳枝等種種財物而發道心。所以布施會導致智慧。（以上譯自《大智度論》第十二卷）

⑹持戒能生布施——

持戒時自己檢點自己，不侵害一切眾生財物，所以持戒和「財施」是相通的。眾生見到持戒的人，會敬佩他的威儀，持戒者如果利用這時機來隨緣度眾，講一些佛法給對方聽，使他們開悟。同時自己也反省：我應當堅持淨戒，給一切眾生作供養的福田，使眾生得無量的福報，這不就是「法施」了嗎？一切眾生都畏懼死亡，持戒了以後就不會惱害眾生，所以持戒就是「無畏施」。

再者，持戒的人將來容易成為轉輪聖王或其他大富大貴的領導人，因此能滿足眾生的願望，使眾生在財物方面不虞匱乏。如果我們布施以後發願或迴向：成佛以後說清淨的教法，度化無量眾生出離衰老、疾病和死亡的苦惱。所以持戒能引發布施。

⑺持戒生忍辱——

持戒的人如果遇到侮辱，他心裏會想：「我現在持戒，為了調伏妄念。如果持戒而不忍辱，將來難免墮入惡道。不忍辱的後果非常嚴重，我們怎麼可以任意發怒而不加以克制呢？」

再者，為了使持戒的品格更堅強，我們必須忍辱。因為忍辱可以增加

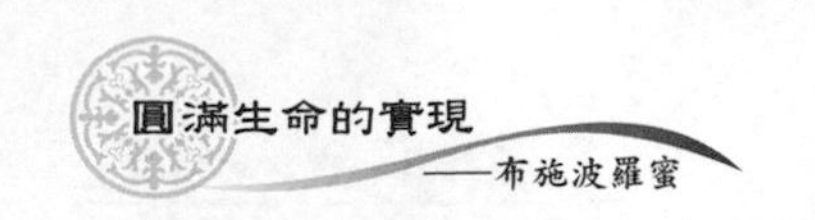

力量，能使戒行堅固而不動搖。譬如年紀老邁的人夜間行走，少了拐杖就容易跌倒。忍辱就是拐杖，它幫助我們到達安樂智慧的境界。

⑻持戒生精進——

持戒的人，不敢放縱情慾，或者把精神花在五欲六塵上。因此他不易放逸懈怠，而勤勉地修行善法和道業，以期到達涅槃和度化眾生的心願。再者持戒的人，對於世間衰老、疾病和死亡的苦痛感到疲累和厭離。所以自然會起精進心，以求自己解脫，並且度人。

譬如射箭時，先要找一塊腳跟站得平穩的平地，然後才能心安，而後才能把弓完全拉開，射得又遠又準。戒是平地，專心是弓，把弓盡力拉開是精進，箭代表智慧，目標代表無明。這樣精勤不懈，施展力量，一定可以成就道業，度化眾生。

再者，持戒的人，能夠不斷克制自己的七情六欲。假如心念中向外攀緣，他能夠收攝回來。所以持戒就能善加保護我們的六根（眼、耳、鼻、舌、身、意）不亂攀緣，如此一來，就可以產生禪定。有了禪定就可得到智慧。有了智慧就可以成就佛道。所以說持戒能使人精進不懈。

⑼持戒生禪定——

人們行善的方式有行為、語言和意念三種。如果行為和語言都善良了，意念自然也會變好。譬如，彎曲的小草生在麻中，不必扶它，自然就會長挺直。持戒能使心中的障礙或煩惱減弱。為什麼呢？如果不持戒，憤怒的事物一出現，就容易起殺害心。情欲的事物一出現，就會起邪淫的心。假如持戒，雖然有稍微的憎恨心，卻不會起殺心。雖稍有淫念，卻不會作出邪淫的事來。所以持戒，能使心中的障礙或煩惱淡薄，而且容易得到禪定。

再者，心念不平靜的人，時常追逐感言和五欲的快樂。持戒以後，就不貪戀世俗的享受，心中比較不會攀緣世俗的雜務，所以容易得禪定。

就重點來說，持戒可以減少粗重的煩惱，禪定卻能拔除細微的妄念。持戒可以收攝行為和語言，禪定能止息散亂的心念。譬如上屋頂，需要爬梯子，沒有持戒的梯子，就上不去禪定的屋頂。破戒的人，障礙和煩惱多，心中也常散亂，所以得不到禪定。持戒的人，障礙和煩惱少，心不散亂，所以容易得禪定。

⑽持戒生智慧——

持戒的人，常觀察反省這戒律是怎麼來的。他就會知道：戒律是因為罪業才產生的。假如沒有罪業，也就不需制訂戒律了。戒相是從因緣和合而產生，怎麼能夠執著它呢？譬如蓮花的顏色雖美，卻出自污泥。蓮花好比戒相，污泥好比罪業。這樣體悟，心中（對戒）就不會產生執著，所以持戒能產生智慧。

再者，我們常反省：假如我們以為持戒的人尊貴而生執著心，破戒的人卑賤而生厭棄心，有了這種心態，就和般若智慧不相應了。因為般若智中，不執著戒相，也無取捨的分別。

再者，不持戒的人，智力雖然聰明，因為時常經營世俗的雜務，在生計中打滾，慧根就逐漸遲鈍。譬如刀子雖然銳利，時常割切泥巴，總會變成鈍器。假如能夠受持清淨的佛戒，不在世俗的雜務中鑽營，常觀察一切事物由因緣和合而生沒有究竟的本體，常這樣體悟諸法的空性，雖然從前生性遲鈍，將會逐漸成為頓根利器。所以持戒能產生智慧。（以上譯自《大智度論》第十四卷）其他度的相生情形，請依此類推！

㈤六度的相攝性

《大般若經》的第三卷說：「以沒有執著和不求果報的心修行布施，明白布施的人、受施的人以及所布施的財物都不可得（不可執著），這樣布施就能夠圓滿，而且含攝其他五度。以沒有執著的心修行淨戒，明白一切犯戒和持戒的相都不可得，這樣持戒就能夠圓滿，而且含攝其他五度。以沒有執著的心修行安忍，明白一切動和不動的相都不可得，這樣安忍就能夠圓滿，而且含攝其他五度。以沒有執著的心修行精進，明白身心所有勤勞和懈怠的相都不可得，這樣精進就能夠圓滿，而且含攝其他五度。以沒有執著的心修行禪定，明白一切有味無味的相都不可得，這樣禪定就能夠圓滿，而且含攝其他五度。以沒有執著的心修行智慧，了達一切事物的性相都不可得，這樣修智慧就能夠圓滿，而且含攝其他五度。」

《大智度論》的第八十卷說：「六度表面上各不相同，為什麼修行其中一度就能含攝其他五度呢？因為菩薩有善巧方便的本領，所以修行一度就能含攝五度。再者，就有為法來說，因緣果報要相連續，才能成就善法。所以修行六度的第一度，必然也跟其他五度有關，而且需要其他五度來輔助，才能圓滿成就。」

到底六度是怎麼個相攝法？下面我們就引用《大般若經》、《摩訶般若經》和《大智度論》的看法來詳細說明六度相攝的情形：

1.以布施攝持戒

如果以沒有貪著和吝嗇的心來修行布施，將布施的功德（給）與一切眾生共同迴向圓滿的智慧，並且本著慈悲的行為、語言和意念來善待所有眾生，絲毫不起侵害的心，這就是安住布施以攝取淨戒。（《大般若經》第四百五十九卷或《摩訶般若經》第廿二卷）

菩薩布施時，起了慈悲心。因為慈悲心而產生仁慈的行為和語言。這時候就帶有持戒的成分了。為什麼呢？因為慈悲的意念、語言和行為是戒律的根本。不貪、不瞋和正見是慈悲的具體表現。由此能引發不殺生、不偷盜、不邪婬等三種行為方面的善業，以及不妄語、不兩舌、不惡口和不

綺語等四種言語方面的善業。所以布施能含攝持戒。(《大智度論》第八十卷)

2.以布施攝忍辱

如果以沒有貪著和吝嗇的心來修行布施，將布施的功德與一切眾生共同迴向圓滿的佛智，並且對於一切眾生無理辱罵和惱害，都能安詳地忍受。不但不起憎恨或報復，而且能起慈悲和憐憫心，以委婉、慚愧、謙遜的話來向對方道謝。這就是安住布施以攝取忍辱。(《大般若經》第四百五十九卷)

菩薩為了成就圓滿的智慧而發心布施。但對方收到財物，有時會不滿意、不高興，甚至還大發雷霆。比如他說：「誰叫你請我而不順著我的意思?」這時候菩薩會自我反省：我請他吃東西而不能稱他的心意，是我的福報太差，不能滿足眾生所有的願望。現在我千萬不可以發怒！因為如果我發脾氣，我損失了財物，又喪失福德，真划不來！所以不應該起怨恨心。(《大智度論》第八十卷)

3.以布施攝精進

如果以沒有貪著和吝嗇的心來修行布施，將布施的功德與一切眾生共同迴向圓滿的佛智。但是在布施時，受到對方的辱罵和惱害，這時候我們應當反省：凡事都會自作自受，我不可因此而退心，我應當更努力布施，對於一切財物無所吝嗇，這時身心都將變得更為精進。這就是安住布施以攝取精進。(《大般若經》第四百五十九卷或《摩訶般若經》第廿二卷)

菩薩布施時，受別人欺侮或打害，內心不會畏縮退卻。他還會更勤快、更精進地布施。他想：我過去世因為沒有努力布施，所以現在才不能使接受財物的眾生稱心如意。我只要勤於布施就行了，不應再計較這些芝麻小事！(《大智度論》第八十卷)

4.以布施攝禪定

如果以沒有貪著和吝嗇的心來修行布施，將布施的功德與一切眾生共同迴向圓滿的佛智。對於接受財物的人以及其他事物，都不起散亂心。不貪求欲界、三界和小乘的果報，而只一心專念圓滿的佛果。這就是安住布施以攝取禪定。(《大般若經》第四百五十九卷)

菩薩布施不貪求今世的福報和快樂，也不貪求來世當轉輪聖王、天王或人王的尊貴，也不貪求世間禪定的樂趣。他為了眾生，所以不求涅槃。他不想東想西，只把心放在圓滿的佛果上，所以他的心很寧靜而不會散亂。(《大智度論》第八十卷)

5.以布施攝智慧

如果以沒有貪著和吝嗇的心來修行布施，將布施的功德與一切眾生共同迴向圓滿的佛智。觀察布施的人、接受布施的人以及所布施的財物都是因緣和合而生的空幻假相，不計較布施對眾生有益或無益，而且能明白一切事物的空義。這就是安住布施以攝取智慧。(《大般若經》第四百五十九卷)

菩薩布施時，常觀察一切有為的事物生滅無常、虛誑不實，宛如夢幻一般不堅固。他布施財物給眾生時心地清淨無染，不起雜念，甚至連「布施對眾生有沒有利益」這念頭也沒有。為什麼呢？布施財物不一定就能使對方快樂。有時眾生因吃得太飽而撐壞肚子或脹死，有時對方得到財物以後反而被盜賊所殺害，有時因為得到財物，起了貪愛和吝嗇的心，來世墮入餓鬼道中。又因為財物是生滅無常的有為法，財物時常是眾生產生苦惱的因緣。再者，在諸法實相或畢竟空的境界中，從不分別所施捨的財物是有利或者無利，所以菩薩不求接受布施的人感恩，布施也不希望回報或果報。他想：由於一切事物畢竟空的緣故，所以當我布施時，我並沒有給予對方什麼。如果要求果報，就應當求沒有負擔的畢竟空或圓滿智慧的境界。因為布施是生滅緣起的有為法，所以菩薩雖然時常施捨財物利益眾生，心中卻從不執著布施的利益。因為體悟了畢竟空的道理，所以他也不以為布

施沒有利益。這種沒有執著我相、眾生相、利益等名相的施捨，才是最純真、最沒有負擔的。(《大智度論》第八十卷)

6.以持戒攝布施

如果受持清淨的戒律，在行為、語言和意念上時常行善修福，不求小乘，而只求無上和圓滿的佛智。持戒時，不殺生、偷盜、邪淫、妄語、兩舌、惡口、綺語、貪嫉、憎恨和邪見。並且能廣行施捨，隨著眾生的需要盡力布施，所有資生用具，無所吝惜。將布施的功德與一切眾生共同迴向圓滿的佛智，而不求小乘的果報。這就是安住持戒以攝取布施。(《大般若經》第四百五十九卷)

由於欲界的眾生心思散亂，修行比較難成就，所以持戒對他們來說，就顯得特別重要。雖然所有行為、語言和意念的布施、多聞、思惟、持戒、修慧等都可以幫助道業成就，但持戒的力量較大。菩薩持戒時必然會隨眾生的需要，而常布施財物給他們，並將布施的功德迴向佛道，而不求小乘果位。因為菩薩破戒有兩種不同：第一種是造了十不善業。第二種是趣向小乘的果位。跟這兩情況相反，就是持戒了。(《大智度論》第八十卷)

7.以持戒攝忍辱

如果受持了清淨的戒律，遇到眾生來分割肢體時，對這些眾生不起一念的怨恨心，而且認為：我現在已獲得深廣的利益了，因為我已捨棄了骯髒、難聞、危險和脆弱的肉體，而將得到完美聖者清淨的金剛不壞之身。這就是安住持戒以攝取忍辱。(《大般若經》第四百五十九卷)

菩薩持戒而想要成就忍辱時，如果有人來逐部切割他的肢體，他連一念的憎恨心都不會產生，更何況起行為和語業的惡業呢！

有人問說：「忍辱應該能忍一切侵害和剝奪，怎麼經中只說對割截身體的忍耐呢？」龍樹菩薩回答：眾生所貪著的事物有內、外兩種。貪愛自身的頭目、腦髓等是內貪著。貪愛妻子、房舍、珍寶等是外貪著。雖然都同樣是貪著，內貪著根深蒂固，牢不可拔。再者，表面上雖然有許多人為財而死，但其實是為了自身。雖然人們有時愛惜錢財，但絕大多數人是愛惜自身。愛惜財物的人在比率上較愛惜自身的人少，所以就略而不說。再者，菩薩連自身都不吝惜了，更何況其他東西又怎麼會吝惜呢？所以經中只說重點，以概括其他細節。

菩薩從無量劫以來都修慈悲心，所以身體雖然受刀子切割而不起瞋恨心。宛如慈祥的母親養育嬰兒時，雖然被孩子的屎尿沾污了身體，因為深愛小孩子，而且又憐愍他的無知，所以不會生氣。菩薩對於眾生也是如此。他看沒有得道的人都像小孩子，修菩薩道的人對待眾生應該常起慈悲心，好像父母對待他們的子女一樣。眾生雖然侮辱和惱害我，我不應生瞋恨心。為什麼呢？因為眾生被煩惱所驅使而不得自在，所以才會惱害我。再者，菩薩無量劫以來，常修畢竟空的法門，所以他不見惱害或打罵的人，也不執著善人和惡人的名相，一切有為的事物都像夢幻泡影一般。所有起憎恨心的人都是因為愚癡，如果我受了侮辱而也加以報復，我豈不是跟對方沒有兩樣嗎？受了侮辱的菩薩心裏這樣想：「我在應該發脾氣的地方不動怒，就是得到大利益了！」（《大智度論》第八十卷）

8.以持戒攝精進

如果受持淨戒以後，身心精進而常不間斷，本著大慈悲心，立下廣大的誓願，願度化一切眾生，出離生死苦海，達到清涼的解脫境界。這就是安住持戒以攝取精進。

菩薩心裏想：「我現在捨棄世俗的快樂而修道，不可只有持戒就算了事。如果只有持戒而不修其他功德，得到的利益很少。譬如有人在充滿寶物的地方，只拿到一顆水晶珠，那豈不是太少了嗎？」所以菩薩為了具足圓滿其他五度，身心精進而不懈怠。所謂「身精進」，就是如法致財用以布施等等。所謂「心精進」，就是防止那些吝嗇、貪愛、憎恨等不好的心念產生。菩薩修行這兩種精進以後，他應該想一想：「所有眾生都沉沒在生死的苦海中，我應當拯救他們到安樂的境界。小乘的人只為了度自己，尚且不應懈怠，更何況修行菩薩道想度化一切眾生的人又怎麼能懈怠呢？所以我不可懈怠或荒廢道業，縱使我的身體疲倦辛苦了，也不應產生怠惰心。因為修行大乘佛法，沒有精進，是不會有成就的。」（《大智度論》第八十卷）

9.以持戒攝禪定

如果受持淨戒以後，雖然進入四禪、四無量心、四無色定或滅盡定，不墮小乘境界，而發願救度所有眾生出離生死苦海，到達永恆的涅槃境界。這就是安住持戒以攝取禪定。（《大般若經》第四百五十九卷）

沒證得無生法忍的菩薩，心願會被煩惱風所吹動，甚至連所持的戒法也會受損壞。這時候，應該追求禪定的喜悅，來除去五欲的快樂。不貪著五欲的快樂，持戒就會清淨，雖然煩惱還沒有完全斷除，可是已經折伏了，內心就不會散亂。譬如因為咒術的力量，毒蛇不會咬人。……所以持戒的人，容易得到禪定。（《大智度論》第八十卷）

10.以持戒攝智慧

如果受持淨戒，不執著一切名相。無論是善法或非善法、有為或無為法、世間或出世間法、有數或無數法……都不離真如或心性。由於善巧方便的智慧，不墮小乘境界，而只求圓滿的佛智。這就是安住持戒以攝取智慧。（《大般若經》第四百五十九卷）

持戒清淨的人容易得到禪定的。有了禪定的工夫，心地就會清淨無染。心地清淨無染，就能夠明白一切事物的真相。有為法是由因緣和合而生的假相。菩薩因為有了慧眼，所以他看見有為法虛妄不實。……如果明白有為的事物是生滅，是空、苦、無我、不淨的。不執著有為法的假相，就能明白一切事物的真相。如果明白一切事物本來不生不滅的道理，就不會執著生滅的有為法了。無生法沒有一定的形相可以執著，只要能讓人不執著生滅的有為法，就叫做「體悟無生的真理」了。假如得到這種智慧，加上善巧方便和本來慈悲眾生的願望，就不會求取小乘的果位，而直接邁向無上和圓滿的佛智了。（《大智度論》第八十卷）

11.以忍辱攝布施

從初發心到成道，這段期間，如果有眾生無理辱罵和惱害，甚至殺害或逐部切割菩薩的肢體，菩薩都不起怨恨心。他想：這些眾生非常可憐！煩惱或鬼神擾亂他們的身心而不得自在，無依無靠為貧苦所逼，我應當隨力奉施他們所需要的一切資生財物，使他們無所匱乏，並且將布施的功德與一切眾生共同迴向無上的智慧。在迴向時，不生分別心，也不執著誰在迴向或迴向什麼地方。這就是安住忍辱以攝取布施。（《大般若經》第四百五十九卷）

菩薩發願：「如果有人來割截我的肢體，我不應生憎恨心。我現在修行菩薩道，應該具足各種功德，每一度都修行。六度當中，布施排在最先。布施中最難放下的就是身體。如果能布施身體或體力，而不產生吝惜或憎恨心，就能圓滿忍辱和布施的心願。」菩薩本著忍辱的心去行布施，遇到眾生的惱害或打罵時，他想：這身體是因緣和合而成的假相，我不應當為這假相而敗壞功德。我應該布施，而不可生邪惡的心念，不能因為遇到這一點小挫折就退怯了。菩薩生平常想布施，命終時，因為布施和安忍的力量，就會往生很好的境界，而繼續行布施。（《大智度論》第八十一卷）

12.以忍辱攝持戒

從初發心到成道這段期間，常行忍辱法，縱使為了解救自己的性命，絕不殺生、偷盜……乃至不起邪見。不貪求小乘的境界，而且將安忍的功德與一切眾生迴向無上的佛智。在迴向時，不執著：誰在迴向，用什麼東西迴向以及迴向什麼地方。換句話說，就是沒有我相、沒有法相以及沒有迴向的境界。這就是安住忍辱以攝取持戒。(《大般若經》第四百五十九卷)

忍辱時，不造惡業就是持戒了，何必又說安住忍辱以攝取持戒？在這裏講的是事相，而不是說相生的次序。就次序來說，應該先持戒後忍辱。持戒是不侵犯眾生的性命，忍辱是不吝惜自己的身命。所以在忍辱中別說戒相。再者，忍辱是調攝自己的心意，不起憎恨心。持戒有兩種：第一種是不惱害眾生，第二種是自己為了成就禪定的基礎。有的人忍辱，並沒有受持戒法，只因為畏懼造罪所以忍辱，不能對眾生起很深的憐愍心。他之所以忍辱是從老師或別人那裏聽到的，也可能是自己思惟的結果。然而，受持淨戒是佛門中的盛舉，是成就佛道的因緣，其主要精神就是不干擾或侵犯眾生。我現在已經能忍辱了，持起戒來當然容易多了，所以說以忍辱攝取持戒。再者，忍辱是無形的心理現象，持戒是有形的行為標準。持戒是行為和語言的清淨，忍辱是意念的清淨。

問題又來了，禪定和智慧也是清淨意念的方法，為什麼只說忍辱呢？因為禪定和智慧的力量特別強大，初學的人尚不易做到，所以略而不提。持戒心還沒有完全清淨，需要忍辱來保護心念不受污染。(《大智度論》第八十一卷)

13.以忍辱攝精進

菩薩修行忍辱時，發起了勇猛的精進心，而且時常這麼想：如果可以度化的眾生，那怕只有一個人，我都不辭勞遠，去教他持五戒，何況使他證得初果、阿羅漢果或圓滿的佛智！將所有功德與一切眾生共同迴向圓滿的佛智，而不執著我在迴向或迴向什麼地方。這就是安住忍辱以攝取精進。

(《大般若經》第四百五十九卷)

無論是自己修集功德，或度化眾生，菩薩從發心一直到成辦事情，都不懈怠。如果遇到逆境或阻礙修行的因素，都不起退怯心，能夠容忍接受各種苦難，不以久遠勤勞為難事。菩薩費了千辛萬苦，從老遠去只度化了一位眾生，他並不愁少，也不苦惱。為什麼呢？他看一個人即是一切人，一切眾生和一個人並沒有兩樣。因為一切事物並沒有什麼兩樣。每一件事物的體性都是相同的。(《大智度論》第八十一卷)

14.以忍辱攝禪定

菩薩修行忍辱時，常調伏妄念而不起散亂心，遠離了一切惡欲和不善法，逐漸進入了初禪、四禪……乃至滅盡定。在這些禪定中，所生起的善根和清淨功德，都與一切眾生迴向圓滿的佛智。而且在迴向時，不執著禪定、功德和迴向。這就是安住忍辱以攝取禪定。(《大般若經》第四百五十九卷)

有了忍辱功夫，心性就能調得柔和。心性柔和就容易得到禪定。在禪定中，又得到慈悲等善根，並且用不執著的心將所有善根功德，迴向無上的佛智。(《大智度論》第八十一卷)

15.以忍辱攝智慧

菩薩修行忍辱時，常如實觀察一切法的空相、遠離相、寂滅相或無盡相，而不執著空相或寂滅相等名相。直到成佛，證得無上圓滿的智慧，轉妙法輪，利益安樂一切眾生，將所有慧根和功德，都與一切眾生共同迴向無上佛智，而且在迴向時，不執著誰在迴向和所迴向的地方，這就是安住忍辱以攝取智慧。(《大般若經》第四百五十九卷)

因為安忍眾生所有的惱苦，而且以大慈悲對待一切眾生，所以得到很大的福報和功德。由於有了廣大的福德，所以心地柔軟。心地柔軟就容易忍受一切事物。當他體悟到一切事物不生不滅的真理以後，他發現一切事物本來都是本性空寂的時候，他對眾生的容忍力又增強了。在這畢竟空的境界當中，根本沒有打罵和惱害的人存在。這時候，他安忍而不見有所忍耐的對象、忍耐的人以及忍耐的地方或境界，因此而領悟到一切事物寂靜無礙的境界。（《大智度論》第八十一卷）

16.以精進攝布施

菩薩精進修行，身心勤奮而不懈怠，廣求各種善法而不厭倦。他堅信自己一定會成就圓滿的佛道。而且為了度化眾生不辭辛勞，能布施財物或佛法，來引導眾生修行十善或證得大小乘的果位。將功德與一切眾生共同迴向圓滿的佛智，而不執著我在迴向或所迴向的地方。這就是安住精進以攝取布施。（《大般若經》第四百五十九卷）

菩薩精進時非常勇猛，連地獄那麼大的苦他都不會畏懼退縮，更何況其他的苦呢！由於他也明白：一切事物畢竟空的道理，所以生起了無量的慈悲心。常以布施財物和佛法以利益眾生，教眾生奉行十善，而後再逐漸以三乘佛法教化他們。（《大智度論》第八十一卷）

17.以精進攝持戒

菩薩精進修行時，從初發心直到成道這段期間，自己從不殺生，不教別人殺生，也不隨善或讚歎殺生的人。乃至自己遠離邪見，教人遠離邪見，讚歎遠離邪見的道理。菩薩受持淨戒，不求人天福報，也不求小乘果位，將所有功德都與一切眾生共同迴向圓滿的佛智，而且不執著我相和迴向功德。這就是安住精進以攝取持戒。（《摩訶般若經》第二十二卷）

菩薩奉行十善，常不休息，也從不懈怠。眾生因為懈怠和煩惱的緣故，生在三界受苦；有的人因為厭惡生死，所以捨離佛道，修小乘法。凡夫和小乘這兩種人都是懈怠。菩薩才能不貪三界，也不取證小乘的果位。（《大智度論》第八十一卷）

18.以精進攝忍辱

菩薩精進修行時，從初發心直到成佛這段期間，如果有眾生來辱罵或惱害，甚至逐部切割菩薩的肢體，菩薩從不認為：誰在割我、誰在砍我。他心裏只想：我現在獲得深廣的利益了！我為了眾生而才受生，現在眾生自己在取去他們擁有的東西，而且還成就了我的願望和道業。這時菩薩正確地憶念諸法實相而修行安忍，將此功德與眾生共同迴向圓滿的佛智，而不貪求人天福報或小乘果位，這就是安住精進以攝取忍辱。(《摩訶般若經》卷二十二)

因為菩薩破除了我執，善於體悟「畢竟空」的真理，所以受侮辱和惱害時，不認為有人在侮辱和惱害他。受辱只不過是凡夫虛妄分別心所看見的假相罷了。(《大智度論》第八十一卷)

19.以精進攝禪定

菩薩精進修行時，遠離一切惡欲和不善法，逐漸進入初禪、四禪或其他更高級的禪定。他雖成就各種禪定，而不在人天中享受福樂的果報，而發願出生在可以利益眾生的地方，以六度成就眾生，並且時常親近供養諸佛，廣種善根。這就是安住精進以攝取禪定。(《大般若經》第四百五十九卷)

禪定不一定是由精進產生的，例如：在劫盡時，人們一出生就自然有禪定的功夫。有時因為大布施而破除了貪愛、憎恨、昏沉、散亂和疑惑這五種障礙，就得到禪定。有的人持戒清淨，常修安忍而得到禪定。有的人因為智慧的力量，明白欲界生滅無常、虛妄不淨，立即得到禪定。

如果要日夜精進，經行坐禪，常跟妄念搏鬥，用「信、進、念、定、慧」五力調伏「貪愛、憎恨、昏沉、散亂和疑惑」五蓋，如果心念一向外攀緣或奔馳，就立刻收攝回來，好像跟盜賊戰鬥一般辛苦，這種人所得的禪定就是從精進產生的。有的人根器較鈍，業障深重，貪著世俗的享樂非常深，心念動個不停而難以克制，這種人需要特別精進才能得到禪定。譬如有福德的人，不必費力只要坐著，福祿自然現前。沒有福德的人，需要運用種種法子辛勤努力工作，才能得到報酬。後者就像是精進而得到禪定的人。(《大智度論》第八十一卷)

20.以精進攝智慧

菩薩修行精進時，不見布施、持戒、忍辱、禪定等法門及名相。不執著四念處乃至不執著一切種智。不執著一切法相，對於一切事物都沒執著，而且能如說修行。這是安住精進以攝取智慧。(《摩訶般若經》第二十二卷)

由於精進不懈地修行，所以得到禪定。由於禪定而產生神通的力量。有了神通，可以普遍到達十方，使各種功德圓滿具足，而且又可教化眾生。……智慧有兩種：第一種是觀察一切事物的本體（實相），於一切事物中不見法相，也不見非法相。第二種是如說修行。人有了懈怠心，就不能修行這兩種智慧，精進才能成就這兩種智慧。(《大智度論》第八十一卷)

21.以禪定攝布施

菩薩修習禪定，由於心中遠離各種惡欲和不善法而逐漸進入各種禪定，心不散亂，而且能布施種種財物和真理。自己布施，教人布施，隨喜讚歎財施和法施的人。將所有功德與一切眾生共同迴向圓滿的佛智，而不求小乘的果位。這就是安住禪定以攝取布施。(《摩訶般若經》第二十二卷)

有了禪定功夫，就可以運用神通的力量來變化財物，圓滿各種布施。同時又可派遣「化人」為一切眾生說法，而且菩薩出定以後，能以清淨柔軟心為眾生說法，這些都是布施。(《大智度論》第八十一卷)

22.以禪定攝持戒

菩薩修行禪定，不生貪愛、憎恨和愚痴心，不生犯戒和惱他心，只修行和一切智相應的平等清淨心。將功德與一切眾生共同迴向圓滿的佛智，

而不求小乘的果位。這就是安住禪定以攝取持戒。(《摩訶般若經》第二十二卷)
心地寧靜柔軟而不惱害一切眾生，就是持戒。(《大智度論》第八十一卷)

23.以禪定攝忍辱

菩薩修行禪定，觀色如聚沫，觀受如浮泡，觀想如野馬，觀行如芭蕉，觀識如幻事。這樣觀察時，知道五蘊乃是因緣和合的假相，既不實在又不堅固。仔細想一想：一切事物都是因緣和合而成，沒有實體的。誰在割截我？誰在受割截？誰能毀罵？誰受毀罵？誰起怨恨？這色身是誰的？感受是誰在感受？思想是誰在思想？……這就是安住禪定攝取忍辱。(《摩訶般若經》第二十二卷)

由於禪定功夫成就，遇到逆境和阻撓，不但沒怨恨對方，而且能起慈愍的心，這就是忍辱。(《大智度論》第八十一卷)

24.以禪定攝精進

修習禪定時，發起勇猛精進遠離一切惡欲和不善法逐步證得四禪，產生種種神通：在水上行走宛如平地一般，進入地中宛如進入水裏一樣。有天耳通可以遙遠聽到天人的聲音。他心通可以明白眾生攝心或散心等。宿命通能知種種宿命。天眼可以看見微細的事物，乃至眾生的受報的情形。有了這五種神通以後，可到十方佛土親近供養諸佛，廣種善根，成就眾生，莊嚴佛剎。將所有功德與一切眾生共同迴向圓滿的佛智。這就是安住禪定以攝取精進。(《大般若經》第四百五十九卷)

因禪定的力量而引發神通，遍至十方，教導利益一切眾生而不懈怠，就是精進。而且因為禪定使其他四度能更圓滿，這就是以禪定攝取精進。(《大智度論》第八十一卷)

25.以禪定攝智慧

修行禪定時，不執著色、受、想、行、識五蘊，也不執著六度，不見有四念處，乃至不得一切種智。不得有為性，不得無為性。因為見一切法不可得，所以不會造作污染的業因。因為不造作業因，所以不受生。因為不生，所以不滅。因為不滅，所以不取。因為不取，所以畢竟清淨常住不變。不管佛出不出世，一切法都是常住不變、不生不滅的。體悟到這種真理的菩薩，心常不會散亂，而且常和圓滿清淨的智慧相應。這就是安住禪定以攝取智慧。（《摩訶般若經》卷四百五十九）

有了禪定功夫，心性就會調得柔和而不躁動，因而可以觀察到一切事物的真相，了解萬法的本體。譬如在一間暗室中點燃燈火，有了光明的照射，就可以洞悉室內的東西。（《大智度論》第八十一卷）

26.以智慧攝布施

修行智慧時，觀一切法都是因緣和合而成的假相，沒有實體，所以空無所有。內空、內空性不可得，外空、外空性不可得，內外空、內外空性不可得，空空、空空性亦不可得。乃至一切法空，一切法空性不可得。菩薩體悟了這幾種空，不執著色相是空還是不空，也不執著受想行識是空、還是不空，不執著四念處及一切智是空或不空，也不執著有為性和無為性是空還是不空。證得這種空觀智慧的菩薩，能夠盡其所有，布施各種資生的財物。他體會布施是空的。因為連布施的人、接受布施的人以及布施的財物也都是空的，所以不會產生吝嗇和執著的心。由於修行般若智慧的緣故，從初發心到成道，沒有妄想分別，而且從不起執著和吝嗇的心。這就是安住智慧以攝取布施。（《摩訶般若經》第二十二卷）

佛才澈底地斷除一切煩惱的習氣，菩薩雖然尚未斷除煩惱習氣，但能用智慧的力量制止煩惱，使它不起作用。現在為了讚歎智慧的力量，所以說：菩薩的煩惱未斷，卻不起妄想分別，好像與斷除煩惱的佛沒什麼差異，使人知道智慧的可貴。

菩薩布施財物給眾生和佛，內心一樣清淨平等，不會重視或執著佛，而輕視或排斥眾生。如果布施貧窮的人，起了輕視心，得到的福就少了很多。布施給佛，因為有了貪愛和執著，所以福德也無法圓滿具足。又因為菩薩知道一切事物性空的緣故，所以他布施金銀寶物和布施草木，並不會起貴賤的分別心。他講經說法時，既不貪著或重視智力高、能接受佛法的人，也不輕視或排斥智力差、聽不懂佛法的人。為什麼呢？佛法是無量無邊、不可說、也不可思議的。說淺顯的布施道理以及說深奧的因緣性空的法門，一樣平等而沒有差異。為什麼呢？這些法門最後都進入清淨而不虛妄分別的圓覺境界。（《大智度論》第八十一卷）

27.以智慧攝持戒

修行智慧時，常受持清淨的戒律，而不起小乘的心量。為什麼呢？他小乘的果位不可得，趣向小乘的心也不可得。這位菩薩從初發心到成道的中間，自己從不殺生，不教別人殺生，也不隨喜讚歎殺生的人。乃至自己不起邪見，不教別人起邪見，也不隨喜讚歎邪見的人。他持戒精嚴，卻毫不執著戒相，也不執著小乘的果位，更何況其他的事物！這就是安住智慧以攝取持戒。（《摩訶般若經》卷廿二）

假使沒有眾生，那能持戒？為了破除殺生的迷惑顛倒，所以才制訂了不殺生的戒律，不殺生的戒律並不是實相中本來具有的。再者，有人持戒的對象只為了某些少數眾生，有人只持了一天的（八關齋）戒，或只持了五戒。菩薩心量大多了，他持戒的對象是所有無量的眾生，他持戒是盡未來際而不只是一世或兩世。因為他有畢竟空的智慧，所以他持戒不執著戒相，不怨恨破戒的人，不貪愛持戒的人，這就是由智慧所生的清淨戒。（《大智度論》第八十一卷）

28.以智慧攝忍辱

由於修行智慧，而產生隨順眾生的忍耐工夫。他見一切法中，沒有一法是有生滅或生死的，也沒有被罵或罵者，被毀謗或毀謗他者，被割截或被惱害等事物。菩薩從初發心到成道期間，常能安忍一切眾生的辱罵惱害，而不動心。他覺得很奇怪，法性中明明沒有辱罵、惡口和殺害的事情，而眾生卻妄想分別執為實有，以致產生種種煩惱和惡業，將來又受各種苦報。這就是安住智慧而攝取忍辱。（《摩訶般若經》第二十二卷）

有了智慧，能容忍一切真理，信受無量的佛法，心裏沒有「是非」、「美醜」、「善惡」等對立的名相。這種安忍的功夫是由智慧產生的。（《大智度論》第八十一卷）

29.以智慧攝精進

菩薩修行智慧，為眾生演說佛法，使他們也行布施、持戒、忍辱、精進、禪定、智慧、四念處和八聖道。使他們證得初果、二果、三果、阿羅漢果和辟支佛果，乃至無上的佛果。菩薩雖然這樣精進不懈地成就眾生，卻不住在有為的境界，也不住在無為的境界，將所有成就與一切眾生共同迴向圓滿的智慧。這就是安住智慧而攝取精進。（《摩訶般若經》第二十二卷）

有了智慧，可以明白諸法的實相，不會再造作有染污的業行：身體沒有惡行、口無邪說、心無雜念。宛如人夢到掉進大海，用力掙扎以求解脫。醒來以後，就不再亂夢一通了。所以智慧能產生第一精進。（《大智度論》第八十一卷）

30.以智慧攝禪定

菩薩修行智慧時，除了諸佛的三昧（正定）以外，其他大小乘的三昧，他都修行證入。他在禪定的境界中，能隨意自在順逆出入「八背捨」（《大般若經》譯為「八解脫」）、「九次第定」、「師子奮迅三昧」或「超越三昧」等禪定。這就是安住智慧而攝取禪定。（《摩訶般若經》第二十二卷）

離開智慧就無法成就禪定。常運用智慧的力量，才能得到禪定，所以智慧可以產生禪定。例如《佛說辟支佛經》中記載：有一位國王見到兩頭牛因為淫欲相鬥而死，他自己便覺悟了：「我為了財色而南征北討，跟這兩頭牛有什麼差別呢!」於是他就捨離五欲，得到禪定，而成為辟支佛。菩薩也是如此。由於某種因緣發現五欲的過患，而產生厭離五欲的心。仔細較量一下，就會覺悟：五欲的快樂比起禪定的喜悅可要差多了。我豈能因為短暫的五欲快樂而放棄禪定的喜悅？禪定的喜悅是清淨、久遠而且全身快樂的。所以說正當的思惟和智慧會產生禪定。(《大智度論》第八十一卷)

㈩布施圓滿具足六度

《優婆塞戒經》的第二卷說：菩薩遇到來求取財物的眾生，把他們看成像自己親生的獨子一樣地加以慈愛關照。所以能夠盡己所能地布施，這樣布施就十分圓滿了。

同時，在布施的時候，會遠離慳吝心，所以也等於持戒，因為持戒的主要目的就是在調伏人的貪愛和憎恨等煩惱。

布施時，能夠忍受所有受施者的牢騷、旁人的閒言閒語和風涼話。所以也具足了安忍。

布施時，能親手不斷地把財物奉交給需要的人，所以也具足了精進。

布施時，能專心繫念，觀於解脫，所以具足了禪定。

布施時，不選擇或分別所有怨親的名相，就是智慧。

《十住毗婆沙論》也記載：施捨錢財時，心不貪惜，就是布施。

布施時，為了追求佛陀圓滿的智慧，就是持戒。

布施時，不起憎恨心，就是忍辱。

布施時，不考慮財物快空了，也不起退屈心，就是精進。

布施時，施捨的心念絕不改變，就是禪定。

布施時，不貪求果報，就是智慧。

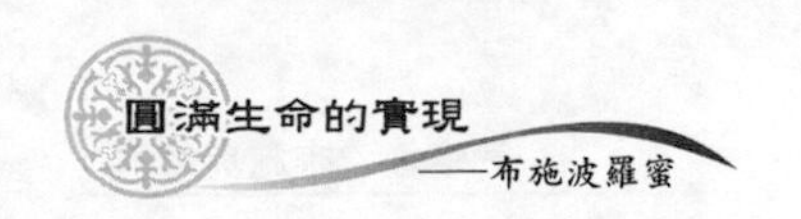

結　論

布施是一種智慧。沒有智慧的人不會布施，稍微有點智慧的人才會相信布施的果報，而只是以分別和計較的心去布施。只有大智慧的人才會以平等恭敬心去布施，不但不望回報，而且不執著我相、人相、財物和布施的功德。

布施是一套學問。因為布施的福德是由能施的心念、所施的財物、受施的對象和布施的時間等四個因素所交織而成的。布施的心念不虔誠、所施的財物不清淨、受施的對象品德不好或布施的時機不當，都會影響到福德和果報。布施有許多禁忌、種類和層次，不可以不知道。

布施是一種藝術。不只懂得布施的利益、果報、功用、禁忌、種類等知識就算了事，而且還要明白布施的技巧、原則和要領，並且把它運用在日常的生活當中，使布施成為我們生活的一部分。要不斷地布施，技巧才能變得純熟和自然。在幫助他人的同時，也提昇了我們的人格和心靈的境界。

在所有的宗教和哲學當中，沒有人能夠像佛陀那樣，把布施的道理講得這麼淋漓盡致。佛陀不但將布施的義理發揮得十分詳盡透徹，而且非常精彩生動。如果我們照他啟示的要領去做，不但對於待人處世有很大的助益，而且可以除去一切苦惱和負擔。這種清淨的布施，能產生圓滿的智慧和民胞物與的大悲慈心。

摘　要

本書的主旨在於探討布施的重要性、利益、種類、禁忌、障礙、喜悅、果報、境界、條件、原則與典範。

在研究的過程中，我們得到下面十六個要點：

㈠布施是仁愛和慈悲的具體表現、解脫苦惱的第一步。

㈡再沒有錢財的人都能布施，而且有七種布施根本不需要花本錢。

㈢布施是智慧的資糧和善行的基礎。

㈣布施是最穩當的儲蓄和最沒有風險的投資。

㈤古今中外的哲人多半推崇布施，只是沒有佛經講得那麼詳盡。

㈥布施有許多福德和利益，而貪吝則有無數的禍害和苦惱。

㈦傳播真理比布施財物高尚。

㈧布施像播種，種下什麼種子，就會結出什麼果實。所以不可用不淨的財物或不恭敬的心布施。

㈨布施的功用主要是對治貪愛和吝嗇，而又可兼治憎恨、愚痴、傲慢、嫉妒等其他煩惱。

㈩布施的喜悅，勝過感官的享受。菩薩為了眾生犧牲生命，比羅漢證涅槃還快樂。

⑾布施可以產生許多現世或來世的福報。布施財物的人可以致富，布施真理的人可以得到智慧，以快樂的心布施可以得到安樂，以恭敬心布施可以得到尊貴和端正的相貌。

⑿福德大小是由布施的心念、財物、對象和時間（次數）這四個因素

所決定。

㈢布施應遵循十六項原則。

㈣有十四條增進布施的綱領。

㈤布施與六度相輔相成。布施不但是六度的基礎，而且可以具足六度。

㈥布施可以啟發我們的智慧。它不但能利益無量的眾生，而且又使我們達到逍遙和自在的解脫境界。真可說是自利利他、一舉兩得！

主要參考書目

一、大方廣佛華嚴經　八十卷　唐實叉難陀譯

二、大方廣佛華嚴經　四十卷　唐般若譯

三、大方廣佛華嚴經　六十卷　東晉佛馱跋陀羅譯

四、佛說菩薩本業經　一卷　吳支謙譯

五、大方廣如來不思議境界經　一卷　唐實叉難陀譯

六、大方廣圓覺修多羅了義經　一卷　唐佛陀多羅譯

七、大寶積經　一百二十卷、四十九會　唐菩提流志等譯

八、佛說優填王經　一卷　西晉法炬譯

九、彌勒菩薩所問本願經　一卷　西晉竺法護譯

十、大方等大集經　六十卷　隋僧就集

一一、寶女所問經　四卷　西晉竺法護譯

一二、大乘大集地藏十輪經　十卷　唐玄奘譯

一三、月燈三昧經　十卷　高齊那連提耶舍譯

一四、占察善惡業報經　二卷　隋菩提燈譯

一五、佛說佛名經　十二卷　元魏菩提流支譯

一六、大乘寶月童子問法經　一卷　宋施護譯

一七、入楞伽經　十卷　元魏菩提流支譯

一八、佛說首楞嚴三昧經　二卷　後秦鳩摩羅什譯

一九、維摩詰所說經　三卷　後秦鳩摩羅什譯

二〇、解深密經　五卷　唐玄奘譯

二一、金光明最勝王經　十卷　唐義淨譯

二二、佛說莊嚴菩提心經　一卷　姚秦鳩摩羅什譯

二三、佛說大方廣菩薩十地經　一卷　元魏吉迦夜譯

二四、佛說菩薩投身飴餓虎起塔因緣經　一卷　北涼法盛譯

二五、思益梵天所問經　四卷　姚秦鳩摩羅什譯

二六、大乘本生心地觀經　八卷　唐般若譯

二七、大華嚴長者問佛那羅延力經　一卷　唐般若共利言譯

二八、菩薩瓔珞經　十四卷　姚秦竺佛念譯

二九、佛說寶雨經　十卷　唐達摩流支譯

三〇、佛說除蓋障菩薩所問經　二十卷　宋法護等譯

三一、佛說未曾有正法經　六卷　宋法天譯

三二、佛說阿闍世王經　二卷　後漢支婁迦讖譯

三三、大樹緊那羅王所問經　四卷　姚秦鳩摩羅什譯

三四、悲華經　十卷　北涼曇無讖譯

三五、普曜經　八卷　西晉竺法護譯

三六、大方便佛報恩經　七卷　失譯人名附後漢錄

三七、佛說菩薩本行經　三卷　失譯人名附後漢錄

三八、金色王經　一卷　東魏瞿曇般若流支譯

三九、六度集經　八卷　吳康僧會譯

四〇、太子須大拏經　一卷　西秦聖堅譯

四一、佛說菩薩子經　一卷　失譯人名附西晉錄

四二、佛說德護長者經　二卷　隋那連提耶舍譯

四三、阿闍世王授決經　一卷　西晉法炬譯

四四、佛說心明經　一卷　西晉竺法護譯

四五、大乘百福相經　一卷　唐地婆訶羅譯
四六、佛說大乘造像功德經　一卷　唐提雲般若譯
四七、佛說造塔功德經　一卷　唐地婆訶羅譯
四八、右繞佛塔功德經　一卷　唐實叉難陀譯
四九、佛說樓閣正法甘露鼓經　一卷　宋天息災譯
五〇、佛說無上依經　二卷　梁真諦譯
五一、諸法最上王經　一卷　隋闍那崛多譯
五二、佛說施燈功德經　一卷　高齊那連提耶舍譯
五三、浴佛功德經　一卷　唐義淨譯
五四、佛說浴像功德經　一卷　唐寶思惟譯
五五、菩薩行五十緣身經　一卷　西晉竺法護譯
五六、最無比經　一卷　唐玄奘譯
五七、佛說希有校量功德經　一卷　隋闍那崛多譯
五八、佛說罪業應報教化地獄經　一卷　後漢安世高譯
五九、辯意長者子經　一卷　後魏法場譯
六〇、佛說尊那經　一卷　宋法賢譯
六一、大般若波羅蜜多經　六百卷之內自一——一百卷　唐玄奘譯
六二、妙法蓮華經　七卷　後秦鳩摩羅什譯
六三、佛說廣博嚴淨不退轉輪經　六卷　宋智嚴譯
六四、大薩遮尼乾子所說經　十卷　元魏菩提流支譯
六五、大般涅槃經　四十卷　北涼曇無讖譯
六六、大悲經　五卷　高齊那連提耶舍譯
六七、集一切福德三昧經　三卷　姚秦鳩摩羅什譯
六八、增壹阿含經　五十一卷　東晉瞿曇僧伽提婆譯

六九、佛說食施獲五福報經　一卷　失譯人名附東晉錄

七〇、中阿含經　六十卷　東晉瞿曇僧伽提婆譯

七一、佛說長者施報經　一卷　宋法天譯

七二、分別善惡報應經　二卷　宋天息災譯

七三、佛說分別布施經　一卷　宋施護譯

七四、佛說八種長養功德經　一卷　宋法護譯

七五、佛說長阿含經　二十二卷　後秦佛陀耶舍共竺佛念譯

七六、佛說金光王童子經　一卷　宋法賢譯

七七、雜阿含經　五十卷　劉宋求那跋陀羅譯

七八、過去現在因果經　四卷　宋求那跋陀羅譯

七九、正法念處經　七十卷　元魏瞿曇般若流支譯

八〇、佛為首迦長者說業報差別經　一卷　隋瞿曇法智譯

八一、佛說罪福報應經　一卷　劉宋求那跋陀羅譯

八二、餓鬼報應經　一卷　失譯人名附東晉錄

八三、佛說阿難問事佛吉凶經　一卷　後漢安世高譯

八四、阿難問事佛吉凶經　一卷　後漢安世高譯

八五、佛說分別善惡所起經　一卷　後漢安世高譯

八六、佛說梵摩難國王經　一卷　失譯人名附西晉錄

八七、盧至長者因緣經　一卷　失譯人名附東晉錄

八八、佛說貧窮老公經　二卷　宋慧簡譯

八九、佛說阿鳩留經　一卷　失譯人名附漢錄

九〇、佛說頞多和多耆經　一卷　失譯人名附西晉錄

九一、佛說越難經　一卷　西晉聶承遠譯

九二、佛說布施經　一卷　宋法賢譯

九三、佛說五大施經　一卷　宋施護譯

九四、佛說賢者五福德經　一卷　西晉白法祖譯

九五、佛說忠心經　一卷　東晉竺曇無蘭譯

九六、佛說未曾有因緣經　二卷　蕭齊曇景譯

九七、佛說孛經抄　一卷　吳支謙譯

九八、佛說諸德福田經　一卷　西晉法立、法炬共譯

九九、賢愚經　十三卷　元魏慧覺、威德等共譯集

一〇〇、雜寶藏經　十卷　元魏吉迦夜共曇曜譯

一〇一、撰集百緣經　十卷　吳支謙譯

一〇二、佛說造像量度經　一卷　清工布查布譯

一〇三、佛說善惡因果經　一卷　失譯人名

一〇四、菩薩瓔珞本業經　二卷　姚秦竺佛念譯

一〇五、菩薩善戒經　九卷　宋求那跋摩譯

一〇六、十善業道經　一卷　唐實叉難陀譯

一〇七、佛說淨業障經　一卷　失譯人名附秦錄

一〇八、佛說大乘戒經　一卷　宋施護譯

一〇九、瑜伽師地論　一百卷　唐玄奘譯

一一〇、菩薩地持經　十卷　北涼曇無讖譯

一一一、顯揚聖教論　二十卷　唐玄奘譯

一一二、大乘阿毗達磨集論　十六卷　唐玄奘譯

一一三、攝大乘論本　三卷　唐玄奘譯

一一四、唯識論　一卷　後魏瞿曇般若流支譯

一一五、大乘百法明門論　一卷　唐玄奘譯

一一六、大乘起信論　一卷　梁真諦譯

一一七、菩提資糧論　六卷　隋達磨笈多譯

一一八、發菩提心經論　二卷　姚秦鳩摩羅什譯

一一九、大乘莊嚴經論　十三卷　唐波羅頗蜜多羅譯

一二〇、大丈夫論　二卷　北涼道泰譯

一二一、眾經撰雜譬喻　二卷　姚秦鳩摩羅什譯

一二二、舊雜譬喻經　二卷　吳康僧會譯

一二三、雜譬喻經　二卷　失譯人名附後漢錄

一二四、雜譬喻經　一卷　後漢支婁迦讖譯

一二五、十住毗婆沙論　十七卷　後秦鳩摩羅什譯

一二六、彌勒菩薩所問經論　九卷　後魏菩提流支譯

一二七、佛地經論　七卷　唐玄奘譯

一二八、大智度論　一百卷　後秦鳩摩羅什譯

一二九、阿毗達磨大毗婆沙論　二百卷　唐玄奘譯

一三〇、阿毗達磨俱舍論　三十卷　唐玄奘譯

一三一、阿毗達磨俱舍釋論　二十二卷　陳真諦譯

一三二、阿毗曇甘露味論　二卷　失譯人名附曹魏錄

一三三、成實論　十六卷　姚秦鳩摩羅什譯

一三四、四十二章經　一卷　後漢迦葉摩騰共法蘭譯

一三五、佛說八大人覺經　一卷　後漢安世高譯

一三六、出曜經　三十卷　姚秦竺佛念譯

一三七、那先比丘經　二卷　失譯人名附東晉錄

一三八、百喻經　四卷　蕭齊求那毗地譯

一三九、分別業報略經　一卷　宋僧伽跋摩譯

一四〇、福蓋正行所集經　十二卷　宋日稱等譯

一四一、地藏菩薩本願經　二卷　唐實叉難陀譯

一四二、七俱胝佛母所說准提陀羅尼經　一卷　唐不空譯

一四三、釋摩訶衍論　十卷　龍樹菩薩造、姚秦筏提摩多譯

一四四、佛說大乘莊嚴寶王經　四卷　宋天息災譯

一四五、顯密圓通成佛心要集　二卷　宋道㲀集

一四六、梵文佛頂尊勝陀羅尼　一卷　民國持松（密林）譯

一四七、尊勝佛母陀羅尼　一卷、漢藏文對照　清御製大藏全咒

一四八、大方廣佛華嚴經隨疏演義鈔　九十卷　唐澄觀述

一四九、止觀輔行傳弘決　四十卷　唐湛然述

一五〇、法界次第初門　六卷　隋智說

一五一、諸經要集　二十卷　唐道世集

一五二、經律異相　五十卷　梁寶唱等集

一五三、法苑珠林　一百卷　唐道世撰

一五四、佛學大辭典　丁福保編　民國六十年十月　華嚴蓮社印行

一五五、法相大辭典　朱芾煌編　民國六十一年　商務印書館出版

一五六、佛學名相彙解　六十八卷　明寂照編　民國七十二年　佛教書局出版

一五七、重訂教乘法數　上下兩冊　民國五十八年　中華佛教文化館出版

一五八、周易話解　劉思白著　民國七十年　天龍出版社印行

一五九、莊子　民國五十九年九月　文致出版社印行

一六〇、論語別裁　南懷瑾述　民國七十二年　老古出版社印行

一六一、本草綱目　明李時珍著　民國六十四年八月　宏業書局出版

一六二、安士全書　周夢顏著　臺北新文豐出版公司印行

一六三、蓮池大師戒殺放生圖說　呂富枝譯　民國七十年　青蓮印經會印行

一六四、釋氏六帖　義楚大師輯　民國七十一年七月　臺北彌勒出版社

一六五、釋文紀　明梅鼎祚輯　民國七十一年九月　臺北彌勒出版社

一六六、百丈叢林清規證義記　唐百丈懷海禪師著　清儀潤禪師述義　民國七十一年六月　佛教書局再版

一六七、金剛經講義　江味農居士著　民國六十一年　臺北平陽印版所印贈

一六八、般若心經詮注　周止菴著　民國七十年十一月　佛教書局出版

一六九、維摩詰經集注　李翊灼校輯　民國六十七年七月　新文豐出版公司印行

一七〇、蓮池大師全集　民國六十二年三月　中華佛教文化館印行

一七一、梵網經菩薩戒本疏　唐法藏撰　民國六十六年七月　新文豐出版公司印行

一七二、佛教故事大全　李慈莊等編著　民國六十一年十一月　佛教文化服務處三版

一七三、六度集經白話故事　一無法師譯　民國六十九年十月　人乘佛教書籍出版社

一七四、閱微草堂筆記　清紀曉嵐著　民國六十三年九月　臺北文光圖書公司再版

Ways to Liberation

—The Six Pāramitās

by Bert Chen

1. almsgiving (dāna)
2. morality (precepts-keeping)(śīla)
3. forbearance (ksānti)
4. perseverance (vīrya)
5. meditation (dhyāna)
6. wisdom (prajñā)

Pāramitās is defined as the mean of surpassing mortality to liberation or Nirvana. Not only will it make us free from the sufferings of birth, old age, sickness and death, but also help us to lead a happy life and even to obtain complete vision and perfect enlightenment.

It can conquest poverty, stingy, wickedness, anger, sloth, a distracted mind, and ignorance. The benefits brought by the six pāramitās are fortune, health, power, long life, calmness, and ability of revealing of the truth.

May buddha's blessings always be with you!

◎大乘佛教思想　上田義文／著　陳一標／譯

大乘佛法的義理精闢艱深，一般人多無法清楚理解其諸多看似矛盾的命題，然而若不先將這些基本概念釐清，又勢必求法無門。本書以清晰的思路，帶領讀者思考大乘佛教的基本概念，並對佛學研究方法提出指引，使佛法初學者與研究者皆能從中獲取助益。

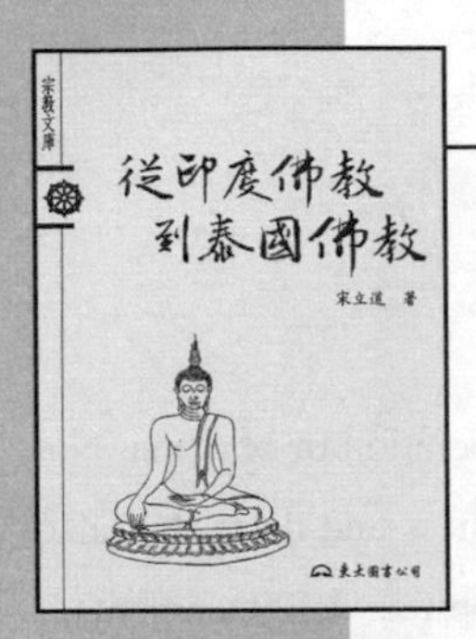

◎從印度佛教到泰國佛教　宋立道／著

南傳佛教歷經兩千餘年的發展，堅定地在東南亞大陸站穩腳跟，成為當地政治意識形態的一部分，不僅支配了人們的道德觀念，更影響了人們的生活情趣。且讓我們藉由一尊玉佛的故事，體察一代聖教如何滲透到東南亞社會的政治、歷史與文化各方面的進程，以及宗教在人類創造活動中的偉大作用。

◎佛言佛語——佛教經典概述　業露華／著

要了解佛教，必須要對其經典有一定的認識，但佛教典籍浩如滄海，一般人很少能一窺全豹。為此，本書特別針對佛教經典，尤其是中國佛教的部分，作歷史性及概要性的介紹，使讀者在閱讀本書後，能對佛教經典的產生、內容，以及在中國社會的流傳情況，有更深入的了解。

◎圓通證道——印光的淨土啟化　陳劍鍠／著

佛教自清朝雍正皇帝以降，因未能防止無賴之徒剃度為僧，導致僧流猥雜，使得佛教面臨滅法的劫難。在這種逆境下，印光大師續佛慧命，啟化佛教信徒要能慎思明辨、確立正信，並藉由提倡他力往生的淨土思想，建立求生西方極樂的堅定信念，為人世間開闢了一片希望的淨土。

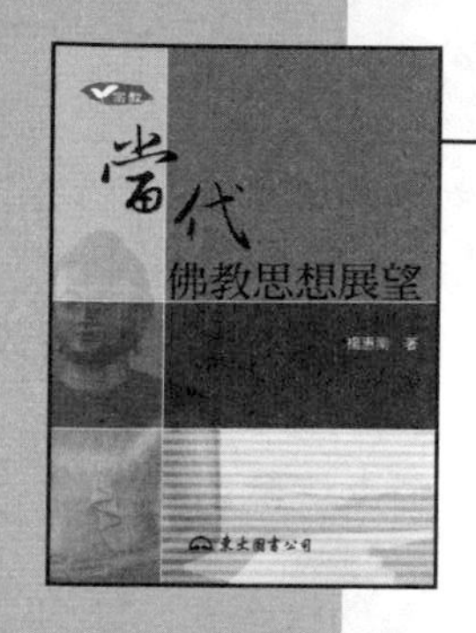

◎ 當代佛教思想展望　楊惠南／著

對於中土，佛教原是異文化，交融後開出禪宗、淨土宗等屬己的花朵。面對歐美文化強力滲入的今日，佛教該以何種面貌出現，又該以何種立場說話？本書是作者參與國內外佛教學術會議所發表的論文集，從證峰法師的「一佛」思想、太虛法師的「人生佛教」，延伸到印順導師的「人間佛教」，篇篇精闢，猶如檢視文化交鋒的斷層掃描。

◎ 藏傳佛教在臺灣　姚麗香／著

本書採用宗教社會學的角度，以田野調查取得的第一手資料，完整呈現藏傳佛教在臺灣成為「宗教奇蹟」之全紀錄。內容涵蓋藏傳佛教的歷史、派別、特色，以及來臺初期的發展歷程，探討其中所面臨的文化變遷與未來展望，可說是了解藏傳佛教在臺灣最富學術參考價值的寶藏。

◎ 佛法與醫學　川田洋一／著　許洋主／譯

醫生通常可以告訴你生了什麼病，卻無法確切地告訴你為什麼會生病；「人為什麼會生病」這個問題，似乎牽涉到生命意識的深層結構。本書由世尊的覺悟內容為起點，有系統地論述身體與宇宙韻律的關係，並詳細介紹佛門的醫療方法，為您提供一條健康喜悅的生命之道。

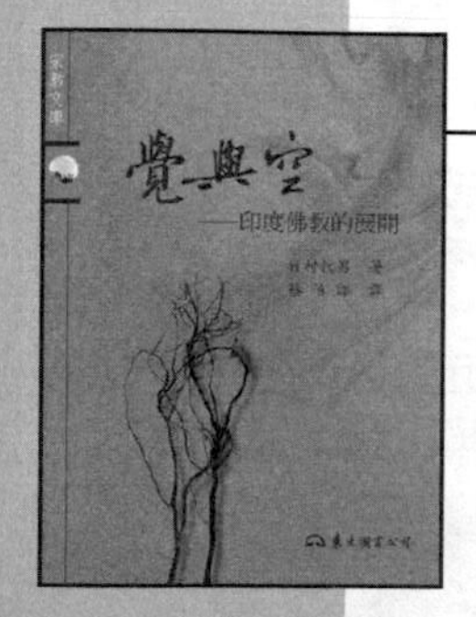

◎ 覺與空——印度佛教的展開

竹村牧男／著　蔡伯郎／譯

本書以「覺」與「空」這兩個所有佛學實踐者與研究者最關注的課題為主軸，透過精闢扼要的論述，娓娓道出佛教在釋尊以後的發展與流轉，可說是一部生動簡明的佛教史。

◎伊斯蘭教與中國社會　葛　壯／著

曾經有一個虔誠的穆斯林說：「如果我信仰真主，當然是我優越，如果我不信仰真主，這條狗就比我優越。」就因為穆斯林們的堅定信仰，使得阿拉伯的伊斯蘭文化不斷地在中國各地傳播，並與中國各朝代的商業、政治、文化及社會產生了密切的互動。且讓我們走進歷史的事跡裡，一探穆斯林在中國社會中的信仰點滴。

◎多難之路——猶太教　黃陵渝／著

猶太教的教義核心是相信宇宙只有一位上帝存在，強調猶太人是在萬民中被揀選出來的一個特別民族，受到上帝的眷顧，並肩負祂委託的特殊使命。然而，這個民族卻經歷了滅國、流亡及種族屠殺等乖舛多難的命運。在背負過去的傷痛及靜待救贖的日子裡，且讓我們共體猶太信仰在人類史上的堅貞與多難。